レイモンド・ウィリアムズ

想像力の時制

文化研究 II

川 端 康 雄　編訳

遠藤不比人
大 貫 隆 史
河野真太郎
鈴 木 英 明
山 田 雄 三　　訳

みすず書房

THE TENSES OF IMAGINATION AND OTHER ESSAYS

by

Raymond Williams

想像力の時制　目次

共通文化にむけて――文化研究I　目次

想像力の時制　文化研究Ⅱ

I　歴史・想像力・コミットメント

想像力の時制

想像力《イマジネイション》には歴史がある。想像力とはなんであって、どんな価値があるのかという問いをめぐっては解釈もさまざまに変わってきたし、意見の対立もみられる。また、想像力には構造がある。それは文法的であると同時に歴史的な構造であって、過去時制、現在時制、未来時制のかたちをとる。

常識が説くところでは想像力に欠けることもまずいが、想像力をたくましくしすぎることも問題のようだ。これは想像力という概念の複雑な歴史に起因している。否定的な意味が強く、英語では早い時期からこんな使われ方をしていた。「想像ばかりして怯えている」（一三九〇年）、あるいは「憶測と想像との」（一四六〇年）。この例では感覚ではとらえられないなにかを心に思い描くことを指すのだろうが、先見の明として評価すべきか、それともたんなる妄想として片づけるべきかはいつでも曖昧なままであった。もともとラテン語の語源ではたんに身体的な感覚のことで、イメージもしくは似たようなものを思い浮かべることを意味していた。言語的には「模倣」という概念に結びつく。ひとり心のなかでなにかを描きだすという意味に発展したのはのちのことで、そのときになって肯定と否定とが入り混じった二重の判断も生まれることとなった。

たとえば一五七六年に書かれた英文に「彼の本物の予言は狂気による想像だとみなされた」という表現がみられる。また『真夏の夜の夢』の台詞にはこうある。

狂った人間、恋する者たち、それに詩人は
どいつもこいつも想像力で凝り固まっている。[1]

悪魔が見えると言う者もいれば、美しくないものを見て美しいと言う者もいる。果ては「実体のない無にひとしきものにその場所を与え名前を与える」者もいる。この意味での「創造的な想像力」はとても根強く使われてきた。それで今日、想像力の肯定的な意味あいがふたつあるとすると、そのひとつになっている。もうひとつは同情する能力、つまり、だれかほかの人が置かれた状況について「想像」し「察知」する理解度のことを言う。しかし状況次第では「たくましい想像力」には罠があって、喜びや怖れの対象を思い浮かべはするものの、多くの場合ひどい思いちがいをしている。

一方で「想像力」をたんなる「空想《ファンシー》」から距離を置き、区別しようと試み、他方で「想像力」も「空想」もともに「現実」や「事実」とはちがうことを証明しようと試みられたが、両義的な評価が消えることはなかった。「現実の根拠のないところでイメージをつくりあげることは、想像力という名前でよく知られている」と一七六二年にケイムズは書いた。[2] ダーウィンは一八七一年にこう書いている。「想像力は人類に特権的な、最高の能力である。人はこの能力を使うことで、以前いだいたイメージや考えを作為せず無関係に結びあわせ、みごとに新しい結果を生みだす[3]」と。ところが反対に、必要が生じれば「想像ではなく事実を」とだれも彼もが口にしていたようだ。

想像とはこれほどまでに力強く普遍的な活動なので、いまみてきたようにさまざまに受けとられたとしても無理はない。さらにいうと、この両義性を解決する単純な方法もない。というのも、価値があると考えられたものの多くは想像されたものであり、価値がなく危険だと考えられたものの多くもまた想像されたものだからだ。それでも、まったく別のレベルで考えてみると、これまでとはちがう整理ができるかもしれない。わたしは自身研究をつづけるなかで想像力のじつにさまざまな時制に出会って、はっとすることが多い。過去にもとづいてなにか新しい現在をつくるという意味での想像力は先ほどのダーウィンの概念でもおなじみだが、連想心理学から精神分析学まで幅広い場所で使われている。ここで言う想像力は文法的には明らかに予知とは反対の意味で使われているが、もともとはこの概念に出発しながらも、まったく別のより理性的な根拠が与えられている。そして想像の目を未来にむけさせる。つまり未来になにが起こるか、あるいは起こる可能性があるのかを予測するのである。同時に、今日でも根強いふたつの肯定的な意味あいのふたつめのほうが現在と深くかかわっているのも事実だ。自分の置かれた状況とはちがうが、実在するほかの状況に仮に身を置いたらどうだろうか。身内と死に別れたら、失業したら、精神に異常をきたしたらどうか。それを理解するのにも十分な想像力が必要である。

わたしたちは以上のような意味で日々想像力という言いまわしを使っているし、どの意味も重要である。しかし文字を綴るというプロセスを考えると、書きながら考慮していることや書くという実践は別に考えなければいけないと思うし、作品を支配する時制が過去か現在か未来かによっても変わってくると思う。作家は想像力という語の日常的な意味にさまざまにかかわってきた。いいかえるとイメージと概念《アイディア》とを結びあわせ、新しいみごとな作品を創造するプロセスに携わってきた。また、ひとたび登場人物を選び、場面を設定すると、そこでなにが起こりうるのか微に入り細に入り想像するプロセスに集中してきた。さらにまた、直接経験できないことについて書くことができるように同情《エンパシー》のプロセスに没頭してきた。どんな文筆活動にもこうしたプロセスは重要ではあるが、ふつう日常で観察できることよりもはるかにリアルなものを想像力はつくりだせるのかどうか長い議論がつづけられてきており、深刻な意見の対立は随所にみられる。それだけでない。文章以外の世界ではすでに疑いようもなくリアルなものを「実現」すること、つまり伝達可能なかたちで具体的に表現することにこうしたプロセスが必要不可欠かどうかも長いこと議論されてきた。この問題に対しては受けのいい迂回の議論が用意され、想像力は芸術のためだけに自律的に存在する対象をつくりだし、この対象はほかのところで言われるリアルさとは別のリアルさをもつという発想も生まれた。

　わたしは理論と実践の両面においてこうした問題について考えてきたが、じっさいの執筆活動では、それとはかなりちがう問題もあると感じてきた。わたし自身の執筆体験からしか具体例をあげられないが、他の作家にも似たような経験をもつ人もいると思う。いや、少なくともそう想像する。そこでだが、わたしと同時代の作家とおなじように、いまここにわたしがひとり座ってものを書いていると考えてみても、わたしたちのあいだで問題の種類はちがうようだ。ものを書いているとき、もちろん肉体的にはわたしはひとりである。それに結局のところ「個人」を限定的で価値を帯びた意味で使う場合、わたしの仕事がほかの作家の仕事と比べて個人的でなかったなどとは思わない。しかし、わたしはものを書くときはいつでも自分よりも、また自分の言葉よりもはるかに大きい社会と言語があることを自覚している。けっして「あちら側」、つまり他者の世界にあるのではなくこちら側に、わたしがいま心を傾けている世界に、わたしが文章を組み立て関連づけているまさにこの空間にあると意識してきた。このことが書くという社会的なプロセスの一方の端で感じられるとするならば、おなじことはもう一方の端でも、一般に「書かれる対象」と言われるところでも感じられているはずだ。多くの作家たちが歴史小説だけでなく同時代の小説や戯曲を書くにあたって題材探しをすると発言する。税額査定官ですら彼らがいみじくも「コピー」〔ネタ〕と呼んでいるものを作家が入手するためにおこなう調査旅費は税控除の対象とすることもあるだろう。わたしも現地に足を運び、人びとに会って質問をし、資料調査をおこなうことがよくある。ほかの作家については確信がもてないけれども、このことは書くという行為とはかなり別なことのようにわたしは思ってきた。白紙にむかっていままさに文字で浮かびあがらせようとする考えや経験は、現地で得られたものとはいつもちがっている。じっさいにものを書こうとする段になると、いつだってそうなのだ。たしかに書くという実践は、ほかの世界から隔絶し一事に専念することではあるが、同時にわたしが知るかぎり、わたしをこえた言語と社会の力が敏感に感じられる状況、つまりその大きな力に助けられたり、はねつけられたりする状況でもあるのだ。

わたしは書く仕事が終わるたびに、このことを理解しようとつとめてきた。たとえばわたしの「ウェールズ三部作」(『辺境』『第二世代』『マノッドのための闘い』)には、過去・現在・未来の単純な構成がみられる[4]。三部作は、本筋をなす出来事《アクション》が起きるじっさいの時代時期をあつかっている。その出来事とは父から子への世代交代である。それはまた移動の諸形態であり、だれの目からも明らかな社会関係をあらわしていた。しかし『辺境』の場合、そこに書かれていることがたんにひとつの過去、わたしの少年時代以上のものになるまでうまく書きあげることができなかった。わたしの父とはまったく別の現代の父親像をつくりだすことで自分の過去を現在形にしなければならなかった。じっさいには、どちらの現実的な進路を受け継ぐべきかを選択するためにふたりの父親が必要になった。結局のところ、これはかつて人がたどった道だったからこそ理解された。一九二六年のゼネストの時期の一連の物語には、わたしが父から直接聞いた思い出話と父がとっておいた記録に頼ればよかった。それでも、その物語を活き活きとした描写にするためにいくつかエピソードを創作しなければならなかった。ここでのエピソードはわたしが父から聞いた思い出話とはちがっていた。父が生前に準備していた「思い出の記」に頼る場合にはとくにそうだった。そこには父が経験したことの要約しかなかったからだ。それから、過去の体験談を語っている年老いた男ではなく、ひとりの若い男に現在進行のかたちで起きているよう構想するプロセスが待っていた。これはあたりまえの作業に思えるかもしれないが、じっさいに書く段になるとけっして容易ではない。それでもやはり、語る声がリアルにそこにあるかぎり、過去はいまを生きるわたしたちにつながってくるものだ。

　わたしは長大な歴史を材料にして、ある土地とそこに往来するさまざまな部族がとても長い期間にわたる歴史の変化のなかで生きていく姿を後追いながら、新たな三部作の小説を書きつづけている〔5〕。書いているあいだに、たんなる時代小説ではなく歴史小説として構想したものの性格もかなり変わってきている。いまを生きるわたしたちに直接つながるものといえば土地の山並みの物質的存在しかない。じっさいはその山腹や麓でじつにさまざまな生活が営まれてきた。こうした営みを物質的に受け継いだはずのわたしたちはその事実を歴史的に自覚することはない。わたしたちが覚えているのは比較的近代のことばかりで、記憶のむこうにある太古のことを想像しても雲をつかむような茫漠とした世界か誤解だらけの世界があるばかりだ（そうだとしても、わたしたちが悪いわけではない。教育がそうしむけたのだ）。妻とわたしは長い時間をかけてこの三部作のための下調べをおこなってきた。考古学の文献や歴史書を読み漁り、実地調査もおこなった。リアルでわくわくするような物語の土台をみつけることはいつでもできた。いままで知られていなかった地形があったこと、現代とはやり方はちがっても精密な仕事をこなし、生活を営んでいたことなどが新たにわかった。

　しかし、大きな疑問が生まれる。書こうとすると、土地の人間たちが現代のわたしたちと似ているところもありつつ同時に似ても似つかないということ、さらに土地のリアルな歴史が進展するなかで、彼らとわたしたちとの相違もまた変化してきたということが重要な点として気になりはじめる。その点を一方で気にかけながら、物語の土台の上で人間たち、つまりわたしたちと「よく似た」人間たちを動かし喋らせるにはどうしたらいいのだろうか。そこに想像力を働かせることになるのか。おそらく、そうにちがいないだろう。とりわけじっさいにものを書いてみて驚いたのだが、ページを文字で埋めていると、まさしく想像力が働いているんだという気分になる。しかしながら、わたしは書いている大方の時間、じっさいのところわたしが土台と呼んだ事柄を敷衍して考えつづけながら思う。とくに書いている内容が本など書かれなくても事実であり、いまでは地形は変わったにしろこのおなじ現実の土地でほんとうに起きたことである場合には、そのことにあれやこれや思いを馳せるのは、創作という意味での想像力とはまったく別だと思う。もちろん、言葉を選ぶことを創作と呼ぶなら創作にはちがいないのだけれども。むしろなんらかの接触をおこなっているような気分である。それも霊感的な接触ともちがう接触だ。嘘偽りのない情報にふれ、単語の一音節一音節をたしかめながら書く感じである。もちろんあとになって推敲もすれば、新事実をうまく伝えているか、少なくとも嘘はないかをチェックしなければならない。たしかに事実は書くための条件だが、それはいままさに書き手の心のなかで動きだした会ったこともない人間たちの条件にほかならないのだ。

この経験がまずあり、最初はそれとは無関係に思っていた経験とを比べてみたくなって、このところそればかり考えてきた。無関係だと思っていた経験とは、かつて現代を舞台にした小説を意識的に書いた経験である。この小説はオクスフォード市によく似た街を舞台にしていて、オクスフォード市でよくみかけるような区域に話は展開し、わたしのまわりでみかけるような仕事や人物を描いたものだった。「わたしのまわりでみかけるような人物」と言ったが、それを考えたときにわたしはふと考えこんでしまって、先ほどの経験と重ねたのだった。というのも、もしあなた方が『第二世代』を完結した物語として読みなおしたら（これこそ、想像力にもとづく物語についてなにか論評しようとする人の大方がとるごくふつうの手続きだ）、ひとつの街のなかに一方に自動車工場、他方に大学があって、両者間に明確に対となった（いい関係とも悪い関係ともいえる）社会関係を読むだろう。またこの社会関係は人物たちによって具体化されており、したがって人物たちもそれぞれ個性的に描かれてはいるが、その対となった関係は社会的に象徴化されていると解釈するだろう。たとえばリベラル派の大学教授と労働者階級出の大学院生、労組の代表委員の夫と政治に目覚め知的好奇心旺盛の妻、ノンポリで家庭第一の工員とおなじく家庭が自分のすべてだと考える妻などである。わたしはこのような抽象的な型に人物たちを強引に当てはめることで、社会の問題を直視するための手がかりにしようとしていた。というのも、意識的な社会活動のなかではだれもその種の問題を思いつかないときに、こういうふうに人物たちは解釈できるし、場合によっては解釈しなければいけないことを示したかったからだ。もちろん先ほどからわたしが土台と呼んできたこと、これはとても強く意識していた。つまり自動車工場周辺の人びとと大学周辺の人びととのあいだに社会的、経済的そして文化的な対比が截然としてあることをつねに念頭に置いていた。執筆中のある重要な局面で、現実の生活はどのように営まれているか、わたしはもっと詳しく知りたいと思った。一方で自動車工場を訪れて、そこに働く人たちと話をし、他方でわたしにはよりなじみのある大学や政治グループをもっと目を凝らして観察した。しかしそれでも、実在する街にいていまここの状況をみていても、物語の土台は執筆の最初の段階とずっとあとの段階でしか意味をもつことはなかった。いわば下調べの段階と最終チェックの段階である。もちろん、いずれの段階もいま話しているよりはずっと複雑ではあったのだけれども。じっさいのところ『第二世代』のときには描きたい現実はすぐ近くにあったのに対し、いま取り組んでいる小説はずっとむかしの比較的知られていない過去をあつかっているのだけれど、ものを書く状況にさほど変わりはない。これはいったいどうしたことか。

その答えとしては、ひとつの感情構造が立ちあらわれてきたとしかわたしには言いようがない。この感情構造という言葉を、わたしはこれまで、ほかの作者の手による作品を分析するときに使ってきた。できあがった作品は知っていても、執筆されている過程についてはほとんどなにも知らないときに、その概念を使って作品を読んできた。たしかにむずかしい言葉だし概念だが、わたしの知るかぎり経験にもっともしっくり合う言葉だ。車工場や大学を小説の題材として意識するより以前から、わたしは父と子の関係を拡大して世代交代を描きたいと思っていた。前々から描いてみたい経験があった。その経験とは、愛すべき実の父親とその父とは全然ちがう「社会的な父」を同時にもつというものであった。社会的な父は、とくに社会が動きだし、なかでもとくに教育の仕組みが大きく変わりつつあるときに実の父親の機能の多くを受けもつ。そして社会がこれまでとはまったくちがう仕組みとなって、過去と断絶してしまった状況下で知識や経験、判断や価値を次世代に伝えるのである。父と子、教師と生徒、これらの関係はたがいに異なる次元に属しているけれども、まったく別の制度と社会のなかで、それぞれの父はそれぞれの知識や価値を子に伝える。その点では両者の関係はともにリアルだし、ときとして交じりあう。

『辺境』の場合、どちらの生活の営みや価値観を究極的に選びとるかを主題としながらも、比較的変動の少ない世界を舞台としていて、感情構造は『第二世代』と比べると単純だった。二作目では、この感情構造を継承しつつも、突如としてはるかに複雑な様相を呈してくる。そしてこの複雑さは母親像にやがて収斂していく。この母は知的好奇心が旺盛であるけれども息子のように明確な場所や役割が与えられない。そうなるとまったく別の母親像がどうしても必要になる。その結果、ケイトとマイラのふたりの母がハロルド、ロバート・レイン、アーサー・ディーンとさまざまな人間模様を形づくる。[6] その後わたしに起きたことといえば、作家ならだれでもよく口にすることで、ある特定の人物たちと彼らをとりまく状況がとても強く心に引っかかっていたということである。物語の土台はこうした状況が起きる前にもあったし、起きたあとにもありつづける。つまり、土台とは人物や状況をそこから切りとってくる素材などではなく、人物が生き、状況が生きられた場所そのものなのだ。

その人物たちが活き活きと浮かびあがってくるには、いま述べたようなことはどうあっても起きるものなのかもしれない。だからといって、そのプロセスを単純化して説明されてもわたしは納得しない。人物たち、もしくは「個々人」がたんに肉づけされて錬金術的に造形されたとか、理論的には反対の立場からの単純化だけれども、社会に実在する構造を作家が読みといて、それに形象を、つまり擬人化できる型を与えたと言われても、そうそう腑に落ちるものではない。わたしが感情構造と呼ぶものは、どちらの説明の仕方とも異なっているように思える。それは現実の深刻な関係が感じとられるように最初から強烈に感じとられるものであり、同時にひとつの構造を形成している。この構造こそが社会秩序の現実的な形態に対する個別的な反応であると思う。それはドキュメントとして記録されるというよりむしろ（とはいえドキュメントと矛盾するはずはないとわたしは考えるが）、私的な感情か公的なものか、個人的な経験か社会全体の経験か、そうした区別をあらかじめつける前に全体として総合的に理解されるのである。

さらにいうと、わたしが理解するかぎりこのプロセスは社会的エキスの抽出でもなければ、奇抜な連想ともちがう。社会編成《フォーメーション》、たえず形を変えつづける編成とも呼ぶべきものだ。人は身体で感じながらこの感情構造のプロセスに参加し、そのなかで自分も形づくられていることを実感する。そのため、一般論で考えても個別の具体例を考えても、想像力とふつう言われているものとはそれほど似ていない（「……かどうか想像する」だとか「……だと想定する」という表現に合わない）。むしろひとつの認識のようなもので、十分知る可能性はあるのだけれども、まだ知られていない対象との結びつきなのだ。

それでもやはり、感情構造は一方で人がいま現在くらしている社会に結びつき、他方で時間的に遠いところにある社会に結びつく際になにが起こっているかを考えると、双方に根本的なちがいがあると認めざるをえない。あたりまえのことだが、わたしたちの生活とは縁遠い営みを知りたいと思うと、このちがいを思い知らされることがよくある。たとえば名前すら与えられていない未知の土地を開拓するとき、人間はどのような営みをしていたのかとか、太古のむかしには今日とはまったくちがう人間関係があって、それが絶対的な規範だった時代に人間はどう行動したのかに思いをめぐらしては、ちがいに気づかされる。しかし、たんにちがいの認識にとどまらない。もっと具体的な話をしよう。太古のむかしにある狩猟集団もしくは家族がくらしを営んでいる。人びとは親密でたがいに深く愛しあっている。しかし集団の掟や食糧の不足のため、足に障害があって歩行が困難な男の子を捨てるか女の子を供犠に出さざるをえなくなる。[7] このような状況があったとして、その集団や家族を遠い見知らぬ世界の住人として感じるだけでは不十分である。実在した人びと、実在した状況として認識しなければならないのだ。もしかすると、これほど距離があるのだから、そんなことは無理かもしれない。それでも、わたしはいままで書いてきて絶対無理だと感じたことはなかった。感情構造が形成されるとき、わたしは自分がいまいる世界をこえていくのを知っている。さて、これと比べると程度は低いが身近のよく知った場所を舞台に現代のくらしについて書いているときでさえも、おなじことは起きているのだ。というのも、過去の人間であれ現在の人間であれ、いわば移動し対話を始めるのでなければ、それぞれが生きた時代に通用するごくふつうのかたちでこのプロセスを経験しなければならないように思えるからだ。人の営みについて一般論はいえるかもしれないが、活発で具体的な社会編成はいつもどこか別のところで起きており、一般論には収まらないように思えるのだ。そのプロセスの結果生まれたものは「想像の産物」と呼ばれるだろう。それに連想がじっさい生じたとしても、あくまで「想像上の」ことだとみなされるだろう。しかしその際に時制の問題がまた浮上する。なぜなら、ひとりの作家が未来を「想像」しようとするならば、あるいはよく言われるように新たに未来を「投影」しようとするならば、現在とはまったくちがうなにかがそこにかかわってくるからだ。

わたしは「未来小説」の形式に強い関心をいだいている。「SF」というもうひとつの大きな分野にも興味がある。もちろん最良の「未来小説」のことを言っているのだが、そのなかで起きていることは、エイリアンのくらしぶりや生活環境というかたちを借りて形成された感情構造だと思う。この感情構造は、日常を描くときに感じられる感情構造ととても似た構造をもっているとはいえ、しばしば突出している。日常を舞台に書いているときには、すぐそれとわかってなじみ深く、連想しやすい事柄で感情構造はすっぽり満たされてしまう。その場合、わたしたちの日常を描くことが物語の全構想のようにみえ、ときおりじっさいそのとおりになる。そうなると、わたしたちの日常は遠い土地を舞台にして見るもの聞くものが驚きの連続のSFの世界とは大きく異なっている。明らかにSFでは「想像力のおよぶ」射程が広く、わたしはそのことに敬意を払っているが、こうしたSF作品を書こうと真正面から取り組んだことはない。しかし、わたしはこれまで二度にわたって『マノッドのための闘い』と『活動志願者』〔一九七八年〕というふたつの小説で、書かれているじっさいの時点より先の未来に物語を設定したことがある。前者では未来の計画として、後者では（現在の状況にわざと合わない）行動として未来をもちこんだ。

まちがっているかもしれないが、わたしはこれらふたつのかなり趣のちがう小説にも、ふつう想像力と考えられるものにとても近いことが直接かかわっていると思う。つまり、作家は未来の時制をもつ作品を書く際、ある重要な局面で座って考えている。物語展開上のさまざまな可能性をとりまとめて並べてみている。さらに、いろんなことを宙づりにしたままで俗に「シナリオ」と呼ばれる構想を練っているのだ。宙づりと言ったが、この段階では個々の要素をまだ完全につかみきれていない（各要素がどこまで展開するかが未知数だからだが）段階で、この要素を投影しようかそれともあの要素にしようか迷いながら諸要素を頭のなかで組み合わせている最中であり、この要素をクローズアップしようかあれを後ろにまわそうかと迷っているので、どういった組み立てになるかはつまるところわからないからだ。投影され具体化されている構造は、外観は別次元の状況にみえても現行の構造をたいていは再生産しているだけだという意見は、もちろんよく耳にするし、じっさい多くの場合、作品に即して例証されている。瑣末な例をあげると、アメリカでよくつくられる物語に、ワシントンの大統領を通じて、それにニューヨークの企業を介して「惑星地球」がエイリアンに遭遇するといった話がある。現行の構造を再生産した物語は、もっとまじめな内容を盛りこんだものも含め数百とあるけれど、これはもっともわかりやすい一例にすぎない。読んでみてはじめて知る世界に読者はもっと驚かされる小説もある。たとえばハクスリーやオーウェルの小説を考えてみたらいい。しかし、そうした小説でさえ、現在を極端に解釈することに終始しているだけであって、極端さを消すか弱めるような要素はたんに省かれている。こう言ってもいいだろう。描かれるのは悲観的な現在であって、前向きで建設的な現在ではないと。

しかしながら、現在の再生産や解釈以外にほかの事例もあるようだ。ル・グィンの『所有せざる人々』（一九七五年）が一例である。これらの事例をよくよくみると、実現可能な未来について作家が慎重に考え抜いたらしい痕跡がある。それだけでなく作家の思索におそらくは先んじると同時に、それを引き継ぎながら、ひとつの感情構造があらわになっている。その感情構造は書いた作家の思索がおよぶ範囲にかぎられるが、独自の認知の形式になっている。『マノッドのための闘い』で起こりうるひとつの未来を描くにあたって、わたしは「現在」を遮断するSF固有のコンヴェンションをとらずにSFに通じる思考と議論とをいくらか取り入れてみた。つまり、将来計画のどんな組み合わせが未来に必要で、望ましいものなのか、そしてどのような経緯でそれら計画が歪められ頓挫するのか、さらにはこれらの計画がわたしたちのすでに経験したこと、知っていること、大切に思っていることとどのようにぶつかるのか、このいっそうやっかいな軋轢を描こうとしたのである。『活動志願者』でわたしはいくらか現在を遮断する手法を使ってみた。現在に照らして考えると、社会に広く認められている抽象的な価値はそれを実現する諸制度、価値を保証するたしかな諸制度があってはじめて維持されるものだが、仮にそのような諸制度を遮断した場合に価値が有効かどうかをひとつの行動を通して試してみた。書いていた当時は、これは近未来に起こりうることぐらいに考えていたが、時代設定や細部に手を入れればここで書かれていることは明日にでも起こりそうだという思いを新たにする。

じっさいに未来時制で書いてみると、現在時制や過去時制で書くときより想像力と呼ばれるもののごく自然な内実に近づくような気がする。書き手は話の展望に思いをめぐらし、なにかを投影し、先を予測しようとつとめ、形を思い浮かべる。この次元でのじっさいの作業ははっきりしている。もっと包括的で、いろんな発想をすぐにでも取り入れることができる。それに、まだごつごつと角があることがしょっちゅうである。また、ほかの時制ではよくみられるし、しかもふつう重要視される細かい描写や予期せぬ出来事も、未来時制では比較的まばらにゆるく書きこめばいい。言っておくが、わたしがこうした比較をしたからといって、どちらの時制が優れていると主張しているわけではない。時制がちがえば作業はまったくちがうものになる。しかしながら世俗的で政治的な文章から徹底して伝統的な文章、極端なまでに個人的な幻想や予知にいたるまで、すぐにそれとわかるような想定を現在や過去の時制で書く場合、この作業を想像力と呼び、未来時制で書く作業とまったくおなじプロセスを指す概念であるかのように言うことには問題がある。しかしながら想像力という言葉が日常で広い意味で使われていることを考えると、問題はもうすでに日常のなかにあるのだ。日常の用法を考えると、五感では感じることのできないなにかを心に思い浮かべることは、一方で未来について書くことやさまざまなタイプの空想に対応している。他方、それは言語的には共感の意味にもなりうる。つまりわたしたちが漠然と知っている状況だが、内面の働きを通してのみ知ることのできる状況へと感情的に身を置くことをも意味する。この後者の意味はすでに名前を与えられ、注意深く知られてもいる状況のなかから、ひとつの感情構造があらわになりそれにわたしたちが突き動かされるという考え方に近いように思う。ともかくも想像力という言葉はいま述べたふたつのプロセスを指すものとして使われるが、いずれの使われ方をしても、現実にあるリアルなプロセスはさまざまである。そうしたちがいのなかでもっとも重要なちがいは、こと書くことにかんするかぎり現実のリアルな緊張《テンス》（時制）に対する根本的な態度のちがいだとわたしは思う。

ひとつの文化のなかでは、リアルな知識と呼ばれるものが大まかに想像と呼ばれるものより優先される時期がときとして訪れる。イメージが大切な現代の政治とビジネスの世界には、お抱え商人の役割を果たす小さな専門職が氾濫しており、よくよくみれば再生産と売りこみのプロセスを単純化し、合理化しているだけなのに、想像力と独創力を派手に謳い文句にしている。このような世界に生きるわたしたちにとって、じっさいなにが起きているのか、しっかりと地に足をつけて事実を見極めることが最優先課題となる。そうなると、タカ派現実主義者たちの主張がすべて通ってしまう。再軍備と大量失業の世界で、彼らが主張することすべてがもっともだと思ってしまう。さて、それでもタカ派現実主義者、なかでももっとも説得力のある見解が困難を抱え、頓挫してしまう場合があって、そんなときにかぎってわたしたちは興味津々となる。するとタカ派現実主義者はすぐさま、買収されたイメージメーカー屋が悪い、豊かさと権力への関心を広める広告塔たちが悪いと敵視しはじめる。こうした表面の綱引きにもかかわらず、社会の深いところでは明らかに別の力が胎動している。その力に手を伸ばしてふれ、認識し具現化するのは、おそらくすべてのプロセスを見渡そうとする想像力だけだろう。わたしたちはこれに気づいたとしても、依然としてどの時制にするかで悩んでしまう。つまり、わたしたちを導きいまもとらえている感情構造をあらためて知るべきなのか、それともわたしたちが全霊を込めて想像し、生きてみたいと切望する別の社会、新しい未来の姿をあらためて探すべきなのか、そこのところでいつも躊躇してしまう。社会にはほかにもたくさんの種類の文筆活動はあるだろう。しかしいま、過去と現在と未来をつなぐ文筆もあって、それはわたしたちの多くの身辺に迫り寄っては感情構造を理解しろ、試してみろと挑発するのだ。

（一九七八年）

訳注

〔1〕シェイクスピアの『真夏の夜の夢』第五幕第一場、シーシュースの台詞。それにつづく「実体のない……」の引用もおなじ場面からの引用。

〔2〕ヘンリー・ホーム（ケイムズ卿）（Henry Home, Lord Kames, 1696-1782）はスコットランドの法律家、哲学者。本文中の「想像力」の語を含む引用はホームの『批評の要素』（*Elements of Criticism*, 1762）の「付録」第四十節より。

〔3〕出所はチャールズ・ダーウィンの『人間の進化と性淘汰』（*Descent of Man and Selection in Relation to Sex*, 1871）の第三章「人間と低次の動物との知能の比較」（Comparison of the Mental Powers of Man and the Lower Animals）より。

〔4〕『辺境』（*Border Country*）は一九六〇年の作。日本語版は小野寺健訳（講談社、一九七二年）で読むことができる。『第二世代』（*Second Generation*）は一九六四年、『マノッドのための闘い』（*The Fight for Manod*）は一九七九年の作。

〔5〕絶筆となったウィリアムズの三部作小説『ブラック・マウンテンズの人びと』（*People of the Black Mountains*）のこと。第一部はウィリアムズ没後の一九八九年に、第二部は一九九〇年に出版された。ウェールズのブラック・マウンテンズを舞台として、ノルマン征服よりはるかに太古からの人間集団の生の営みを描いた。

〔6〕主人公ピーターの母がケイトで、父ハロルドの弟グウィンの妻がマイラである。ロバート・レインはピーターの指導教官で、「社会的な父」の役割を果たす。アーサー・ディーンはリベラル派で知られる大学教授で、ケイトと不倫関係に陥る。

〔7〕ここでは『ブラック・マウンテンズの人びと』の第一巻第一話、氷河期末期の狩猟民の物語について言及している。

SFとユートピア小説のあいだには多くの緊密で明確なつながりがあるが、これらのどちらもよくよく調べてみれば単純な様式ではなく、両者の関係は格別に複雑なものである。ユートピア小説に分類される小説を分析してみると、以下の四つの類型に分けられるだろう。

（a）楽園もの。より幸福なくらしがどこか別の場所で営まれている様子が描かれる。

（b）外部から変更を加えられた世界。新たなくらしが思いがけない自然の出来事によってもたらされている。

（c）意図された変容。新たなくらしが人間の努力によって達成されている。

（d）技術による変容。新たなくらしが技術上の発見によって可能になっている。

もちろん、これらの類型が重複することは明らかである。じっさい（c）と（d）のあいだの重複と、しばしば起こる混同はとりわけ重要だ。これらの類型を明確に理解するひとつの方法は、それぞれの類型の逆を考えてみることだ。つまり、いま一般に「ディストピア」と呼び慣わされているような反対項である。それを考えてみると次のようなものが出てくる。
（a）地獄。より悲惨なくらしがどこか別の場所で営まれている様子が描かれる。
（b）外部から変更を加えられた世界。新たな、しかしより不幸なくらしが思いがけない自然の出来事によってもたらされている。
（c）意図された変容。新たな、しかしより不幸なくらしが社会の退化や有害な社会秩序の出現や再出現、または社会改良の努力が引き起こした思いがけない破滅的な帰結によってもたらされている。
（d）技術による変容。技術革新によって生活状態が悪化してしまっている。
ユートピア的様式の前もって与えられた定義というものは存在しえないから、まずはこれらのディストピア的な機能のどれをも排除することはできないが、ただ（c）と（d）においてディストピア的な機能はもっとも強く、（b）では認識可能な程度で、（a）ではユートピアへの否定的な反応が相対的に自律性をもった宿命論や悲観にとってかわられるのがふつうであり、ほとんど看取はできなくなる、ということは明らかである。こういった特徴は、ユートピア小説の肯定的な定義にいくぶんかは正確に一致するものであり、それが示唆するのは社会の変容という要素のほうがより一般的な他者性の要素よりも重要かもしれないということである。これをSFの一般的なカテゴリーへと拡張していくと次のようなカテゴリーが得られる。
（a）楽園または地獄が科学・技術上の発展（宇宙旅行）または疑似科学的発展（時間旅行）によって発見または到達される。だがそうした発展には道具としての機能しかない。つまり旅行の様式によって発見される場所の性質が左右されることはない。その発見が宇宙旅行でなされようが海洋の航海によってなされようが、小説の類型が変わることはほとんどない。旅行よりも場所に重きが置かれる。
（b）外部から変更を加えられた世界は自然の出来事についての科学的な理解の進展を文脈として語られ、

解釈され、予言される。これもまた道具的機能しかもっていないだろう。古い大洪水の物語に別の名前がついただけだ。だが科学的知識の増大という要素がこの類型の小説では重要になる。それが支配的にさえなるかもしれない。たとえば人間の歴史における自然法則の強調である。自然法則はふつうの人間のものの見方《パースペクティヴ》を決定的に（そしてしばしば破滅的に）変更してしまう。

（c）意図された変容は科学的精神によってもたらされたものと理解できる——それが世俗性と合理性というもっとも一般的なものであろうと、あるいはそういった性質と、その変容を可能にし、変容した状態を維持することを可能にする応用科学との組み合わせであろうと。そうではなく、おなじ衝動が否定的に価値づけられることもありうる。つまり「現代科学」の蟻塚すなわち専制政治というふうに。どちらの様式であろうとも、この否定的評価は科学的精神と応用科学の社会的な作用因《エイジェンシー》という問題を開いたままにしてしまう。ただし、この類型を（d）の類型と区別するのは、明示的であれ暗示的であれ、なんらかの社会的作用因を含みこむことなのだが（たとえばある階級による別の階級の転覆など）。また（c）の類型のなかには、次のような重要な事例があることは注記しておかなければならない。すなわち、まず社会的・政治的（さらには革命的）変容に主要な力点が置かれるのに対して、科学的精神と応用科学が従属的な地位に置かれる、またはたんに関連づけられるにすぎないという場合。または科学的精神と応用科学が社会的・政治的な変容に対して中立的であるという場合。この場合には変容は独自に進んでいくか、もしくは現状を診断するうえでの重要な役割を果たし、応用科学は、そして頻度はかなり減るものの科学的精神は積極的に制御され、変化させられ、実質的に抑圧されて「より簡素な」「より自然な」生活様式への意図的な回帰がおこなわれる。この最後の様式においては、かなり進化した「非物質的」科学と「原始的」経済との魅力的な結合がみられる。

（d）技術による変容は応用科学と直接の関係がある。それはよかれ悪しかれ新たな生活を生みだしてきた新たな技術である。より一般的な技術決定論におけるように、そこには社会的な作用因はほとんどないか、まったくない。それでも技術による変容は一定の「不可避な」社会的帰結をもつものとして説明されるのがふつうである。

こうして、現代のユートピアとディストピアの著作を論じる予備作業としてユートピア小説とSFとのいくつかの重要な関係をより明確に記述することができる。ユートピア小説とSFの範疇を、両者がだいたい同一になるまで拡張していきたい誘惑にかられる。たしかに、他者性の表象がこのふたつの範疇を結びつけているように思えるし、それはふつうの「リアリズム」との不連続性の要素から決定的な力点が生みだされるような欲望の様式または警告の様式である。だがこの不連続性の要素自体、根本的に変化しやすいものなのである。じっさい、厳密な意味でのユートピア小説またはディストピア小説においてもっとも注目すべきことは〔リアリズムとの〕連続性、または暗黙のつながりなのであり、これらの小説の形式はその連続性を体現することが意図されている。こうして、ふたたび四つの類型を検討してみると、ユートピア的著作とディストピア的著作を定義するようにみえる決定的に重要な区別をすることができる（これらの区別のいくらかは、SFと、たんに形式的に同一グループに分類されるより古くいまでは残滓的な様式とのあいだの区別という、また別の問題に関係してくる）。

（a）楽園と地獄はまれにしかユートピアやディストピアにならない。それらはふつう魔術的または宗教的な意識の投射であり、本来的に普遍的で無時間的なもので、したがって想像可能なふつうの人間の、または世俗的な生活のいかなる条件をもこえたものである。そういうわけで〈地上の楽園〉も〈祝福された島々〉も、ユートピア的でもSF的なものでもない。堕落以前の〈エデンの園〉は、キリスト教のいくつかの宗派では潜在的にユートピア的である。それはキリストによる贖罪によって達成しうるからだ。中世の〈逸楽《コケーニュ》の国〉[1]は潜在的にユートピア的である。それは現世での人間のありうる状況として想像できるし、じっさいにそう想像されたからだ。SFにおける楽園的な、または地獄のような惑星や文化は、ときにはたんなる魔術もしくは幻想である。つまり、それは外来的なさまざまな形態をじっくりと仕組んで、そしてときにはセンセーショナルなかたちで提示するものだからである。それ以外の場合には楽園と地獄は潜在的にユートピアまたはディストピアになるが、それは既知のもしくは想像可能な人間的・社会的要素とどの程度つながりがあるかによって、またどの程度その延長上にあるかによって変わってくる。

（b）外部から変更を加えられた世界はユートピア様式もしくはディストピア様式に届かないか、そうでなければそれをこえてでしまう典型的な形式である。描かれる出来事が魔術的に解釈されるか、それとも科学的に解釈されるかは、ふつうこのことに影響をおよぼさない。共通の強調点は人間の限界、さらには人間の無力さにある。その出来事はわたしたち人間を救うか、そうでなければ滅ぼすのであり、わたしたち人間はそういった出来事の力が加えられる対象なのである。ウェルズの『彗星の時代』[2]においては、その結末はユートピアへの変容に似たものではあるのだが、作用因《エイジェンシー》を排除している点が大きく異なる。SFに属するほかの事例のほとんどは、明示的にではあれ潜在的にではあれディストピア的である。自然の世界は人間には制御できない力を発揮し、あらゆる人間の達成に限界をもうける、またはそれを無化してしまう。

（c）意図された変容は典型的に、厳密な意味でユートピア的またはディストピア的な様式である。

（d）技術による変容は作用因から道具性へと切りつめられたユートピアまたはディストピア的な様式である。事実これが厳密な意味でユートピアまたはディストピアになるのは、社会的には意識された願望または意識された警告として機能するような変容の帰結のイメージとして使われる場合である。

「科学的」と「ユートピア的」

「ユートピア的」社会主義と「科学的」社会主義という、エンゲルスによる区分以上に影響力のある対立はこれまでなかっただろう[3]。現在この区分がより批判的にみられているとしたら、それは「歴史的発展の法則」の科学的な性質が、そのような科学の概念自体がユートピア的なものとみなされるような地点まで用心深く疑問視されたり懐疑的に拒絶されたりしているからだけではない。それはまたユートピア的な思考そのものの重要性が再評価されているからでもある。ユートピア的思考は欲望のむかう先を指し示す重要な指標であり、それなしではさまざまな法則でさえも、あるかたちにおいては不完全で、別のかたちにおいては機械的なものになってしまい、そうした法則に方向性と内実を与えるためには欲望の存在が必要になると考える人たちがいるのだ。このような批判的な反応は理解することはできるが、それはユートピア的な衝動を、ユートピア的なものの歴史の上でじっさいにそうであるより単純で単一的なものにしてしまう。じっさいユートピア的な状況、ユートピア的な衝動、そしてユートピア的な帰結が変わりやすいことはユートピア小説の理解にとっては決定的に重要なのである。

　このことは古典的な対照のひとつ、すなわちモアの『ユートピア』とベイコンの『ニュー・アトランティス』とのあいだの対照に見てとることができる[4]。このふたつの作品はそれぞれ人間主義的《ヒューマニスト》なユートピアと科学的なユートピアを示しているととらえるのがふつうであろう。

あらゆるよき流儀と人間性、そして折り目正しい礼儀正しさのすばらしい完成。

（モア、最初の英訳版より、一五五一年）

わたしたちの基礎的な目的は、事物の原因と隠された運動を知ることと、人間の帝国の領土を、あらゆることがじっさいに可能になるまでに押し広げることだ。

（ベイコン、一六二七年）

このふたつの小説《フィクション》は意図された全体的な変容と、技術による変容とのあいだの差異を例示していると言って異論は出ないだろう。また、人びとが多様な生き方をして異なる感情をいだくような共和国《コモンウェルス》をモアが想像するのに対して、ベイコンは高度に専門化され、不平等であるけれども豊かで効率的な社会秩序を想像するという点にも異論はないだろう。しかしこのふたつの作品をじっくりと比較すると、そこには別の水準もある。その場合、このふたつの作品は自由な消費のユートピアと自由な生産のユートピアという対立のほぼ両端に位置しているようにみえるのだ。モアの島は協同的な生計〔自給自足〕経済であり、ベイコンのそれは専門化された産業経済である。このふたつは永久に交代してゆくイメージであり、一方から他方への振幅は、社会主義のイデオロギーと進歩的なユートピア主義において歴史的に非常に重要なものである。じっさい、現代の社会主義思想の歴史をモア的な協同主義の簡素さとベイコン的な自然の支配とのあいだの振幅という観点から書くこともできるだろう。ただし、もっとも意味深い潮流はこのふたつのあいだの無意識的な融合である。しかし現在わたしたちが永久に交代してゆくイメージとしてとらえているものは、いずれも具体的な社会と階級の状況に根を張ったものだ。モアの人間主義《ヒューマニズム》は深いところで薄められている。モアの憤りは搾取し独占する地主にむけられるのと同様に、小うるさく金遣いの荒い職人たちにもむけられる。彼が社会的に同一化しているのは小事業主である。彼の考える法は労働を規制し、保護をするが、同時にまた労働を強制しもする。モアの人間主義が薄められているのは、それが静態的だからでもある――それは老人たちによる、賢明ではあるが安全なところに身を置いたところからの規制なのだ。そうするとモアの人間主義は、社会的には没落階級の状況を、相対的には人間的であるが恒久的な均衡へと一般化して反映したものなのである。ベイコンの科学主義もまたおなじように薄められている。実験と発見による科学革命は社会を道具とみなすものの見方では企業の研究開発になってしまう。人間の帝国の領土を押し広げることは自然を支配することだけではない。それはまた、ひとつの社会の想像としては攻撃的で独裁的で帝国主義的な企図でもあり、つまりそれは勃興する階級を反映するものなのである。

十九世紀のさまざまなユートピア

わたしたちは欲望を抽象化してはならない。欲望とはつねに、それを具体的に駆動する状況における、なにか具体的なものに対する欲望なのである。十九世紀後半の三つのユートピア小説を考えてみよう。すなわちブルワー＝リットンの『来たるべき種族』[5]（一八七一年）、エドワード・ベラミーの『かえりみれば』[6]（一八八八年）、そしてウィリアム・モリスの『ユートピアだより』[7]（一八九〇年）である。

『来たるべき種族』は、ある水準では技術による変容の様式の明白な事例である。地中に住むヴリル・ヤ族が文明を保持できているのは、電気や磁気をこえる万能のエネルギー源ヴリルを所有しているためである。ヴリルを所有していない外側の地底人たちは野蛮人だ。事実ここでは技術とはすなわち文明なのであり、風俗や社会関係の改善は厳密に技術のみにもとづいている。かくしてもたらされる変化とは、労働の遊びへの変化、〈国家〉の解消、競争的で攻撃的な社会関係の実質的な非合法化である。しかし、そこには明らかな影響の痕跡はあるけれども、社会主義やアナキズムのユートピアではない。それは貴族の社会への態度がいまやヴリルの技術決定論によって一般化され、地代や生産の現実から切り離されて理想化され投射されたものなのである。その相補的な性的・家族的な関係の解放において（じっさいはそれも、女性と男性の相対的な大きさと役割を単純に逆転させることによって、表向きは強調されつつも薄められたものになっているけれども）、モアのヒューマニズムにおいてそういった関係が硬直したものになっているのとは鋭い対照をなしている。しかしその解放は、貴族的なものの投射と一体なのである。それは（似たような貴族的特権を前提とする、のちのファンタジーものとおなじように）個人的ならびに性的な諸関係をケア、庇護《プロテクション》、維持《メンテナンス》、安全《セキュリティ》といった問題から切り離すことだ。そうした問題はヴリルの存在によって不要になってしまった。豊かさが解放をもたらす。それとは対照的に地上の世界の貪欲、攻撃性、抑圧性、荒々しさ、卑俗さは——重要なことにその世界は資本主義とデモクラシーの両方の世界であるのだが——簡単に位置づけることができる。そういった性質はヴリルの、したがってヴリル・ヤ族なしの世界に生じるであろうと予期されるものなのだ。じっさい、このヴリルがマシュー・アーノルドのほぼ同時代の著作『文化と無秩序』[8]における〈文化〉とほとんど意味が重なるような瞬間がある。アーノルドの精神的貴族、現実の諸階級をすべて超越する精神的な力は、アーノルドが述べたような時間のかかる努力なしでヴリルの特性によって魔法のように達成されるのである。それぞれそこには願望が存在するのだが、それはなにを求める願望であろうか。それは諸階級によって構成されたせわしなく闘争する社会を超越する、文明化する変容への願望である。

ただし、『来たるべき種族』についてさらに述べておくべきなのは、この願望が畏怖に、そしてさらには恐怖に彩られていることである。作品のタイトルは、この時代からユートピア小説に新たに利用可能になった進化という次元を導入している。ヴリル・ヤが地上にやってくれば、彼らはより高度でより強力な種として単純に人間にとってかわるであろう。主人公がこれを恐れるのは、彼が非ヴリル族の人類であるからというだけではない。小説の終盤になると主人公の思考は、のちにハクスリーの『すばらしい新世界』[9]でかくも明確に耳にすることになる響きをたたえることになる。すなわち、人間の産業《インダストリー》がヴリルにとってかわられることで、なにか価値があり決定的でさえあるものが――ここでは独創力や創造力といった言葉がちらつくが――失われてしまった、というものだ。この疑問は、技術によるユートピアにとりつくことになる疑問である（その一方で、十九世紀社会にもどってみると、ある企業家が独自の近道をとった。ブルワー＝リットンの小説に想を得て、彼はボヴリルと呼ばれる牛肉エキスで財をなしたのだ〔10〕）。

ベラミーの『かえりみれば』は、未来の変容した社会生活を描くというその中心的な意味でまごうかたなきユートピア小説であるが、この作品は重大な意味において欲望の欠けた作品である。このユートピアの衝動はそれとは異質であり、その圧倒的な合理主義と決定的で全体的な組織の、その本来的な制度のうえでの対応物は〈国家独占〉資本主義なのであり、それは避けようもなく訪れる「人間の産業的・社会的発展における次の段階」である（ここでの産業的と社会的という形容辞の順序は決定的に重要である）。この想像《ヴィジョン》というよりは予測は、社会主義の擁護であると広く受けとられてきたのだが、そのことはベラミーの時代の主要な潮流を示しているだろう。その潮流はフェビアン主義に関係づけられうるものであるが、また同時に正統的マルクス主義の主要な思潮とも関係する。すなわち、社会主義を経済組織の次の高次の段階とみることであり、それはそのもっとも一般的なかたちの場合を除いては、大いに異質な社会関係や人間の動機をめぐる圧倒的な問題としてとらえられる命題なのである。モリスによるベラミー批判は、功利主義的な社会モデルに対するいわゆるロマン派的な批判、より適切な言葉を使うならラディカルな批判をほぼ正確に反復している。「根本的な欠陥は……この本の著者が社会の機構しか理解できていないということである〔11〕」ということだが、これはまさにカーライルの「時代の兆候〔12〕」以来の伝統において主張されてきた論点である。モリスの十全たる応答は『ユートピアだより』であるが、この作品を検討する前に、最近ミゲル・アバンスール〔13〕がパリ大学に提出した論文「社会主義＝コミュニズム的なユートピアの諸形態」で述べたユートピア的著作の歴史についての決定的に重要な論点を導入しておかなければならない。

体系的《システマティック》な未来と発見学習的《ヒューリスティック》な未来

アバンスールはユートピア様式における重要な時代区分をしており、それによれば一八五〇年以降、オルタナティヴな価値観のより開かれて発見学習的な言説への変化があったという。E・P・トムスンは「ニュー・レフト・レヴュー」第九十九号（一九七六年）でアバンスールを論じて、後者の様式を「欲望の教育」と解釈している。[14] この様式を強調することは重要である。というのも、「意図された社会変容」の様式のいくつかの例がいかに肝心なところで「技術による変容」の様式へとずらされうるものであるか、対照によってよりはっきりとわかってくるからである。そのようにしてずらされた「技術による変容」の様式においては、技術はたんに驚くべき新たなエネルギー源や、そういった種類の産業的な資源にとどまるものではなく、一連の新たな法律、新たな抽象的な財産の諸関係、つまりじっさいのところまさに新たな社会機構であってもよいのだ。しかし、このように述べて、新たな価値観や反応の実質的な内容が制度にはあまり注意がむけられないかたちで反映された、より発見学習的な様式の対照的な価値を認めたところで、その変化を、それが起こった歴史的状況へと関係づけて考えなければならない。というのも、ある様式から別の様式への変化には肯定面と否定面の両面がありうるからだ。オルタナティヴな社会の全体を想像することはたんなるモデルの構築ではないし、それと同様に新たな感情や諸関係を想像することはかならずしも社会に変容をもたらす反応であるわけでもない。逆説的ではあるが、オルタナティヴな社会の全体はふたつの明確に異質な社会状況のどちらかから生まれる。ひとつは社会的な自信の状況、勃興する階級の雰囲気であり、その階級は現存する秩序を自分たちが乗っ取ることができるということを詳細にいたるまでよく知っている。そしてもうひとつは社会的な絶望の状況、没落する階級または階級の一分派の雰囲気であり、その階級は〈地上〉が地獄であるがゆえに新たな楽園を創造しなければならない。より開かれているが同時により曖昧模糊とした様式の基礎はこのどちらともちがう。それは変化が起きつつある社会ではあるが、支配的な社会秩序そのものの管理のもとで、またその枠組みのなかで主要な変化が起こっている社会なのである。そのような瞬間はつねに実質上のアナキズムにとって実りの多い瞬間である。それは支配、抑圧、操作をどこまでも拒絶するという点では肯定的であり、構造、連続性、物質的な制約を意図的に無視するという点においては否定的である。そうすると体系的《システマティック》な様式は、専制か社会の崩壊かといった状況に対する反応であることが多く、それと対照的に発見学習的《ヒューリスティック》な様式はおもに抑制された改良主義への反応であることが多いようなのだ。

　そしてこれは、どちらがよりよいとかより強力であるかと尋ねるような問題ではない。発見学習的なユートピアは支配的な気分に対抗する力強いヴィジョンを提示するし、体系的なユートピアは、世界はほんとうに変わりうるのだという強力な信念を提示してくれる。同時に、発見学習的なユートピアには、孤立して最終的には感傷的にもなる「欲望」へと引きこもりうる、疎外されたままに生きる様式へと引きこもりうるという弱点があり、その一方で体系的な様式はあまりにも組織を強調しすぎるので、なんらか認識可能な生活の余地をほとんど残さないという弱点をもつ。こういった長所や弱点は当然、それぞれの様式に属する個々の作品によってちがってくるが、それらが書かれた時代においてだけではなく読まれる時代においても決定的に変わってくる。これらのそれぞれの様式は混成的なものであるのだが、その性格は、それらの跡を継いだ二十世紀のディストピア小説の性格と大いに関係がある。というのもユートピア的な様式についての現代の中心的な問題とは、その様式の構造の内部にあってザミャーチンやハクスリー、オーウェルといった作家への——そして一世代にわたるSF作家への——独特な反転がどうして起きたのか、という問題だからである。

『ユートピアだより』

さて『ユートピアだより』を読まなければならないのは、まさにこの視点《パースペクティヴ》においてである。この作品は寛容であるけれども感傷的な発見学習的《ヒューリスティック》な変容であるとふつうは診断され、批判されてきた。そしてこのような批判は、この作品でふつう記憶にとどめられやすい箇所についてはかなり正しい。視覚的な細部における中世趣味や夏の川辺の美しい人びとの情景は、なるほどと思わせる鷹揚に開かれた親切な態度やゆったりとした協同の精神から、たしかに切り離せないものではある。だが、こうした特徴はこの形式のなかでは残滓的なものなのである。ユートピア人〔モア〕、フウィヌム[15]〔スウィフト〕、ヴリル・ヤはモリスの未来人をみて、相互扶助が広く浸透しているという点が大きなちがいではあるものの、少なくともいいとこくらいには感じたであろう。しかしモリスの作品において萌芽しつつあるものは、そしてわたしにとって『ユートピアだより』のもっとも強力な部分だと次第に思えるようになってきたのは、ユートピアに移行した経緯を挟みこんでいるという決定的に重要な点である。ユートピアは発見されたり、偶然に行きあたったり、予知されたりするものではなく——またさらには、形式上の約束事《コンヴェンション》というもっとも単純な水準を別にすれば夢見られるものでさえもなく——勝ちとられるものなのである。著者や読者とこの〔ユートピアの〕新たな社会状態とのあいだには混沌、内戦、そして苦しく緩慢な再建の期間がある。そのすべての終わりにやってくる甘美でこぢんまりした世界は、結果でありまた同時に約束＝希望《プロミス》なのである。闘いが勝ちとられたあかつきに「平和とやすらぎに満ちた日々[16]」がもたらされるという確信なのだ。

モリスは、そしてさらにはモリスが想像した世界でさえも、ときにはこの避けて通れない一連の出来事に直面するに足るほどの力をもっていた。しかしユートピアがたんなるオルタナティヴな世界であるだけでなく、つまり耐えきれない現在の暗闇に光を投げかけるだけのものではなく、何世代もの苦闘と熾烈で破壊的な闘争の果てにあるものならば、その視座《パースペクティヴ》は必然的に変更を加えられるであろう。〔従来のユートピアの場合は〕宗教を過去のものとする観点から調和のとれた共同体を想像し、啓蒙主義的な理性の強調によって平和で豊かな秩序を描きだしていたのだったが、そうした見方がトンネルのむこうから射す光に、甘美なる約束に置きかえられる。もしくは少なくとも変形させられる。その光や約束が長年にわたる革命の準備と組織化にむけての努力と原理と希望を支えてくれる。この変化は真の転換点である。ユートピアへの道筋が道徳的な救済や理性的なものの言明の問題であったときには——つまり高次の秩序に属する光がつねに存在する可能性を照らしだすというようなときには——ユートピアの様式そのものは、避けようもない闘争と解決という現代の様式とは根本的に異質だったのである。

「変化のいきさつ」〔第十七章〕と「新しいくらしの始まり」〔第十八章〕というモリスのふたつの章は力強く説得力がある。「かくして、ついに、そして徐々に、わたしたちは仕事のなかに喜びをもてるようになったのです」[17]。これは改良主義の見方ではない。改良主義はその精神において根本的な闘争や難局を避けようとするものであり、より古いユートピアの様式に近い。そうではなく、これは革命の視座、それも武装闘争だけではなく、新たな社会関係や人間の感情の長くて平坦ではない発展をも意味する革命の視座である。それらが発展してきたということ、そして長く困難な企てが継続されてきたということが決定的に重要である。それは夢から構想《ヴィジョン》への移行なのだ[18]。しかしそうすると、その獲得された新たな社会状態というのは、少なくとも闘争のあとの休息であるというよりは——つまり長くつらい一日のあとのゆったりとした静かな夕べであるというよりは――なんらかの解放された新たなエネルギーと生命でもあるのではないかと尋ねるのが理にかなっている。ヴィクトリア朝末期の休日の雰囲気が、なんらかの機能《ワーキング》している社会の複雑性、多様性、日常的な物質性を無効化してしまう。時間夢想者《タイム・ドリーマー》である主人公が、自分が消え去ろうとしているのに気づく場面、彼が古い教会での祝宴の様子を眺める場面での感情は非常に複雑なものだ。中世の慣習が心安らぐかたちで想起され（「中世の時代の教会の酒宴《チャーチ・エール》」）[19]、自分はこの新たな生活に属することはできないという心をねじ切られるような悔恨が語られ、さらに生活の重荷が取り去られたこの世界が断然よいものだと認めているのにもかかわらず、活動的でせわしなく、どこまでも活力に満ちた精神がこの幸福な世界にうんざりしてしまいそうだという印象を記録しようとする衝動もそこには混じっているのかもしれない（この衝動はたんに古い慣習から抜けきれないからだけなのだろうか）。もっとも、その印象は「わたしたちの幸福でさえ、あなたをうんざりさせてしまうことでしょう」[20]という未来からの声のかたちで示されている。これは異質な欲望や衝動が交ざりあい、混乱した瞬間である。コミュニズムへの渇望、休息への渇望、そして緊急で、複雑で、精力的な活動への献身《コミットメント》といったものの交ざりあいだ。

闘争とディストピア

ユートピアがもはや離れ島や新たに発見された場所ではなく、わたしたちのなじんだ国が具体的な歴史的変化によって変容したものになるとき、想像された変容の様式は根本的に変化している。だが歴史的な作用因《エイジェンシー》は、モリスの場合のように革命だけとはかぎらない。それはウェルズにおけるようになんらかの近代化を進める、もしくは合理化を進める力でもあった。すなわちサムライ[21]の前衛党、科学者の、技術者の、技術の革新者の前衛党である。初期の合理主義的ユートピアは、オーウェン流にそれを採用すると宣言するだけでよかった。理性にしたがうならそれは不可避だからである。ウェルズは民衆による革命は拒否しながらも、なんらかの作用因が必要だとみていたという点において彼の時代に属する人間であった。そして彼が選んだ作用因――一種の社会工学に急速に発展する技術を加えたもの――と到着地点、すなわち清潔で整然としており、効率的な計画された（統制された）社会との組みあわせは説得力がある。これを現在の目から豊かな国家資本主義や独占社会主義などとみることは簡単である。じっさい、そのようなイメージはこれまで文字どおり多く喚起されてきた。しかしまたわたしたちは、モリスとウェルズを同時に念頭に置きつつ、社会主義運動そのもののうちに、そしてじっさい革命的社会主義のうちにさえも根本的な緊張関係をみることもできる。というのも、ウェルズの前衛党以外にも前衛党は存在するのであり、スターリン流の官僚的な〈党〉、つまり技術と生産によって基本的に定義されるような未来をつくりだす〈党〉はウェルズとつながりがあるというだけではなく、モリスやマルクスの革命的社会主義とは根本的に区別するべきだからである。後者においては産業資本主義の専門化がもたらす分断、都会と田舎、支配者と被支配者、行政管理者と管理される者のあいだの深い分断を超越する新たな社会関係と人間関係が最初から中心にある主要な目的だからだ。現代のさまざまな潮流の複雑な絡まりあい――つまり効率的で豊かな資本主義に対する以前の資本主義の貧困や無秩序、その両方の段階における社会主義に対する資本主義、そして社会主義そのものの内部における資本主義への只乗りをする修正主義者たち、中央集権を進める社会工学者たち、そして革命的民主主義者たちとのあいだの深い亀裂、こういったものの複雑な絡まりあい――のうちにこそ、わたしたちはディストピアの様式を考えねばならず、それは理論的ならびに実践的にこのように非常に複雑な条件下で書かれ、そして読まれているのだ。

このようにみてくると、ハクスリーの『すばらしい新世界』（一九三二年）は、ウェルズ流の合理性に革命的社会主義の名称・語句をどす黒く混ぜあわせた代物を流動的で豊かな企業資本主義という特殊な文脈のなかに投影した作品であることがわかる。このような表現は混乱しているように聞こえ、じっさいに混乱しているが、この混乱こそが重要である。これは二世代にわたるSFにみられる正真正銘の混乱＝混同なのであり、それが強力なディストピア様式で表現されたものなのだ。「〈共同体《コミュニティ》〉〈同一性《アイデンティティ》〉〈安定性《スタビリティ》〉」が『すばらしい新世界』の〈国家〉のモットーである。これらの理想をユートピア様式へとさかのぼってたどってみれば興味深いであろう。疑いなく安定性という理想は強い意義をもっているだろう。ユートピアのさまざまな類型のほとんどは、達成された完成の状態もしくは自己調整する調和の状態として安定性を強調してきた。ハクスリーはそこに抑圧、操作、出生前の条件づけや麻薬による気晴らしといった具体的な作用因をつけくわえる。西洋のSFはこういった作用因をつくりあげることにかけては非常に長けていた。なんだかんだいって利用できるモデルは手近にそろっていたのである。〈安定性〉は〈同一性〉へとそれとなくずらされていく。つまり、安定化されたモデルに合致するような人間の類型をつくりだす。しかし決定的なことだが、これはいくつかの事例においては前提とされ含意されはしていても、けっして明確にはユートピア的な様式ではなかった。全体的に調和した状況の内部での変化の可能性と自律性は、たしかにユートピアの主要な特徴である。しかしいまや、消費資本主義と独占社会主義の圧力のもとでこの様式は破綻してしまった。のちのリアリズム小説の段階におけるように自己実現や自己充足は関係をもつことや社会のなかに見いだされるのではなく、離脱に、逃避に見いだされるのだ。〈野蛮人《サヴェッジ》〉〔22〕の道、のちのリアリズム小説の数限りない主人公のように古い場所、古い人びと、古い家族から逃避する道であり、またSFの数限りない主人公のように機械や都市、制度から逃避して荒野へとむかう道である。

　とはいえ最後の、そしてもっとも問題含みの皮肉がある。つまり、この抑圧的で支配的で統制的な体制のモットーの最初の言葉は〈共同体《コミュニティ》〉だということだ。これはユートピア様式全体の中心にあるキーワードである。損傷が加えられるのは、またはちがう言い方をすれば損傷が許容されるのは、この点においてである。つまり制度が実現したものとしてみられるのは〈共同体《コミュニティ》〉、つまりユートピア的衝動の名においてであり、共産主義《コミュニズム》の名（バーナード・マルクスとレーニナ）においてなのであるが、ただし現実の諸傾向——労働の堕落から、究極的な分業と専門化、そして階級移動を管理し、BGMを流して計画的な消費を図っている点にいたるまで——は、それが認知されるには現代の資本主義世界を必要としたのである。一九四六年の序言で、ハクスリーは歴史的には相容れない衝動を共存させたままなのだが、興味深いことにそれから彼はユートピアへと回帰し、人間を培養する社会と未開の保留地のふたつをこえる第三の道を提示したのである。それはすなわち自治をするバランスのとれた共同体であり、それが「亡命者と難民」、つまり彼らが集団的に変化させる機会も希望ももちえなかった支配的な体制から逃亡する人びとに限られているという点を除いては、その精神においてはモリスの未来の社会とそう変わらない共同体だ。ハクスリーの場合、ユートピアはディストピアの対極に存在するのであるが、そこに入れるのはほんの一握り、支配から抜けだすことのできた一握りだけなのだ。これはおなじ時代にブルジョワ的文化理論もたどった道のりである。つまりブルジョワ的な観点における普遍的な解放から、少数者が多数者をまずは教育し、そして再生させるという段階を通過し、そして現在では「少数文化《マイノリティ・カルチャー》」と呼ばれるものが、制度、そして同時に制度に対する戦いの両方を超越したその保留地、隠れ場所をみつけなければならないような最後の苦難の時代へ、という道のりだ。

ところがかなり奇妙なことに、この最後の段階が一部の著述においてはユートピア的な様式へと舞いもどり、先行する伝統の全体に対して奇妙な疑問を投げかける。それらの疑問は、見た目は単純な欲望の文法を壊乱するものである。つまりその欲望とは別の場所、別の時代への欲望であり、それは理想化されるのではなく、つねにあらゆる場所である置きかえとしてみることが可能であるが、それ自体歴史が動いているときには変容しうるような欲望なのである。

ユートピア——地底の野——でもなく、
神のみぞ知る、どこかの秘密の島でもない。
そうではなくそれはまさに、この世界に
わたしたちみなこの世界に属するのであり、最後にはわたしたちが
幸福をみつける場所、そうでなければなにもみつけられない場所なのだ。[23]

たしかに、ワーズワスが力説している点のどちら側にも行ってしまえる。歴史が動いているときなら革命的な努力にむかうだろうし、歴史が道を踏みはずしたり行きづまったりするときにはあきらめて身を落ちつける、ということになりうるのだ。ユートピア的な様式はつねにそのような変化する文脈において読まなければならず、そのような読みによって、ユートピア様式の特徴である仮定法そのものが真の直説法と真の未来を含む文法の一部であるのか、それとも仮定法はあらゆるパラダイムを覆ってしまい、体制を肯定しようが否定しようが排他的なものになってしまったのか、それらのどちらであるかが決まるのである。

というのも、おなじような考察が、いまや支配的となったディストピア的様式に厳しい疑問を投げかけるのである。オーウェルの一九八四年はモリスの二〇〇三年とおなじくらいに信じがたいものではあるが、オーウェルの自然化された仮定法は、ユートピア文学の伝統のうちにあるなによりもより深いところで排他的なものであり、闘争や可能性を教条的に抑圧してかかるものになっている。『一九八四年』はハクスリーの

場合よりもさらに辛辣かつ熾烈なかたちで共謀になってもいる。というのも、自律性を抑圧し変化や代替案を無効にする国家の危険性を警告し、風刺して、表むきはこれに立ちむかっている小説なのに、小説形式のなかにその国家が組みこまれていて、すべての対抗勢力を抑圧の作用因へと変え、排他的な全体性のなかで、結局は不可避の望みなき状況に帰着するほかないという見方を押しつけているからである。一九八四年の世界はモリスの二〇〇三年とおなじくらい信じがたいし、またおなじくらいありそうだとも思える。しかし、より開かれたかたちで、モリスの一九五二年（革命の年）と、それにつづく年月がモリスにはあるのだ。その年月における仮定法は、ずらされた直説法ではなく、真の仮定法である。なぜならばそのエネルギーは両方に、つまり未来と過去にむけて流れるからであり、またその帰結において、その闘争においてどちらにもむかいうるからである。

新たな天国と地獄

ＳＦにおいては新たな天国と新たな地獄の提示は常套手段となっている。だがその大多数は、まさに多くの場合、文字どおりこの世のものならぬものであるために根本的な改変をもたらす働きをもつものなのかもしれない。ひとつには改変された状況への介入という働きがあり、それは外部から変更を加えられた世界という類型においてはマイナーなユートピア様式なのであるが、それだけではない。生活の物質的状況を、そしてそれゆえに生活形《ライフ・フォーム》の物質的な状況を根本的なところから鋳なおす働きもある。それはほとんどの物語においては、概して超自然的または魔術的な物語に結びつけられた単純な異国趣味の物語となっている。偶発的な空想作品から計算された作品にいたるまでさまざまなものがあるが、それはＳＦにおける仮説的な「科学」の対極に位置するものだ。しかし、おそらくこのジャンルからは切り離せないかたちで、ただし異なる力点を帯びた近代科学のある側面の真の帰結といえる様式が存在する。それは博物学における生活形と生活空間とのあいだの根本的な結びつきであるし、科学的な人類学における明確に異なった異文化という方法論上の前提である。これらの相互関係はしばしば重要なものである。前者の唯物論的な傾向は、その思弁の最終段階の、心的な段階における観念論的な投射によってしばしば無化されてしまう。獣であれ植物であれ、その精神の最高次のものは人間の変種とみなされているわけだ。それと対照的に、後者の区別を設けようとする傾向はしばしば物質的な形式や条件を無効化してしまう。観念論的人類学にかかわる無効化であり、そこでは選択肢は実質的に自由意思で選びとられるものなのだ。しかし、真正の変化の様式となる可能性をつねに秘めていることがＳＦの力の一部なのである。ＳＦにおいては暴露の危機が可能性の危機を生みだし、想像のうちにおいてあらゆる形式や条件がつくりかえられるのである。

　この解放的であり同時に雑多な様式において、ＳＦの全体はユートピア的なものからずれていってしまった。それは、大多数の場合にはたしかにユートピア的な様式に手が届かなかったためなのであるが。わたしたち自身の状況や形式からじかに推測できるもの――それは社会的で政治的、そしてまた本質的に物質的なものだが――は、実際上もしくはその意図にあってはディストピア的であった。核戦争、飢餓、人口過密、電子装置による監視といったものが何千年もの可能な歳月のうちに一九八四年的な世界を書きこんだ。ちがった生き方をするとは通例、ほかのものになりほかの場所に行くことにほかならない。そうしたいという欲望は疎外によって場を失ってしまった欲望であり、その意味ではユートピア的なもののさまざまな段階と血縁関係のある欲望だ。ただし連続性のある、もしくは連続性を生みだすような具体的な変容を欠いており、そして既知の状況や形式による結びつきを欠いたユートピアなのであるが。したがってユートピア的な変容は社会的かつ道徳的である一方で、西洋で支配的な形式におけるＳＦ的な変容は、それをこえつつ、同時にそれに達していない。つまり社会的・道徳的ではなく自然なのである。じっさい十九世紀後半以降の西洋思想でよくみられるように、耐えきれないような状況にさらされる危機におけるやむにやまれぬ変異であり、それは新たな生というよりは新たな種、新たな自然なのである。

この広い代替的な様式において明らかに意図的なユートピア的伝統への回帰の事例が見いだせることは興味深い。それはアーシュラ・K・ル・グィンの『所有せざる人々』（一九七四年）である。[24] この作品はSFの具体的な条件のいくつかの枠内における回帰である。代替的な社会は遠く離れた惑星の月の上にあり、宇宙旅行と電子的な通信、そしてもちろん「アンシブル」、つまり例の同時性の理論から開発された宇宙をへだてた即時通信幾の可能性によって、代替的な社会ともともと存在する社会とのあいだの、ほかの銀河に属する文明とのより広い交流のうちでの対話が可能にされている。ある水準では宇宙船とアンシブルは、技術上は航海、地下の洞窟の裂け目、そして重要なことに夢以上のものはもたらすことができない。しかしそれらは、道具としてはもうひとつのより深刻な理由で必要とされることを可能にしている。すなわち、ユートピア的な選択肢と非ユートピア的なそれを継続的に比較することである。

この小説の形式はアナレスとウラスの章が交代で置かれているのだが、それはこのような説明を加えるための比較を意図したものなのである。そのような比較がおこなわれる理由は、ユートピアをもう一度検討する歴史的な瞬間にこの作品があるからだ。つまり、更新された社会的・政治的な希望、更新された代替的な社会的・政治的道徳性の瞬間であり、それはユートピア様式の通常の起源とは異なるひとつの変数をもった文脈に位置づけられる。すなわち、その希望が、たとえ用心深くではあれ関心をもって検討されるその世界において戦争、貧困、病気といった圧倒的なユートピアへの志向を刺激する要因がない、もしくは見た目は存在しないということである。モリスの夢見る旅人が二十一世紀から十九世紀のロンドンにもどるとき、そこでの問題は道徳的なものだけではない。それは直接的に物理的・身体的なものであり、それは明らかに避けうる貧困やみすぼらしさといった重荷を背負わされている。しかしル・グィンのシェヴェックがアナレスからウラスへと行くとき、彼を受けいれたウラスにおいて豊富さ、裕福さ、活気を見いだすのだが、それは彼の出身の道徳的ではあるが不毛な世界と比較して肉感的に圧倒してくる世界なのである。彼が特権的な場所から一歩外に出て、この支配的な繁栄の影に隠された階級を発見するときに、この比較は修正を迫られるというのはたしかであるが、それが意味するのは、あふれんばかりの豊かさはその階級関係に依存したものであり、その社会に対する代替的な社会というのは依然として公平に共有された相対的な貧困だということである。また小説全体においてこの比較は、わたしたち自身の文明――つまり地球の文明であり、その北アメリカの地域にウラスはかなり緊密に、それも意図的に似せられているわけだが――は遠いむかしに破壊されたという実質的な指摘によって修正を迫られてもいる。「強欲」と「暴力」が地球文明を破壊し、人間は時間に「順応」することができず、少数の生き残りが「廃墟での生活」の究極的な支配のもとにくらしている。しかしこれは厳密には脇筋なのである。どうやらウラスはそのような危険にはさらされていない。アナレスは社会的・道徳的な選択肢でありつづけており、広汎に支配的な形式で成功している社会に対する代替案でありつづけている。しかし衝動がうごめき、長い眠りからさめて、オルド主義者をウラスから引き離してアナレスでの新しい生活へとむかわせた、アナキズム的にして社会主義的な離脱の革命の衣鉢を継ごうとみずからを更新していくのは、いまだに抑圧され、拒絶された者たちのあいだでの出来事なのである。シェヴェックの旅は過去への旅であり、また未来への旅でもある。それは代替的な社会でこれまで起きたことに対する不満であり、また同時に、その社会を建設しようという原初的な衝動の力を増した更新でもあるのだ。そうすると、ふたつの明白な点で『所有せざる人々』はその時代を刻印している。つまり、ユートピア的な衝動を基本的には許容しながらも、用心深く疑問に付していくことであり、表面的なユートピア、つまり豊かさや裕福さは、少なくとも多くの人たちにとっては非ユートピア的またはさらには反ユートピア的な手段で達成できるかもしれないという不安に満ちた意識である。

これほど長いあいだディストピアが優勢な期間がつづいたあとには、この転換は重要である。それは一九六〇年代の闘争、そして敗北以来西洋の急進派のあいだで重要でありつづけたあるユートピア思想の形式の全体的な更新——つまり欲望の教育ではなく欲望の学び——に属するものなのである。その構造は非常に具体的なものである。それは特権的な豊かさが受けいれられると同時に拒絶される、つまり受けいれられ、それなりの仕方で享受されるが、虚偽的で腐敗していると内側から理解され、そこから排除された他者の状況を想像することによってさらに拒絶されてゆく。それから、離脱して排除された者たちに加わるという動きが生じる。身を引き離し、支配状態から抜けだし、精神的に明確に優勢な立場をとるために物質的な困窮状態を選ぶのである。というのも、ル・グィンの対照的な世界のうちでも、ユートピアであるアナレスが荒涼として不毛であること以上に重要なことはないからだ。古典的なユートピアの繁栄する活力はそこにはなく、拒絶される現存の社会のほうにある。この分裂は重大なものである。アナレスが原始主義的だというわけではない——「彼らは自分たちのアナキズムが非常に高度な文明の産物であり、複雑で多様な文化の産物であり、安定した経済と高度に産業化された技術の産物であるとわかっていた」。この意味で、モリスに加えられた変更が重要である。すなわち、そのユートピアは過去ではなく明確に未来にあり、単純化された形式のうちにではなく技術的に進歩したかたちなのである。しかし重要なのは、それが実質上の荒れ地でのみ実現されることだ。肥沃な土地はウラスの支配の手にあるのだから。してみると、これはハクスリーが一九四六年の序言で想像した動きにほかならない。それは変容ではなく、ほかの世界への通り道《ゲイトウェイ》なのである。

ただしそれは、行き着く先は荒れ地であるという限定的な条件の範囲内での、排他的ではなく開かれた通り道である。アナレスの人びとはモリスの協同社会の住民たちとおなじようにあらゆる意味で人間的な生活を送っている。相互扶助は、それを容易にするような豊かさがないゆえにこそ実現しうるものとして示されている。したがって社会的・倫理的な規範は、ユートピア的想像力のうちにおいても最高点に達している。ところがここでは、そういった規範を乗りこえていくような注意深い疑念が発せられている。それはディストピア的形式の痛烈なシニシズムではなく、基本的な相互扶助をこえて新たな種類の個人の責任、そしてそれとともに選択、異議申し立て、闘争へとむかう動きである。というのもこれは、やはりこの時代独特の開かれたユートピアだからである。それはさまざまな理想が硬直化し、相互扶助が保守主義へと堕落したのちに無理やり開かれたものだ。すでに達成されていた調和のとれた状態、古典的なユートピア様式が最高潮を迎えるような安定状態から、落ちつきがなく、開かれた、リスクをとる実験へと意図的に移行させられたものなのである。これは重要にして歓迎すべき改変だ。というのも、それはユートピアから闘争の終わり、永続する調和と休息という古典的なイメージを奪うからである。それらが奪われることは、荒れ地とおなじように恐ろしい支配的なディストピアの様式の介在にみえるかもしれない。しかし、荒れ地が著者みずから選んだ欠乏状態である——非常に豊かな国における変容の可能性の、敗北主義的な査定の所産である——のに対して、この開かれは事実として力を与えるものなのである。じっさい、豊かさを経験し、それと同時に社会的不公正と道徳的腐敗を知った人びとが召喚できるのはおそらくそのようなユートピアだけなのだろう。それは最後の旅ではない。とりわけそれは、いまだ極度の搾取に苦しみ、避けることができるはずの貧困や病気に苦しんでいる人びとがみな自分たちがするだろうと想像する旅ではない。つまり、現状の世界を変容させたもの、もちろん想像され実行され、それを獲得するために闘われた変容の様式である。しかし、資本主義の支配の内部、権力と豊かさという、危機であるのと同時に戦争と不毛の危機でもあるものの内部でこそ、ユートピア的な衝動はいま、用心深く、自問しながら、そしてそれ自身に限界を設けつつ自己を更新してゆくのである。〔25〕

（一九七八年）

訳注

〔1〕「逸楽の国」（the Land of Cokaigne）は中世イギリスの二百行ほどの詩で、衣食住の現世的な欲求が満たされた民衆的ユートピアを描いている。「お菓子の国」とも。

〔2〕H・G・ウェルズ（H. G. Wells, 1866-1946）の『彗星の時代』（*In the Days of the Comet*）は一九〇六年の作品。緑色の彗星が地球に衝突し、そのガスが大気に充満することで、人びとは愛と平和に満ちた性格となって社会を変えていくという物語。

〔3〕フリードリヒ・エンゲルス（Friedrich Engels, 1820-95）の『ユートピアから科学へ』は初版のフランス語版が一八八〇年に『ユートピア的社会主義と科学的社会主義』（*Socialism utopique et socialisme scientifique*）の表題で刊行されたあと、順次各国版が出た。これの「親本」にあたるエンゲルスの『反デューリング論』（*Herr Eugen Dühring's Revolution in Science*, 1878）と同様、マルクス＝レーニン主義の教条化に利用されたテクストのひとつであったといえる。

〔4〕トマス・モア（Thomas More, 1478-1535）の著作『ユートピア』（*Utopia*, 1516）はラテン語で書かれフランドルのルーヴァンで刊行、モアの没後の一五五一年に最初の英訳版が出された。フランシス・ベイコン（Francis Bacon, 1561-1626）のユートピア物語『ニュー・アトランティス』（*New Atlantis*, 1627）は科学技術の発達した理想国を描いた未完の物語で、著者の死の翌年に出版された。

〔5〕エドワード・ブルワー＝リットン（Edward Buwer-Lytton, 1803-73）は十九世紀イギリスの小説家、劇作家、政治家。『来たるべき種族』（*The Coming Race*, 1871）の主人公は鉱床をさぐっているうちに広大な地下国家を発見する。そこでは高度に文明化された「ヴリル・ヤ」（Vril-ya）と呼ばれる強力なエリート層が他の多数の住民を支配している。地上にもどった主人公は、この「ヴリル・ヤ」がいつか地上にあらわれて人間を滅ぼしてしまう予感におびえる。

〔6〕エドワード・ベラミー（Edward Bellamy, 1850-98）は十九世紀アメリカの小説家。『かえりみれば』（*Looking Backward*, 1888）はボストンを舞台にした未来小説。十九世紀末の主人公の青年が長い眠りののちに西暦二〇〇〇年のボストンに目覚

めて、徹底した中央集権化によって管理運営された一種の国家共産主義体制の「豊か」な社会を見聞し、それを称賛する。

〔7〕ウィリアム・モリス（William Morris, 1834–96）は十九世紀イギリスの装飾デザイナー、詩人、社会主義者。『ユートピアだより』（*News from Nowhere*, 1890）はベラミーの『かえりみれば』へのモリスの反発をきっかけに着手され、モリスの所属した社会主義同盟の機関紙「コモンウィール」（*The Commonweal*）に連載された。

〔8〕十九世紀イギリスの詩人、批評家マシュー・アーノルド（Matthew Arnold, 1822–88）の主著『文化と無秩序』（*Culture and Anarchy*, 1869）はヴィクトリア朝時代のイギリス社会の卑俗化を嘆き、無教養な「俗物」（Philistines）である中流階級に「文化＝教養」（culture）の「甘美と光」（sweetness and light）でもって教化する必要があると説いている。

〔9〕オールダス・ハクスリー（Aldous Huxley, 1894–1963）の『すばらしき新世界』（*Brave New World*, 1932）は科学文明が市民の擬似的な欲求を刹那的に満たし、生殖から死にいたるすべてを国家が管理統合したディストピアを描いている。

〔10〕この企業家とはジョン・ローソン・ジョンストン（John Lawson Johnston, 1839–1900）のこと。彼は牛肉の端切れを熱加工したペースト状の保存食を発明した。一八七一年にカナダに移住したジョンストンは普仏戦争時にフランス軍からの発注を受け「ジョンストンの牛肉流動食」（Johnston's Fluid Beef）として彼の製品を収め、それをのちに「ボヴリル」と命名した。この名前は、ラテン語で牛を意味するbosとブルワー＝リットンの小説のvrilを合体させたものである。

〔11〕モリスが「コモンウィール」一八八九年六月二十二日号に寄せた『かえりみれば』の書評に含まれる評言。

〔12〕イギリス十九世紀の批評家トマス・カーライル（Thomas Carlyle, 1795–1881）の「時代の兆候」（Signs of the Times）は一八二九年に「エディンバラ評論」（*Edinburgh Review*）に発表したエッセイ。

〔13〕ミゲル・アバンスール（Miguel Abensour, 1939-）はフランスの政治哲学者。本稿でウィリアムズが依拠しているアバンスールの論文はパリ大学に一九七二年に提出された学位論文（Miguel Abensour, *Les formes de l'utopie socialiste-communiste: essai sur le communisme critique et l'utopie, thèse pour le doctorat d'État en droit et en science politique*）であった。

〔14〕E. P. Thompson, 'Romanticism, Utopianism and Moralism: The Case of William Morris', *New Left Review* 99, September/October 1976.

〔15〕「フウイヌム」（Houyhnhnms）はジョナサン・スウィフト（Jonathan Swift, 1667–1745）の代表作『ガリヴァー旅行記』（*Gulliver's Travels*, 1726）の第四部「フウイヌム国渡航記」（A Voyage to the Country of the Houyhnhnms）に登場する理性をもった馬で、おなじ島で人間の姿をした理性のない獣の「ヤフー」（Yahoo）を支配している。

〔16〕モリス『ユートピアだより』第一章より。邦訳（川端康雄訳、岩波文庫、二〇一三年）、一五ページ。

〔17〕『ユートピアだより』第十八章でのハモンド老人の台詞。邦訳二四八ページ。

〔18〕ここの表現は『ユートピアだより』最終章（第三十二章）の結句の「もしもほかの人たちが、わたしが見てきたとおり

のことを見ることができるならば、そのときは、それはたんなる夢ではなく、ヴィジョンと呼ぶことができるだろう」（邦訳三八八—三八九ページ）をふまえている。

〔19〕「教会の酒宴」（church-ale）は『ユートピアだより』の最終章で言及される（邦訳三八二ページ）。

〔20〕モリス『ユートピアだより』結末部分でのエレンの台詞に含まれる言葉（邦訳三八八ページ）。

〔21〕H・G・ウェルズの『モダン・ユートピア』（*A Modern Utopia*, 1905）では「サムライ」という上流階級層が禁欲的な物語世界を統制している。

〔22〕〈野蛮人〉（Savages）は『すばらしき新世界』のなかで全体主義体制の外部にあっていまだ「文明化」されていない旧世界の住民を示す語として使われている。物語の後半でその未開国からやってくる青年ジョン（母親は新世界の人間だが、例外的にも壜のなかで培養されて生みだされたのでなく胎内から生まれた人物）がプロットの中心となる。

〔23〕ウィリアム・ワーズワス（William Wordsworth, 1770–1850）の詩「フランス革命」（French Revolution, 1805）三十六—四十行。別型が『序曲』（*The Prelude*, 1805）第十書七百三—七百七行に組みこまれている。

〔24〕アーシュラ・K・ル・グィン（Ursula Kroeber Le Guin, 1929-）のSF小説としての代表作である『所有せざる人々』（*The Dispossessed*, 1974. 佐藤高子訳、早川書房、一九八六年）は、空想上の惑星ウラスとその居住可能な衛星アナレスを舞台とする。

〔25〕本稿の初出誌および Parrinder, ed., Science Fiction の採録版（「解題」参照）では巻末に八点の参考文献データが附されていた。参考のため、以下にそのリストを掲げておく。

M.H. Abensour, *Utopies et dialectique du socialisme* (Paris, 1977); John Fekete, *The Critical Twilight* (London: Routledge & Kegan Paul, 1977); John Goode, '*William Morris and the Dream of Revolution*', in John Lucas, ed., *Literature and Politics in the Nineteenth Century* (London: Methuen, 1971); A.L. Morton, *The English Utopia* (London: Lawrence & Wishart, 1952); Patrick Parrinder, *H.G. Wells* (New York: Capricorn Books, 1977); Darko Suvin, 'The Alternate Islands', *Science-Fiction Studies*, 3, Part 3 (Nov. 1976), 239–48; E.P. Thompson, *William Morris, Romantic to Revolutionary* (new edn. London: Merlin Press, 1977); Raymond Williams, *Orwell* (London: Fontana, 1971).

作家　コミットメントとつながり《アラインメント》

ある理念《アイディア》を検討するときに、まず議論から始めるべきだと考える人たちがいる。だが熱い議論が長いことつづくうちに、当の理念はどうでもよくなってしまう。マルクス主義の伝統から学ぶべきことがあったとすれば、それは次のようなことだ。理念とはつねに人びとがじっさいにおこなっていることの表象、あるいはおこなうことを妨げられていると感じていることの表象であるということである。だから、コミットメント〔作家による政治発言・行動などの「社会参加」、アンガージュマン〕という理念を検討する際にまずやるべきことは、すぐさま議論できるような一般的な概念の場合とは異なり、あれやこれやの歴史上の事例を集めてくることではなく、なぜコミットメントという理念が練りあげられてきたのか、これに対立する別の理念はどのようなものだったのか、ということを検討することなのである。

じっさい、現在問題になっている事柄はさまざまな言葉で論じられてきた。コミットメントという言葉がわたしたちの時代にふつうに使われるようになったのは、よく知られているようにジャン＝ポール・サルトルが〔第二次世界大戦の〕終戦時に次のような介入をおこなったからである。

もしも文学が全体でないとすれば、文学はなにものにも価しません。わたしが「アンガージュマン」という言葉で言いたいのはそういうことです。文学とは無垢であり歌であるなどと限定されてしまうならば、文学は萎れてしまいます。書かれた言葉は、人間と社会のあらゆる次元へと響きわたらなければ意味がありません。ある時代の文学は、その時代をまるごと表現していないとしたらなんの意味があるのでしょう。(1)

コミットメントという概念をめぐって長いこと議論がおこなわれたのは、以上のような意味においてだった。だが、ただちにある困難が生じた。第一にコミットメントは散文についてのみ言われるべきもので、韻文は別であるとサルトルが述べたことだ。これは完全にまちがっているとわたしは思う。あるタイプの文学言語とコミットメントとの関係を論じていながら、別のタイプの文学言語はコミットメントと無関係であると明確な理由をもって主張することはたいへんむずかしい。サルトルが散文と韻文を区別しようとしたことによってコミットメントをめぐる議論は最初から混乱した。第二の点はこれよりずっと深刻なことで、はっきりと語られてはいなかったが、サルトルのおこなった介入の背景には歴史と政治にかかわる具体的な文脈があったということである。そうした介入はレジスタンスという思潮のなかでおこなわれたのだ。さらにいえば西ヨーロッパのほかの国々と同様、フランスにおいても新たな民主主義へとむかう重要な運動が現実味を帯びていた、そういう時代になされた介入だったのである。反ファシズム闘争やレジスタンスから生まれた大きな集団的運動において、あらゆる種類の知識人、とりわけ作家のアンガージュマン〔コミットメント〕はすぐさま社会に大きな反響を呼び起こし、事態が急を要することを伝えた。これに対してイギリスでは、コミットメントという概念は例によって途方もない時間をかけて英仏海峡をわたってきたので（物理的にはたいした距離ではないにもかかわらず、文化が伝わるのにこれほど時間のかかる事例も少ないにちがいない）、きわめて困難な時代に直面することになったのである。

当時、コミットメントという概念からイギリス人が想起したのは（それはもちろんもっともなことなのだが）よく知られた一九三〇年代における作家の立ち位置であるようだった。三〇年代イギリスの左翼作家のなかで「コミットメント」という言葉に促されて結集した者は少ないが、その立ち位置は基本的には「コミットメント」とおなじ理念をめざしていたのである。しかし、四〇年代後半から五〇年代前半にかけて時代は変わっていた。冷戦が始まっていたのだ。この時代にコミットメントという理念に対して反発が生じた。この反発には以下の三種類があった。

第一に、忘れてはならないことだが、三〇年代の左翼作家がコミットしてきた大義に対する反発があった。この世代の作家たちの裏の顔をみなければならない時代になっていたのである。三〇年代の優れた作家の多くがスペイン内戦やヨーロッパ全土に広がる戦争で命を落としたことはほんとうだ。しかし時代が変わり、この世代の作家たちがひとりまたひとりとそれまでいだいていた信念を捨て、魅惑的で哀れを誘うような（いずれにせよ言い訳がましい）様子で、自分がいかにだまされ欺かれていたかといったようなことを語りはじめた。そういう異常なほどひどい時代が始まってもいたのである。信念を捨てずにいる作家もいたが、彼らの意見が公表されることは少なかった。「ええ、あれはもちろん若気のいたりであって、いまでは分別のある大人ですよ」。こう語る作家を、五〇年代初頭までに何人も数えあげることができただろう。政治的なこと、とりわけ左翼的なことに作家はかかわるべきではないという主張は、先の変節した作家の発言となんら異なるものではなかった。戦後始まったコミットメントをめぐる議論が最初から困難を抱えていた第一の理由は以上のようなものである。

第二に、これまで述べてきた事柄とは知的に区別すべきであったのに、じっさいには区別されていなかったきわめて深刻な問題があった。つまり、ソ連ではスターリン時代を含めて、書くべき内容や書き方について作家に指示を出す当局の行為がコミットメントという概念に結びつけられていた時代があったということである。「コミットメントという言葉でなにを言いたいのかわかっている。本物の作家になるよりも、党の雇われ作家になるべきだと思っているのだろう」というわけである。こうしたことを証拠立てるいくつかの(あまりにも多くの、というべきか)歴史上の事例を集めることができたために、党への従属とコミットメントとを区別することがむずかしくなった。しかしながら、この第二の問題をめぐる論争の最良の部分はつねに社会主義運動の内部でなされていた。こうした問題全体に対する応答として、コミュニスト作家であるブレヒトの発言をこえるものはいまだにない。ブレヒトは一九三〇年代に、当時モスクワにいたハンガリーの社会主義者ジェルジ・ルカーチの論説に対する応答として、その傾向全般について次のように述べた。

はっきり言って彼ら〔ソ連の文学政策にかかわるイデオローグ〕は創作活動の敵なのだ。創作活動が気味が悪くて仕方がないのだね。そんなものは信用できない、なにしろ全然予測がつかず、なにが出てくるか皆目わからないから、というわけだ。彼らはそもそも創作しようとは思わない。その筋の有力者面をして、他人を操縦しようと思うだけなのだ。彼らの批評はいちいち脅迫めいている。(2)

このように社会主義運動の内部で、全面的にコミットしたブレヒトのような作家であっても信念にもとづいて必要な区別をはっきりできるような立場があったのである。すなわち、大義に結びついた創作にコミットすることと、党やそのイデオローグたちが好ましいものとして独断的に決定した創作形態に屈従することとを別次元の行為として区別する立場である。この区別はいまでも決定的に重要なのだが、冷戦のあの時代、つまり三〇年代の過ちを告白する雰囲気が支配的で、この世代の作家たちがみな自信をなくしていた時代にあっては両者の区別はむずかしかった。じっさいには、ふたつのまったく異なる理念（コミットメントと「党への」従属）はぴったりとくっついていて、たがいに支えあっているようだった。

第三に、この困難な時代を耐え凌いでいたごく少数の左翼作家たちのあいだで、ある反発《バックラッシュ》が生じた。当時はその複雑さからしてきわめて困難な時代だった。日和見主義という呼び名がぴったりの態度に対して警戒心をいだくのはもっともなことだったのである。当時もいまと同様、日和見主義的なコミットメントは、本物のコミットメントとは異なり立身出世の方便であった。コミットメントが本来意味していたのは、なによりも社会の現実や歴史の現実、そうした現実の推移に目をむけ、推移する現実の全過程を記述しうる無数の方法のなかからいくつかをみつけてくることだった。だが他方で、コミットメントは最悪の場合、目の前で発せられた叫び声に同調するような政治的内容を作品に取り入れることに熱心な、皮相な執筆態度を意味することもあった。この点を裏書きしてくれるものとして、例の不機嫌な調子で語るエンゲルスの言葉を引こう。

作品の才気の不足を、俗受けすること受けあいという政治的あてこみで埋めあわせることが、ことに凡庸な文士たちの慣用手段にますますなっていった。詩といわず、小説といわず、評論といわず、戯曲といわず、あらゆる文芸作品が「傾向」と呼ばれるものであふれていた。(3)

エンゲルスがこれを書いたとき、ウジェーヌ・シューが書くような作品をマルクスが「社会主義文学のもっとも情けない屑もの」[4]と呼んでから数年も経っていなかった。[1]三十年後、エンゲルスはいっそう不機嫌な調子で「下劣な輩」のことをこう記している。「才能がないので、信念を装って極端に走り、傾向小説を売り物にしているが、本心はただ注目されたいだけなのだ」[5]。ところで、マルクスやエンゲルスの発言はすべて信じるべきだという理由からこうした評言を引用しているわけではない。じっさい、こう記したときの調子でエンゲルスは、彼の文学趣味からしてよくあったことなのだが、文学にかんしてマルクス主義の立場にむかうというわけではかならずしもなく、やや不機嫌な顔をしたブルジョワの立場に近づいていった。しかし左翼に対して誠実であろうとするならば、次のことははっきりさせておかねばならない。作品を書くという経験の本質や作品の完成にとって重要性をもつのかどうかにかかわらず、政治について目の前で発せられた叫び声を作中に取りこむことによってコミットメントという理念を簒奪しうる、そういう日和見主義が存在するということである。このようにして政治的内容を作中に取りこむことは偽りのコミットメントである。サルトルであれほかのだれであれ、コミットメントという理念を真剣に考える人びとの言っていることは、これとはまったく異なるのだ。

とにかくこの第三の反発、日和見主義的コミットメントへの警戒心が強まるなか、さらにある事実が見いだされ、ドイツのマルクス主義者アドルノがこれを印象深く表現した。コミットすべきだと主張する場合、コミットメントとは「政治にかんして多義的」である、ということを認めなければならない、アドルノはそう指摘したのだ[6]。それはつまり、作家にコミットしてほしいと頼んでも、その作家が特定の大義にコミットするかどうかはまったくわからないということである。重要な作家ならば、ファシズムやたいへん古めかしい保守主義、あるいは穏やかなリベラリズムなどにコミットすることはない、ということがほんとうであったなら、事態はもっと簡単だっただろう。だがコミットメントという理念が、レトリックとして使われる場合にはしばしばそうであるように、明確に定義されないまま存在していると、コミットするように頼まれた作家は、行動を起こし、社会の現実に対してある立場をとり、政治闘争に参加する。たしかに、こうした動きはつねに右翼の側から出てきている。こうしたコミットメントがどんなかたちであれ現実の執筆活動においてあるいはより広い活動においておこなわれるとしても、それが元来進歩的なものであるという保証はない。(進歩的であると思いこんでいる人たちはいたが)もちろんどこにもないのである。要するにコミットメントの理念は独特のもので、通常それは多義的であらざるをえないのだ。三〇年代の終わりに、優れた作家がファシストになりうるかということについてわたしたちはよく議論した。そんなことがありうるならば、なにかがまちがっているように当時は思えた。「そう、彼はファシストだ。でもたいした作家ではない」と言ったり、あるいは「いい作家なのかもしれないが、やはり政治にかんしては考えが甘い」などと言ったりすると、まったく妙な立場に身を置くことになるのだった。社会の現実を認識しておいたほうがよい。ほかの時代とおなじくわたしたちの生きる時代においても、さまざまな理由で尊敬でき記憶にとどめておきたい作家だけでなく、優れた、偉大とさえいえる反動的な作家が社会の現実から生みだされてきたのである。

当時は混乱した悪い時代だった。しかし、よい時代とおなじく悪い時代からも教訓を得ることがある。知的に混乱していて、政治をめぐる美辞麗句があたりを飛び交い、自分が参加する運動の内部で対立が生まれて非難合戦が起きているとき、それでもそうした成り行きのなかからなにかを学ぶチャンスはある。ある一般的《ジェネラル》な理念の場合でも、その理念においてなにが重要なのか、あるいはなにが取るに足らない見かけ倒しのものなのか、ということについて学ぶチャンスはあるのだ。ほんとうにそうなのかまだ心配する人びともいるが、こうしたチャンスが近年の言論界において生まれているのだとわたしは考える。

以上のような混乱した恐ろしい時代が終わり、六〇年代以降になるとある変化が生じた。「コミットメント」という言葉は気軽に使えるようなものにはまだなっていない。というのは、すでにみたような歴史があるため、この言葉を警戒する人もまだ多くいるからである。思うにわたしたちが理解するにいたったのは、コミットメントとはたいていの場合積極的な提案《プロポジション》ではなかったということだ。コミットメントとはおもに、広く一般化していて異議を唱えたくなるような立場《ポジション》に対する反論だったのである。それはつまり、芸術家は定義上自由な個人でなければならない、芸術家であるということは自由な個人であるという立場に対する反論だったのだ。もちろん、自由な個人としての芸術家によるコミットメントは存在する。もしも自由な個人であるならば、コミットすることを自分で選べるからだ。こうした立場に対する反論としてのコミットメントは、サルトルがじっさいに語っていたことである。しかし、サルトルの言うコミットメントは自由の放棄であると考える人びともいる。自分の気持ちを行動に移すことをせずにいったいコミットできるのか、芸術家というのはまさに自由な個人の典型だと思っていたがそうではないのか、というわけだ。

これはよくみかける重要な問題である。この問題をマルクス主義の側からみることによって明らかになることがある。自由な個人としての芸術家、という考え方がいつ発生したのかがわかるのだ。これがわかることによって書くという実践の歴史や、この実践と社会とのやっかいな関係の歴史に新たな光を当てることができる。というのも、自由な個人の典型としての芸術家という考え方は、事実として十八世紀末から十九世紀初頭にかけて、ふたつの重要な変化が起きた時期に発生したからである。ふたつの変化とは、第一に文学、主としてロマン主義運動において新たな自由至上主義《リバタリアニズム》が誕生したことである。第二に執筆と出版の状況が劇的に変化したことにより、成功した者は作家という職業人として自立できたが、他方では、ある種の作家たちは周縁化され、社会（社会全体であれ社会の一部であれ）とつながっているという感覚、あるいは社会に必要とされているという感覚を事実上もてなくなってしまったということである。

自由な芸術家という理念の発生を、これら三つの要因〔ロマン主義運動、市場、一部の作家たちの周縁化〕のどれかひとつに帰するべきではない。この理念の発生について、三つの要因のどれもが決定的な意味をもっている。ロマン主義運動を押し進めた自由な芸術家〔文学者〕は多くの場合、より広い、人間の解放としての自由を求めた。〈教会〉や〈国家〉の専制に反対し、なにを考え書くべきかについて芸術家に命じる権威すべてに反対した。また、芸術上の規則の専制についても反対した。古典主義的ミメーシスというものを規定し、これについて異議を唱えることがロマン主義の常道であった。彼らが反対したのは、うまく書くための規則、なにを書くべきかにかんする規則、主題のあつかい方にかんする規則であり、こうした規則が少なくとも理論上はもっとも権威あるものとされた結果、作品の価値は、こうした規則を守りながら質の高い技巧を発揮できているか否かという尺度で測られていた。ロマン主義者が新たに主張したのは、作家は自由でなければならず、こうした規則を打ち破り革新し、既存の価値観に沿っているかどうかにかかわらず自分に必要な経験として作品を創造しなければならない、ということだった。これはロマン主義運動の重要な主張であり、こうした新しい作品を押さえつけ禁圧し差別しようとする権威に対して積極的に反抗するという態度も、ロマン主義運動の主張から生まれたのである。

他方で、次第に組織化されてきた文学の市場がもたらした効果は、奇妙なことに両刃の剣であった。一八三〇年代に活動した小説家は、それ以前ならごく一部の小説家しか達成できなかったような職業作家としての成功を収めることができた。雑誌の出版が驚くほど拡大し、本が廉価になり新聞や定期刊行物の発行部数が飛躍的に増大していたことを考えれば、この時代の作家の成功は当然だったのであり、大勢の作家たちがそれ以前のどの時代よりもはるかに多くの機会に恵まれた。しかしいうまでもなく、これは市場に出向き市場において競争する自由であった。この結果として生みだされたのは、独立した芸術家という職業をめぐるイデオロギーであった。つまりそうした芸術家は、市場で競争する自由をもたねばならないという、たいへん特殊な意味で自由という言葉を使っていたのだ。じっさいに芸術家は、社会における自分の領域を画定するもの、自分と社会とのほんとうの関係を規定するものとして市場を考えていた。さらには社会は市場として表象されていたので、市場以外の場所でなにか意味のある社会的コミットメントをおこなうなど問題外だったのである。以上は、ブルジョワによる自由の古典的な定義である。

これに対して小説以外の分野、とくに詩においては、作者の経済状況はまったく異なる方向にむかっていた。市場がかつてのパトロン制にとってかわりつつあったので、ある種の作品は周縁化されていき、市場においては詩のような作品は、よくても端に追いやられた商品にされるか、ひどい場合は無用のものとされた。職業上の自由を主張しはするが（社会がなにを求めているのか教えてくれる）市場に参入するために自由を主張するような、新たな職業人として成功した文学者たちがいる一方で、無用とされた文学者もいて、そういう文学者はほどなくして飢えた天才として神話化された。そういう天才もたしかにいたが、飢えた天才と自称するだけの輩もいたのだ。そしてこれが、最悪の場合には真剣に文学を考える作家がめざすべきモデルとなったのである。こういう作家こそ本物だと考えるむきがいまでもある。市場が支配する社会では、こうした神話はかえってよりいっそう魅力的にみえるのであり、そこで売れている一流の作家たちは以前に比べてさらに安定した職業をもつ堅実な市民と化していったのである。

こうしてみてくると、芸術家は自由でなければならないという主張がいかに複雑な理念であるのかがわかる。考えてみれば、だれがこうした主張に反対したいなどと思うだろう。権限を与えられたある機関がすぐ近くから作家を監視してどうすべきか作家にアドバイスすればよりよい作品が生まれるかもしれない、などといったいだれが思うだろうか。作家にとってアドバイスは無意味だというわけではない。適切なアドバイスを受ければよい作品が書けるのかという問題は、ほとんど解決不可能であるということなのだ。むしろまちがったアドバイスを受けて作品がだめになってしまうことのほうがずっと多いだろう。ほんとうに理解しなければならないのは、芸術家の自由と独立という考え方に混じりこんでいる、たがいに関連のある複数の理念なのであり、現実の状況を理解しようと思うならば、こうした複数の理念を繰り返し分析する必要がある。というのも、自由を保証するものとして市場を受けいれるという考え方は、いうまでもなくほとんど幻想であるからだ。独立した職業人としての作家は、売れているときには、市場においてたいへん自由に活動でき、じっさいある程度独立した売り手になれるわけだが、こうした状況下で大多数を占めるそれほど売れていない作家は、パトロンの支配下にあった前時代の作家とおなじ程度の、ときとしてそれ以上に苛酷な支配を市場から受けていたのである。

パトロン制そのものはいくつかの段階を経て変化しており、縛りのきつい段階はごくわずかだった。ごく初期の段階においては権力者が芸術家を庇護するのは義務であった。たとえば封建社会においては詩人、画家、音楽家などの芸術家を手厚くもてなし彼らの生計を支えるのは、一定以上の位にある家の義務だったのだ。あとになって芸術家を庇護する別のやり方として、宮廷や位の高い家などの権力者がある特別な任務のために作家や芸術家を雇うというかたちがとられるようになった。このようなパトロン制のもとで芸術家はさまざまな不満を口にし、こうした不満はのちに市場においても聞こえてくるようになったが、もっとも好ましいパトロンのもとでは、ある程度の自由が認められていた。もしも芸術家が自分のパトロンとうまくいかなくなれば、初期の資本主義において別の市場へ移る場合と同様に別のパトロンに雇われることもありえたのだ。庇護される側にとって、それは心地よい状況ではなく望ましい状況でもなかったが、市場と比べてかならずしも劣るわけではなかった。パトロン制にはまた別の面がある。それは貨幣の交換にもとづくものではまったくなく、ただ芸術家を社会的に支え、社会的に保護し、必要な場合にはいいタイミングで芸術家を励ますものだったのだ。もちろん、保護するに価すると判断された作品の書き手だけが支えられ保護されることもよくあった。しかしこれは、市場における唯一の基準となったもの、つまりこの作品は売れるか否かという基準とは潜在的にはつねに異なる尺度（それがよい尺度であったかどうかは別として）による判断であった。市場が発展するにつれて売れるかどうかが唯一の基準になり、それは現在でも変わらない。たしかに、十九世紀初頭から現在にいたるまでの執筆と出版をめぐる市場の変化は、ほかのどの時代よりも大きい。市場にとってなにが望ましいのかを計る基準は売れるという見込みであり、しかも（日増しにそうなっているように）早く売れるということである。そうしないと高い在庫保管料やほかの経費がかかってしまうからだ。こうした市場の発展によって、成功した作家にとっては自由を保証してくれるようにみえる状況が生まれ、この状況のなかで新たな種類の制約が課されることになったのだが、これが自由に対する障害であると認識されなかったのは、制約された場こそが競争のための場であり、ほとんどの作家がそうした場を求めていたからである。ブルジョワ作家にとってはまさに市場が自由を保証してくれる場だったのだから、そうした作家が「わたしの自由を制限しているのは市場である」などと言うはずもなかった。しかしながら市場が作家を導き、制約し、あれこれと作家に注文をつけていることはむかしもいまも明らかである。これはとても単純だが、とても複雑なプロセスなのかもしれない。こうした事実を率直に認めることは、どんな作家にとってもきわめて困難なのである。

高度に組織化された近年の市場においては、現状はたとえば次のようなものであることが多い。作家が書きたい作品があるのだが、たまたまそれが不都合を生じさせるほどに長くなりそうだとする。だがそれは、書くべき題材を作家が慎重に見積もった結果必要と判断された長さである。作家は出版社や編集者にそう説明するのだが、だいたいこういう答えが返ってくる。「残念ですがそんなに長いものは困ります。そうではなくて、シリーズ物の一冊を書いてほしい。それなら十分いけるでしょう」。運よくそのシリーズ物は、作家がいつかは書いてもよいと思っていたものの、この時点ではまだ手をつける気がなかったものだとしよう。そうすると多くの作家がそう決めることになるのだが、これを書こうと決めるまでには、それは作家自身がぜひやりたいと願う仕事と化しているのである。たしかに、その作家が自分に対して少しも容赦しない性格である場合は別だが、つまり自分の動機や、とりわけ自分が市場に順応していく複雑な過程を徹底的に分析するような人間である場合は別だが、そうでない場合は市場によって強いられた決定が作家みずからが望んだものであるようにみえてくるのであり、またそれが作家の執筆計画に沿って自由になされた決定であるようにみえてくるのである。だがもちろん、読者はこう言う。「どうしてそんなにお高くとまっているのですか」。「読者が望むようなものを書いたらいかがでしょう」。じっさい、コミットメントにかんするおなじみの語句が商魂たくましい編集者の修辞のなかによみがえってくる。「人びとが関心をもっていることをお書きになりたくはないですか」、「ご自分と一握りのお友だちのために書くことになんの意味があるのですか」というわけだ。こうして市場が社会における義務を決めているようにみえてくる——読者のこれまでの好みではなく、読者がこれからなにに興味をもつのかということについて、たいてい出版社のほうが作家よりもずっとわかっていないというのに。出版社といっても正しいときもあればまちがうときもあるということなのだが、いずれにせよ読者の好みという概念は市場を通過して、奇妙な姿をした自由として回帰してくるのだ。しかしながら多くの作家は、「じつのところ市場は自由ではない」と言ってしまうと、みずからの自由を身近なところで支えている基盤を否定することになるのではないかと恐れている。だから作家は自由について語るときに自分の居場所のことは話さない。市場とは異なる制約のある状況について語るのだ。それはたとえば国家が作家を支援しているという状況なのだが、もちろんそこでは国家があらゆる文学を支援しているというわけではなく、ある種の書物を出版させないという全体主義的な状況である。たしかにそういうことがよくある。そうした体制の欠陥や歪み（あるいは犯罪といってもよい）が存在することをわたしたち全員が知らなければならない。こうした体制のほとんどは、公的な支援が国家による支援としてのみおこなわれていることによって制限されている。これは新たなより開かれたやり方によって変えなければならないだろう。しかしいずれにせよ、わたしたちは自分の居場所においても、自由とその敵について考察しなければならないのである。

さて、わたしは冒頭で、ある理念を検討するときにまず議論から始めるのはまちがいだと述べた。コミットメントをめぐるほとんどの議論で問題なのは、二組の対が混同されていることだ。芸術家は自律しているという考え方（コミットメントがこの自律性を損なうと思われている）と、ある中央権力によって行動を命じられるという考え方とが混同されている。あるいはこの両者と職業人としての独立（これはわたしたち特有の社会において恵まれた作家が置かれてきた歴史的状況である）という理念とが混同される場合もある。この点において、わたしたちはもつれを解く作業をさらにつづけなければならない。わたしはこの講演のタイトルに、「コミットメント」という言葉だけでなく「つながり《アラインメント》」という言葉をも使った。もちろん「つながり」という言葉は、ふつうの意味では「コミットメント」の類義語にすぎない。しかし、この言葉には別の意味もあって、わたしはこの意味をたいへん重要であると考え、現代においてコミットメントについて真剣に考えようとするならば、この別の意味について考察することから始めるべきだと思っている。

マルクス主義は、わたしたちがたがいにつながって《ァラィンド》いると気づくはるか以前からじっさいにつながっていることをほかのどの思想よりも明らかにしてきた。なにしろわたしたちは、ある社会状況のなかへ、社会関係や家族のなかへと生まれ落ちるのであり、こうした社会関係や家族のなかで、のちにわたしたちが抽象化をおこなって個人が形成されるのだ。こうした個人の形成のほとんどは、わたしたちが自分を個人であると意識する前からおこなわれている。たしかに、自分を個人であると意識するということは個人の形成にかかわる社会状況、社会関係、家族などすべてを意識することに等しいといえるが、それがすべてではけっしてない。つながりはとても深いのである。わたしたちはつながりによって世界のなかでくらし、つながりを通じて世界をみているわけだが、こうしたつながりは特別なものではない。もちろん、つながりは普遍性という点からみれば特殊なものであると頭で理解するようになるかもしれない。わたしたちとは別のやり方でくらし、別の社会関係のなかに生まれ、別のやり方で世界をみている人びともいるということに気づくことになる。それでもなお、ある深いレベルにおいて（これは書くことに大いにかかわってくるのだが）わたしたちのじっさいのつながりは、わたしたちが個人として形成されているということから切り離すことができないので、これを切り離すのはきわめて作為的なことなのである。そして作家にとってはさらに特徴的なことがある。それはすなわち、作家は言語のなかへと生まれ落ちるということだ。作家は自分が用いる媒体である言語を、あたかもそれが自然のものであるかのように身につけるということである——もちろん、これとはまったく異なる言語の存在をやがては知ることになるのではあるが。それでもやはり、作家が生まれ落ちた言語は、作家が仕事をするときの媒体、自民族のあいだで共有された媒体であり、作家が書きはじめるずっと前から、作家が個人として形成されることにかかわってきた媒体なのである。こうした言語とのつながり、こうした言語によるつながりは、言語自体に備わる深い性質とともに、ものを書こうとする人間ならば避けて通れないものである。したがって、世界に対する見方がそれぞれ異なりながらも、ある社会状況のなかへ生まれ落ち、ある言語のなかへと生まれ落ちることによって、作家はまずつながることから始めるのである。

しかし、つながり《アラインメント》はさらに深い問題を含んでおり、作家がじっさいに書くときに準拠する形式ともかかわりがある。文学が話題になる際に、作家のだれそれはあの形式をどう処理したか（短篇小説という形式をどううまく利用したか）という話を耳にすることがあるが、そういうときにわたしがよく思うのは、問いを逆にして、短篇小説という形式がどううまく作家を利用したかと問うべきではないのか、ということだ。そう思うのは次のような理由からである。書くという行為を注意深く観察している作家ならやがて気づくことだが、ペンをもちタイプライターを打っているのは作家であっても、書かれている作品は、作家とは別物ではないが作家だけのものでもなく、作品を支配する別の力が存在し、その力とはもちろん文学形式のことである。そう思える瞬間があるということだ。なんらかの形式に準拠しないならば、ほとんどの作家はなにも書けないだろう。だが、さいわいなことに作家の経験にかなう形式がみつかるかもしれない。他方で、労働者の生活を書こうとした十九世紀の労働者階級の作家の場合はどうだろう。こうした労働者にとって、もっとも身近な文学形式は小説だったが、小説を書くためのすばらしい題材をもっていても、優れた小説はおろか小説そのものを書くことすらほとんど不可能だった。そのかわりにすばらしい自伝を書いたのである。なぜそうなのか。宗教の伝統から生まれた文学形式が作者の生活上の物語を告白する証言の形式だったからであり、また裁判において自分がだれでなにをしたのかを語る弁論の形式、あるいはほかの語りの形式が存在していたからである。このように口頭で語る形式、一人称の「わたし」を中心にした語りの形式は、労働者にとって身近な存在だった。これらとはまったく異なる小説という語りの形式は、労働者階級の作家にとって三、四世代にわたりほとんど不可解なものだった。結局はこれまでの小説とはかなり異なる題材を語る際に、小説という一般に認められた形式を用いることにはいまなお多くの問題があるのだ。たしかに、労働者階級の意識に合致する形式は別の階級の文学形式とは異なっているはずであり、労働者階級にふさわしい新たな文学形式をみつけるには長い努力が必要とされる。

さて、以上みてきたのは深いタイプのつながり《アラインメント》であり、コミットメントにかんしてもっとも重要なのは、この深いレベルの社会性を意識できるくらい十分に社会の現実にコミットするということである。わたしは心底そう思う。それはつまり現実におけるわたしたち自身のつながりを意識するようになるということである。そう意識することによって、状況によっては現実におけるつながりを強めることになるかもしれない。あるいはつながりを変えたり修正したりすることになる場合も十分ありうるが、これはみかけより骨の折れるプロセスである。もっとも広く知られている「コミットメント」の事例のひとつに次のようなものがある。それは、人びとがつながりを意識することによってある信念や思いこみの体系から別の信念の体系へと移行するという場合であり、これは現実の実践においてきわめてラディカルな変化をもたらす。じっさい、わたしたちがとても深いつながりを強めるときでさえ、しかも細心の注意を払ってそうするときでさえ、いつもとはちがうことが起きるのであり、そのときわたしたちは通常とはまったく異なるやり方でコミットしていると感じる。それはわたしたち自身の思考に加えられた社会的圧力をじっさいに理解したからである。あるいは、最初はつらく思えるがじつはすばらしい認識にいたったからである。それは、わたしたちが考えていることは多くの人びとがすでに考えたことであり、わたしたちがみていることは多くの人びとがすでにみたことであるという認識である。こうした認識は途方もない経験なのだ。孤立した人間関係のなかで芸術家個人の自由に訴える者たちすべてに異を唱えるためにこの経験を突きつけてもいいだろう。そうした連中の大半が「わたしは自由な個人として書いているだけであり、書きたいことを書いているだけだ」などと口にするのは驚きである。じっさいは、そう言う人びとが書いていることの大部分はすでに書かれており、だれもが知っていることなのだ。これはいうまでもなく自由という幻想である。しかしこの幻想を突き抜けて、社会的圧力が感じられるところまで行くと、より高次の自由が見いだせる。自分が属する社会体全体のなかで書くことの可能性を理解し、じっさいに圧力を加えてくるものをみずから引き受け、それを変えることを選択するときにこそ自由は存在するのである。

そこにコミットすることは、だれかに服従することとはまったく関係がない。コミットメントとは現実に存在する社会関係を発見することなのである。これは響きわたること、反響、といった言葉でサルトルが語っていたことだ。つまり、わたしたち自身と日々の行為を含む社会関係を積極的に意識化していくということである。今日の世界では、それを見いだして重宝するということはまずありそうもない。それによって、だれかの市場や政策に直接参加できるようになるわけでもない。しかし、さまざまに異なったやり方で現実の社会関係をほんとうに見いだすならば、そのときに響きわたる音はたいていはっきりと聴きとれる。その響きとは、個人として語りながら、かならず個人をこえたもののために語る声の響きである。そうした声が聴きとれるかどうか、その企図にコミットしてみる価値はある。

（一九八〇年）

原注

（1） Jean-Paul Sartre, *Between Existentialism and Marxism*, London 1974, pp. 13-14.〔マドレーヌ・シャプサル編『作家の声――20世紀文学の証言』朝比奈誼訳、晶文社、一九七三年、二四九ページ。引用はこの翻訳を一部修正して用いた〕

（2） Walter Benjamin, 'Talking to Brecht', *NLF* 77, January-February 1973.〔ヴァルター・ベンヤミン「ブレヒトとの対話」川村二郎訳、ヴァルター・ベンヤミン著作集9『ブレヒト』晶文社、一九七一年、二一四ページ。一九三四年七月二十五日の記載。引用はこの翻訳を一部修正して用いた〕

（3） Friedrich Engels, *New York Daily Tribune*, 28 October 1851.〔エンゲルス『ドイツにおける革命と反革命』マルクス＝エンゲルス全集第八巻、大内兵衛、細川嘉六監訳、大月書店、一九六二年、一四ページ。引用はこの翻訳を一部修正して用いた〕

（4） Karl Marx, 'The Holy Family', in Lee Baxandall and Stefan Marawski, eds, *Marx and Engels on Literature and Art*, St Louis 1973, p. 119.〔マルクス、エンゲルス『聖家族』、マルクス全集第二巻、大内兵衛、細川嘉六監訳、大月書店、一九六〇年、二〇七ページ〕

（5） Friedrich Engels, Letter to Eduard Bernstein, 17 August 1881, Baxandall and Marawski, p. 125.〔エンゲルスからエードゥアルト・ベルンシュタイン宛の一八八一年八月十七日付書簡。マルクス＝エンゲルス全集第三十五巻、大内兵衛、細川嘉六監訳、大月書店、一九七四年、一七九ページ〕

（6） Theodor Adorno, 'Commitment', *NLR* 87/88, September-December 1974.〔テオドール・アドルノ「アンガージュマン」、『アドルノ 文学ノート2』竹峰義和ほか訳、みすず書房、二〇〇九年、一一一―一四一ページ〕

訳注

〔1〕 ウジェーヌ・シュー（Eugene Sue, 1804-57）は十九世紀フランスの小説家。代表作に『パリの秘密』（*Les Mystères de Paris*, 1843）がある。マルクスとエンゲルスの初の共著である『聖家族』（*Die heilige Familie*, 1844）はブルーノ・バウアー（Bruno Bauer, 1809-82）ら青年ヘーゲル派とその派をもてはやす思想界の風潮を批判した書であるが、そのかなりの部分で『パリの秘密』ほかのシューの小説を俎上にのせている。

ライティング、スピーチ、「古典」

「古典」という理想は文章を綴ること《ライティング》の実践と教育・行政による権威的事実との両方に歴史上密接な関連をもってきたので、それがいま大きな困難に直面しているのは驚くべきことではあるまい。働くくらしの中心がものを書くこと《ライティング》にあったわたしたちにとって、便宜上二十世紀と数えられるこの時代の後半は多くの驚きをもたらした。こうした変化が嘆きの種となった者もなかにはいた。書き物の古い権威、わけても印刷物という古い権威は多くの領域で、それより短命とみえるかたち、またいっそう疑わしく思われるかたちに置きかえられてしまっている。お墨つきのしるしとして「テレビでみた」というのが、それと似た「新聞でみた」よりもふつうになっている（どちらも権威ある保証とするのはいかがなものかと疑問視する人びともまだ一部存在するのではあるが）。一部の教育分野では、かつては文章構成法と分析法の訓練を長くおこなってきたのが、いまは削減されるか、あるいは口頭の意見陳述の練習にとってかわったかしている。それを補うのに記述式の、あるいは少なくともしるしを書きつける応答のテストがしばしば使われる。それは申込用紙の記入によく似ているというか、まさにそれと変わらないものであったりする。「まちがいを消しなさい」、「チェック欄にマークしなさい」という具合だ。

それゆえ、かくも多くのことをなしとげ、文明の希望となってきた読み書きの長い伝統が正真正銘の危機に瀕していると感じるのはたやすい。すでにペンよりもコンピュータのキーボードをあつかうほうが得意な子供が多いといわれる。現代の書き物は、一部の専門領域を除けば長たらしいとされる文を拒み、際立って短い息づかいのシャープな文章をよしとしている。複雑な構文を用いたむかしの文章の多くのかたちが拒まれ、即席の口語表現が好まれる。そんな具合だとすると、未来の世代は、これまたかろうじて許容される少数の専門家は別にして、わたしたちがもっともな理由で「古典」と呼んできた多くの言語で書かれた著作の大きな集合体から事実上切り離されてしまうだろう――そう論じるむきがある。

こうした変化が引きおこす影響を最初に察知したのが古典語の学習指導に従事する教員たちであるのは明らかだった。ラテン語はかつて大学入学のために必須の教養科目であったが、いまはその地位から外れてしまっている。ギリシャ語はラテン語とはちがって教会と法廷の場で行政当局と特権的なつながりをもったことがないので、さらに遠くへ押しやられてしまった。だが同種の影響が英文学の教育にまでみられるようになってきた。さほど目につかないものとはいえ、英語という言語そのものの教育にまでそれが入りこんできた。あるいは、こういってよければ教育の放棄という事態が多くの大学の英文学部にまでみられるようになった。たしかに、十九世紀までの長い期間にわたる英語の書き物の形態には理解がいっそう困難になったようにみえるものがある。現代あるいは比較的最近のもの以外の文章形式を的確に記述するための用語が概して欠けているという理由だけであるにせよ、とにかくそうみえる。

このように読み書きの偉大な伝統がいま重大な危機に瀕しているという気分が広がっているため、かつて読み書き能力をリベラルで高邁な美徳や切望と関連づけた多くの人びとは（もっと見てとりやすい保守派の人びとであれば、その特権的な学問が少なくとも本人たちには文明の最後の砦であると容易に確認でき、その意味で反動であるという評判を誇ってさえいるのであるが、そうした人びともちろん）現代社会の発展の強い潮流に抗うべく全力をあげている。あるいは流れを押しとどめることがかなわぬ場合は、少なくとも一部の領域、学習と修練のための一部の貯蔵所を、前例にならって野蛮人の攻撃と呼ぶ事態から防御しようとやっきになっている。

こうした人びとは「古典」と称するものを素朴に信奉し、また意味深長にも「正典《キャノン》」と称するものに素朴な一体感を感じているわけであり、その反対表明の言い分を聞くと賛成しかねるのだが、だからといってわたしがこれまで受けてきた教育や、じっさいにこれまでしてきた仕事の多くがそうしたものと密接な関係がなかったわけではない。その意味ではわたしは彼らと同類だとみなされることになる。なにかの党派に属すると思われ、またその党派から利益を得ているようにみえるのに、そこに加わるのを拒む輩は通常もっとも激しい反発を受けるものだというのはだれもが知るところだ。その点でわたしは自分をとがめることがたびたびあった。労働者階級の家の出身でありながら大学に入って高等教育を受け、そのおかげで『長い革命』をはじめとする反体制的な著作を書けるようになったのであり、そもそも中等学校でラテン語の成績が悪かったらその道には進めなかったにちがいないからである。わたしが教わったラテン語の先生が『農耕詩』〔1〕の読解に辛抱強くつきあってくれたのは、そうした本を書かせるためではなかったということはいえるだろう。もっとも、先生がたまたまそのテクストを選んでくれたのは、当時その教師についていた生徒がわたしひとりで、父が鉄道員の薄給を補うために養蜂を手がけていたのを知っていたからなのだった。わたしの通ったグラマー・スクールのすぐ近くにあるアバーガヴェニー市場に父は自家製の蜂蜜を売りにきていたのである。〔2〕わたしが学んだおかげで父の養蜂が向上したといえたらよいところだが、勉強は日常からますます乖離する教育へと進んでいった。だがひとつの教訓が心に重く沁みこんだ（その教訓を理解するのに長い年月がかかったのではあるが）。すなわち、学びの技能と文学の技能は日々の労働からはっきり見てとれるほどかけ離れているわけではない、ということだ。離れているようにみせられているとしたら、それはわたしたちの教育制度の問題なのであり、さらに解釈するなら、わたしたちの社会制度、経済制度の問題なのである。そうした制度と、技能や学習素材がしばしば安易に混同されてしまうのだが、両者は分けて考える必要がある。そのように一緒くたにして考えてしまうことで、よく起こりがちな帰結がどのようなものかは当然わかりきったことで、そうした制度がけしからんと憤慨し、その結果、伝統的にそうした制度と同一視されてきた技能や素材を放棄したり削減したりしてしまう。じっさい、大学でわたしはあるものの見方を教わったのだが、それは大衆《マスィズ》がやってきて、洗練された文化の諸分野を踏み荒らして台無しにする、という見方であった。これについては、夜中に犬に起こった例の奇妙な事件を思いだしながら拙著〔3〕『文化と社会』で書いたことを繰り返すことしかできない。じっさいに文化を踏み荒らす事態はこれまで起こってきたし、いまもさらにいっそう激しい勢いで起こっているのだが、結局その張本人は大衆《マスィズ》ではなく別種の連中なのである。そうした連中は、学問の利用から特権よりもむしろ儲けが得られるとみているので、自分の利用価値の尺度に照らすと人文学の伝統からは儲けがほとんど、あるいはまったく得られないと考えている。社会のとらえ方が狭く、また経済の理解自体も浅いため、連中は人文学の伝統をますます無意味なものとみなしている。既存の価値にとってかわる多様な価値観を実地に提示するというので、人文学を危険視してさえいる。

だがそこで言ってもよさそうなのは、わたしたちはひとつの党派として、ひとつの職業として、彼らに対してても反対するべきだということだ。こうした危険な動向を左右しているのがだれであれ、それに抗うのがわたしたちの明白な義務である。ごく差し迫った点でいうなら同調できるところもあるのだが、全体としてみればわたしの立場はまったく異なる。思うに、真になすべきは（まさにわたしたち自身の学びと技能から、そして人文学においてこれまで認められてきた、あるいは確信をもって提案されてきた協働よりもさらに広範にわたる協働をおこなうことで真になすべきは）学びの伝統と読み書き能力の伝統の実相をいくつかの新しい仕方で理解すること、そしてそこから、拡張しつつある実践にむけて新しい方向性を見いだすことである。急激に変化をとげつつある（またじっさい混乱状態にある）現代社会がそのくらしに要求しようとしているのがそうした新たな方向性なのである。

このように再検討を要し、しかも喫緊の中心的問題のひとつは、ライティングとスピーチの関係について理解を深めることである。タキトゥスの『年代記』〔4〕（第十四巻三十）のなかに、わたしにとって（十九世紀間の時を経てこれを読んでいるひとりのウェールズ人にとって）その問題をはっきりと劇的に表現しているモメントがある。またおなじくタキトゥスの『アグリコラ』第三十にそれとは異なるがさらにいっそう啓示的な瞬間がある。それについてはあとで立ちもどることにする。

スエトニウス指揮下のローマ軍と、現在のアングルシー島〔ウェールズ北西部〕にあたる場所に群がるブリトン人〔ローマ軍侵入時にブリテン島に住んでいたケルト人〕の対決の地点がただちに印象づけられる。一方には恐れおののきながらも統制のとれた兵士たち、対岸には狂乱する女たちが群がり、ドルイド僧らが両手を天に上げて恐ろしい呪文を唱えている。その対照的な図は忘れがたい。だが、いまもっとも印象的なのは、地元に住む人びとにとって事情は正反対だったというのに、ブリトン人を野蛮人に見立て、文明と野蛮の対立、激しい衝突を示すものとして一般にあらわされ読まれてきたということだ。兵士たちは人を殺し、火をつけ、破壊するために海峡をこえてきたのだが、彼らの背後には高度な物質文明があって、徴収と貢ぎ物で蓄積された富をもつローマが控えている、と主張することはもちろんできる。だが、アングルシーでじっさいに破壊されていたのは、その土地の固有の文化、高度に組織された学者、哲学者、詩人、僧侶を擁する独自の文化なのだった。後代の帝国主義において似たような事例は枚挙にいとまがないのだが、こうした出来事を首尾よく征服をとげた側とは別の観点からみるのはつねに至難の業なのだ。わたしはその情景をつとめて思い描いてみることがときどきある。黒や赤をまとった異国の軍勢がカム川やアイシス川にたどりつき、奇妙な名前の僧侶たちが礼服《ローブ》をまとい恐ろしい呪文を唱えている様子がどのように語られたかを思い浮かべてみる。わたしが言いたいのは、比較が含意されているのが馬鹿げてみえるということだ。当時の水準からすると、ケルト人の学僧の集団は自然哲学と口承詩の方面で秀でていたのだが、その一方で文章を書きのこすこと《ライティング》が欠けていて、多くの他の似たような事例と同様に、それが決定的なことだったからである。書き残すことだけが学問と芸術が高度に発達した文化の試金石となりうるのだというわけではない。ひとたび書くこと《ライティング》が導入されると、その技を身につけた人びとは並はずれた利点が得られるということだ。なかんずく彼らのは歴史の記録であり、気をつけてみなければ歴史の評決になってしまう。ブリテンの歴史において、これはとりわけ際立ったものだった。六世紀にギルダス[5]は、ローマ人の到来以前に彼の民族がくらしを営んでいたことを知らなかったようにみえる。そうした無知は今日でも繰り返されている。若干修正がほどこされていて、いまよく語られる表現では、大青を塗り革をまとった野蛮人だとか、それとよく混同されたかたちで、かなり歪曲された洞窟人といった漠然としたイメージにされているわけだが。中世のほとんどの期間を通して途方もない疑似歴史学が（それはわが隣人たるジェフリー・オヴ・モンマス[6]において強烈な影響力をもつにいたるのだが）その始まりの発端から誤読し、ありもしないことを練りあげていったのは、古典文学の一ヴァージョンによって定義された準拠枠のなかでのことだった。ブルートとブリトン人についてのまちがった語源説が、ユダヤ／キリスト教の伝統における権威ある聖典というもうひとつの一群に由来する〈ブリタニアのイスラエル人〉という幻想と結びあわされることになった[7]。

文字を綴ること《ライティング》（この二十世紀にいたるまで、正確な記録を残すためのものとしては他と比べようがないほどの最大の技術であるライティング）がこれほどまでに頻繁に、歴史における征服と抑圧の現実のなかで事実を覆い隠し歪曲してしまう手段となってきたというのはおそろしい皮肉である。そしてこの事実こそが、いま高度な学問の伝統に属しかつ関与《コミット》しているわたしたちにとって挑戦となるはずのものなのである。

なるほど、たしかに古典とユダヤ／キリスト教のテクストから重要な程度にまで刺激を与えられて、文献によるものではない別種の証拠類が蓄積されていまにいたっている。考古学の証拠はしばしばあつかいにくいものであるにはちがいないが、文書に先立ち文書をこえる長く大きく多様な人間の歴史をわたしたちが適切に理解するために役立っている。たとえばこの国の考古学によって示されたことだが、ブリテンの新石器時代というさらにむかしの時代に数学に秀でた知識階級が存在したという明らかな証拠が出ているのである。いまから二千年前にローマ軍団が到来したわけだが、それよりさらに二千年前のことだ。このすべてが非常に重要なものであり、文書の記録よりもつねに物的証拠を優先すべきだとしたマルクスとエンゲルスの言葉が想起される。だが文字がまったく添えられていない確たる物的証拠を眺めてみれば、彼らの論点に限界があることがわかってくる。その好例が名高い洞窟絵画である。近代的な範疇に入れて表現してよければ、それは一流の芸術作品だ。またどのような範疇や基準に照らしても、人がなしとげた偉大な作品である。とはいえ、すでにみたようにそれがいかなる状況で描かれた絵であるのか証拠があまりにも漠然としているものだから、原始的な呪術という説から弓の練習のためという説まであまたの条件つきの解釈がなされてきた。絵具で、石で、またインクでというように、ものにとりかかることによってなにかをつくることに人の手は喜びを見いだすものだということ――それをじかに受けいれようとする者はほとんどいないようだ。

かくして、いずれの判断のためにせよ問題なのは読み書き能力《リテラシー》をそれ以外のさまざまな人間の主要な技能と対立させることなのではない。文字社会が歴史のなかで不釣り合いなまでに有利な立場にいた次第をみてきたが、率直にいって武力を行使しないで事にあたらなかったら、現在にいたるまでいかなる文字社会も拡大をとげることなどできなかっただろう。過去五世紀のあいだヨーロッパの列強が火器と文書《テクスト》の両方をひっさげて異境の世界に到着したのであり、わたしたちはその模様をありありと目にしてきた。血塗られた侵略が長期にわたって進められ、襲撃された人びとがいかに異常で野蛮であるかという話が何世紀にもわたって書かれたあと、きわめて興味深いモメントが生じる。つまり、最終段階にいたって侵略国自体のメトロポリス文化の複雑な展開のなかで、いわばリベラルな精神とでも称すべきものが形成されて、そうした精神の持ち主が〔被侵略国の〕野蛮人に目をむけ、耳を傾けて、人間らしさを十分に備えているのを見いだしたのである。これは多くの局面を経ている。たとえばサンスクリット語とヒンドゥー人の文法学者との重要な接触は、ヨーロッパの言語学が十九世紀に大きく発展するのに不可欠の要素となった。さらにアメリカ先住民の諸言語の方法論的問題は言語学における重大な新転回に貢献した。現代では他のさまざまな優れた古代文化（そこには著しく文字を重視する文化が含まれる）に広くふれるようになって、わたしたち自身の本文《テクスト》、わたしたち自身の「人文学」によって定義されるような人間の文明の正典《キャノン》についての派生的で限定的な意味がたえず変えられてきたはずである。

だが、わたしがリベラルな精神と呼んだものの格別に興味深い一面がみられるものがある。それはある複雑で洗練された少数文化の内部で、その〔征服の〕過程を別の側からあべこべにみようとする努力がなされる場合である。英語でのその古典的な例はE・M・フォースターの『インドへの道』〔一九二四年〕だと思う。ジョイス・ケアリーのアフリカを描いた小説群もある。[8] また、急いで言い添えておくべきだが、このリベラルな精神は、よくみてもほんとうに別の側から発せられた直接の声、直接の書き物の代理となるものではまったくない。インド、西アフリカ、東アフリカの小説家たちが展開している重要な仕事に興味を引かれ、また大いに刺激を受けながら、わたしたちはこのことを学んできた。だが、これはメトロポリスにおいてのみならず多くの母語において読み書き能力が広範に発展した時期のことである。古典文学の時期からはそのような恩恵が得られていない。そしてこれを考えるとわたしには謎だと思えてくるのが（多くの人には謎とは思えないようだが）タキトゥスの『アグリコラ』のなかでカルガクスが帝国主義を公然と非難する場面である。その濃密な言葉遣いは比類のないものだと思う。じっさい人間の価値についての古典的な声明と呼んで差しつかえないだろう。

Reptores orbis[9]〔世界の盗人〕——このラテン語文は、仏訳では「brigands du monde」、英訳では「plunderers of the earth」と訳されているが、わたしが目にしたいかなる翻訳よりも原文のほうがずっと力強い。Raptores orbis. わたしの読みでは、丸い地球〔orbis〕そのものを両手でつかんでいる暗黙のイメージが忘れがたくあって、それが力の源泉になっている。Auferre, trucidare, rapere falsis nominibus imperium, atque ubi solitudinem faciunt, pacem appellant〔盗み、殺し、略奪することを彼らは支配という虚偽の名前で呼び、人住まぬ荒野をつくると、それを平和と名づける〕. ここも参照しうるどの翻訳よりも勝っている。このセンテンスは部分的に抽出されて、「荒野をつくってそれを平和と呼ぶ」というよくある表現とともに広く引用されてきた。だが、ここで痛烈に感じられるのは、二重の虚偽の暴露である。考慮すべきは inperium〔支配、権力〕と pacem〔pax＝平和〕というふたつの虚偽の名前の連結である。これは財産は窃盗なりというプルードンの革命的な異議申し立てよりもはるかに先を行っている。[10]というのは、ここには文明の条件として受けいれられている秩序だった政府と平和が、虚偽の名で窃盗と虐殺と強奪というじっさいの営為を隠蔽するものとしてみられているからである。

ラテン語原文のもつ力がこのように発揮されている。「このような話し方で」〔11〕（in hunc modum）これを語っているのは（これは決定的な点なのかもしれないが）カルガクスという声望のあるケルト名をもつ剣士である。時は戦闘の前、場所はアバディーンの西方のどこか、グラウピウス山（mons Graupius）とされていて、これはキース〔スコットランド北東部の町〕の東にあるシルヤーンの丘のことであろうか。ブリトン人のほうは海を背にしている。識別できるという読み書き能力の強みのなかで（それは考古学ではどんな場合でも追跡しかできないわけだが）わたしたちにわかっているのは事実上これだけだ。

だが、それとはちがう意味で、ではどれほどわたしたちはわかっているか、あるいはどれほどわかりうるのだろうか。というのは、語りのなかに型どおりの演説を含めるよくある習慣の内部で注目に値すると思えるのは、この演説がその特定の時を超越する力を有していることである。思い起こすなら、この演説はアグリコラへの実質上の賛辞のなかに挿入されていて、その〔賛辞という〕強調点はなにも引っこめられていない。アグリコラによる反対演説のほうは賛辞にみあった特徴をもつ。堅実で経験に富み、実際的で上出来な演説なのだ。分別があって手堅い話しぶりで、タキトゥスはこうまとめている。「彼がよき人物であることをあなたは容易に信じるであろう、そして彼が偉大な人物であることを見てとって喜んだことであろう」。だが、そのような人物の演説が迎えうつのは、距離を置いて伝えられる（荒々しく野蛮な印象をもつ）「恐ろしい呪文」ではない。そうではなく文明の美徳（自由、共同体、正義、質素なくらしへの自負）についての〔カルガクスの〕簡潔で力強い古典的な発言が相手なのだ。その発言が頂点に達して、そうした美徳を破壊する輩、すなわち「世界の盗人」（raptores orbis）に対峙せざるをえない厳しい状況に追いこまれる。

通常言われているのは（わたしはそれに従ってきたのだが）熟練した法律家であり弁論家であったタキトゥスはこのよく練られた著作において持ち前の技巧をローマの敵の演説にまで広げたというものだ。その説につなげて『ゲルマニア』でもおなじことがいえるかもしれないが、このように敵を人間的にあらわす際に、彼はむかしの元老院の美徳を称え、逆にその段階での〈帝国〉の専制と腐敗（アグリコラはこの〈帝国〉に仕えていたとはいえ、それに苦しんでもいた）を批判しているとみる論者もいる。その解釈も理解できるが、それでもなおカルガクスのじっさいの演説はそうした論点をこえている。その演説はローマに華々しい栄誉をもたらした計画の総体に抗う普遍的な声明なのだ。カルガクスが述べているのがあの征服されたブリトン人の文明の真の声であると信じられたら、それはけっこうなことだろう。だが、そう信じる手立てはわたしたちにはない——たとえ何世紀ものちに、最古のウェールズ詩においておなじ声が聞こえてくるような気がするのであっても。アネイリン[12]の詩のように、武勲の自慢と僭主への追従のなかに、それらとは異質の人間観をもつ（敗れた人間の経験を含む）哀しみの音色がそうしたウェールズ詩には感じとれる。じっさいにそのような連続性があったのかどうか、あるいはそれがあったとして、タキトゥスがそれを知りえたのかどうか、なんとも言えない。ひとえに書かれたもの《ライティング》が欠けているということが恒久的に妨げになっている。

だが、わたしたちに言えそうなのは、ここで「フマニタス」（humanitas）の観念によって真に把握されていることをありありとみることができるということだ。別のくだりでタキトゥスが思い起こさせてくれるように、この語は誤解を招きやすい。「文明」（civilisation）が十八世紀後半と十九世紀にしばしば誤解されたあげくに、「文明」（civilisation）と「文化」（culture）といういまなおやっかいではあるが重要で影響力のある区別をもたらしたのとおなじような事情である。ブリトン人がトーガをまとい、新体制下の洗練された回廊や浴場や宴会に通うなどしてローマ文明に適応している様子を語りながら、タキトゥスは辛辣にこう付け加える。Idque apud imperitos humanitas vocabatur, cum pars servitutis esset〔そのすべてが未経験のために文明（フマニタス）と呼ばれていた——それは隷属の一部分でしかなかったのに〕. 爾来こうした熱心な成金の〔敵側への〕協力者があまた出現してきたのをわたしたちは知っているが、向こう側から下された判断（すなわち彼らの服従と隷属の一部分であるものを、未経験ゆえに彼らは文明と称している、とする判断）の恩恵に与った者はほとんどいない。

強力な戦争機構、物質的富と技術の誇示に対するものとして、より広い意味の幅をもつ「フマニタス」こそが、わたしたちが少なくとも一時的に抽出できるものである。だが、とりわけ文学的な問題が残っている。前に述べたように歴史的な語りに演説をはさみこむ手法はこの時代には慣習《コンヴェンション》になっていた。それはトゥキュディデス[13]にさかのぼる。その慣習を調べてみるなら、トゥキュディデスがソポクレスやエウリピデスの同時代人であることをみても驚きはしない。ラテン語ではカトー以来ふつうにみられる。だが、ここでは演劇と歴史のあいだがそうなのだが、異なるジャンルに距離を置くように強いることは、古典文学のなかでその距離が強調されているのであっても、ある重要な点で誤解を招きかねない。この問題を考えるときに直面するのは、話し言葉《スピーチ》と書き言葉《ライティング》の関係についての根本的な問いである。わたしたち自身の時代と教育の様態からすると、印刷物を重視するのが習い性になっているものだから、この問題を理解するのにはかなり不利な立場に置かれている。

世界文学といま称されているもの（そこにはもっとも偉大な文学の大半が含まれる）には、じっさいに口頭で語るために書かれたか、あるいは話し言葉の様態で書かれたものが非常に多くあるため、黙読のための書き物という比較的新しい基準にあてはめるとかたちを歪めてとらえてしまいがちになる。世界文学の作品群のなかに戯曲や弁論が多くみられる（後者の弁論には説教、講演、式辞といった近代のかたちを含んでおり、十九世紀という最近の時代までたいへん重要な役割を果たしていた）からということもあるが、理由はそれだけではない。古典時代と中世時代にはずっと、また多くの場合はさらにそのあとの時代に入っても読書というものがたいてい朗読されたか、あるいは声に出さないまでもはっきりと話しているかのように読まれていた。それはおおむねわたしたちがゆっくりと本を読むときに気づく習慣である。じっさい、古典時代の歴史書のほとんどは弁論にきわめて近いものだった。公的な場での演説のほうが、虚構の物語を黙読するかたちよりも言語による文章構成の中心的な条件となっていたのである。

だが、この条件と慣習のなかで区別しなければならないのは個々の著述家という明白な区分だけでなく、もっと決定的なこととして著作がもつさまざまな機能の区分である。かくしてカルガクスの演説を念頭に置いて『年代記』（第十四巻、第三十五―三十六節）にあらわされているボウディッカとスエトニウスの演説に目を転じるならば、語りの一要素として効果的な様態があることに気づく。じっさい、これらの演説は語りの内部に囲われている。いずれも短く差し迫った問題と状況を伝えているが、当座の事柄以上のことは関連があってもほとんどふれていない。そうすると、このふたつの演説をカルガクスの演説と比べてみることができるかもしれない。後者のほうが弁論として発達しているのは明らかであり、その意味でたしかに「あらかじめ用意《セット》された」演説になっている。だが、わたしの誤解かもしれないが、両者の相違を考えるにはさらに別の点をみるべきだと思う。それをわたしは演劇の様式に関連づけてみたい。古典劇は語りと台詞＝演説《スピーチ》と合唱が（内的に展開するものとはいえ）独特なかたちで結びあわされたものであり、いまのわたしたちであれば台詞と語りを別々の範疇に分けて考えているのだが、古典劇では多くの要素が未分化の状態にあるということを思いだしておかなければならない。のみならず、カルガクスの演説を征服者への賛辞の文章のなかに位置づけるのはたいへんやっかいなことなのだが、少なくともわたしにとっては演劇様式を思い浮かべてみるとみえてくるものがある。やっかいだというのは、その演説だけを抜きだして帝国主義へのまぎれもない糾弾であるといってみても仕方がないのだが、かといってそれを賛辞の語りのなかに溶けこませることもおなじように無駄だろうからである。大きな文化的解放のひとつとみられるもののなかで、演劇様式によって可能になったのはまさにここに見てとれるもの、すなわち複数の声をもつひとつの語りであり、演説であった。したがってそれは、本来的に多義的な特徴を帯びて複数の声を表現する方法なのである。それぞれの声が語っているあいだは一時的に独自の絶対的な力をもつが、他の声も語るわけなので、すべての声が集積して最終的にひとつの筋の運び《アクション》となる。当然、演劇の語りの様態が使者の語りや報告というかたちから、ひとつの語りの声が他の声を含みこむかたちへと特化されるとき、多くの変化が生じる。しかもタキトゥスの場合のように名前が明示された人物の声であり、自分の主題と特定の関係を結んでいることを公言している。とはいえ、演劇の様式がもつ推力はいまだそこにありうる。カルガクスは語っている状況の枠組みをこえた広がりを示しつつ、帝国主義を激しく非難することができている。だがそれへの返答というよりは、ただそのあとにつづくかたちで、まったく異質の声が聞こえてくる。それはカルガクスを打ち負かすためにやってきた人物、実務家肌で節度のある、帝国の忠実なる僕《しもべ》の声だ。そしてここで指摘しておくべきなのは、いずれの声も失われていないということである。演劇で多くの声が聞こえてくるのと似たような仕方で、対照的なふたつの声が記憶にこびりつく。

わたしが指摘しているのは技法上の点だけではない。現代の人文学研究の危機についてはいろいろな説明のしようがあるのだろうが、主要な要素のひとつは（これは従来ほとんど注目されてこなかったし、ときとしてまったく気づかれていなかったことだが）文章を綴る《ライティング》ことと話す《スピーキング》ことの関係がふたたび変化しつつあるという問題である。この議論に参加しそうなわたしたちの全員が文章作成《ライティング》と印刷物の黙読によって形成されてきたので、当の主題でさえも不正確に述べてしまうおそれがある。新規のものであれ従来のものであれ、口承によるさまざまな形式がわたしたちの文化のなかで中心的なもの、決定的なものにさえなりつつある時代にいたっているので、これは皮肉なことだ。このあたりの歴史について詳しく述べる余裕はいまはない。別のところでその一端について記述する試みはたびたびおこなってきた。だが肝心な点は様式の変化だけではない。これを認めたがらないむきもあるだろうが、文章を綴ること《ライティング》は当初から特権と社会的差別がからむ特殊な形式であった。社会でのコミュニケーションと記録にかかわる他のすべての形式とちがって、特定の社会で成長するというきわめて一般的なプロセスのなかで、これだけが万人に開かれたものではない。ものを書くためには入念な指導を受けて学ばなければならない。そして比較的最近まで、識字率のもっとも高い社会でさえも文章を綴る技術を学ぶ道はいくつかの点で注意深く、ときとして悪意をもって統制されてきた。さらにこの技術がどこから始まったかも想起すべきだ。中央集権化する都市の経済における官僚的な記録文書にそれは端を発し、次に貿易の経済のなかでその技術が発展したのである。あれやこれやの先行する文化の長所や短所としていま歴史的にみるべき点は、文明の抽象化ではなく特定の種類の社会秩序と関連づけてみなければならない。なるほど、この物質的土台に立って、また特定の種類の社会秩序のなかで、中央集権化の方向に同調しながら文章作成《ライティング》の使用法が発展してきて、それがいま世界の諸文学と呼ばれるものを結果としてもたらしたというのはたしかにそのとおりである。とはいえ、この発展と公的な話し言葉《スピーチ》の様態との関連を考えてみるならば、依然として少数者の慣行であったもののなかに公衆が存在し、言及されていたことがわかる。

それから、印刷物と黙読が出現して事態が変わった。五世紀にわたって印刷術がわたしたちの知性を形成してきたのだったが、その間、それ以前の公的な演説のための書き物でさえもわたしたちが野蛮にも「口承文学」と呼ぶものに分類しなおされ、「本文《テクスト》」として物象化されてきたのだった。もちろん書き留められて保存されていなかったら、それらはわたしたちに残されなかったことだろう。この点こそがものを書くこと《ライティング》において鍵となる例の役割、すなわち記録ということであって、これが学者たちがいちばんに意を払わなければならない点である。だが、その役割よりも広い社会的効果がふたつあった。

第一に、歴史や法律のような決定的な問題が書き物《ライティング》のなかに引きこもるとき（引きこもり方は使われている言語が死語か特殊な言語か、あるいは自国語かによって程度が異なるのだが）どの民族であれ大多数の人びとが切り捨てられて、くらしとアイデンティティにかかわるもっとも決定的な条件のいくつかを知ることができなくなってしまう。イギリス人が自分の過去について異常なまでに無知でいるのはたんなる欠点なのではない。これまた機能的なものであって、印刷物による効果的な統制の産物なのだ。そしてまた、本を通して学ぶことをはねつけたり憎悪を示したりもする（その印刷物が外国のものであったらむろん即刻拒絶する）という流儀が広がり、効果をおよぼしているのだが、それをみても心底驚くような者はひとりもいないことだろう。さらにそうした距離が扇動的に利用されるのをみて衝撃を受けて当然なのに、驚きはしないのだろう。さまざまな時代の名作群を提供しているのですよと言っても、それらはあまりにも距離と特権と権威にしばられているので無邪気に受けとるわけにはいかないし、提供してもらっても困る、と言われる。それはしばしば的を射た反応なのである。

この論点は第二の効果を含めるときに決定的なものになる。読み書き能力の普及が苦しいまでに緩慢に進んでゆき、意義深いことに民主主義が勃興し、選挙権が拡大していった時代にそれまで受けいれられていた著述の諸形式が数種類の新機軸と圧力によって変容を被った。フィールディングの『トム・ジョーンズ』［一七四九年］の時代も、恋人たちは戦闘の前の将軍たちの流儀で長々とした申し立てを口にすることができ、その語りの声は依然として多くの点で話し言葉の声である。[14] だが十九世紀を通して発展してきたのが黙読のための、しばしば非人格的な語りによる構築物であり、さらにまた演劇の一部に多少の先例があるとはいえ、まったく斬新な表現形式、すなわちいまや公的な、あるいは半ば公的な演説ではなくて会話を表現するための表現形式であった。この発展について、またその慣習と問題点については『社会のなかで書くこと』[15] のなかで実例を示しておいた。だが、おもに政治的な理由と商業的な理由のために同時に起こっていたのは公的な演説《スピーチ》の新たな表現が新聞のなかで発展したことである。その表現は二十世紀に入って、つねに慣習的《コンヴェンショナル》で、ときにはきわめて技巧的なやり方ではあるが口語的で慣用的《イディオマティック》な特徴が次第に濃厚になってきた。小説における語りの声もたいていの場合、新聞よりもまとまりのあるものではあったが、やはりおなじ道筋をたどった。

そしてこの状況に映画、ラジオ、テレビという新しい口承の形式が到来した。そのうちふたつは話し言葉《スピーチ》を動画という新しい力と結びあわせたものであった。それぞれがあらわれた段階で高度な学識を備えた人びとの大半が示した反応は、恐怖とまでは言わないにせよ深い疑念であった。自分たちの世界の総体が脅威にさらされていると感じたのは古典学者だけではなく、英文学（イングランドの印刷物）の教師たちも同様だったのである。高度な読み書き能力《リテラシー》の価値はかくも多くの主要作品についての長年にわたって蓄積された知識と経験によって私的にかつ社交的《クラブ》に証明されるものであるが、その価値が破壊的で通俗的《デモティック》な（通俗的《デモティック》というほうが民主的《デモクラティック》というより手っ取り早いのだが、民主的なとしてもよいというむきもある）とにかく俗悪な大衆文化《マス・カルチャー》とみなすものに対峙しているものだと受けとられたのである。

この結論に対してわたしは自分の生涯にわたる仕事を通して反論してきたのであり、いまだに相手を説き伏せることができずにいることを自覚している。だが、いまなおわたしが言わねばならないこと、古典協会〔16〕のなかでとくに強調しておかねばならないことは、わたしの議論の主要な論拠がつねに高度な読み書き能力にほかならなかったということだ。高度な読み書き能力こそが演説《アドレス》と文章作成《コンポジション》の諸形態の際立った歴史的多様性を示してくれる。高度な読み書き能力こそが、これらの作品に備わる意味と価値の尋常ではない（文字どおり世界とおなじほどの幅広さをもつ）多様性をわたしたちに示してくれるのである。その多様性にしてもまた作品群のもつ唯一の一般的な価値なのであり、考察や結論のもっともらしい単独性には還元しえない。あるいはなんらかの高度に選択的な伝統のなかの文学の効用にも還元できない。そうしてしまうと一過性の集団や利己的な集団の習慣を追認してしまうだけのことにしかならない。またもや唯一の真の意味での高度な読み書き能力こそが常識だとか必要性だとかいう局地的な結論をこえた地点にわたしたちを連れてゆく。そうした結論は他の場所と同様に一般的な読み書き能力を有する人びとにも共有されているものであって、それはアクチュアルな変化と多様性の事実を踏みにじる。さらには、長きにわたる人間の記録のなかに既存のものとは質を異にする深い信念とコミットメントが見いだされるのに、それさえも踏みにじってしまうのだ。そうした〔変化と多様性の〕事実と、いまある支配的なものにとってかわる信念とコミットメントは、いかなるときでも、そしていかなる圧力を受けても対立がある複雑な社会のなかで必要とされる知恵の基盤なのである。最後に、高度な読み書き能力こそが権威の偽りの仮面を剝ぎとる。出所《ソース》を問い、真性だとされた典拠を綿密に吟味し、文脈に置いて比較検討しつつ読み、約束事《コンヴェンション》を確認し、そうしたうえで意味を決定する。そのような実際的な作業をすべてやりとげるのには、そうした能力が欠かせないからだ。そこで駆使される精神の習慣は、単一の権威あるいは寄せ集められた権威が発するあらゆる発言に対峙するもの、いや対峙すべきものなのである。

だが、真正の権威がなんであるか、あるいはなんでないかを理解する過程そのものによって古典を権威から切り離すべきだとするならば、より最近の資料にもとづく分野から、おなじように正直な協働と集合の試みがなされなければならない。それはヨーロッパの古典語の作品が（その〔「ヨーロッパの古典語」という〕定式化はそれ以外の作品の存在を強調することが意図されているわけだが）他になにが起ころうとも、人間の文化と理解の必須の要素であるという主張にならざるをえない。だが、そんなふうにわたしが言うのはちゃんと予想されていたことだろう。さらに次のように述べるなら、もっと驚かれるのではあるまいか。新しい口承の形式と口承＝視覚的形式をわたしたちが用いているいまのやり方にはじつに多くの欠点があって、なかには利用者を制限している点で印刷の初期の欠点を反復しているものもある。だが、形式としてはそれらはわたしたちに格別に近しいものとなりうる。公的な発言《スピーチ》のいくつかの形態が（雄弁術の衰退とみなすべきものからそうした形態を取り去るような諸条件のなかで）いっそう直裁に模索されている。そうした条件は、アクチュアルな貢献を果たす声をすでに増やしてきたし、今後もさらに何倍にも増やすかもしれないものだ。さらに対話という条件、複数の声という条件がある。中央集権化するシステムに圧迫されて繰り返し取るに足らないものとされているが、その条件には黙読をこえた可能性が含まれている。議論を細かく粘り強くおこない、検証できるようにするためには、いまなお印刷物にまさるものはほとんどないのだが、直接のやりとりをするのには新しい形式のほうが有効である。そしてこれらのすべての形態が特権者によって差別的に利用されることもなくあつかえるというのがとにかく現状である。母語がいまふたたびすべての人が耳にすることができる共通の事項になっている――すべての人が語れるものにはいまだになっていないにせよ。

　同時に、社会に大混乱が起こり不平等の状況が絶えないときに、こうした形式が急速に、しばしば無茶な仕方で拡大していくなかで、高度な読み書き能力を身につけるのに学んださまざまな技を駆使して貢献できることは多くある。わたしたちの仕事の実践はこの急流のなかでは緩慢すぎて生きのびられないようにみえるかもしれないのだが、すでに多くの若い学者や分析家がそうした技を新しい形式の資料に応用して一定の成功を収めている。そうした形式は、いまいずれにせよ人文学のなかに含みこまなければならない。その仕事にあたるのはひとつの集団に限定されるべきではない。作家と学者と分析家からなる非常に多様なコミュニティのみがこれに適切にアプローチできる。ともあれ以上が人文学の再編と、人文学の新しい分野《スクール》＝学校とカリキュラムにむけてのわたしの最終的な主張ということになる、そこにはおそらく多くの労働者が含まれるだろう。彼らの言葉遣い《ターム》や用具《マテリアル》は古典学者にははなはだ縁遠いものであろうが、そこに古典学者も加わって、人文学の幅の広さと奥行きの深さを、そしてなによりも人間性《ヒューマニティ》についての歴史感覚を主張しつづけるものとなるだろう。

（一九八四年）

訳注

〔1〕『農耕詩』（*Georgics*, c. 29 BC）は古代ローマ詩人ウェルギリウス（Publius Vergilius Maro, 前七〇―前一九）によって書かれたラテン語の教訓的な詩。全四巻からなり、第一巻は穀物の耕作、第二巻は果樹の栽培、第三巻は牧畜、第四巻は養蜂をおもにあつかっている。邦訳『牧歌／農耕詩』（西洋古典叢書）小川正広訳、京都大学出版会、二〇〇四年ほか。

〔2〕アバーガヴェニー（Abergavenny）はウェールズ、モンマスシャーにある市場町。ウィリアムズは生地のパンディ村から約一〇キロ離れたこの町にあるヘンリー八世グラマー・スクール（King Henry VIII Grammar School）まで通学していた。

〔3〕「夜中に犬に起こったあの奇妙な事件」（that curious incident of the dog in the night）という表現はコナン・ドイルのシャーロック・ホームズ物の一篇「白銀号事件」（'Silver Blaze,' 1892）に出てくるホームズの台詞をふまえている。競馬馬の白銀号がレース直前に失踪し、その調教師が死体で発見された事件を推理する場面で出てくる。〈（グレゴリー警部）「ほかにわたしが注意すべきことがあるでしょうか」／（ホームズ）「あの夜の犬の奇妙な事件についてです」／（グレゴリー）「あの夜は犬はなにもしませんでしたよ」／（ホームズ）「それが奇妙な事件なのです」〉状況からして吠えるはずの犬が吠えなかったのは外部の侵入者でなく厩舎内の人間が馬を連れだしたからだというホームズの推理が示唆されている。よくいわれたように「大衆」（masses）が外部から参入して文化の質を悪化させたのでなく、従来から文化的産物を享受しえた特権層に責任がある、という含みでこのホームズの台詞が引喩として用いられている。この見方については『文化と社会』の結論部分および「文化とはふつうのもの」（ウィリアムズ『共通文化にむけて――文化研究I』川端康雄編訳、みすず書房、二〇一三年、所収）を参照。そもそもウィリアムズにいわせれば、「じっさいには大衆（マスィズ）というものはいなくて、人びとを大衆とみる見方があるだけ」なのである（「文化とはふつうのもの」二一ページ）。

〔4〕タキトゥス（Publius Cornelius Tacitus, c. 55-c.120）は古代ローマの歴史家、政治家。帝政を批判し、共和政を称賛。簡潔な文体で帝政期の歴史を叙述した。主著にゲルマン諸部族について語った『ゲルマニア』（*Germania*, 98）、妻の父でブリタ

ニア総督であったアグリコラの功績を称えた伝記『アグリコラ』(*De vita Julii Agricolae*, 98)、紀元六九年の四帝時代からドミティアヌス時代の九六年までを記述した『歴史』(*Historiae*)、アウグストゥスの死(一四年)からネロ皇帝の末期(六八年)までを記述した『年代記』(*Annales*)がある。

〔5〕ギルダス(Saint Gildas, c. 516–570)はブリテンの修道士、歴史家、聖人。ローマ人の侵入以後を記述したイギリス最古の歴史書『ブリタニアの破壊と征服について』(*De Excidio et Conquestu Britanniae*)を残した。

〔6〕ジェフリー・オヴ・モンマス(Geoffrey of Monmouth, c. 1100-c. 1155)はイギリスの年代記作者。『ブリタニア諸王史』(*Historia regum Britanniae*)を書いた。

〔7〕ブルート(Brut)はブリトン人の伝説上の祖。トロイアの英雄でローマ建国の父であるアエネアスの子孫。トロイア人の一群を引き連れてブリテン島に渡り、〈トロイノヴァノト〉を建設、ゴーボダック(Gorboduc)、シンベリン(Cymbeline)、アーサー(Arthur)といったブリテン王はいずれもブルートの子孫とされる。その伝説はネンニウスの『ブリトン人の歴史』(*Historia Britonum*)、ジェフリー・オヴ・モンマスの『ブリタニア諸王史』に記されている。〈ブリタニアのイスラエル人〉(British Israelites)はブリトン人がイスラエルの失われた十支族の子孫であるとする見方。

〔8〕E・M・フォースター(E. M. Forster, 1879–1970)の『インドへの道』(*A Passage to India*, 1924)はインド人医師のアジズとインド在住のイギリス人教師フィールディングの交際を本筋として植民者(西洋)と被植民者(東洋)の相互理解と調停の(不)可能性を描いている。ジョイス・ケアリー(Joyce Cary, 1888–1957)はアイルランド出身の作家。ナイジェリアでイギリス植民地行政官として働いた経験をふまえて『アメリカ人の訪問者』(*An American Visitor*, 1933)や『ミスター・ジョンソン』(*Mister Johnson*, 1939)などを書いた。

〔9〕タキトゥス『アグリコラ』第三十節。以下、ウィリアムズが検討している部分のラテン語原文と和訳を示しておく。

Raptores orbis, postquam cuncta vastantibus defuere terrae, mare scrutantur: si locuples hostis est, avari, si pauper, ambitiosi, quos non Oriens, non Occidens satiaverit: soli omnium opes atque inopiam pari adfectu concupiscunt. Auferre trucidare rapere falsis nominibus imperium, atque ubi solitudinem faciunt, pacem appellant. 〔ローマ人という〕世界の盗人はあまねく土地を荒らしたのちに海を探し求める。彼らは敵が豊かであれば貪欲になり、貧しければ野心的になる。彼らを東の地も西の地も満足させることはなかった。すべての民のうちでただ彼らだけが〔自分の〕富と〔世界の〕貧窮を同等の熱意をもって欲している。盗み、殺し、略奪することを彼らは支配〔権力〕という虚偽の名前で呼び、人住まぬ荒野をつくると、それを平和と名づける。

〔10〕ピエール・ジョゼフ・プルードン(Pierre Joseph Proudhon, 1809–1865)はフランスの社会主義者。アナキズム思想の創始者のひとり。マルクス主義に対立し、労働者の自由な連合によって国家を廃絶する思想を唱えた。「財産は窃盗なり」(La propriété est le vol）という言葉は『財産とはなにか』（*Qu'est-ce qne la propriété?* 1940）に出てくる。

〔11〕『アグリコラ』第二十九節の最後のセンテンスはこうなっている。

Iamque super triginta milia armatorum aspiciebantur, et adhuc affluebat omnis iuventus et quibus cruda ac viridis senectus, clari bello et sua quisque decora gestantes, cum inter pluris duces virtute et genere praestans nomine Calgacus apud contractam multitudinem proelium poscentem in hunc modum locutus fertur... いまや三万人以上の武装した男たちがみられ、そこにすべての若者たち、それに年長だが壮健な男たち、戦争において名高く、自身の飾りを帯びている男たちが押し寄せた。そのとき多くの指揮官のなかで勇敢さと血筋の点で他に勝る人物、カルガクスという名の男が周囲に集い戦いにむけて騒いでいる多数の者たちにむかって、このような話し方で語ったと伝えられる。

〔12〕アネイリン（Aneirin）は六世紀のウェールズの詩人。十三世紀に成立した『アネイリンの書』（*The Book of Aneirin*, c. 1250）に収録されている 'Y Gododdin' は現存するウェールズ語の最古の詩のひとつとされている。

〔13〕トゥキュディデスは古代ギリシャの歴史家。ペロポネソス戦争に従軍し、これを主題とした『歴史』（*Historiae*）を残した。

〔14〕ヘンリー・フィールディング（Henry Fielding, 1707–54）はイギリス十八世紀の小説家。代表作『トム・ジョーンズ』（*Tom Jones*, 1749）は大地主に拾われて育てられた捨て子トム・ジョーンズが明るく活発な青年に成長し、危険な目に遭いながらも最後に幸福をつかみとる物語。邦訳は『トム・ジョーンズ』全四巻、朱牟田夏雄訳、岩波書店、一九五一―五五年。

〔15〕『社会のなかで書くこと』（*Writing in Society*）は一九八三年刊行のウィリアムの評論集。「実例を示しておいた」と述べているのは、とくに長文の論考「一七八〇年から一九五〇年までのイングランドの散文についての覚書」（'Notes on English Prose 1780–1950'）を念頭に置いていると思われる。

〔16〕古典協会（the Classical Association）はイギリスで一九〇三年に創設された古典学の学術団体。古典研究の促進、発展、維持によって教育の向上をはかること、教育と公的生活に古典が果たした貢献と意義についての公衆の意識を高めることを目的としている。ウィリアムズは一九八三年から八四年までここの会長をつとめ、本稿はもともとこの協会の主催での講演会で読まれたものであった。

II

アヴァンギャルドとモダニズム

メトロポリス的知覚とモダニズムの出現

いまや明らかなことだが、二十世紀のアヴァンギャルド運動のもろもろの実践および理念と、二十世紀のメトロポリスの特殊な状況および諸関係とのあいだには決定的なつながりがある。その証拠は端《はな》からずっとあったのだし、じっさい、多くの場合すぐに見てとれるものだった。だがこの特殊な歴史的・文化的関係を、具体性は劣るものの広く称えられた（また忌み嫌われた）「モダンなるもの」の感覚と分離することは最近までむずかしかった。

二十世紀も終わりがみえてきた時期にますます必要になってきたのは、「モダン・アート」の最重要の期間がいま相対的にどれぐらい遠い過去として立ちあらわれているかを意識することだ。二十世紀初期のメトロポリスの状況と諸関係は、多くの点でその強度を増すとともに範囲を広げた。もっとも単純な意味で、巨大なメトロポリスの集合体は複数の都市を広大な都市圏へと成長させつづけることによっていまなお歴史的に増大の一途をたどっている（第三世界ではとくに爆発的な速度で増大している）。先発の工業国においては、人口過密でしばしば荒廃した「インナー・シティ」と拡張する郊外そして通勤者むけの住宅団地とのあいだの新種の分断がめだっている。さらに古いタイプのメトロポリスでは、多くの場合それまでとおなじ要因によってさまざまな種類のアヴァンギャルド運動がいまだにつづいており、隆盛しさえしている。だがより深い水準では、メトロポリスの文化状況は決定的に変化してしまった。

芸術についてのもろもろの技術と関連機関のうちでもっとも影響力の強いものは、いまだにあちこちのメトロポリスを中心としつつも、そこから拡散しその外部へと、多様な文化的領域全体へとむけられているのだが、それは緩慢な影響によってではなく直接的な伝播によって拡散している。いまだ「モダン・アート」と呼びならわされているもの（少数派の新聞・雑誌、小規模画廊・展覧会、都心の劇場を活動場所とする著作、絵画、彫刻、演劇など）の技術や制度と、映画、テレビ、ラジオやレコード音楽といったかたちの二十世紀後半のメトロポリスの実質的な産出物とのあいだの文化的対照ほどに大きな対照は存在しまい。保守派の分析家たちはいまだに「芸術《アート》」や「学芸《アーツ》」というカテゴリーを過去の技術や制度の領域に押しとどめ、中心としてのメトロポリスに執着している。中心地にそのカテゴリーを守る飛び領土《エンクレイヴ》があって、そうした「芸術品」をしばしば「国民的」偉業として展示できると考えているのだ。さらにメトロポリスは、新たな文化的技術のグローバル市場が組織化され拡大されているなかではるかに広い意味を帯びている。巨大な都市集合体や、さらには大規模な首都がすべてそのような文化的メトロポリスの性格を備えているわけではない。実際上のメトロポリスとは（この言葉を新植民地的《ネオ・コロニアル》な世界における国民国家間の関係を示すのに援用されていることが示すように）いまや先進技術を備えた支配的な経済大国の、現代《モダン》の伝播力をもったメトロポリスなのである。

かくして二十世紀の世界を均質的にとらえてその芸術・思想の諸相を記述するのに「モダン」や「モダニズム」というカテゴリーを使いつづけるのはいまやよくても時代錯誤、悪くすると旧態依然のそしりをまぬかれない。どうしてそれらの呼称がしつこく消えないで残っているのかという問題は複雑な分析を要するのであろうが、三つの要素を強調することができる。まず少数派の学芸《アーツ》とメトロポリスの特権や機会との特定の関係が、古い技術と形式でありながら一部新しいものへと選択的に拡張されたかたちで実質上消えずに残っている。第二に、メトロポリスの知的ヘゲモニーも残っている。メトロポリスは本格的な出版社、新聞、雑誌、そして知的制度を、それが公式のものであれ（こちらのほうが重要だが）非公式のものであれ掌中にしている。皮肉にも大多数の場合、それらの組織はいくつかの重要な点で残滓的なものだ。つまり、社会的な理由のために（とくにそれらを支える「少数派《マイノリティ》」対「大衆《マス》」、「高級《クオリティ》」対「ポピュラー」という図式において）そうした組織の基調をなす知と芸術の形式はあの古い二十世紀初期のものなのであり、その時代こそ、それらの組織にとっては時代をこえて「モダン」なのである。第三の、そして根底にかかわる要素は、その二十世紀初期が生みだした中心的な産物とは（その理由はこれから探究せねばならないが）美学、思想、心理学にかかわる新たな一連の「普遍概念《ユニヴァーサル》」であったということである。それは個別具体の文化、時代、信仰といったかつての「普遍概念」とは鋭く対立するのだが、まさにその性質からして歴史の変化や文化と社会の多様性といったさらなる個別具体化に抵抗する。議論の余地なく事実上永久につづく「モダンの絶対性《アブソルート》」、つまり人間の置かれた条件は実質上未来永劫変わらないとする明確な普遍性がそこでは信じこまれている。

目下、この知の袋小路は哲学、美学、そして政治思想の全領域で強大な力をふるっているが、そこから抜けだすためにはいくつかの道がありうる。もっとも効果的な手立てのひとつは、急速な変化を止めることのない世界を同時代の目で分析していくことだ。だがおなじく有用なのは、この文化の奇妙な沈滞状況（それが奇妙だというのは動的で不安定な経験を表現する言葉でたえず定義される沈滞だからなのだが）に直面して、それが形成された過程のいくつかを確認しておくことだ。つまり、過去においてあの特殊な意味で絶対的な「モダン」が形成された事情をみることによって、「モダンなるもの」をこえた現在を見据えることである。これを確認するには都市のメトロポリスへの発展という事実が土台となる。そこに目をむければ芸術と思想における一定の主題が十九世紀の新たな拡張する都市への具体的反応として展開したことがわかるだろうし、また分析の中心となる論点として、それらの主題が二十世紀初期のメトロポリスの状況のなかで（つまり「モダン・アート」の瞬間に）新たに提供された（おたがいに競いあう）一連の美的普遍概念によって支えられつつ、さまざまなじっさいの芸術上の変容を被っていった次第を知ることができるだろう。

そのような一見現代的《モダン》な主題のいくつかがかなり古いものであると強調することは重要である。というのもそれらの主題の固有の歴史というのは、はじめは「前近代《プレ・モダン》」の芸術形式に包含されており、それが一定の状況下において実際上の根本的な形式の変化へとむかったものだからだ。そうした内部の深い変化の条件についての大方隠されてしまっている歴史こそが、わたしたちが探求しなければならないものなのだが、その作業はしばしばこれら「普遍概念」自体を言い募るやかましい騒音に対抗しておこなう必要がある。

便宜上、そのような主題の例には事欠かないイギリス文学から例をとりたい。イギリスはかなり早い段階で産業とメトロポリスの発展の初期段階を経験しており、それとほぼ軌を一にして、ある主題群が繰り返しあらわれることになった。見知らぬ者たちの群れとしての現代の都市という印象がワーズワスによって確認された。この見方は後代に残ってゆく。

おお、友よ。この大都市のみに特権的に属する
ひとつの感情があったのだ。
わたしはいくど、あふれかえる街路で、
群衆とともに歩みながら、自分に言い聞かせたことか、

「わたしのそばを通り過ぎる
すべての顔は謎なのだ」と。

かくしてわたしは、何が、何処へ、何時、また如何に
といった思いにとりつかれ、群衆をみて、
目を離せなかった。
そしてついには、わが目に映る姿かたちは、
静かな山々の上をすべっていくような、
夢にあらわれるような、千里眼でみるような、
行列の姿へと変わっていった。
そして慣れ親しんだ生活に安定をもたらす重しが、
現在、過去、希望、恐怖そしてすべての支えが、
活動し、思考し、語る人間のすべての法則が
わたしからは失われた。
わたしを知ることも、わたしに知られることもなく。(1)

・

ここに明らかなのは、街路の雑踏が観察者にとって未知のものであるという平凡な事実から（平凡とはいっても、小さな居住区域に住むのがあたりまえだった人びとの身にすればこれがとにかくいかに目新しい経験であったかということを現代人は忘れているのだが）、見慣れぬものを「謎」として解釈するといういまでは特徴的な身ぶ

りへの急速な移行である。他者を知覚する通常の様式が規範的な関係や法則の崩壊、すなわち「慣れ親しんだ生活に安定をもたらす重し」の喪失によって圧倒されてしまったとみられている。かくしてほかの人びとは「千里眼」でみるような、もしくは重要な表現だが夢のなかでみるかのようである。これはワーズワス以降の近現代の芸術技法の多くの主要な参照点となった。

この見知らぬ者たちの群衆という第一の主題と密接に関連するのは、ふたつめの重要な主題、つまり群衆のなかでひとり孤立する個人という主題である。これらの主題のそれぞれにより広いロマン主義のモティーフからのある連続性をかぎとることができる。つまり謎の全体的《ジェネラル》な理解、そして極端で不安定な意識形態の全体的な理解、そして孤独における逆説的な自己実現の強度といったモティーフである。だがどちらの場合にも生じたのは、これらの状況それぞれの一見客観的な環境が新たに拡張し過密になった現代都市のうちに見いだされたという変化である。以前の孤立や疎外の形態から、都市という特定の場所に置かれるにいたった。そのわりあい単純な移行については、ジェイムズ・トムスン[1]からジョージ・ギッシングその他まで百もの例がある。トムスンの詩「ある都市の悲運」（一八五七年）はこの主題を「巨大な都市のただなかでの孤独」として明示的に取りあつかっている。

地上の同胞とのうるわしき交友に
わが身をつなぎとめるはずだった共感の綱を
きつく、きつくおのが体にまきつける
見失われしわが存在を気まぐれに絞め殺さんとて。[2]

さらに、もっと有名な「恐ろしき夜の都市」（一八七〇年）では、都市と苦悩する意識とのあいだに直接の関係が提示されている。

そこは夜の都市、されど眠りなき都市。
疲れ果てた頭脳に甘美な眠りは訪れない。
無慈悲なる時間は数年、いや数時代もの長さのごとく這い寄り
一夜はさながら無間地獄。思考と意識の
恐ろしき疲労はたえて止むことなく
また一時の無感覚によっても増すばかり
苦悩をこえた苦悩が、都市にすまう哀れな者たちの正気をうばう。(3)

エリオットの都市を描いた初期の詩にはトムスンからの直接の影響がある。だがもっと広い重要性をもっているのは、連想関係が都市と孤独からもっとも主観的な意味での疎外へと拡張することである。つまり、夢や悪夢（それが「ある都市の悲運」の形式上の傾向《ベクトル》になっている）に始まり、阿片やアルコールによる意識の歪曲を経てじっさいの狂気へといたるのである。これらの状態は説得力のある、そして最終的には慣例《コンヴェンション》となるような社会的地位を与えられている。

もう一方で、都市における疎外には心理的というよりは社会的な力点を置かれることがある。これはエリザベス・ギャスケルの『メアリ・バートン』におけるマンチェスターの街路の解釈やディケンズの作品の多く、とくに『ドンビー父子』、そして（この場合は孤立し破滅する観察者をいっそう強調しているが）ギッシング

の『民衆』や『ネザー・ワールド』に明らかだ。これはエンゲルスがもちだして本格的に論じた力点である。

……彼らはまったく共通のものもなく、おたがいに関係がないというふうに寄り集まっている。……この非人間的な無関心さ、各人が自分の個人的利益しか考えない非情な孤立化は、これらの個人が狭い空間に押しこまれれば押しこまれるほどいっそう不快で気にさわるものとなる。こういう個人の孤立化、こういう偏狭な利己心が一般に今日のわれわれの社会の基本原理であることを知ってはいるけれども、大都市の雑踏にもまして、それが恥ずかしげもなく露骨に、また意識的にあらわれるところはない。人類の単子《モナド》への分解が……ここでは極限にまで推し進められている。(4)

この、おもに主観的な疎外と社会的な疎外への二様の力点は、この主題の全体的な展開のなかでしばしば融合し混同される。本来であれば力点の明確なちがいとなってあらわれるはずなのに、現代の都市に折りかさねて置かれることにより、ある意味で無効にされているのである。しかしこの二様の力点とそれらの融合・混同は、二十世紀のアヴァンギャルド芸術のめだった傾向を予示している。つまり、極端な主観性（贖罪や生き残りのための主観性も含めて）と社会革命もしくは社会／文化革命とを、ときには融合し、ときには分断するようなアヴァンギャルド芸術の指向性である。

三つめの主題もある。それは都市の不可思議と密集、そしてその結果の「不可知性」についてかなり異質な解釈を提示するものである。一七五一年にはすでにフィールディングが次のような所見を述べている。

ロンドンやウェストミンスターの都市について考察し、その最近の郊外の大幅な拡大やひどく不揃いの建築、数かぎりない小道や路地、袋小路や袋町を目にする者はだれであれ、それがまさに〔盗人の〕隠れ家を提供する目的でつくられたとしたら、このうえなくうまくつくられたものだと考えざるをえないだろう。(5)

この一節は都市犯罪という現実について直接の不安を表明しているのだが、この力点はこのあとも残存することになった。十九世紀末の「暗黒のロンドン」、とりわけイースト・エンドはしばしば犯罪の温床とみられ、それへの文学上の重要な反応のひとつが都市の探偵という新たな人物像だった。コナン・ドイルの「シャーロック・ホームズ」シリーズには、孤高の理性的な知能の持ち主が、彼以外には見通すことのできない都市（それはロンドンの霧のような具体的な物理的原因によるのだが、さらにロンドンの過密の、迷宮のごとき、しばしば異邦人の住まう地域の社会的原因にもよる）に見いだされる暗黒の犯罪地区を見通すというイメージが繰り返しあらわれる。この人物像は、霧のない都市における都会的「私立探偵《プライヴェット・アイ》」というかたちで生き残ってきた（たまたまこの「private eye という」言いまわしには、意識の基本的な位置をあらわすのにぴったりの「眼」という言葉が含まれている）。

もう一方で、「暗黒のロンドン」という観念の社会的側面が強調されることもある。一八三〇年代のマンチェスターで、本来ならばあまりにも複雑で雑多な社会を理解するために統計の活用が創始されたことは重要である。一八八〇年代にチャールズ・ブースは統計学的調査法をロンドンのイースト・エンドに応用した。この統計調査の形式と、社会を一般化しパノラマ化する視点が（ジョン・ドス・パソスやロバート・トレッセルのような）二十世紀小説に登場したことには大いに関連がある。たとえばアーサー・モリスンの『貧民街の物語』（一八九四年）のように一八九〇年代のいくつかの小説にはやはり犯罪に力点を置いて都会の環境の内部から自然主義的に記述する手法があった。しかし全般的には一九三〇年代になってようやく、それも大多数はリアリズムの様式で、これら暗黒の地域のじっさいの住人たちがみずからの視点で書きはじめた。そこでは貧困や不潔が描かれはしたのだが、同時に以前の描写とはまっこうから対立するかたちで、親身な近所づきあいやコミュニティといった労働者階級のじっさいの反応であったものが書きこまれたのである。

しかしながら、第四の広い主題は、この明らかに遅れた反応とつなげることができる。興味深いことにワーズワスは疎外された都市のみならず統合の新たな可能性をみた。

ほかのどこで可能なのにもまして
あの巨大な都市の、群衆のなかにこそ
人間の統一が感動的に進行している(6)

ディケンズによくあるようにぞっとする画一性とみえたものが、同時にまたディケンズ、そして重要なことにエンゲルスにおいて新たな人間の連帯の場としてもみることができたのである。この両義性は最初からあった。都会の群衆をより以前の「群衆《モブ》」から重要な変更を加えて、単数形もしくは複数形の「大衆《マス》」として解釈したときからそれはあった。じっさい大衆は、ワーズワスが強い調子で述べているように、こんなふうにもみられる。

低俗な営みに血道をあげる奴隷ども
卑小なものの、あいもかわらぬ流れのただなかで
くらし、とけあい、ひとかたまりの

集塊へと身をやつす(7)……

だが単数形、複数形双方の「大衆」はまた、労働者階級と革命的連帯を組織する英雄的言葉ともなろうとしていた。首都や産業都市内部での新種の革新的組織の成長という事実によって、この都会における肯定的な力点が生きのびることになった。

第五の主題はこれをさらにこえていくが、おなじく肯定的な方向に進む。ディケンズのロンドンは暗い世界となりうるし、コークタウン[2]はさらに暗い。しかし、のちのH・G・ウェルズと同様に、より平穏で無垢なる田園への逃走という型どおりの主題はあるものの、都市がもつ生命力、多様性、解放をもたらす複数性と移動性への具体的かつ見落としようもない力点もある。都市の物理的状況が改善されるにつれ、この感覚は次第に強く表面化するようになった。産業化とメトロポリスが出現する以前の都市を力と荘厳の場であると同様に光り輝く教養の場とみる考え方が、物理的な光にとくに力点を置くことでふたたび息をふきかえした。その光とはすなわち都市を照らす新たな照明のことである。これは一八九〇年代のル・ギャリアン[3]にかなり簡素なかたちで見いだせる。

ロンドン、ロンドン、われらの悦び
夜だけに咲く大輪の花
真夜中に輝く太陽の都
その一日は日暮れとともに始まる

夜空に映える街灯の列
輝く眼《まなこ》をにわかに開き
左右に明かりを投げかける
ストランド街の鉄の百合(8)

ここで強調するべきなのは、近代芸術のレパートリーのこれほどの大部分をこのとおり占めているこれらの主題の連続性ばかりではなく、その多様性でもある。モダニズムは、より伝統的な芸術形式や思考形式に対する意図的な距離のとり方やそれらに対する挑戦という観点からひとつの明確な運動としてはっきりとらえることはできるにせよ、その内部で多様な方法や強調点がみられることも大きな特徴になっている。すなわちモダニズムはせわしなく、またしばしば直接競うようなかたちで一連の革新と実験を繰り返しており、それは断絶をおこなってそのあとどう変わろうとしているかよりも、どれだけ単純なかたちではあれ、なんに対して断絶をおこなっているかによってその存在がたちどころに見分けられるのがつねなのである。モダニズム内部の基本的な文化的立ち位置の幅だけをみても、新たな技術や機械の様態というかたちであれ、おなじくらい重要な社会・政治的革命の観念への執着というかたちであれ、近代《モダニティ》を熱心に奉ずる立場から過去や異国風の文化を意識的に選択し、それを現代世界に対抗するための源泉または少なくとも断片としてとらえる立場まで、つまり未来派による都市の肯定からエリオットの悲観的な隠遁までの幅をもっている。

この多様性がもつ多くの要素をさまざまな種類の作品や立場の発展母体となる具体的な文化や状況へと関連づけるべきなのだが、これは単純なモダニズムのイデオロギーを信奉する者から抵抗を受けることが多い。つまり、さまざまな革新をその革新そのものだけと直接関連づけてしまうのである（フォルマリズムと構造主義という関係のある批評手続きが主張したのと同様に)。しかし、立場や方法の多様性には別の重要性がある。ここまでみたように、都市とその近代性《モダニティ》に対して多様であると同時に正反対でもある態度も含めて多様に広がる主題群は、以前はかなり伝統的な芸術形式に包摂されていたものである。そうすると、新たなるものとして突出するもの、そしてその新たなるものという定義上「近代的《モダン》」なものとは(古いものとの対抗も含めた)一連の形式上の断絶なのである。だがこう言っただけでは、わたしたちはモダニズムのイデオロギーの内部へと引きもどされてしまい、さまざまな主題の十九世紀からの連続性を見逃し、形式の断絶を個別のものとして切り離して考えてしまうか、さらに悪い場合には、その後の偽りの歴史においてよくあったように形式上の断絶をそれらのさまざまな主題へと関係づけて、あたかもその両者がどちらかといえば革新的であるかのごとくあつかってしまう。というのも、モダニズムという固有の名前で呼びうるものを構成するのは都市とその近代性への反応という一般的諸主題ではないからだ。それを構成するのは、メトロポリスの変化しつつある文化的環境のなかでこの運動にかかわっている芸術家や知識人がとる新たな具体的な立ち位置なのである。

多くの社会的歴史的要因によって、十九世紀後半と二十世紀前半のメトロポリスはまったく新しい文化的局面へと入っていった。メトロポリスはいまやただの大都市ではなくなった。さらには大国の首都以上のものとなった。それは新たな社会的・経済的・文化的関係が古い意味での都市や国をこえて形成されはじめていた場所だったのである。それは画然とした歴史の一段階であり、事実二十世紀後半には、少なくとも潜在的には全世界へと拡張することとなった。

最初期の局面では、この発展は帝国主義と深い関係があった。富と権力が磁石で引かれたかのように帝都に集中し、それと同時に世界規模で多種多様な従属的文化と接触する可能性が広がった。だが、それはつねにオーソドックスな植民地システムの域をこえていた。ヨーロッパ自体の内部では不均等な発展がかなり際立っていた。その不均等には二種類あった。一方で特定の国の内部で不均衡があって、産業と農業の不均等発展によって首都と地方との社会的・文化的距離が広がっていた。他方では金融経済と、単純な生活資源もしくは市場形態とのあいだの不均等もあった。さらに決定的な差異が個々の国同士で生じ、新種の序列を構成することになった。たんなるむかしながらの軍事力の序列ではない。むしろ開発面で序列ができ、そこから文明化と近代性の度合いでも序列が生じたのである。

さらに、多くの首都の内部と、とくに主要なメトロポリスの内部の両方で社会関係が複雑になるのと同時に洗練の度も増した。とりわけパリがそうだったのだが、最重要のケースでは例外的に表現の自由が加えられもした。この複雑にして開かれた環境は、地方や後進国で伝統的な社会・文化・思想の形態が残存していることと鋭い対立をなした。ここでもメトロポリスは、その外側の伝統的な文化と社会とはこれらの面でかなり異質であり、メトロポリスの複雑な側面ばかりではなくその雑多さのうちに非常に幅広い文化的活動を包含しえた。

メトロポリスの懐のうちには、伝統的な大組織の学術団体《アカデミー》や博物館、そしてその正統的な教義があったが、それらがまさに近接して存在し、支配力をもっていることは、ひとつの基準を与えるものであると同時に弊害でもあった。しかしまた、新たな種類の開かれた、複雑で流動的な社会では、規格外れのどんな小集団であれ、あるいは反体制派であれ、なんらかの足場をみつけることができた。もっと伝統的で閉鎖的な社会であったら、そうした集団の構成員となる芸術家や思想家は分散していたわけなので、彼らが群れ集うのは不可能だった。さらに、メトロポリスの雑多さ（それは資本主義と帝国主義の発展途上において、さまざまな社会・文化的出自をもつ異種混淆の住人たちを引きつけることを特徴としたのだが）とメトロポリスへの富の集中、それゆえに保護を得る高い可能性との両者があるなかで、そのような小規模集団は新種の聴衆を引きつけ、そしてさらには聴衆を形成する望みがもてた。初期段階には常時その足場はあやういものだった。いま一般に「近代美術《モダン・アート》」と称される作品を生みだした、しばしば闘争する（そして反目し競争しあう）これらの集団と、最終的にそうした作品を普及させて売りさばくことになる資金の潤沢で営利的な学術団体や商業団体とのあいだには根本的な対立がある。根底にあるイデオロギーの点で両者は連続しているのだが、それでもそのふたつの世代のあいだには依然として根本的な差異がある。闘争する革新者たちと、その成果を整理統合したモダニズムの体制派《エスタブリッシュメント》という差異である。

そのようなわけで、モダニズムによる変換の鍵となる文化的要因とはメトロポリスの特性なのである。メトロポリスの一般的状況もそうであるが、さらに決定的には、形式への直接の影響という意味でもそういえる。形式上の革新のもっとも重要な一般的要素とはメトロポリスへの移住という事実であり、主要な革新者たちのいかに多くがまさにその意味で移住者であったかということは強調してもしすぎることはない。主題のレベルでは、このことは明白なかたちで場違いな感じ《ストレンジネス》や距離感、さらには疎外感といった要素の根拠をなしている。いずれもお決まりのレパートリーに組みこまれているものだ。だが、決定的な美学的影響はさらに深い水準にある。この段階の芸術家や著述家、思想家たちは自身の国民文化もしくは地方文化から解放もしくは分断され、移住先の固有の言語と視覚的伝統とのまったく新しい関係に置かれ、その一方で古い形式の多くとは明らかにかけ離れた新奇で躍動する共通の環境に遭遇して、自分たちに利用可能な唯一のコミュニティを発見した。すなわち、それは媒体《メディア》のコミュニティ、彼ら自身の実践のコミュニティである。

かくして言語のとらえ方がまったくちがってくる。言語はもはや古い意味で慣習的で自然化されたものではなく、多くの点で恣意的・形式的《コンヴェンショナル》なものとなった。とくに第二の新たな共通語をもつ移住者にとっては、言語は社会慣習としてよりも媒体として、すなわち形づくり、またつくりかえられる媒体として立ちあらわれていた。母国語においてさえも、メトロポリスの新たな諸関係と新聞や広告に避けがたく生じる新たな語法はそのような言語観に適応し、ある生産的な種類の場違いの感覚と距離感を強いた。伝統的手法《コンヴェンション》に対する新たな意識が、つまりいまや開かれたものであるがゆえに変えうるものとしての伝統的手法の意識が生じたのである。むかしから芸術品を製品および商品としようとするさまざまな圧力が存在してきたが、その圧力はいまや大いに増し、それら複数の圧力が結びついてじつに複雑な様相を呈した。個々の文化の中心となる視覚的なイメージと様式は消え去ることはなく、同様にその土地固有の言語や物語、また音楽や舞踊の様式も消えることはなかったが、いまやそれがすべてメトロポリスという坩堝に投げこまれたのであり、その際のメトロポリスとは重要な事例においてはたんなる坩堝であるだけでなく、それ自身強烈な、視覚的・言語的な興奮を引きおこすようなプロセスでもあり、そこから注目すべき新たな形式が出現したのである。

　同時に、非常に開放的で複雑なメトロポリスのうちには、新たな種類の作品が関係づけられるような安定した社会は形成されていなかった。そこでのさまざまな関係とは開かれて複雑で躍動的な社会プロセスそのものとの関係だったのであり、その実践の唯一の可能な形態とは媒体に力点を置くことであった。すなわち、これまでに前例のないかたちで芸術を定義した媒体である。幅広く多彩な実践領域においてこの媒体への力点、そして媒体においてなにをなしうるかという問題への力点が支配的なものとなった。さらに実践と同時に同種の理論的立場が、とくに注目すべきなのは新たな言語学であるが、そればかりでなく重要な形式《シグニフィカント・フォーム》と構造の新たな美学が生じ、実践を方向づけ、論証し、補強し、推奨した。こうした文化の大改革がほぼ完遂したので、直接関係するレベル（つまりその後のメトロポリスでの教養や実践の形成というレベル）では、かつては周縁のものや対抗的で反抗的を任じていたものは、メトロポリス外の文化や国民からの距離はあいかわらず離れてはいたけれども、めぐりめぐって正統となった。この傾向が消えずにつづいた鍵がこれまたメトロポリスの社会形態にあった。というのも、いや増す社会の流動性と多様性は、いくつかのメトロポリスの中心による支配の継続と、それと相関するほかのすべての社会的・文化的発展の不均等を経過して、内発的なものであれ強制的なものであれ、メトロポリスならではの知覚の形式の大規模な拡張へとつながったからである。近代芸術《モダン・アート》の少数派段階での無媒介的な形式と媒体《メディア》プロセスの多くは、かくして共通通貨とみなしうるような多数派のコミュニケーションへと変化した。それがとくにみられるのは映画（すべての重要な点でメトロポリス的知覚によって創造された芸術形式）と広告においてである。

　そうすると必要になってくるのは、近代《モダン》の実践と理論におけるこの決定的な局面の多種多様なかたちを複雑な細部のすみずみまで検証してみることだ。しかしまた、いまはそれを現在ならではの場違いの感覚と距離感をもって探究すべきときであって、取りこみを受けて自然化された、違和感なくいまや内部へと同化吸収されたような形式において探究すべきではない。これが意味するのは、とりわけパリ、ロンドン、ベルリン、ニューヨークなどそれぞれに帝国主義と資本主義のメトロポリスを特殊な歴史的形態として、それぞれの段階に区分けしてみることである。そこではしばしばメトロポリスの外部からみることも必要になるだろう。つまり、さまざまな力が動いている貧しい後背地から、そしてメトロポリスのシステムに対してつねに周縁でありつづけた貧困の世界からみるということだ。これをおこなうからといって、メトロポリス的知覚のなかで形づくられた主要な美術・文学作品の意義をおとしめる必要はない。ただしひとつの水準はたしかに吟味されるべきであろう。つまり、メトロポリスがみずからのプロセスを普遍概念として解釈している点である。

　メトロポリスの発展の力は否定できない。解放と疎外、接触となじみのなさ《ストレンジネス》、刺激と画一性といった入りくんだプロセスが提供するぞくぞくとするような興奮は、いまでも強烈なかたちで経験することができる。しかし、それらの具体的で歴史的な由来をもったプロセスを、歴史のうちにあるものとしてだけでなく歴史をこえてその外側にあるものとして、あたかも普遍であるかのように提示することはもはや不可能であるはずだ。モダニズムの普遍という定式は、あらゆる場合において閉止、崩壊、失敗や頓挫といった特定の状況への、生産的ではあるが不完全で最終的にはまちがった反応なのである。これらの状況の必然的否認から、そして紐帯を失った（ようにみえた）新たな社会形態の刺激的な新奇さから、唯一利用可能な（原材料の、媒体の、プロセスの）普遍性への創造的跳躍が印象的にかつ強い影響力をおよぼすかたちでなされたのである。「近代化《モダナイゼイション》」という概念のような他の場合と同様に、この水準で想定されたこのような普遍概念は、創造的なかたちで前後の時代と接続された歴史の一局面に属するのである。これらの普遍概念がいまだに知的な手続きの基準として受けいれられているあいだは、答えは問いが定めるとおりの説得力をもって出てくるものだ。とはいえ、主要な文化的局面においてはいつも、みずからの局地的で歴史的な由来をもつ立場を普遍とみなすということが特徴的におこなわれるものである。モダニズムは、みずからが拒絶した過去のうちにこの特徴をかくも明確に見てとったけれども、それはモダニズム自身にあてはまることだったのである。モダニズムのあとになにがつづこうとしているのかは、その段階の初期にそうであったようにいまだ不確定でなんとも言えない。しかし、社会的な場違い《ストレンジネス》の感覚と無防備な状態にさらされているという感覚によって芸術が媒体として孤立したものになっていた時代は、メトロポリス内部においてさえも終わりを迎えようとしていることは予見でき、そのもっとも活況を呈した局面でつくりだされ残された新たな文化的記念碑と学術団体《アカデミー》が、今度は挑戦の対象となっている。

（一九八五年）

原注

（1）William Wordsworth, *The Prelude*, VII, in *Poetical Works*, edited by De Selincourt and Darbishire, eds, London 1949, p. 261.〔『序曲』岡三郎訳、国文社、一九六九年、二五九ページ。引用はこの翻訳を一部修正して用いた。以下同〕

（2）A. Ridler ed., *Poems and Some Letters of James Thomson*, London 1963, p. 25.

（3）*Ibid.*, p.180.

（4）Friedrich Engels, *The Condition of the Working Class in England in 1844*, translated by F. K. Wischnewetzky, London, 1934, p. 24.〔『イギリスにおける労働者階級の状態（上）』浜林正夫訳、新日本出版社、二〇〇〇年、五一—五二ページ。引用はこの翻訳を一部修正して用いた〕

（5）Henry Fielding, *An Enquiry into the Cause of the Late Increase in Robbers*, 1751, p.76.

（6）Wordsworth, p. 286.〔邦訳三一五ページ〕

（7）*Ibid.*, p. 292.〔邦訳二六五ページ〕

（8）C. Trent, *Greater London*, London 1965, p. 200.

訳注

〔1〕ジェイムズ・トムスン（James Thomson, 1834–82）は「ヴィッシ・ヴァノリス」のペンネームで著作をおこなったヴィクトリア朝期スコットランドの詩人。このあと引用される「恐ろしい夜の都市」（The City of Dreadful Night）で有名である。ウィリアムズはこの詩の出版年を一八七〇年としているが、正確には一八七〇年から七三年にかけて執筆され、一八七四年に「ナショナル・リフォーマー」誌に発表、一八八〇年には『詩集・恐ろしい夜の都市』に収められた。

〔2〕コークタウン（Coketown）はチャールズ・ディケンズ（Charles Dickens, 1912–70）の小説『ハード・タイムズ』（*Hard Times*, 1854）の舞台となる架空の産業都市。

〔3〕リチャード・ル・ギャリアン（Richard le Gallienne, 1866–1947）はイギリスの作家・詩人。リヴァプール生まれで、会計士を辞めて文筆の道に入る。一八九〇年代には「スター」紙に筆名で寄稿しつつ、詩集や小説、評論を出版した。

ブルームズベリー分派

小規模な文化集団の分析には方法論上いろいろとやっかいな問題がある。大規模な社会集団の分析であれば、手元にはだれがみてもはっきりとした有用な方法がいくつもある。メンバーの数が多いので統計的な分析が意味をもつ。たいていの場合なら、そこには組織化された団体なり比較的明確に文章化された信条といったものがある。分析上多くの問題点が依然として残るにせよ、少なくともこうした適度に客観的な事実から分析を始めることができる。

話が小規模な文化集団となると、そこにかかわる人間の数が少なすぎて統計的な分析が満足にできないのがふつうである。集団が活動したり発展したりする場となる組織団体が存在する場合もあれば、それがない場合もあるが、しっかりと整備された組織団体であっても、大規模な社会集団の場合とは規模や種類がおのずと異なる。集団をまとめる主義主張についても体系的に文章化されていることもあれば、そうでない場合もある。体系化されている場合なら、ある種の分析法が直接かかわってくる。だが数多くの重要な文化集団は、基本原則や目標を声明書《マニフェスト》で述べるよりはむしろ、一連の活動実践のあり方とか独自の気風とかを共通項にしている。たしかにその集団自体がはっきりと定式化していないものを強引に一連の定式としてしまうことはできなくもないが、そうしてしまうと還元主義的な結果を（単純化、さらには貧困化をも）招くことが大いにありうる。

そうした小規模な集団が組織化の程度を問わず社会的・文化的に重要であることはほとんど疑いえない。こうした集団への目配りがなければ近現代の文化の歴史など書きようがない。だが、歴史学や社会学はこういった小集団と相性がよくない。ある特定の集団の歴史記述というものはあるのだが、複数間で比較したものとか、さらに分析を深めた歴史記述というようなものはろくにない。文化の社会学的な分析にあって社会学一般の影響がよくみえるのは、わりあいと組織化された団体をもつ見慣れた集団に研究を集中する傾向においてであって、それで宗教社会学なら教会、教育社会学なら既存の教育制度がもっぱら分析の対象となる。文化のほかの領域（文学、絵画、音楽、演劇、その伝でいえば哲学なり社会思想も含まれる）にかんしては、通常それぞれ固有の専門的研究の対象となるか無視されるか、そのいずれかである。この場合、それにかかわる集団、運動、人的つながり、傾向などは、あまりに周縁的か小規模か短命のため、歴史的・社会的な分析にはむかないという仕儀になる。だが社会全般あるいは文化的な事実からして、過去二世紀においてはとくにこういった小集団の重要性は非常に大きい。この種の小集団がなにを果たしたかが重要だし、またその集団が独自の仕方でなしとげたことが社会全般（その社会に対して小集団はじつに不確かな関係に置かれているわけだが）にかんしてなにを語りうるのか、という点も大事である。

以上は一般論にすぎないが、話がブルームズベリー・グループということになれば、こうした点がとくに重要になってくる。彼らがわざわざ断言なりあてこすりでもってこういった論点から話をそらしたりそれを拒んだりしたことがたまたま影響力をもってしまった、というのがこの場合の理由であったとしてもである。

たとえばレナード・ウルフ〔1〕の言ではこうだ。

> 外部の世界からブルームズベリーと呼ばれるようになった集団は、その外部の世界から与えられたかたちではこの世に存在したことはない。というのも「ブルームズベリー」とは過去も現在もある種の（たいていは悪口のための）言葉であって、それはたいがいのところ想像上のものや特徴を備えた人物からなるたいがいは想像上のグループを称するために用いられてきたからである。〔…〕わたしたちは過去においても現在にあっても、まずは第一に、そして根本においてつねに友人同士のグループであったのである。(1)

むろん、レナード・ウルフは世間の誤伝に不平を洩らす際に重要なことをいくつか語っている。だがまずは彼の発言にかんして理屈のうえで興味深いのは、第一に「たいがいは想像上のグループ」について語りながら彼が「外部の世界」なる存在と概念を自明視しているという点、第二は「友人同士のグループ」をより一般的な意味を帯びた集団と対比している点である。だが、すべてとはいわぬまでも多くのこうした集団にかんする中心的な事実として、まずそれは「友人同士のグループ」として始まり大きくなっていくものである。そこでここで問うべきは、なんらかの共有された考えなり活動がその友情の構成要素であって、それが直接的にその集団としての形成と独自の特質に貢献しているのかどうか、さらに問えば、その友情のあり方にはより広範囲な社会的・文化的要素を指し示す部分があるのかどうか、という点である。たとえばこの場合、引用をつづけるとなかなか意義深いことになる。

> わたしたちは過去においても現在にあっても、まずは第一に、そして根本においてつねに友人同士のグル

ープであったのである。私たちの根幹、その友情の根幹にはケンブリッジ大学があった。(2)

この引用がとくにブルームズベリーにかんして意味深いのは、「ケンブリッジ大学」が過去も現在もそうであるようなきわめて特殊な社会的・文化的な教育機関というよりはむしろ、こんな具合にあたかもごくふつうのたんなる場所であるかのごとく受けとめることができるという点である。さらに、「グループ」と「外部の世界」とを分けるあの特殊なとらえ方の社会的・文化的起源については、彼らの場合もやはり具体的な社会的地位とか形成にまでさかのぼって考えなければならない。

というのも、これこそが社会ならびに文化の成熟した分析の真の要諦であるからである。つまり、はっきりと目にみえる概念なり活動のみならず、そこに暗黙のうちに存在し自明視されてもいる立場とか概念に対しても意を払うことが重要なのだ。ことに過去百年のイングランドの研究においてはこのような態度が必要であって、そこではブルームズベリーや、別の関連する例ではF・R・リーヴィスと「スクルーティニー」(2)のようなグループの重要性は広く認知されてきてはいるが、全体を展望しようとする姿勢が希薄だった。こうしたグループに関連して引き合いに出される概念は、本質的にはそのグループ自身の定義なり見解をこえるものではなく、そのあとにつづくいかなる分析も内輪で堂々めぐりをするようなものになりがちである。

たとえばこれが当てはまるのは、アナン卿が世間に広め文章も残した「知的貴族」なる概念(3)や、ブルームズベリーのクライヴ・ベルと「スクルーティニー」のF・R・リーヴィスがそれぞれ異なったやり方で依拠した「少数文化《マイノリティ・カルチャー》」という概念である。問題は、こういった自己定義に長けたグループの知性や教養を疑うことではない。むしろ重要なのは、「貴族」とか「少数派」という概念によって示唆されるのと同時にみえなくもなるより広い社会的な状況に、こうしたグループをそれぞれ独自のやり方で関連づけることである。

これが意味するのは、このようなグループの社会的な成り立ちについてさまざまな問いを発することであって、その際には、はるかに広範な歴史的な文脈を慎重に念頭に置きつつ、社会階級とか教育といったごく一般的な関係性がそこに付随することになる。さらにいえばこの作業は、特定のグループが占める社会的地位が彼らの現実の自己規定のための活動にいかなる影響を与えるのか、その点について問いをめぐらすことを意味する。この影響についてはたんに卓越〔差異〕化の印としてしか議論されていないのかもしれず、視点を変えてみてみれば、そういった自己定義はさほど明瞭に実現していないとみることもできるかもしれない。

アナンは知的貴族という概念を提出し、それは多くの知的に卓越した家柄によって定義されてもいるのだが、これまでの議論からしてこの概念にしてもふたつの異なった考察によって限定を加えなくてはならない。第一に、こうした家柄の社会的地位が、世代的なものも含めてその一員が知的に卓越するための機会に対していかなる影響をおよぼすのかという点。第二に、こういった家柄は個々の人物たちの総計としてあるわけであり、その人物たちは（知的貴族なるものをそもその前提条件にするのでなければ）いわば卓越した〔名家という〕外見から説明する必要などなく（それだとたんなる縁戚関係によって事実上なんの限定もなく知的貴族に含めるやり方になるわけだから、個々の業績からやっていたら問題だらけとなる）、傑出した家系が出発点であるにせよ知的な業績という一見〔家柄とは〕独立しているようにみえる基準によってすべてが含まれ、称賛される、という点である。たしかに個々人別個の判断基準からしてもアナンの記述する人物たちの場合、ある一群の卓越した業績が明らかであるとは思う。だがこういった業績にしても、イデオロギー的なあるいはイデオロギーに由来する「知的貴族」なる概念とはまったく異なった種類の分析と結論に開かれている可能性もある。

同様の考察をブルームズベリー・グループにすることができる。とりわけある程度の歴史的な距離をもっていまやみることができるのだから。このグループを才能に恵まれた人物たちが類例のないようなかたちで集まったのだとしてもいちおうの筋は通る。だが人的結びつきによって卓越という評価を得る場合もブルームズベリーにはいま明らかに存在する。その意味でレナード・ウルフのいわゆる〈旧ブルームズベリー〉なるものとその後このグループに加わった者たちのリストをざっと眺めてみることは興味深い(3)。この点について確実なことを言うのはむずかしいが、次のように問うてみる価値はある——はたしてこのリストのうち何人が一個の個人、単独の存在として、世間一般にわたって重要性のある文化的な意味において、しかもこのグループの一員であるということを別にして今日記憶されているのだろうか、と。つまりわたしが言いたいのは、ひとつのやり方としてヴァージニア・ウルフ、E・M・フォースター、J・M・ケインズから始めて、その周囲に広がる面々を通じその他という具合に名前を並べうるということである。だが、リストが次のようになるとどうか。つまりはヴァネッサ・ベル、ヴァージニア・ウルフ、レナード・ウルフ、エイドリアン・スティーヴン、カリン・スティーヴン、リットン・ストレイチー、クライヴ・ベル、メイナード・ケインズ、ダンカン・グラント、モーガン・フォースター、サクソン・シドニー・ターナー、ロジャー・フライ、デズモンド・マッカーシー、モリー・マッカーシー、ジュリアン・ベル、クエンティン・ベル、アンジェリカ・ベル、デイヴィド（バニー）・ガーネットというふうにである。これは有名人とその他というリストである。じっさいにこれはレナード・ウルフがまさに友人と親類同士のグループについて正確に記述したものからわたしたちが予想するリストにほかならない。この人たちのなかにはグループ自体が記憶されていなかったとしてもその仕事が広く尊敬されている者、それが当てはまらないのがかなり明らかな者、グループとの結びつきならびにこのグループにかんする回顧録の影響力と個人としての知名度を区別するのがむずかしい者がいる。

しかし問題は、だれであっても個人を貶めることでは断じてない。そんなことをすれば、まさにブルームズベリーや同様のグループが事実上世間に広めてしまった人間の判断の仕方に全面的に屈服することになるだろう。真に重要なのは、たんに「友人同士のグループ」といった単純で経験的な名前の羅列なり自己定義をこえたところでこうした文化集団の意義を理解することである。つまりは社会的かつ文化的にいってそのグループはいったいなんであるのかと問うことであり、その問いは個々の業績とか彼ら自身の即座に了解できる人的関係とは区別された(といいながらそれと関係は切れないのだが)問いである。まさに近現代の重要な文化集団はこのようにして形成され発展もしてきたのだから、たとえブルームズベリー諸氏の顰蹙を買おうとも、それに抗いながらいくつかの(重い)理論的な問いを問わなければならない。

というのも、友情関係や人間関係を構成する要素を無視するのであれば、こうした関係を通じてグループは自己を認識し定義もするのだから、明らかにこういった分析はいかなるものであっても不十分なものとなる。同時に、こういった関係を限られたかたちでしか分析しないのであれば、グループの一般的な意義を明らかに避けて通る結果となるだろう。それゆえここでよく考えておくべきなのは、かたや一般化されたグループ、かたや観察で経験的に確証された集《アッセンブリー》まりというようにある種の定義が別種の定義と一緒くたになることを避ける分析法である。というのは、まさにその固有の内的な成り立ちとそれにとどまらぬ明白な一般的意義(このふたつの性質をひとまとめにして考えられる)があるからこそ、ブルームズベリーは非常に興味深いものとなっているのだから。理論的な関心からいってブルームズベリーはとくに重要な例であるのだが、その理由はこうした二種類の成り立ちを議論する方法を見いだせないかぎり、現代的な文化の社会学を発展させてゆくことはできないからである。この方法は、グループの成員がいかなる点から自分を理解し、また自分を世間に示したいのかを視野に入れるのと同時に、こうした条件およびその社会的・文化的な一般的意義を分析することを可能にもする。そしてそれゆえにこそ、おもにブルームズベリーに論点を絞るのだが、同時にゴドウィンとそのサークル、そしてラファエル前派兄弟団についてもなにがしかのことを述べてみたい。部分的には歴史的な比較をも含めた比較研究のためにそうするのだが、それはより一般的な議論のための条件を模索しはじめる方法でもある。

ブルームズベリーの形成

ブルームズベリーはみずからをそもそも成り立たせる主義主張を言明していたわけだが、そのある部分はまさに彼らのグループとしての成り立ち方、および彼らの大部分を歴史に残した活動と直接対応するたぐいのものであった。まずはその点からみていこう。このグループにかんする記述といえば、相も変わらず個人同士の親愛の情とか美的享受といった彼らに共有された例の価値観がグループの中核をなしていたことをいまだに強調してはばからない。この価値観の自覚的な定式化については、ケンブリッジでのもともとの友人関係にG・E・ムーア[4]が与えた大きな影響力をよろしく参照せよという次第である。この共有された価値観は独特の調子を与えられていた。たえず率直さということに重きが置かれ、正確に考え感じたとおりをそのままたがいに語りあう義務がそこにはあった。また明晰さということも大いに重視され、彼らが率直になにかを認め、または別のたぐいの発言をすると、「厳密には君はそれでなにを言いたいのか」という質問が返ってくることを覚悟しなくてはならなかった。このように共有された価値観なり習慣は、このグループ内部の成り立ち方、およびその外部への影響の一部分と直接的な関連性をもっている。彼らをかくも親密に結びつけた価値観なり習慣は、まもなく自分たちは他の連中とはちがうのだという（自己中心的な）感覚を生みだし、同時にその他の連中とされた面々は彼らを一種の徒党とみなすことになった。だが他の重要な点とおなじくこの点においても、ブルームズベリーは彼らの属する階級のなかから進歩的な一派として形成されたその一例にすぎない。

セイロンに行ったころ〔一九〇四年〕（あるいは帰国したころ〔一九一一年〕ですら）わたしはまだリットン・ストレイチーをストレイチーと、メイナード・ケインズをケインズと呼び、彼らからみるとわたしは依然としてウルフであった。一九〇四年にストレイチー家の田舎の邸宅に一週間ほど滞在し、スティーヴン家と〔ロンドンの〕ゴードン・スクエアで食事をする場合にも、わたしがリットンやトウビー〔スティーヴン〕の姉妹たちを洗礼名で呼ぶことなど考えられないことであった。名字ではなく洗礼名を使ったり、握手をする代わりにキスをしたりすることの社会的な意味というのは奇妙なものである。その影響はかなり格式ばった社会でくらしたことがない者には想像がつかないものだと思う。そうすることで親密で自由な（しばしば無意識的な）感覚が生まれてきて、考えていることや感じていることを語ることに対する抵抗感がなくなる。こうした親密度と自由が増した感じ、堅苦しさと壁が一掃された感じを一九一一年のわたしはとても新しく気分が浮き立つようなものとして受けとめた。七年前であればミス・ストレイチーとミス・スティーヴンのいる前である話題なり（性的なことを）あけすけに語ることなど想像もできなかったが、このときになってはじめてわたしは、思考と言論の完全なる自由がいまやヴァネッサとヴァージニア、ピッパとマジョーリーにまで達するような以前よりもずっと親密な（またより広い）サークルに出会ったことになる。(4)

この解放感はもともとのケンブリッジでの交友関係が発展していったなかのひとつの段階であった。それは彼らの初期の態度が部分的に実現したものであった。

当時のわたしたちは、齢二十五をこえるとだれでも、たぶん少数のめだった例外はあるのだろうが、「絶望的《ヘルプレス》」であって、若さの躍動感、感じる能力、真贋を区別する能力などを失ってしまう、と固く信じていた。［…］自分たちがまさに青春の反抗期に生きていると自覚していた。社会、政治、宗教、道徳、知性、芸術――これらにかかわる諸制度と、父祖の世代の信条と規範に反抗の矛先がむかったのである。［…］わたしたちは一歩踏みだして、なにか新しいものを建設していた。わたしたちは新しい社会を打ち立てる者たちの先頭に立っているのであり、その社会はなにより自由で、合理的で、文明化されており、真実と美を追求するものであった。(5)

当然のことながら、これがブルームズベリーをはるかにこえたより広範な運動であることはまちがいない。率直さとぶっきらぼうな態度が独特に混在したまさにこの言い方でレナード・ウルフは、「わたしたちはこの興奮に満ちた運動の第二世代に属していると感じていた」と述懐している。もっとも、二十五歳をこえたほとんどの者は「絶望的」であるという例の態度はこれ以後も変わらなかったようなのだが。じっさい、大部分のこうした態度と意見は次のような発言をするイプセンから受け継がれたものであった。

虚偽を既得権益にするがごとき口先だけの言葉と偽善からなる巨大なシステム、「支配階層」つまりは王室、貴族階級、上流階級、郊外のブルジョワジー、教会、軍隊、株式市場の既得権益――こういった代物に「くだらない！」と言うこと。(6)

このより広範な運動の展開のなかでブルームズベリーがほんとうのところ代表していたのは、ある新しい流儀《スタイル》と称せるものであった。

それは新たな批評的かつ批判的な率直さのためには効果的な流儀であった。だがこのグループの形成に際して、これ以外の調子を伴う要素も含まれていた。それは自意識たっぷりの進歩派グループがもつ排他的な党派心だけではない。なるほど、ことによってはこの率直さは調子を変え、彼らが「絶望的」と称するむきについて、あるいはそれに対して途方もなく無礼なことになる場合もあろう。同時に個人間の親愛の情に対する彼らの愛着には、どこか非常に無関心でいられないところもある。距離を置いた外部からではこの感情を評定するのは困難ではあるが、「親愛の情」という言い方は、ほかのどんなもっと強い言葉よりも読んでいるうちにたしかにしっくりとした感じになってくる。冷静な率直さというのが彼らの支配的な知的気風であるのだが、それは感情生活のあるレベルにも影響をおよぼしていたように思える。それは、〔バーナード・〕ショーはいうまでもなく、それと関連するがより広範なフェビアン的なものの成り立ちにおいて、すでに鮮明に見てとれる。[5] 一九一八年にヴァージニア・ウルフとベアトリス・ウェッブのあいだで交わされた会話には忘れがたい瞬間があるので、それを引用しよう。

結婚してしまったあとでこれからどうするつもりかとベアトリスがヴァージニアに尋ねた。ヴァージニアは小説を書きつづけたいと答えた。ベアトリスは頷いたようにみえ、そして感情的な人間関係のごたごたで仕事に支障をきたさないようにと忠告した。彼女の言では「結婚なんて、いつも言っているけれど感情の屑籠みたいなものよ」となる。ちょうど踏切にさしかかったところでヴァージニアはこう答えた。「でもそれだったら年配の使用人で間に合うんじゃないかしら」[7]

このやりとりをヴァージニア・ウルフ自身が記録した際に「屑籠」が「排水管」となっているという事実は、この会話の皮肉な魅力をただ深めているだけである。ここで合理性と率直さが「親愛の情」なる言葉に与える定義は、重要なものではあるがその意味を狭く限定してしまう感じもする。他方、このグループにあってまったく明らかであるのは性的あるいは感情的な事柄にかんして非常に寛容であるということである。こうしたなかなかに得がたい寛容さと「親愛の情」の重要性が相互にじつは結びついているのではないかと思われる。

ブルームズベリーの感情構造をこのようにとりあえず定義するうえでそこに付け加えるべき最後の要素は、「社会的良心」という語句にまさに典型的にみられるものである。彼らがこれを発案したわけではないが、ともかくも一九一四年以前より一九一八年以後のほうが、これはより明らかな要素となっている。最初期の段階においては、支配階層の発想なり制度に対する彼らの全般的に不遜な態度とこの社会的良心が結びついているのは確実である。だが、これはそれ以上のものと化す。ブルームズベリーといえば社会から引きこもった物憂げな唯美主義者だという世間的なイメージがあるのだが、この見方に反駁するのにこれ以上にたやすい手はないというのが、戦間期において彼らがさまざまな政治や組織に積極的に関与しためざましい記録を示すことだ。それはレナード・ウルフやケインズだけでなく、他のメンバーも同様であり、そこにはヴァージニア・ウルフも含まれていて、彼女の自宅では女性のための協同組合の支部会が定期的に開催されていた。ケインズの公職にかんする履歴はつとに周知のところである。レナード・ウルフのそれにしても、国際連盟、協同組合運動、労働党への長年の尽力、また反帝国主義にかかわったことはとくに立派なものである。

そうであるなら、ブルームズベリーなりそれに似たかたちで形成されたグループにとって、ことさらに

「社会的良心」を強調するのは意外な感じがするかもしれない。この語句自体もちょうどこの時期から広く自然に使用されるようになり、この語そのものを問題にすることは非常に困難になっている。これを問題にするひとつのやり方は、この言葉が「負け犬〔社会的弱者〕」への配慮」という他の重要な言いまわしと広く結びついていることに注意してみることである。というのも、ここでもっとも注意深く定義しなくてはならないのは、現実にはむかしから変わらぬ階級的な感情――あいもかわらぬ上流と下流というじつに鮮明な線引きの感覚――と、犠牲者としての下層階級への同情という非常に強く実際的な感情との独特の関連性である。この感情のために政治的な活動は支配階級のレベルでのたんなる制度改革にむけられてしまい、支配階級のなかでもとくに有力な連中が体現する愚劣さへの軽蔑の念は、その最初の段階からまったく変わらぬままに残存することになる。大多数は近視眼的で、愚劣でもって知られる支配階層の水準で制度改革をめざすということ、このことに内在する矛盾はもちろん無視されてはいない。公共のさまざまなレベルで説明責任を果たし提言をつづけ、同時に犠牲者たる下層階級を組織化し教育することを手助けすることは社会的良心の問題である。ここで重要なのは、こういった社会的良心なるものが非現実的であるということではない。じっさいにはそれはきわめて現実的なことである。真の問題は以下のことにある。つまり、ある特定の社会的立場を公式に表明し、そこでは上流階級の一派がその支配的多数派から分離し、下層階級と良心の問題として関係しているが、それは団結でも提携でもなく、個人や小規模なグループが義務として感じていることの延長にすぎず、その義務感は社会システムの残忍さと愚劣さへの反抗であるのと同時に、手をさしのべなければかなり絶望的な犠牲者への同情となっている――このような態度こそが問題であるのだ。

「社会的良心」に由来する複数の政治的態度と、最終的にはある種の政治的・社会的な改革からなる複雑な感情は、イングランドにおいてとくに重要である。じっさいに労働党右派から自由党を通じてリベラル保守の少数派にいたるまで、この社会的良心にかんして合意ができていた。ケインズを含めたブルームズベリーも、他の点と同様に時代にはるかに先駆けてこの流れのなかにいた。「ニュー・ステイツマン」から「ポリティカル・クォータリー」にいたる機関誌[7]などでは、この時代、この合意にかんしてブルームズベリーを凌ぐ存在は、密接な関係があったフェビアン協会くらいのものであった。帝国主義への敵意といった点では、この場合は虐げられたものへの良心的な共感はイングランド国内よりもあつかいが簡単なわけだが、ブルームズベリーの貢献はきわめて大であった。初期から一貫している軍国主義への敵意といった点で、ブルームズベリーはこの合意のある要素を代弁しているが、この合意そのものはあとになって、とくに冷戦期において徐々に消滅していった。だがこのグループを定義するうえでいまやもっとも問題となるのは、こうした政治的なもろもろの重要な態度とこの小規模で合理的で率直なグループとがどんな具合に結びついているのかという点にある。それを真の意味で結びつけている語は「良心」である。この良心とは個人的な義務感なのだが、それは文明度の高い友人同士で批准された条約のようなもので、身近な交友関係を左右するのと同時に、本来の個人的な基盤はそのままで、いつの間にかもっとも広範な「社会的関心事」にまで拡大されうるものである。それだからこのグループ自身がつねに主張していたように、彼らの階級のなかでも支配的な部分が有する冷酷かつ自己中心的で愚昧な精神構造と、この感情を区別することが可能なのである。同時にこの「社会的良心」と区別が可能なのは（この点にかんしてブルームズベリーやその後釜は理解しなかったのであるが）彼らよりも下の階級で、自主的に労働組合を組織するような人びとがもつ「社会的意識」である。こうしたまったく異質な政治的態度については拒否されるというよりはむしろ真剣な考察の対象とはならなかった。このような意識をもった下の階級と密接な関係をもつことはまさに「社会的良心」が要求することだが、その結果として生じたのは、完全にそのような自意識を欠いてはいるが、それなりにまったく純粋な庇護者然とした態度であった。というのもこうした態度がないとすれば、ブルームズベリーというこの新たな社会的な力は、下の階級のいま現在のご主人様と同様に、合理性を欠き文明化されていないということになってしまうだろうから。

ブルームズベリーをたんなる友人同士のグループ以上のものにする意味や価値観をこのようにとりあえず定義してみると（むろんあらゆる点で彼らの本質からして、この意味や価値観ゆえに、たんなる少数の教養ある個人からなる友人同士のグループという自己像を彼らはもちつづけるのだが）このような議論においてようやくブルームズベリー・グループの有する社会的意義のなかでも中心的な定義の一端に到達することになる。つまり彼らは現存するイングランドの上流階級から派生した真の一部分、つまりその一分派であるのだ。彼らはこの階級独特の支配的な観念と価値観に反抗するのとまったく同時に、あらゆる直接的な点で、みずから進んでその一翼を担った。これはじつに複雑かつ微妙な立ち位置であるが、こうした一派の有する意味についてはおおむね等閑に付されてきた。これはある時代の特定の時期の範囲内における問題含みの関係性という問題に尽きない。これは同時に、支配階級全体が時代を通じて発展し、時代に適応してゆく過程においてこうした関係やグループが果たした役割という問題として考察すべきものである。

ゴドウィンとその周辺

この文脈でブルームズベリーに先立つふたつの重要なイングランドの文化集団を、比較ということで手短にみることができる。ウィリアム・ゴドウィンとその周辺は、一七八〇年代と一七九〇年代にブルームズベリーとはまったく異なったところに根拠がある社会への異議から出現した。彼らの宗教的な異議申し立てはこのグループが形成されたときからすでに独特の社会的な含みを帯びていたが、それは比較的不利な宗派にかかわるだけでなく、当時の支配的な上流階級とははっきりと異なる社会的・経済的位置がもたらす結果とも関連するものであった。つまりゴドウィンとその盟友たちは比較的に貧しい勤労する職業階級、つまり当時出現しつつあったプチブルジョワの知識階級に属し、それ以外には社会的・政治的影響力の手段をもちあわせていなかった。彼らは理性、寛容、自由を打ち立てようという基本的な試みにおいて自分たちの上に存在する階級とシステム全体に反抗し、そのことに意識的であった。グループの枠内で文明化された平等という理性的価値を擁護するための議論をし、それを実践することを試みることができたのだが、ここで記憶すべきはそこに男女平等の理念も含まれていたということで、彼らはこの点においてメアリー・ウルストンクラフトとともにとくに進歩的であった。その初期の段階で彼らは理性にもとづく説明と説得がもつ力を全面的に信じていた。悪徳はたんなる誤謬であり、誤謬ならば弛まぬ探求でもって矯正することができる。美徳は合理的な諸制度によって確固たるものになる。現在のところこの方向の障壁となっている愚昧とドグマについては、着実で慎重な啓蒙によって対抗できる。そのような信念を彼らは有していた。

そのあとに起きたことはいまだにきわめて衝撃的である。彼らが対抗した支配層は彼らのはるか上に鎮座し、傲慢で残忍であるだけでなく、まさにこの時代にフランス革命のさまざまな影響がもたらす新たな脅威に晒されてもいたのである。理性的で文明化をめざした提案は告発、投獄、流刑という、もっとも粗暴なたぐいの抑圧を受けた。ゴドウィンの小説『ケイレヴ・ウィリアムズ』は、こういった危機を彷彿とさせる傑出した作品であり、そこでは真実を語ることが文字どおりの生命の危険となり、理性にもとづく説明がまったく無慈悲に迫害の対象となる。これはイングランドの文化において特筆すべき瞬間であり、最初の試みであるこの勇気ある抵抗はいまだに十分な尊敬を得ていないのだが、そのいちばんの理由は抑圧がこれを完全に粉砕し、一世代にわたって地下に追いやっていたからである。挫折したグループはそうは容易に尊敬されないものだが、このグループは彼らがみた幻影の本質的な特質とともにその高邁な志においてぜひ尊敬されるべき集団である。じつに安易に失敗と呼ばれるものは現実には敗北であって、しかもそれは悪しき抑圧によって敗北させられたのである。

もっと一般的にいって、しかも決定的な意味においてゴドウィンのグループは上流階級と袂を分かった一派というのではなかった。それは依然として比較的下位に置かれた勃興しつつある階級、つまり小規模で独立した商業ブルジョワジーに属していた。あらゆることを疑いながら、しかし理性的な言説という前提から逸脱しないでいた彼らに打撃を加えた連中は、彼らの議論に答えようなどというつもりは毛頭なく、脅威と危険が高まってくると、ひたすら彼らを恫喝し監禁したのだった。そこで理論的に学べるのは、こういった文化集団のいかなるものもたんに内的な面からだけでは記述できないということだ。つまりどんな価値観を代弁していたかとか、どんな意味を生きようとしていたかなどという点だけでは不十分なのである。このようなレベルでのみ理解するのであれば、ゴドウィンとその盟友たちはブルームズベリーと驚くほど多くの類似点をもっている。もっとも、ゴドウィンたちのほうがつねに強固なグループではあったのだが。しかし最終的に問題となるレベルは抽象的な観念ではなく、社会システム全体とこのグループとのリアルな関係である。

ラファエル前派

社会システム全体といったが、それは複数のさまざまな社会システムのことであって、その特徴全般においても内的な関係においても、それはもちろん変化する。十九世紀半ばのラファエル前派のころまでには産業ブルジョワジーおよび商業ブルジョワジーは支配的になっており、ゴドウィンらの言説のある部分は社会的根拠をかなり失った。こうした理由やほかの要因からも、この新たなグループの特徴はまったく異質なものであった。なによりもまず彼らが反抗したのは、当時の低俗で実利主義的な慣習であった。最初期には虚偽を冷笑し、それに苛立ち、軽蔑し、グループ内で新しい因習に囚われぬ生活を模索した。ほんの一時期、長つづきはしなかったが彼らは一八四八年の革命と連なる民主化を求める騒乱の一部をなしていた。しかしグループとしては短期間に終わった彼らの団結のあり方は、おもに芸術において真実を求めることを表明し、それと連動して世間で認められた因習を拒絶するというところにあった。彼らの明白な目的は自然に忠実たれということで、「なにものも拒まず、なにごとも選ばず、なにごとも蔑ろにせず」[8]という態度がそれである。旧きもの（ラファエル以前）への回帰こそが新しさにいたる道であると彼らは定義した。関係の緊密なグループとして彼らは放埒で世間を下にみるように慣習を排した生活をし、常識から逸脱し今様にいうのなら「ボヘミアン」風にあらゆるものを許容し、グループだけで通用するある種の言葉（たとえば「べっぴん《スタナー》」とか「パクる《クリブ》」などのようなスラング）を使用してあえてみずからを他と区別しようとした。こういった態度は、彼らが選んだ芸術という枠内での商業ブルジョワジーへの反抗といえなくもないが、しかし彼らのほとんどはこの商業ブルジョワジーという階級を出自としていた。ホルマン・ハントの父親は倉庫管理人、ウィリアム・モリスの父親は手形仲買人であった。さらにいえば、活躍するにつれて彼らはこの階級から驚くほどの数のパトロンをみつけもした。いうまでもなく、結局彼らはそれぞれの道を歩んだわけで、ミレイに代表されるごとく新たに自尊心をくすぐられるかたちで体制側にもどる場合もあれば、モリスのように（彼の仕事も商業と直結していたわけではあるが）革命的社会主義を志向することで体制から離反する場合もあった。しかしながら彼らは、その影響力が甚大な時期にあって、さまざまな困難を抱えながらも、みずからの階級からの離反者（不遜で反抗的な若者）であったばかりでなく、同時にその階級それ自体の発展において必要不可欠とされる次の段階へといたる一過程でもあったのである。現実にこういったことはブルジョワ階級が分派する際に繰り返し起きることである。つまり、あるグループが出身階級から離反し、この場合であれば「自然に忠実に」といったかたちをとる。じつはそれ自体がその階級自体の発達段階に属した事柄なのだが、この段階は後の発展が視野をさえぎり現在ではみえなくなっているのである。したがってそれは出身階級への反抗であるのだが、その階級の利益にもかなっており、そうしたグループが強調する様式が、適度に手を入れられて、次の歴史的段階に入ってブルジョワ芸術として人口に膾炙するとしても、それは別段驚くに当たらない。

ブルームズベリー分派

歴史的な距離には便利なところがあって、ゴドウィンとそのサークルにしてもラファエル前派にしても、その意味ではブルームズベリーよりも位置づけが容易である。ところがこのブルームズベリーということになれば、その気風とか流儀のある部分において今日でもかなりの影響力があるし、存在感も強い。しかしブルームズベリー以前のふたつのグループに手短ながらもふれてみたのは、だれがみても明らかな共通点はさておき、そこにある観念上の相違のみならず決定的な社会的相違を強調するためでもある。そしてこうした相違点は、逆に社会全体の発展をたどることではじめて理解が可能になるものだ。というのも、十九世紀後半に起きたのはブルジョワ的イングランドにおける職業的・文化的生活の全般的な発展と改変だったからである。古い大学〔オクスフォード大学とケンブリッジ大学〕は改革され社会に対してより真剣な制度となった。行政サービスは発展し改革もされたのだが、それは帝国と国内の行政上のもろもろの必要性と、古い大学の改革と連動した競争的な試験制度によるものである。じっさい、こうした変化をとげる社会と経済の特質は、イングランドの上流階級のなかから、新しくきわめて重要な知的職業階級として高度な教育を受けた階層を生みだした。それは伝統的な貴族階級とも直接商業に従事するブルジョワともその態度と価値観において非常に異なる存在であった。そういう次第で（みるとおりまったく意外ではないのだが）この一派から、ことにその第二あるいは第三世代から社会と文化にかんする新たな定義と新種のグループが立ちあらわれてきたのである。そうして満を持してブルームズベリーが登場した。

ブルームズベリー・グループとこの新たな一派との直接的な関係はよく知られている。かなり高い頻度で（たいていはインドの）植民地行政における高級官僚との結びつきがあり、それはたとえばスティーヴン家、リットン・ストレイチーの父親、レナード・ウルフの初期の職歴などに明らかである。この結びつきは時代的に後にも先にもみることができ、十九世紀におけるミル家、二十世紀におけるオーウェルがその例である。しかしながら、ブルームズベリーがあらわれた時期というのはこの一派が最盛期を迎えていた時期と重なり、それは同時にこの一派が支えていた社会秩序が最盛期であった時期とも一致していた。この一派は周囲から区別されるめだった存在であるが、しかしより広範に広がる支配階級と依然として密接な関係がある。スティーヴン家の社交的な世界についてレナード・ウルフはこう書いている。

その社交的世界は、専門職に就く中流階級の上澄みと地方の地主階級から構成されていたが、ある程度までそこには貴族階級が浸透していた。［あるいはもっと一般的にいって］スティーヴン家やストレイチー家、リッチー家、サッカリー家とダックワース家には複雑に絡まりあった旧家に連なる血筋があって、それは上層中流階級、地方の地主階級、貴族階級などのほうに広がり伸びている。(8)

ウルフの記述でひとつ興味深い点は、彼自身はまったく異なった階級からこの重要な一派に入ってきたという事実である。

わたし自身はこの階級にとってよそ者である。その理由は、わたしは（またわたし以前に父は）この専門職に就く中流階級に所属していたのだが、ユダヤ系の商店主という階層からこの一派に成り上がったのはごく最近になってのことであったからだ。(9)

それで彼はブルームズベリーの出身基盤となったこの階級特有の習慣を客観的に観察することができた。

社交上のことで彼らが無意識に身につけていることをわたしは無意識的にも意識的にも身につけることができなかった。彼らが生活していたのは相互の影響関係、作法、体面からなる一種独特の空気のなかでだった。それは彼らにとって至極自然であり、哺乳類が空気を、魚が水を、そのなかで生きながらも意識しないのかのごとくであった。(10)

しかしこれはその階級全体の話である。その階級のなかでもことに知的専門職をもっぱらとする階層が出現した際に決定的であったのは、改革された古い大学の社交的かつ知的な雰囲気であった。まさにこの点において、つまり学問の自由化のあと、学問的真剣さをかなり回復したあとに、そして指導と競争による利点を確保するために組織内部の改変をしたあとになって階級全体が所与の前提とする範囲内で知的専門職を独占する一派独特の特徴があらわれでてきたのである。こういう次第でウルフ自身のような人材を新たに採用することが可能になった。それは多くの重大な（そしてある意味では自律的な）継続性を古い大学の内部で促進することにもなった。そういうわけで故意にある角度を選んで眺めてみれば、この知識層を今日でも「知的貴族階級」とみなすことができるのである。

イギリスの知的貴族階級の男性は自動的に最高のパブリック・スクールに、その後はオクスフォードとケンブリッジに進学し、すべてのもっとも有力で立派な職業に就いた。この階層はかなりの程度婚姻を介して相互に結びつき、家名の影響力と個々人の高い知的水準によって驚くべき数で各職種のトップに登りつめることになった。そういう次第で各省庁の終身の次官の席に鎮座する官僚が生まれ、将軍、提督、編集長、裁判官の地位を獲得し、あるいはインド文官や植民地行政官として赫々たる職歴を積んだのちにＫＣＳＩ〔インド勲章上級勲爵士〕なりＫＣＭＧ〔聖マイケル聖ジョージ上級勲爵士〕なりの叙勲を受けてめでたく退官となる人間がいた。あるいはオクスフォードかケンブリッジのフェローとなり、両大学のコレッジの学長なり最高のパブリック・スクールの校長として職歴を終えた(11)。

ここで同様にめだつのは、情報の部分的な正確さと同時にこの記述における混同である。まずは成功のふたつの要因として「家名の影響力」と「個々人の高い知的水準」をはなはだ特徴的なかたちで認めてしまうのであるが、しかし同時にこのふたつを混同してしまっている。これと関連して、ある範囲内での実例（フェローと校長、終身の次官と編集長）に支えられた「知的な貴族階級」と、これとはかなり異なる支配階級のお歴々（将軍、提督）が混同されてもいる。じっさい、このそれぞれの枠内で家名の影響力を含む階級の出自と試験を受けて証明された個人の知力とがどの程度の比率で影響をおよぼすものなのか、きわめて正確に見積もる必要があるだろう。というのも、ここでじっさいに記述されているのはある一派が形成されたということであり、またこのように形成された階層の範囲内での多様性といったものについても「知的貴族」などという（これみよがしながら含蓄に富む隠喩を伴った）自作自演で自己宣伝めいた決まり文句などよりもずっと正確な記述が必要とされるからである。

このようにある分派が意義深く形成されるうえでさらに関連して重要な論点が、ウルフ自身が正確に「男性のメンバー」と発言することによって提起されている。支配階級全体から差異化しながらブルームズベリー・グループは形成されたわけだが、その独特の特質にその後影響をおよぼすことになる要因のひとつは、この階級に属する女性に対して高等教育が遅れたことである。初期段階ですでにこの階層に属する家系から直接的に高等教育に関与した女性は数名いて、ストレイチー家の姉妹のひとりであるパーネルはニューナム・コレッジの学長になった。だが性別的な不均衡がなかなかに解消しなかったのが、ブルームズベリー・グループが形成された際の重要な要素であった。ウルフの言をふたたび引用すればこうだ。

わたしたちの存在のもと、友情のもとにはケンブリッジ大学があった。いま［旧ブルームズベリーのメンバーとして］ふれた十三名の人物のなかで三名が女性、十名が男性であり、その十名のうち九名がケンブリッジ出身であった。(12)

この不均衡の影響については皮肉たっぷりに、ときに怒りを込めてヴァージニア・ウルフが『私自身の部屋』と『三ギニー』で語っている。

そういう次第で、ブルームズベリーの社会学的な形成において強調すべきことは次の四点である。第一にこのグループの出自がイングランドの上流階級のなかでも知的職業に就く高等教育を受けた階層であり、この階級全体と多方面にわたる持続した関係をもっていたこと。第二にある種の矛盾、つまり、この高度な教育を受けた人物の一部とその階級全体の観念や制度との矛盾という要素（狭義の「知的貴族」、少なくともその一部ないしごく一部の面々の知性と教育は「口先だけの言葉と偽善からなる巨大なシステム」と関係があったのであり、それは「王室、貴族階級、上流階級、郊外のブルジョワジー、教会、軍隊、株式市場」といった制度によって支えられており、この制度をレナード・ウルフは別の箇所で、これと同断の「知の貴族」が功なり名をとげる分野に含めていた）。第三はきわめて聡明かつ知的な女性でこうした家系に連なる者が存在していたことと、支配的で社会を形成する男性的な諸制度から彼女らが相対的に排除されていたことのあいだにある独特の矛盾。第四により一般的な見地からすれば、外見上の安定にもかかわらず社会的、政治的、知的な危機の時代であったといってもよいこの時期においてこの階級全体、とくにそのなかでも知的専門職を独占し高度な教育を受けた階層がその内部で抱えていたさまざまな要求と緊張関係。

そこでこう言うことができる。ブルームズベリー・グループはこの第二と第三の要素、つまり社会的・知的な批評《クリティーク》と女性の両義的な地位を基本にしながら、独特の一派として支配階級からあらわれでた。このふたつの要素はともにこのグループの形成と同時にその業績のありようそのものである。しかし彼らの出自一般にかかわる第一の要素もこの一派独特の特質を定義するものとみなすべきだ。その特質とは、彼らの異議申し立ての影響力と有力な縁故とが意義深くしかも持続的に結びついていたということである。そして第四の要素が指し示しているのは、このグループが帯びる一般的な歴史的意義のある重要な部分である。つまりある特定の領域、ことに男女平等と性的寛容、芸術とくに視覚芸術への態度、私的ないしは半私的な領域での形式を重んじないふるまいなどにおいて知的専門職に就き高等教育を受けた階層、ある程度はイングランドの上流階級一般の枠内で広範に変化がみられるようになるのだが、ブルームズベリー・グループはその点で先駆的な存在なのだった。すでにみたように、こうした一派というのは往々にして自身の出身階級に対してこのようなかたちで貢献するものである。かくして個人の人間関係、美的享受、知的率直といったレベルで、ある程度の因習からの解放《リベラリゼイション》という話になった次第である。半ば公的な慣習、他の階級の文化との流動性とか接触、階級的に拡大されたより適切な知的制度といったレベルで、ある程度は現代的な変化《モダナイゼイション》が生じたわけでもある。社会状況が激変した、とりわけ第一次大戦の衝撃のあと、そしてそのあとに帝国の喪失を経験した時代にあって、そのような旧弊からの解放《リベラリゼイション》と現代化《モダナイゼイション》はもちろん一般的な趨勢であった。といってブルームズベリーがこういった変化の原因となったというわけではない。こうした趨勢を初期の段階で代表しそれを推し進めた者のなかで突出し比較的首尾一貫していたということにすぎない（それだけでも見上げたものだが）。それと同時にこういった解放《リベラリゼイション》と現代化の運動は、厳密に言うと支配階級における根本的な変化というよりは時代への適応であった。そうすることでこの階級は社会の中心をなす支配階層の諸制度を方向づける役割において、慣習がいかに変化しようとも、他の階級の人間を明らかにその流儀のなかに招き入れたあとですら、ただ存続するだけではなく、より巧妙に存続することができた。その理由はといえばこうした時代への適応がこれまでなされてきたし、いまなお実践されているからである。

ブルームズベリーの貢献

そこで最後に議論すべきは、こういった彼ら特有の社会学的成り立ちと歴史的意義という枠内でブルームズベリーが文化的、知的、芸術的な面でおこなった貢献の特質である。だが、この種の議論は理論と方法の両面で大きな困難にぶつかる。いくつものきわめて特殊な個人的貢献のありようを粗雑な一般的内容に還元してしまうのは問題外であろう。このたぐいのグループ（声明書なり綱領による分派とか対抗勢力というよりは、むしろ人的に結びついた一派）をそのようにあつかうことなど、いずれにせよまず無理であろう。かといって各人の貢献をたんなる偶発的な結びつきというかたちでみることもできない。こうした点を心しながら次のレナード・ウルフの興味深い要約を読むべきである。

これまでにもよく作家や芸術家からなるグループ、たんに友人同士であるだけでなく意識的に共通の理論なり目標、あるいは芸術的であれ社会的であれ共通の目的でもって結びついたグループが存在してきた。功利主義派、湖畔詩人、フランス印象派、イングランドのラファエル前派などはこの種のグループであった。わたしたちのグループはこれとはまったく異なっていた。その基本は友情関係であり、それは場合によっては恋愛や結婚にまで深まりもした。わたしたちの知性と思考の色合いはケンブリッジとムーアの哲学という精神的風土によって与えられたものであり、それはイングランドの風土がイングランドの人間の顔にある色合いを与え、他方でインドの風土がまったく異なった色合いをタミル人の顔に与えるのと同断である。しかしながら、なんらかの共通の理論、システム、原理原則などをもって世界を改変しようなどという発想はわたしたちには無縁であった。改宗を説いたり伝道したり、十字軍のような使命をもったり、プロパガンダに熱心だったりしたわけではなかった。なるほどメイナードの生みだしたいわゆるケインズ主義なるシステムというか理論は、経済、財政、政治の理論と実践に多大な影響を与えたし、ロジャー、ヴァネッサ、ダンカン、クライヴは画家や批評家として重要な役割を演じ、その活躍はのちにポスト印象主義運動という名で知られるようにもなった。しかし既成の銀行や講壇《アカデミー》経済学に対抗してメイナードがケインズ経済学を打ちたてたことや、ロジャーが美術院《アカデミー》の「具象」画家や美学者らの正統派に抗い、ポスト印象主義と「意味のある形式《シグニフィカント・フォーム》」(9)という概念のために戦ったのは、ヴァージニアが『波』を書いたのとまったくおなじく純粋に個人的な営為であって、いかなるグループとも関係がない。というのも、ロジャーの「芸術にかんする批評的・思弁的論考」とメイナードの「雇用、利子、および貨幣の一般理論」とヴァージニアの『オーランド』のあいだにいかなるグループとしての関係もないのは、ベンサムの『統治論断片』とハズリットの『イングランドの主要な絵画コレクション』とバイロンの『ドン・ジュアン』とがたがいに無関係であるのとおなじことである。(13)

もっとも単純な経験レベルではこれを額面どおりに受けとることもできようが、最後の比較のくだりなどはたんなる言葉の綾でしかない。ベンサムとハズリットとバイロンが意味あるかたちで結びつけられたためしなどないわけで、この名前のあげ方自体が論点の回避である。いかにもという調子で「共通の理論、システム、原理原則」を否定しているが、それもみるほどには説得力があるわけでない。少なくともブルームズベリーの「システム」に対する態度などは、彼らが共有し根本方針としていたことが歴然としている特徴のひとつなのである。

じっさいのところ、ブルームズベリーがそのグループとしての特徴を言いつのりながら、ひとつの正式なグループとして存在したことを否定するその口調にどこか本質的な定義にいたる手がかりがありそうだ。要はなんらかの共通の（つまり一般的な）理論ないしシステムを共有していないという主張なのだが、その理由は、これが不必要であったから（不必要どころか、彼らにしてみればおそらくは押しつけられたドグマになるだろうから）ということもあるが、それだけでなく、なによりもまず、また原則の問題としてかかる理論なりシステムはこのグループをまとめあげる真の価値を阻害したからなのであった。すなわちその価値とは、文明化された個人がなにものにもとらわれずに自由な表現をおこなうというものであった。この「文明化された《シヴィライズド》」という形容詞が担う、あるいは担うことになっている力を強調しすぎることはほとんどできないくらいである。

一九一四年の大戦に先立つ十年間、世界中、ことにヨーロッパとイギリスにおいてひとつの政治的社会的運動があったのだが、それは当時の目でみるとすばらしく希望に満ちた刺激的なものに思えた。人類がほんとうにいよいよ文明化されつつある、その間際にいるかもしれぬ、あたかもそのような印象があった。[14]

この意味で、そのもっとも広い範囲で、ブルームズベリーはブルジョワ的啓蒙運動の古典的な諸価値を掲げていたのである。つまり、紋切り型、迷妄、偽善、気取り、世間的なみせかけに反抗したわけである。同時にそれは無知、貧困、性差別と人種差別、軍国主義、帝国主義への反抗でもあった。だが、彼らがこれらのすべてに反抗したのは自由主義《リベラル》の思想が発展する過程のなかでのひとつの特別な時期においてなのだった。あらゆるこの種の悪徳に抗いながらこのグループが訴えたのは、ある全体的な社会像というような対抗的な思想ではいささかもなかった。むしろ文明化された個人という至高の価値に訴えたのである。ますます多くの文明化された個人としてその数を増やしてゆくこと自体が、社会が進むべき方向として唯一受けいれられるものだったのである。

こうしたものの見方《パースペクティヴ》と社会への関与《コミットメント》がもつきわめて典型的な特質は、いま現在のほうが明白に見てとることができる。それは今日ブルジョワ・イデオロギーの中心的な定義となっている（もちろんブルジョワが現実にしている行動はやはりこれとは別物である）。それは現代的な保守主義者からリベラル派を経てもっとも代表的な社会民主主義者にいたるまで、非常に広範囲にわたる正統的な政治的見解の公然たる理想を決定づけている。それは文明化された個人の至高性をめぐる哲学であり、これが戦う相手は過去のあらゆる暗黒の未開の力であるのみならず、それ以外の現実に働いている社会的な力でもある。こうした力は、彼らと利害が衝突し、彼らに代わる主張がなされ、社会や人間関係が別のかたちで定義される際には即座に敵とみなされ、「文明化」という彼らの定義が目印となる境界線のはるか外側におなじく即座に放逐することができるものだ。一九一四年以前にこの立場が誇っていた初期の自信は、他のあらゆる現実の社会的な力に遭遇しつづけるうちに、レナード・ウルフの書名を借りれば「ずっと坂道を転がるように」消えてなくなってしまった。全体として正統的なものでありつづけていたにもかかわらず、この立場はいまや拡張傾向にあるというよりは、むしろ敵に包囲された状態として立ちあらわれるほうがずっと多い。その教義を繰り返してゆくと、今度はそれがますますイデオロギー的なものになる。

この歴史におけるブルームズベリーの活動期《モメント》は意義深い。その実践において(たとえばヴァージニア・ウルフやE・M・フォースターの小説が示す感性において)ブルームズベリーは、文明化された個人なるものの実体について正統的な政治スローガンなどよりもずっと説得力のある証拠を提出することができた。ケインズ経済学から国際連盟のための尽力にいたる理論と実践においてこのグループは数々の強力な介入を実行し、諸個人が戦争と恐慌と偏見から解き放たれて文明化された存在となっているような、また自由にそうなれるような経済的、政治的、社会的な条件をつくりだすことに心を砕いたのである。このように個々の実例においても公的な介入においてもブルームズベリーは、二十世紀にこうした政治的立場がそうでありつづけたのとおなじ程度に真剣で、ひたむきで、かつ創造的であった。じっさい、ブルームズベリーをいま振り返ってみて判断を下すときに皮肉なことは、このグループがこうした立場を実践し生きるうえで、いま現在からみて気恥ずかしくなるほどの誠意を込めていたという点にある。気恥ずかしくなるというのは、いまとなっては「文明化された個人主義」なる言葉は多くの人間にとって有閑階級が財力を誇示する特権的な消費という経済プロセスの手短な表現にしか聞こえないからだ。だからといってブルームズベリーの立場をその後のこうした進展と切り離すことができるというわけではない。たとえば人目を引くような趣味のいい芸術的な散財を礼賛するような態度には、現に過去からの連続性を見いだすことができるし、ケインズ経済学と通貨・軍事同盟のようにある種の罠にはまってしまったものもあった。だがそれでもなお、果実とその腐った部分、あるいは希望をいだいて蒔いた種子と流行のなかでねじ曲がった樹木とを区別しなければならない。

とはいえ、こうした連続性と差異の両方をみながらも、ブルームズベリーがみずからを定義した際の元来の立ち位置が有する曖昧さと欠陥の分析を次にしなくてはならない。この作業はまじめにも気楽にもできる。当面後者（ブルームズベリー自身の流儀）でいってみよう。このグループには全体的な立場というものがなかったといえるし、じっさいよくそのように言われてきた。だがそんなもの、なんで必要なのだろう。その気になってみてみれば文学はヴァージニアとモーガン、美術はロジャーにクライヴにヴァネッサにダンカン、政治学ならレナード、経済学ならメイナードがいるじゃないか。これだけですべての文明化された人間の然るべき関心をほぼ網羅しているじゃないか。ひとつだけ例外があったかもしれないが、意義深いことに二〇年代にその穴は埋められた。このグループと縁故なり関係があった何人か（エイドリアンとカリン・スティーヴン、ジェイムズ・ストレイチー）が精神分析という新たな実践に加わり、レナードとヴァージニア・ウルフのホガース・プレス（これはふたりが自力でつくりだした注目すべき出版社だった）がフロイトの思想を英語で紹介するのに力を発揮した。かくして文学はヴァージニアとモーガン、美術はロジャーとヴァネッサとダンカン、政治学ならレナード、経済学ならメイナードというあの印象的なリストに、いわばセックスならジークムントというふうに名前を追加できるようになったじゃないか。

こんな具合に、だれかの流儀をついその本人に差しもどしてみたくなってしまうのだが、ここで言いたいのは冗談ではなくまじめなことだ。このようなブルームズベリー・グループの仕事と思考、そしてこのグループがじつに効果的に自分自身に結びつけて紹介もしたそれ以外の仕事や思考（三〇年代における初期の「コミュニズム」詩をここに含めるべきだが）は、一見しただけでもその折衷的な特徴と明らかなつながりのなさが目につく。この意味でだれであってもここでふりむいて次のような修辞疑問を口にしても無理からぬところである――美術のクライヴ・ベルと雇用のケインズ、小説のヴァージニア・ウルフと国際連盟のレナード・ウルフ、歴史のリットン・ストレイチーと精神分析を論じたフロイト主義者たちのあいだに、いったいどんな関係がありえたのだろうか、と。なるほど、じっさいにこういった仕事をすべてひとまとめにして、ある共通の理論にしてみることなどできるはずもない。だがもちろん、これこそが肝心な点なのである。ブルームズベリーが寄せ集め、現代的で教育のある文明化された個人の精神内容であると称して、じつに効果的に世間に広めもしたこれらの多種多様な立場は、じつはことごとくあるひとつの一般理論の代わりを個別につとめているのである。以下のような印象は拭えないものの、次のような問いを発する必要はない――攻撃性にかんするフロイトの一連の一般理論は国際連盟設立のための一途な努力と矛盾しないのか、あるいはフロイトの芸術にかんする一連の一般理論はベルの言う「意味のある形式」なり「美的恍惚」と両立するのか、また政府の市場介入というケインズの概念は、社会を友人同士や親類縁者のグループであると深いところで思いこんでいる彼らの姿勢と整合性があるのか、と。どうしてこうした問いを発する必要がないかといえば、なにを問うてもそこには「文明化された個人」というレベルで矛盾のない存在が確固とできあがっていたからである。この「文明化された個人」こそが最良の人間の唯一の定義とされ、この人たちは干渉されない安全な場所にいながら、時と場合に応じてその自由気ままな関心をあちこちにむけていたのだった。そしてあらゆる公的な介入を彼らがおこなう際にそこに一貫している目的は、さまざまな圧力なりいさかいを減じ、酸鼻な事態を回避する方法をみつけることによってこの干渉されぬ場所を確保することである。つまるところ、社会的良心とは私的な意識の保護を意味する。

この種の保護がなくてもそうした場所が確保されるところでは——「現実表現のための［…］犠牲」を「芸術から奪われたもの」(15)として峻拒するある種の美術、あるいはヴァージニア・ウルフが次のように社会描写を冷笑し拒否するようなある種のフィクションといった特権的なフォームにおいては——

彼女の父親がハロゲット〔英国北部の鉱泉保養地〕の商店主ということから物語を始めましょう。家賃を特定しましょう。次に一八七八年当時の店員の賃金を特定しなくてはなりません。彼女の母親の死因についても調べなくては。癌について描写して。キャラコの描写も。ともかく描写［…］(16)。

——あるいは個人間の関係と美的な享受として手に入る意味のある形式《シグニフィカント・フォーム》においては——こういった特権的な場所では（やっかいな「細部」はあるけれども）社会的良心との葛藤は依然として存在しない。むしろ、かかる高尚な感性の世界はそれ自体が目的であり模範でもあるような生活であって、それは（「不必要」な）さまざまな葛藤なり矛盾なり貧困のありようが理性でもってきれいさっぱりなくなったあとの話である。クライヴ・ベルに言わせれば、個人の私的生活と芸術のために

社会はなにがしかのことをすることができる。［…］なぜなら自由を増進させられるから。［…］政治家で

さえなにがしかのことができる。検閲法を廃止し、思想・言論・行動の自由を制限するものを撤廃できるから。政治家は少数派《マイノリティ》を保護できる。独創性を凡庸な群衆の憎悪から守ることができる。[17]

いつもこんなふうにはっきりと都合のいいことになるわけではない。じっさいは階級の意味あいがかならずそこにつきまとう。その点もベルの文章に露骨にみられる。

下層中流階級の意見を軽蔑することをすでに学んだ者が、情緒的な限界から芸術を優雅な楽しみとみてしまう連中の価値基準と反感を軽蔑することを同時に学んだときになってはじめて、このような解放運動が完結する。[…]安楽とは敵であって、贅沢はたんにブルジョワジーが怯える化け物であるのだ。[18]

せいぜいのところ勇ましくはある、それなりに精いっぱいの言い方でベルはこうも言う。

国家にできるのは暴動の種になるような発言をする人びとを保護することぐらいしかない。暴動の種にならぬことなどおそらくは口にするに値しない。[19]

だがそれだけの口を叩いたあとでも、暴動は起きなかった。その理由は、この連中にはなかなか貴重なものも含めてエクセントリックなところがあったとはいえ、ブルームズベリーがはっきりと打ち出していたのは慎重に割り引いて解釈した場合にのみ「文明化された」模範になりうるような、そんな態度であったからである。個人の私的な感性の具体例を出して、それをさまざまな公的な事柄によって保護し拡張すべしとまさに力強く主張しながら、彼らは「公的」生活と「私的」生活という現代のイデオロギー的な分離をじつに効果的なかたちでつくりあげてしまった。彼ら自身が社会のなかで形成された個人であり、そうした特殊な社会的な成り立ちゆえに彼らは明示的にはグループに、暗黙裏には特定の階級から出た分派《フラクション》となったのであるが、彼らにはそこまで意識がおよばなかった。のみならず、そのような意識は即座に頭から閉めだされたのである。なにしろ自由で文明化した個人こそが、そもそもの最初からこのグループをつくった所与の前提であったのだから。精神分析をこれに組みこむことができたが、それは精神分析が特定の個人の成り立ち《フォーメイション》を非歴史的に研究する位置にとどまっているかぎりにおいてだった。また公共政策をこれに組みこむこともできたが、それも公共政策が社会秩序（こうした自由で文明化した個人を生みだした母体であったのに、愚鈍さと時代錯誤によっていまやそういった個人の存在を脅かし、無限定で広域におよぶその再生産をあやういものとしている社会秩序）を改良し修正するかぎりにおいてであった。ブルームズベリーのグループとしての究極的な性質は、それがじっさい際立って自由な個人という観念からなる集団、そしてその観念を擁護するための集団であったということにつきる。それゆえ、こうした特殊な前提とは別個の一般的な立場をなにか持ちこんでしまったらこのグループを壊してしまうことになっただろうが、同時に一連の個別化した立場を揃えておくことが、自由な個人が文明化するために必要でもあった。そして皮肉なことにはこの特殊な前提、そしてこの一連の個別化された立場の両方が、その後イングランドの文化のあらゆる局面に（いまやそれが一貫性に欠けることが歴然としているのではあっても）浸透してしまったのである。結論として、まさにこの意味で、自由な個人からなるこのグループは、彼らの階級からの（文明化をしつづける）分派《フラクション》とみなさなければならない。

（一九八〇年）

原注

（1） *Beginning Again*, London 1964, pp. 21, 23.
（2） *Ibid.*, p. 23.
（3） *Ibid.*, p. 22.
（4） *Ibid.*, pp. 34–5.
（5） Idem, *Sowing*, London 1960, pp. 160–161.
（6） *Ibid.*, p. 164.
（7） *Beginning Again*, p. 117.
（8） *Ibid.*, p. 74.
（9） *Ibid.*, p. 74.
（10） *Ibid.*, p. 75.
（11） *Sowing*, p. 186.
（12） *Beginning Again*, p. 23.
（13） *Ibid.*, p. 26.
（14） *Ibid.*, p. 36.
（15） Clive Bell, *Art*, London 1914, p. 44.
（16） *Mr Bennett and Mrs Brown*, London 1924, p. 18.
（17） *Art*, pp. 274–275.
（18） *Ibid.*, pp. 273–274.
（19） *Ibid.*, p. 275.

訳注

〔1〕 レナード・ウルフ（Leonard Woolf, 1880–1969）は作家、ヴァージニア・ウルフ（Virginia Woolf, 1882–1941）の夫。出版社ホガース・プレスを設立した。

〔2〕 F・R・リーヴィス（F. R. Leavis, 1895–78）はケンブリッジ大学ダウニング・コレッジで一九三〇年から英文学主任と

なって英文学教育に従事。文芸誌「スクルーティニー」(*Scrutiny*)を一九三二年に創刊。同誌にかかわったQ・R・リーヴィス(Q. R. Leavis, 1906–81)やI・A・リチャーズ(I. A. Richards, 1893–1979)らをあわせて「スクルーティニー派」という呼称が与えられている。

〔3〕ノエル・アナン(Noel Annan, 1916–2000)は著述家、教育者。「知的貴族層」(The Intellectual Aristocracy)はアナンが一九五五年に発表したエッセイのタイトル。

〔4〕G・E・ムーア(George Edward Moore, 1873－1958)は分析哲学の基礎を築いたと評価される英国の哲学者。一八九八年にケンブリッジ大学トリニティ・コレッジのフェローとなり、一九二五年から三九年まで同大学の精神哲学・倫理学教授を務めた。

〔5〕フェビアン協会(The Fabian Society)は一八八四年にシドニー・ウェッブ(Sydney Webb, 1859–1947)やバーナード・ショー(1856–1950)らがロンドンで設立した社会主義団体。漸進的な活動方針をもち、初期の労働党の政策綱領策定に大きな影響を与えた。

〔6〕ベアトリス・ウェッブ(Beatrice Webb, 1858–1943)はフェビアン協会の中心人物として夫シドニー・ウェッブと協働した。

〔7〕「ニュー・ステイツマン」(*The New Statesman*)は一九一三年にフェビアン協会の機関誌として創刊された週刊誌。シドニー・ウェッブ、ベアトリス・ウェッブやバーナード・ショーが常連の執筆者だった。「ポリティカル・クォータリー」(*The Political Quarterly*)は一九三〇年にレナード・ウルフが創刊した政治季刊誌。

〔8〕「なにものも拒まず、なにごとも選ばず、なにごとも蔑ろにせず」(rejecting nothing, selecting nothing and scorning nothing)は批評家のジョン・ラスキンがラファエル前派を論じたエッセイのなかで同派の特徴を述べた評言。

〔9〕「意味のある形式」(significant form)はクライヴ・ベルが一九一二年の第二回ポスト印象主義展のカタログのなかで提示した用語。一九一四年刊行のベルの『芸術論』によれば、すべての視覚芸術作品には美的な感動を引き起こすような「特別な仕方で結合された線と色彩、ある種の形態」に還元しうる。その特質をベルは「意味ある形式」と名づけた。ロジャー・フライもこれを用いたことから、ポスト印象主義の美学を端的にあらわす用語とみなされてきた。

演劇《ドラマ》化された社会における演劇《ドラマ》

演劇《ドラマ》[1]のもつ諸問題はいろいろな面からみることができるが、どの点でもいまや心底関心をもってあつかうに足るほど重大なものである。じっさい、それらの問題はまったく新たなたぐいの問いをもたらすものだ。実際上と名目上の連続性を歴史的にたどることはむろんできるが、ここで重点を置きたいのは変容を被ったひとつの状況、すなわち本稿の表題で示そうとした状況である。一例をあげると、ドラマという語の意味範囲はもはや劇場《シアター》演劇のそれと同一ではない。ドラマの多くがいまや映画撮影所やテレビスタジオで演じられている。劇場演劇自体も（国立劇場や街頭劇をみればわかるように）意図や方法が途方もなく多様化している。従来のテクストと約束事《コンヴェンション》を横目に新種のテクスト、新種の注釈、新たな媒体、新たな約束事がどんどん登場してきている。従来のテクストや約束事をわたしたちは既知のものだと考えているのだが、まさにそうした新たな傾向ゆえにそれが問題含みのものになっているように思う。シェイクスピア劇におけるドラマ上の時間軸や場面構成、またギリシャ悲劇で合唱舞踊団《コロス》と演者三人が織りなす複雑なリズムと関係性――これらは、映画撮影所やテレビスタジオで映像が編集されるさまをみると、あるいは街頭や地下の仮設劇場で役者と観客のあいだに新しい関係が生じているのをみると、新たなかたちで活気を帯びてくるように思う。

さらにいえば、社会という単位で考えてみると、わたしたちがこれほどまでに演技をする時代も、他人が演技をするのをこれほどまでに目にする時代もいまだかつて存在したことがない。演技をみるという行為自体もむろん問題含みのものになっている。というのも、演劇はその起源からすると、文字どおり特別なおりに上演されるものだったのだから。それはアテナイのディオニュソス祭で上演されたのであり、中世イングランドで山車《だし》舞台が街路を引かれていったのはキリスト聖体の祝日にかぎられていた。エリザベス朝ロンドンで新たに設けられた商業劇場は特別なおりの行事ではなくなったのだが、それでも場所という点ではまだ固定されていた。上演は首都でおこなわれ、そのあとで地方都市への巡業が組まれた。そののち生じることになったのは、こうした拡張の動きだけではなく縮小の動きでもあった。王政復古期〔十七世紀後半〕のロンドンには勅許劇場〔正劇を独占する拠点〕がふたつあったが、満席になることはほとんどなかった。そして十八世紀には地方都市に劇場が建設され、十九世紀後半には寄席演芸場《ヴァラエティ・シアター》とミュージック・ホールが発展し、ロンドンのウェスト・エンドの劇場群は拡大をとげることになる。十八世紀から十九世紀にかけてのこうした出来事は特別なおりの上演という演劇形態を修正するものではあったが、その後の成り行きを考えてみると、もっぱら量的な変化でしかなかった。ドラマの観客《オーディエンス》・視聴者が質的な変化をとげるのは今世紀〔二十世紀〕に入ってからのことで、それも映画、ラジオ、テレビにおいてその変化が起こったのである。わたしが言いたいのは、『戦艦ポチョムキン』や『駅馬車』があまたの場所で長期間ずっと上映され、その結果数億人が鑑賞することになった、ということだけではない。あるいはイプセンやユージン・オニールの劇をいまや一千万から二千万もの人びとがテレビ画面で同時に視聴している、ということだけでもない。途方もない数字ではあるにせよ、これはまだわかりやすい拡張の動きである。問題は、住民の大多数が史上はじめて特別なおりや時節にかぎらずにドラマに定期的かつ恒常的に接するようになったことである。だがほんとうに新しいのは（それはあまりにも新しいためにその意義がみえにくくなっているのだとわたしは思うのだが）、これが特定の劇をみる観客という問題だけではすまないことにある。肝心なのはドラマがまったく新しい仕方で日常生活のリズムのなかに組みこまれてしまっているということだ。テレビにかぎってみても、視聴者（人口のかなりの大多数）がドラマを一日に最大三時間鑑賞し、さらにドラマの種類も当然多岐にわたる、というのがふつうになっている。しかもそれはある特別な日にかぎったことではなく、ほぼ毎日みているのだ。これが演劇化された社会というフレーズでわたしが示そうとしていることの一端である。初期には演劇は祝祭のおりに、特定の時期に催される大事な出し物であり、またわざわざ旅をして劇場におもむくような特別なものだった。演劇がディオニュソスやキリストをあがめるためのものであったことや、興業を時間をかけて観にいっていたことを思いだせばよいだろう。いまあるのは習慣的な経験としてのドラマなのである。ためしにむかしの人びとの大多数がその一生のうちにドラマをみていた回数を推測してみるとよいのだが、その一生分の回数よりも、わたしたちが一週間にみる回数のほうが基本的には多いのである。

これをたんなる拡張の運動として片づけることができるのだろうか。わたしたちの祖先には想像もつかなかった程度にまで牛肉を食することやシャツを着る機会が増大して、人間の習慣として広く普及したこととおなじようなことなのだろうか。ドラマの拡張は、たしかにそうした単純な拡張と同様にはみえない。現実を模倣した劇中の出来事《アクション》を、それも何度も繰り返されるいくつもの出来事を、食事にかける時間より長く労働時間や睡眠時間の半分近くにわたって、特別なおりというのでなく定期的にみること——これはわたしたちがくらすような社会のなかでは多数派の行動としてじっさいに新しい形式、新しい圧力になっている。もちろん、この見逃しがたい事実をなかったことにしたり邪悪なものとして祓《はら》い清めてしまったりすることはたやすくできる——数百万もの人びとがかくも執拗にみつづけているものの一切合切、あるいはその大半がゴミ屑同然だとする一部の主張にわたしたちが同意できるのであれば、それはむずかしいことではない。だが、そうしてみたところで悪魔祓いにはならないだろう。彼らの主張がかりに真実だとしたら、そんなゴミ屑同然のものをたくさんの人びとが長時間かつ定期的にみている、という事実の異様さがますます際立ってしまうだけなのだから。そしてそういう主張はいかなる場合においても真実ではない。価値判断をおこなう際に前もって依拠できる尺度をもっているのは廃れた文化《デッド・カルチャー》だけである。たとえば意義ある作品がどれくらいあって取るに足りない作品がどれくらいあるのか、その割合は重要なものであり変化しうるものでもあるのだが、変化するからといってその割合自体がわからなくなってしまうことはない。しかし、それにもかかわらず、ナショナル・シアターで駄作《キッチュ》を目にすることもあれば、連続ものの刑事ドラマでおそろしく創意に富む作品に出会うこともあるのが今日なのである。さまざまな作品を批評的に弁別してゆくことは大事なだけではなく、事前にその正当性を担保しえない行為なのだ。とはいえこうした行為も、ある角度からみると、つまり定期的かつ長時間ドラマに接するという習慣自体がかくも一般的なものになったという事実の前ではその影がかすんでしまう。であれば、わたしたちはこう問わなければならない——わたしたちは何千何百もの現実を模した出来事《アクション》に、何千何百もの芝居、表現、ドラマ化に繰り返し引きつけられるわけだが、わたしたちの、そしてこの時代を生きる人びとのなかのなにがそうさせているのだろうか、と。

答えはどこからその問いを発するのかにかかっている。わたしであれば、この尋常ならざるプロセス自体を観察している立場から、そしてそれに関与している立場から問うている。しかしわたしの耳に（いや、だれの耳でもおなじことだろうが）聞こえてくるのはおなじみの声である。徒弟や丁稚が店を抜けだしてテムズ川南岸《バンクサイド》の劇場に行ってしまったと嘆く謹厳な商人。細君が朝から小説や読み物《コメディ》を読んでばかりいるとこぼす家長。学生たちがそれとおなじまねをしているとぼやく学部長（その学生たちは英文学の専攻で入学してきたのに）。こうした謹厳実直な連中であれば、現代のカリフォルニアで起きていることについても一家言があるのだろう。カリフォルニアでは朝の六時半には映画館が空いているし、その気になればそのあと七、八本の映画をみることができる。日が替わって深夜上映まである。フィクション、冒険活劇、埒もない夢をかきたてるような映画もあれば、わが身で体験するようなスペクタクルもあるし、派手さと欲望を同時に満たす映画もある。次々と気晴らしが提供され、気晴らしに飽きてくると、その飽きを満たすような気晴らしが提供される。これはわたしたちの過誤を列挙した、じつにひどい、ぞっとするほどのカタログではあるが、現代の何百万もの人びとはこれをみようともせず、開封せずに返送してしまう。疲労のあまり瞼が閉じてしまうまで、わたしたち数百万もの人間は影の影を眺めて、つまり場面や大詰めの場面《シチュエイション》、筋立て《アクション》、やりとり、危難を眺めてそこに実体を見いだそうとする。生活の一断面《スライス・オヴ・ライフ》とはかつては自然主義演劇の企図をなすものであったわけだが、それがいまや自発的で習慣的に繰り返される内在的なリズムとなっている。筋立てと演技の流れ、物事の再現と上演の流れはそれ自体が生きるのに必須のものである、という新たな約束事が成立する。

たとえばグローブ座の上演を外部へ放送する手段があったらどうなっていたか、わたしたちには知るよしもない。それでも少なくとも、上演にアクセスする機会がたんに拡大していただろう、という仮説は少なくともいくぶんかは保持しておかねばならない。ただしわたしが論じたいのは、じっさいに起きてきたことがアクセス機会の増大という話にはとうてい収まらないということである。はっきりいえば発見可能な要素が存在するのであり、しかもそれははっきりとした因果関係をおそらくは見いだしうるたぐいの要素である。わたしたちのだれもが次のような言い方に慣れ親しんでしまっている（そしてこのこと自体がなにかを意味している）――わたしたちがくらしているのは、過去に存在したほとんどの社会と比べてより流動的かつ複雑な社会なのであると。したがってそれは、いくつかの決定的な点で知りえない範囲が相対的に大きく、その不透明さが相対的に高い社会なのだが、同時により緊迫感をもち浸透力が高く、さらにはその決定力をより強くおよぼしさえする社会である。不透明で不可知のものに対して、ひとつには統計という手法を用いて、つまり、わたしたちがどう生きてどう思考しているのかについての概要と細目一覧、ほどほどに正確な概要と、それと比してはるかに正確な細目一覧を提供してくれる手法を用いて解決をはかることもできる。そして統計によって解がもたらされるものは、また別の手法によって、つまりある種の演劇化《ドラマ》によっても解をもたらされるべきものとされている。炭鉱夫と発電所作業員、大臣と将軍、強盗とテロリスト、統合失調症患者と天才。背中合わせの長屋住宅と田舎の大邸宅《カントリー・ハウス》。都市部のアパートと郊外の邸宅《ヴィラ》。ワンルームの貸間と丘の農場。イメージ、類型、再現。ある男女関係の始まりと、ある婚姻関係の破綻。病気や金銭の危機、あるいは秩序の崩壊や混乱という危機。これらすべてが再現されているということに話はとどまらない。テレビドラマをも含んだ多くの演劇《ドラマ》は、いまやそうした実験的で探求的なやり方で上演されている。主題を発見し、場面や山場の設定を工夫すること、そして目新しさにある程度重点を置くこと、つまり、そうした目新しいたぐいの生の様相をドラマのなかにもちこむことが重要になっている。

当然ながら、あらゆる社会に闇の領域、知りえぬ領域というものがあった。合意のもとに暗闇で不可知のものとされてきた領域もあれば、あらかじめそうなっている領域もある。とはいえ、伝統的な演劇の多くが体現してきた明確な公共の秩序というものは、何世代にもわたってわたしたちが真に利用できるものではなかった。だからこそイプセン以降の自然主義の偉大な劇作家たちは、初期の筋立て《アクション》では使用されていた宮殿や広場、また街路から離れたのだった。なによりもかれらは部屋をつくりだした。すなわち閉ざされた舞台のうえの閉ざされた部屋である。部屋とは、そこを中心にして人生が展開する場所である一方、その内部でドアがノックされ、手紙や伝言が届き、街路で叫び声があがるのを待つ場所でもある。そうすることで自分の身になにが起きるのか、自分自身のいまなお濃密で直接的なくらしになにが入りこんできてその決定力をおよぼしてくるのかを予期する。これらの閉ざされた部屋、額縁舞台《フレーム》のなかで照明が当たる閉ざされた部屋から、枠《フレーム》のなかの映像であるテレビ放送をわたしたちが鑑賞する部屋へ――このふたつの部屋のあいだには直接的な文化的連続性があるようにわたしには思える。ドラマのなかではなくわたしたち自身の生活のなかにある、自宅のなかの部屋ではあるが「世の中で《アウト・ゼア》〔あちらのほうで〕」（という表現がよく使われる）なにが起きているのかを知る必要があるという点では、額縁舞台のなかの部屋とテレビをみる部屋のあいだには直接的なつながりがある。ただし、後者の「世の中」というのは、ある具体的な街路のことでもなければ特定のコミュニティのことでもなく、国内のくらしや国境の外側のくらし、それもそのあり方が複雑な生活のことである。複雑にみえないとしたら、それはレンズの焦点が合っていない、もしくはそもそも合わせられないからにすぎない。「世の中」では、わたしたちがその関心と見せかけの関心をもつ領域はかつてないほどに広大であって、ほかの大陸で起きることだとしても、それがわたしたち自身のくらす場所に浸透するのにはほんの数日ないしは数週間しかかからない。最悪のかたちでイメージされる場合、それは数時間ないしは数分ということになろう。ところが、わたしたちのくらしが存在しているのはいまだに「こちらのほう《ヒア》」、実質的にはいまだに「ここ」なのであって、そのくらしをともにしているのは、わたしたち自身の部屋にいる、あるいは友人や隣人の似たような部屋にいるわたしたちがよく知っている人びとであり、彼らもまたテレビのフレームを通して眺めている。なぜ眺めるのかといえば世間の出来事を知るためであるとか、あるいは気晴らしのためなのだが、それだけではなく生活を営むとはいまやどういうことなのか、さまざまな状況や場所で、さまざまな人びとがいかにくらしているのか、そのイメージや表象を得る必要があるためだ。ひょっとするとこれは、初期のワーズワスが見てとったものがその完成段階に入ったということなのかもしれない。つまり、街路の群衆（彼らは新種の群衆であり、物理的にはたがいにかなり近接しているのだが、たがいに完全な異邦人のままである）が、人間とはいかなるものかという考え方をめぐってその決着がまったくつかなくなり相互に共有しうる部分を完全に失ってしまった段階なのかもしれない。〔2〕ここでは、おたがいに人間としてはおなじであるということを承認はせずとも、少なくとも承認したふりをするために表象が必要とされる。表象、すなわち広告掲示板に貼りつけられた図像《イメージ》、新種の記号が求められるのだ。頭のなかに存在するこの私的な世界は濃密で不安に満ちているだけではなく、さまざまな図像や記号がたがいに衝突しあう世界なのだが、この外側にどういうくらしがあり、そのくらしはどのようにみえるのか、それを示す表象である。

――といったような言い方も、この事態を語るひとつの方法だろう。みなでおなじ運動のなかにその身をさらさねばならない、つまりイメージの奔流、とどまることのない表象《レプリゼンテーション》＝再現の奔流が必要とされ、そこに身をさらさねばならないという事態が新たに生じたのだ。そのあり方がこれほど複雑でも流動的でもない文化において意味の再構成《レプリゼンテーション》、そして秩序のスペクタクルは、意味や秩序をいまここに存在するものとしながら、あらかじめ決められた時点において明確かつ堅固そして厳密になされ、そしてそののち聖日《ハイ・デイ》や祝祭、芝居や〔宗教的な〕行列《プロセッション》がおこなわれる日といった特別なおりにより活発なかたちで承認されてゆく。こうした複雑さや流動性の度合いが低い文化とははっきりと区別しうるものとして、イメージや表象《レプリゼンテーション》＝再現の奔流という話は出てくる。しかし、そういう奔流が必要とされ、そこにその身をさらしているといって話が終わりになるわけではない。必要性であろうが身をさらすという仕組みであろうが、それはつくりだされ、かつ活用されているものである。わたしたちの社会は演劇《ドラマ》的な表象＝再現を日常的な習慣および生活必需品として取りこんでしまうことで、この語のもっとも単純な意味で演劇化されているといえる。ただし演劇化のプロセスのじっさいは、こういう言い方が含意するものよりもっと活発なものだ。

現前、再現、意味形成《シグニフィケーション》というごく一般的なプロセスを特別なかたちで使用するもの、それがドラマである。権力の場所を一段高いところにつくること（王の台座が高所にあることを想起してもらえばよい）は、舞台を一段高いところに建築することに歴史的には先立っている。集団を階層に応じて分類することで、あるいは〔宗教的な〕行列《プロセッション》で聖なるものの存在がさまざまな場所で強調されることで権力はその現前《プレゼンテーション》を可能にしてきたわけだが、これは現在におけるその相似物、すなわち国家の演劇的な表象＝再現に先立っている。厳密な動作、そして厳密な言葉づかいが慣習にのっとった既知のやり方でなされることで神々は現前するもの、触知しうるものになる。神話や儀式と称されるものに演劇を結びつけてしまうことがいまやあまりにも多いせいで、先述の一般的《ジェネラル》な観点が安易に提示されてしまう。両者の関係を単純化してそうしたずさんな結びつきにしてしまうことがつねなのだが、本来そのような単純化は不可能なのである。ドラマとは、ある種の共有された諸様式を具体的で新たな目的のため、厳密に分離するものなのだ。ドラマは神の存在を開示する儀式でもなければ、反復を必要とし継続して反復されてゆく神話でもない。ドラマとは活発に、そして独特なかたちで、さらに相互に影響をおよぼしあいながら構成されるものである。それは行為《アクト》ではなく行為《アクション》の連鎖である。実用的ないしは魔術的なものである一時的な目的から慎重に抽象化をほどこされた開かれた実践なのである。公的で可変的でもある行為の連鎖へと儀式を複雑に開放してゆくこと、神話を乗りこえて神話と歴史を演劇的《ドラマティック》に翻案してゆこうとする運動、これがドラマである。既知の記号と意味の閉ざされた世界ではなく、この活動的で可変的そして実験的でもあるドラマこそが、その固有の価値とその独自の力によって浮上してきたものにほかならない。このドラマはしばしば危機と変化の時期に深い意義を帯びてあらわれた。つまり、ある秩序の存在が知られていていまだに形式的には存在しているものの、経験によってその秩序に圧力が加えられ吟味がなされることでその破損箇所がみつかり、その代替案もイメージされる――そうしたときにドラマはその身を浮上させてきたのである。じっさいになされてきたとみなに思われていること。そしてそれを踏まえつつも、別になしうることがあるのではないかと可能性を探るというドラマの営み。そしてなされたこととなしうることの双方が個別具体的な演技形式をもって共存し、たがいにその潜勢力を矛盾に満ちたかたちでおよぼしあうことが可能になった。これこそがいまとくにみておく必要があるものだ。なにしろいまは、ふつうの意味での神話と儀式が歴史的展開によって解体されてしまった時代、神話と儀式がある種の学者と思想家が用いる郷愁やレトリックと事実上大差ないものとなってしまった時代、それにもかかわらず現前、再現、意味形成という社会の基礎をなすプロセスの重要性がかつてないほどに高い時代なのである。ドラマは固定された記号体系から逃亡し、神話と儀式からも、国家のつくりだす階層秩序的なイメージや典礼《プロセッション》からも永遠に袂を分かった。ドラマが歴史的で文化的なものとしか言いようのない事由によって参入していった世界とは、複雑さの度合いが高いがゆえにより能動的に問いを立てていかねばならない世界だった。ただし、その後の歴史的展開をみてみると〔前者の固定された世界と後者の複雑の世界のあいだには〕相互の関連があるとわかる。ドラマがおこなう参入の営みは一度きりのものではなく、いくどとなく繰り返されてきたのである。記号や現前化そして再現の体系というものは、それがいかなるものであれ〔固定化にむかう〕受動的な秩序の内部へと取りこまれてしまうことがあるため、抑圧された経験、抑圧された人びとといったような新奇なイメージは、そうした秩序を乗りこえてより複雑な世界へと参入していかねばならない。現代も含めいかなる時代のものであれ、ドラマとは諸実践を相当に込み入ったかたちで組みあわせたものである。それらの実践のなかにはすでに取りこみを被ったものもあれば、なにか未知の部分にむけ探求の手を伸ばそうとするものもある。前者は残滓的であるがなお活発なシステムがもたらすリズムと運動ということになろうし、後者は勃興的な表象《レプリゼンテーション》＝再現や再構成のプロセス、また新たな一体化のプロセスを駆動するための実践困難なリズムと運動ということになろう。まがいものではない本物の圧力が作用することで、明確に区分可能なこれらふたつの実践はしばしばじつに複雑かつ強烈に、相互に溶けあってゆく。それが古いドラマと新しいドラマという単純な二分法の問題であることはめったにない。

演劇《ドラマ》はこの両者を分離してきたのだが、完全に分離させてしまったわけではない。演劇にみられるものと同種の類似した実践は社会のほかの領域にも存在しており、両者はたがいに影響をおよぼしあうことが多い。記号の作用が固定化された世界からその儀式ばった感じが薄れてゆくにつれて、この相互関係はより深まってゆく。じっさい、いまや目にすることが多いのは演劇の実践とそれ以外の実践を用意周到に重ねあわせようとする新たな慣行《コンヴェンション》のほうである。ごく単純な例をあげておこう。俳優たちはいまや演劇芸術としてはっきりと特定できるもの、つまり芝居の役のなかから外に出て、芝居と同一ないしは同様の演技術を駆使して「こんな葉巻があるなんて」「こんな化粧品があるなんて」と恍惚とした表情を浮かべることで金を稼いでいる。俳優たちはなんとも落ちつかない思いでそれをしているのかもしれないのだが、彼ら自身がよく言うように「干されているよりマシ」というわけである。そしてつまるところ、恍惚とした表情をすることはやはり演技と言うほかない。俳優たちからすると「こんな葉巻」にはなんの個人的な関心もないのだから。無愛想な警部というよくある役柄に個人的な関心をなんらもたずに演じ、それでお金をもらうとしたら、このふたつはまったくおなじことである。「こんな葉巻」にせよ「無愛想な警部」にせよ、だれかがそういう脚本を書き、だれかがそういう演出をしている――俳優たちは仕事をしているだけ、ということになろう。イギリスの広告放送《コマーシャル》には、これはコマーシャルでありドラマではありませんと伝えるためのお決まりの合図があるのだが、コマーシャルとドラマのあいだで方法や技術が重なりあい、じっさいに演じているのが同一人物になったりすることもある。そしてこの重複現象はそれ自体がある徴候、それも見落としやすくその読解も容易ではない徴候なのであり、それを読みとくことでより広範《ジェネラル》なプロセスの、すなわち演劇による外部の世界への参入がますます弁別しがたいものになってゆくプロセスの所在が明らかになってくる。

　こういう発言を繰り返すことはいくつかの点で苦痛でしかないのだが、わたしたちが現在その生を送っている社会は、ある見まちがいようのない意味で申し分なく演劇的《ドラマティック》な社会である。規模や性質の観点からしても演劇《ドラマ》のそれと対比せざるをえなくなるような行為《アクション》の連鎖が展開しつつあり、しかもわたしたちが観客なのか当事者なのかをことさらに曖昧にするようなやり方がそこでは用いられている。この果てしない行為の連鎖のなかに習慣的に繰り返し取りこまれつつあるのが演劇的な様式に特有な語彙の数々である（ドラマという語だけでなく悲劇、シナリオ、シチュエーション〔山場〕、アクター、パフォーマンス、役割《ロール》、イメージといった語を考えてみればよい）。さらにまた、だれでもこう考えてしまうことがいまや多いと思うのだが、演技《アクト》＝行為をするのが俳優《アクター》だけでシナリオを書くのが劇作家だけだとしたら、こんなややこしい話にはならないだろう。だがそんな段階はすでに遠いむかしのこととなった。公の場《パブリック・ステージ》と呼ばれる場所、あるいは衆目《パブリック・アイ》を集める場所に、そこにいるのがありえないのに見かけだけはもっともらしい人物がたえずあらわれて、わたしたちのことを代表《レプリゼント》＝表現している。ある特定の人物たちの存在が誇張され、一時的に普遍性を帯びるまでになるのだから、彼らが自分の役柄《ロール》のリハーサルをおこない筋書《シナリオ》＝計画について意見を交わしているのではないかとしばしば勘ぐりたくなるほどにこのプロセスは活発なものであり、複雑さの度合いも高い。かつてウォルター・バジョットは、現実の支配階級と支配のための演劇的な見せ物を区別したことがある。〔3〕そのなんとも満足げで流麗な調子でつづられる皮肉な筆致でバジョットはこう論じた――ウィンザー城の窓とは見せ物として、ひけらかされるものとして必要なのであり、ではだれにみせるのかといえば、それは権力の実相というかなり複雑なものをけっして理解できない民衆のためであると。今朝わたしは国会開会式典[4]のテレビ放送をみた。これが純然たる演劇《シアター》であったと言うこともできよう。ただしより困難なのは、この残滓的なものと化した華麗な式典《パジェントリー》の背後に、それとは異なるプロセスが稼働していることを見抜き、それを発言することである。ある意味で演劇の従兄弟ともいえるこのプロセスは式典そのものに比して見えすいた部分の少ない、より自然化されたものだ。もちろん、似たようなことを君主たちはつねにおこなってきたし、自分でやらない場合にはそれをさせてきた。家系を存続させてきた君主は自分がどうみられているのか、そのイメージに自覚的だったということである。人びとが「陛下」とほめそやす場合すらその自覚は消えなかった。さらに俳優たちと同様、君主たちも役割《ロール》演技というものをどんどんするようになってきており、これに人びとは気づいている。君主たちはその役割に自分を合わせるようになってきている。さながら王という役割を演じる役者のようだ。新しいものはじつは彼ら君主たちのなかではなく、わたしたちのなかにある。

演劇《ドラマ》化というものがこうしてあまねく浸透しているとしても、そうしたプロセスが部分的ではあれ実在していると信じるのは、しばしばほんとうにむずかしい。演劇化というプロセスが現在とは異なる別の時代もしくは別の場所で生じているのをみるとき、あるいは外側からそれをみるとき、威張り散らし、いらだつさまが明白に見てとれ、そのプロセスを支える仕掛けにきしみが生じていることがはっきりわかる。危機の瞬間にわたしたちはこの社会という劇場からときに足を遠のけたり、あっさりと座席で眠りこんだりしてしまう。だが、演劇化とは役割演技や筋書＝計画のことだけではない。それは慣習《コンヴェンション》のことでもある。なんらかの慣習をみることができ、その存在に真に意識的となるとき、おそらくその慣習はすでに崩壊しつつある。イメージの存在に意識的な公的世界がつくりだした劇場的なものとして、これがそうだ、あれがそうだと多くの人びとによってみなされることのあるもの——その背後にあるのが演劇《ドラマ》、すなわち、より真剣で、より実効的で、より深いところに根を張っている演劇という意識そのものを演劇化するプロセスにほかならない。「わたしはイギリスの声を代弁している」というのは道化役者然としたおなじみの公人たちのお定まりの台詞である。とはいっても、公人を選ぶためのオーディションに招き入れられ、ほかの候補者《アクター》たちもそういう代弁者という役《パート》を得ようと必死になっている様子をみせられたとしよう。そのときわたしたちはちょっと疑念をいだいて、こういうことさえ言ってしまうかもしれない――「わたしもここにいるわけですが、あなたはわたしの声を代弁していませんね」と。「たしかに」と公人は自分の役柄《ロール》への確固たる自信を漂わせながら答えるだろう。自信満々なのはいまや異なる意識、すなわちさらに根源的な演劇化《ドラマ》がその効果をおよぼしはじめるためである。相手はこうつづけるだろう。「あなたは自分のためにしか声を出していないが、わたしはイギリスのために声をあげているのです」。それに対してあなたは「そのイギリスというのはいったいどこにあるのか」と尋ねようと思い、オーディション会場の窓から外をいぶかしげに見まわしてしまうかもしれない。そこは高所に位置しているので、晴れた日であればおおよそ五〇マイル先まで見渡せるだろう。だがそんなことをしなくても、あなたにはよく知っている場所がいくつもあるし、忘れがたい場所だってある。記憶、明確な定義、そして歴史があなたのなかにはある。

とはいえ、そうやって知識や記憶を積みかさねてくるとき、ある時点で（それもごく早い時点であることが多いのだが）あなたが獲得してしまうものがある。それはなにかといえば表象《レプリゼンテーション》＝再現や典型《タイプ》化、生気を帯びた《アクティヴ》イメージ、あるいは担うべき能動的《アクティヴ》な役割《ロール》といったものであり、そうした役割を人びとはたいてい担おうとするのだが、拒絶しようとすることもある。こうした演劇《ドラマ》化の営みはそのそれぞれが具体的な約束事《コンヴェンション》となっていて、たとえば国とは、社会とは、時代とは、文明の危機とはどういうものかという約束事がそこで成立している。これらの約束事は抽象的なものではない。わたしたちを相互に結びつける生きた関係性の、そのじつに深い部分においてそうした約束事は繰り返し活用される。そうした約束事とは物事をみたり理解したりする方法であって、わたしたちは日々それを実践しており、約束事が有効であるあいだ、そして関係性が持続しているあいだはそうした約束事や関係性はたいていの実践によって確証される。ある種の独特な自律性（ここにいてこれを問題にしているという個別性）のなかには約束事から自由な部分もある。だが、この自律性はたいていの場合私的な部分《プライヴァシー》の自律性であって、自分のなかの私的な部分（つまり自己という個性《キャラクター》＝役柄）はそのほとんどが先述した演劇化された諸形式のいずれかのなかに取りこまれてゆくことになる。制作者か消費者か、既婚者か単身者か、社会の構成員か離脱者《エグザイル》か、はたまた流浪者か——こうした形式のいずれかに取りこまれる。これらの形式をこえたところにいわゆる還元しえぬもの、順応されないものがあるというわけだ。ところが演劇化《ドラマ》のプロセスはその深度をいや増しており、いまやそうした孤立そのものがじっさいには慣習《コンヴェンション》と化している。孤独な個人というものはいまや典型的なものであり、ありふれている。これこそわたしが演劇的《ドラマティック》約束事《コンヴェンション》という語句で言わんとしていることの一例であり、この約束事は演劇から意識にまで範囲が広がってゆくものなのだ。すでに述べたように自然主義演劇の世代は閉ざされた部屋（人びとはそこに住まうのだが外で起きていることについては知らせを待つしかすべがない）をつくりだしたのだが、この世代のなかではもうひとつ別の運動がもうひとつの中心をつくりだした。すなわち孤立した人物というのがそれで、ストリンドベリの〔5〕『ダマスカスへ』では見知らぬ人《ストレンジャー》と呼ばれるこの人物は自分自身と自分の属する世界をなおも懸命に探し求め、自分に合う役柄やイメージをあれこれと試してみては捨て、確たる記憶とまちがいのない状況をいろいろ模索しては放棄しと繰り返すのだが、試みるたびにいつも最後にはおなじ場所にもどってきてしまう。その半世紀後、これ以上ないほどに孤立したふたりの人物が、つまり自分の属する世界が消滅したのではなく、そもそも生みだされたことがない、そんなふたりが道端に座り、なにかを待ちうけることになった（それをゴドーと呼んでおこう）。さあ行こう、彼らはそう言ったが、その身を動かすことはなかった。その十年後、さらに根底的な孤立化を被った人物たちが登場する。彼らは首まで地面に埋められている。いまだ全体をなしているとはいえないものの説得力にあふれる例の約束事のなかでようやく耳にとどくのは、叫び声、あるいは息をする音だけだ。〔6〕私的《プライヴァシー》なものは剝奪《デプライヴェイション》された状態と化している。そこでは公的な世界は失われている。公的世界の創出が不可能になってしまっている。

この孤立した人物たちのイメージはわたしたちのなかのなにかを引きつけるものであり、かつ、わたしたちになにかを突きつけようとする。なぜかといえば、少なくともその始まりの時点においてこれらの人物は不服従者《ディセント》の、固定されたかたちに対して意識的に異議を申し立てる者《ディセント》〔7〕のイメージであったためだ。だが、例のもうひとつのものまね芝居である公的な演劇《ドラマ》化のプロセスはじつに執拗で延々とつづくものだったために、異議を唱えるだけではこれに対抗するのにあまりにも無力であることがわかった。近代悲劇の主人公たちとおなじく不服従者は死んでみせることができるのだが、それ以上のことはなにもできない。批評的な不服従者という、講演や講義、いや口頭試問の場だってよいのだが、そういう場所にもちこめる公的な形式にしてもおなじことがいえる。これも堂々めぐりで当初の場所にもどってしまうのだが、そのことにようやく気づく場合もあれば、この期におよんでそれを忘れてしまう場合もある。フランス出身の知り合いのことを例にすると、彼は（それ自体はだからどうしたという話だが）批評的な不服従者としての認識様式を身につけていて（身につけていてもどうということはないのだが）、かなり楽しそうにわたしにこう語ったことがある。「フランスというのはそれ自体が出来の悪いブルジョワ小説なのですね」と。彼の言がどの程度まで正しいものか、わたしにはよくわかった。彼が言っていたのはつまるところ演劇《ドラマ》化の、虚構化の諸様式のことであり、これらの様式は社会的・文化的な約束事として、つまり現実をみるだけではなく組織する方法として活発にその効果をおよぼす。ブルジョワ小説、そしてそれがつくりだす典型的人間像はなおも不変のものではあるが、その信念《コンヴィクション》の一部を失いつつある。その人間的行動《アクション》、すなわち財産と地位を求めての出世と、出世をもたらす人間関係を求めての闘争はあいかわらず限定されたものではあるのだが、公的なものの実相であるとか公的なものの意識であるとか、かかわるものに影響をおよぼす場所で、苦々しいことにその陣地をいまだに保持している。「まあそうですね」とわたしは行儀よく答え、こうつづけた。「イングランドも出来の悪いブルジョワ小説です。するとニューヨークは出来の悪い都会小説ということになるでしょう。ですが、ひとつやっかいな問題がある——少なくともわたしはやっかいだと思っているのです。それはそういう出来の悪い小説を図書館に返却できないということです。イングランドにしてもニューヨークにしても、そこに縛りつけられてしまう。だから何度も何度も読みなおさないといけない」。わたしがこう言うと彼は「だが批評的に読みなおすのでしょう」と機敏に頭を働かせながら、また好感のもてる言い方で応じたのだった。「とにかく読んでいます」こうわたしは答えた。

思うに、ここがわたしたちの立っている地点である。わたしはよくこう聞かれたものだ——あなたは文学の分野、とりわけ演劇《ドラマ》の領域で訓練を受け、演劇の歴史と分析法について執筆し講義をおこなうという通常のキャリアを積んでこられたのに、社会学などというものに転向されたのはいったいどうしてなのですか、と（よりにもよって「転向」と彼らは言う）。そういう質問をするのは社会学の語を使ってもわたしが気分を害さないとわかっておられる面々だ（逆にわたしが怒るだろうと考える人は聞いてこない。内心複雑だが、それはそれでありがたい）。議論をしようと思えば、こう答えることもできただろう。ラスキンは建築から社会へと転向したりはしませんでした。建築のなかに社会を見てとったのです。その様式に、建物をつくりだす意図に、その力と感情の構造に、建築物の外観と室内に、また両者の関係のなかに彼は社会をみたのです。そうやってラスキンは建築と社会を新たな角度から読みとく方法を学んだのですよ、と。[8] だがここでは自分自身のことを語りたい。わたしは演劇を分析することでなにがしかのものを学んだのであり、その分析法は社会の諸相を見てとる方法として有効と思えた。それればかりか、これこそが社会それ自体であると分類しうる根源的な慣習《コンヴェンション》のいくつかにたどりつくための方法として、その分析法が効力を発揮するように思えたのである。ドラマをこのように分析することは、じっさいにそれをやってみると演劇の抱える諸問題のいくつかがきわめて新しいかたちで活性化してくることになる。二重の視点でドラマをみること、つまりテクストならびに舞台をみると同時に、テクストや舞台のなかに具現され活発に動いている社会をみること――これによってわたしは閉ざされた部屋（第四の透明な壁という新たな比喩で形容されるようになった舞台上の部屋）のもつ意味、すなわち、それが演劇的でありかつ社会的な現実としてもつ意味を理解できると考えたのだった。

部屋がそこに存在しているのは、舞台構成の約束事《コンヴェンション》の数々のなかからひとつが選ばれたからではなく、部屋がひとつの環境、それも能動的に物事を形成してゆく環境（わたしたちがその内部で生を送っている特定の構造）であるためだ。この閉ざされた部屋という環境あるいは構造は、わたしたちの生のありよう、わたしたちの価値づけのありようを形づくる堅固な枠組みであり、連続性をもつ継承物でもあるのだが、存続の危機に瀕してもいる。舞台上の部屋、閉ざされたこの居間は重要な出来事が起きる場所であると同時に、重要な出来事（まったく別の位相の重要性をもった出来事）が部屋と遮断された外側の世界の知らせとして到着する場所でもある。この部屋は劇場における約束事であり、いまや習慣となってもいる。だが、この部屋そのものが微妙かつ執拗にひとりの登場人物であり、ひとりの役者となっている。部屋という装置がわたしたちの輪郭を形づくり、わたしたちを陥れる。部屋という疎外を被った物体が、わたしたちが世界にどう存在しているかをいまや再現《レプリゼント》＝表象する。この部屋が崩壊するさまをわたしは魅惑されながら眺めてきたのだった。

家具が取りのぞかれ、がらんとした空間となった。なにもない空間をはさんで、人びとはむかいあうようになった。残るは身体だけとなった。物体としての身体あるいは律動としての身体は、ほかならぬそうした身体自体を発見し、それを用いて演技し、みずからを疲弊させていった。とはいえ、なにもない空間や疲弊する身体より重要なのは、閉ざされた部屋が溶解してゆく強烈なプロセスだった。場面はもはや〔意識の〕外部で展開するものではなくなるのだが、それはなおも活動的なものであり、観察され、想起され、欲望の対象となったイメージの投影をわたしたちは目にする。十九世紀から二十世紀への転換期にストリンドベリが映像《ムーヴィング・イメージ》の新しい劇[9]を書いていたときのことを考えてみよう。その劇では壁にいくつもの顔が浮かび、登場人物や事物の外観を構成する諸要素は溶解しばらばらになり、融合して幽霊のごとくつきまとい、劇中の物体は見ている最中に文字どおり変容してしまうのだった。これをストリンドベリが同時代の劇場がなしうる限界をこえて執筆していたとき、ほかの人びとがまったくちがうやり方でイメージを動かす手立て、つまり映画《モーション・ピクチャー》のための基礎的技術を発見しつつあった。新しい種類の可動性《モビリティ》、加えてフェード、ディゾルヴ、カット、フラッシュバック、ヴォイス・オーヴァー〔画面外の声〕、モンタージュ——これらは技術形式ではあるが、それと同時に、わたしたちの生のありようを新たな観点から知覚し、関係づけ、構成し、そのありよう自体を見いだすための様式でもある。

そこでさらにわたしの耳に（あたかもはじめて耳にするかのように）聞こえてくるのは、いまだに慣習としては演劇的な語り《ドラマティック・スピーチ》と呼称されるもの、あるいは演劇的な会話《ドラマティック・ダイアローグ》＝対話とすら呼称されるものである。わたしはそれを最初チェーホフ作品のなかで耳にしたのだが、そうした語りや会話はいまや習慣的な奇妙さとでもいうべきものになっている。声が発せられても、それはもはやだれかにむけられているものではなく、たがいになにかを話すためのものでもない。会話を交わしているようにみえても、おそらくそれは他人がいるところで独り言をいっているにすぎない。それだけではなく、ここでは新しい構成法がつくりだされた。ある集団がなにかを話しているのだが、それは奇妙で否定的なものとしかいえない集団であり、集団のひとりがなにかを言いはじめても、それを最後まで言い終えることがけっしてできない。言い終えられないかわりに、ほかの人の言葉をさえぎってしまうのだが、自分の言葉も他者の言葉でさえぎられる。上の空で発せられたそのおざなりの言葉もまた最後までたどりつくことはない。集団が発するいくつもの声はあたかも一枚の布をつくるかのように相互に（やはり、さえぎりあうかのように）織りこまれてゆく。ただし、だれかひとりの声が最後まではっきりと聞きとれることはけっしてない。いまとなっては演劇的な語りを書いてゆくとき、これはあまりにもふつうのプロセスとなっていて、テレビの連続ドラマを見ていれば毎晩耳にすることができる。しかもこのプロセスはたんなるチェーホフの模倣ではない。それはひとつの話し方、語り方、ある独特の意識が刻む特有のリズムだ。突きつめていえば未完の、うつろいやすい、不安に満ちた関係性の一形式なのである。この形式は舞台上ないしはテクスト内にあるものなのだが、同時にそれはほかならぬ現代社会における感情構造のことでもある。おなじみの複雑なうつろいやすさを抱える時代にこの感情構造は広く浸透している。自分がこうした二重の視点を保持していなかったら、こうしたさまざまな演劇的《ドラマ》な手続きを「方法」として（つまり重要な意味をもつ一般的な様式として）理解しえなかっただろうとわたしは思う。技術《テクニック》としてみることはできていたかもしれない。むろんそれは専門家的な視点ではあるが、わたしの経験からいえば専門家としてはそれだけでは足りない。技術と方法《メソッド》が一体のものとなる地点、もしくはいまやよくみられるように両者の一体性に意義深い裂け目が生じる地点こそ、両者が見わけがたいがゆえにいっそうむずかしい問い、この困難な研究分野の抱える問いの数々が生じる地点なのだから。

（一九七四年）

訳注

〔1〕ここでウィリアムズは「演劇」(drama)という語を、劇場(シアター)で上演される演劇(ドラマ)だけではなくテレビで放映される「ドラマ」や映画の劇的物語(ドラマ)をも指す言葉として用いている。以下、'drama'をおおむね「演劇」と訳すが、その意味の広がりがわかりにくくなってしまう場合、適宜「劇」もしくは「ドラマ」の訳語を当てる。

〔2〕近代都市に登場した「群衆」の表象をあつかったワーズワスの詩に言及している。本書九七ページ以下を参照。

〔3〕ウォルター・バジョット(Walter Begehot, 1826-77)はイギリスの評論家、経済学者で「エコノミスト」の主筆(一八六〇—七七年)。ここでのバジョットの議論は『イギリス憲政論』(*The English Constitution*, 1867)第八章にみられる。

〔4〕イギリスの国会開会式典(the State Opening of Parliament)では伝統的な装いを身にまとった(女)王がスピーチする。

〔5〕ストリンドベリ(Johan August Strindberg, 1849-1912)はスウェーデンの劇作家。イプセンとともに近代演劇の先駆者と評価される。代表作として『令嬢ジュリー』(*Fröken Julie*, 1888)『幽霊ソナタ』(*Spöksonaten*, 1907)などがある。

〔6〕このあたりはアイルランドの劇作家サミュエル・ベケット(Samuel Beckett, 1906-89)の戯曲に言及している。直前の「なにかを待ちうける」ふたりの人物は『ゴドーを待ちながら』(*En attendant Godot*, 1952)のウラディミールとエストラゴンを指す。「首まで地面に埋められている」人物は、直接的にはおなじくベケットの『しあわせな日々』(*Happy Days*, 1961)の女主人公ウィニーを指すが、ウィリアムズはこの戯曲での「埋められた女性」という人物像をひとつの典型とみなしており、同様の究極的孤立という形象はその意匠を変えて別の作品にもみられることを示唆している。

〔7〕歴史的にみて'dissent'はイギリス国教会の信徒ではない「非国教徒」(dissenters)を指す言葉であり、そうした不服従(ディセント)の歴史も意識してウィリアムズはこの言葉を用いているのだろう。

〔8〕イギリスの批評家ジョン・ラスキン(John Ruskin, 1819-1900)は芸術の観点から社会批評をおこない、『この最後の者にも』(*Unto This Last*, 1862)のような自由放任主義経済を批判する著作を書いた。「建築のなかに社会を見てとった」というのは、ヴェネツィアの建築史を主題とした大著『ヴェネツィアの石』(*The Stones of Venice*, 1851-53)の第二部第六章「ゴシックの本質」(The Nature of Gothic)をおそらく念頭に置いている。ウィリアムズの『文化と社会』では第一部第七章でA・W・ピュージン、ウィリアム・モリスとあわせてラスキンの思想が論じられている。

〔9〕ストリンドベリの戯曲『夢の劇』(*Drömspelet*, 1901)を指している。

リアリズムの擁護

『燃えさかる炎』はジム・アレン脚本、トニー・ガーネット製作、ケン・ローチ監督によるテレビドラマで、BBCで放映された〔1〕。わたしたちがリアリズムをどのように理解しているかという問題と関連づけてこの作品を論じてみたい。まずはっきりさせておくべきなのは、特定の学派が内輪で使う場合を除いてリアリズムがじつに変化しやすい本来的に複雑な言葉だということである。リアリズムという言葉自体はじつは十九世紀の中ごろに批評用語として登場したものにすぎないのだが、この語が指し示すさまざまな方法のほうがそれよりもはるかに長い歴史をもっているのは明らかだ。ここでリアリズムをある特定の芸術上の方法という観点から考えること、そしてリアリズムを「リアリティ」と呼ばれるものに対するある特定の姿勢という観点から考えること――この二者のあいだで、ほとんどの場合明確な区別が成り立つことだけは確認しておきたい。仮にここで前者の定義を採用し、方法に関心を集中させるとすると、とたんにわたしたちはリアリズムという方法が時間を超越したものとみなせる立場に投げこまれる。この立場からするとリアリズムという方法は、いってみればいつの時代のいかなる芸術家であれ、その人によってつねに選択されうるものということになるだろう。こちらに強調点を置くことでもある程度のことがわかってくるのだが、リアリズムという方法の内部で歴史的な変化が生じてきたことを意識するやいなや、どうやらこれでは足りないと気づくことになる。方法というものを抽象化してしまうと、リアリズムが作品内部でほかの方法と取りむすぶ関係や、ほかの目的や意図と取りむすぶ関係を踏みつぶして無効化してしまうものだから、このような抽象化に対してわたしたちは不満を覚えるのである。

その具体例をいくつかあげておこう。「タウンリーの羊飼い劇」という名で知られる中世劇がある。これはキリストの降誕と、羊飼いたちへのキリスト誕生の告知を基本とする劇のことであり、その意味では中世劇特有の宗教的形式をとっている（じっさい、おおむねその形式で書かれている）。リアリズムとはこの劇のよく知られた挿話を形容する異論の余地のない用語ということになろうか。その挿話のなかでは、キリストの誕生が告知される前に、羊飼いたち、しかもこの劇が書かれ上演された地域の羊飼いとおぼしき人びと（つまり彼らはそうした地域性という観点から特定されるように自分たち自身を提示している）が羊飼いとして送る生活の諸問題について話しあい、そうやってかなり特定された状況に生きているものとして表現される。これが描かれたあとにキリスト誕生が告知される。[2] この挿話は次のいずれかのやり方で考察できるだろう。ひとつにはこの羊飼いの場面が挿入されているのは、それが人びとの関心を引くものだからだと言うことができる。この場面は羊飼いのくらしを知っている人びと、ないしは彼らとおなじようなくらしを営み、劇中のくらしぶりが自分たちの地域の羊飼いのそれだと認識できる人びとの関心を引くものだ。こうみなす場合、ここでの定義をのちに一般的なものとなるリアリズムの定義のなかに溶かしこんでしまうことも可能だろう。逆にかなり異なったやり方で考察を加えてみて、ヨークシャーの羊飼いたちの地域性《ローカリティ》あるいは地域的《ローカル》リアリズムを打ち立てることがひとつの全体としてこの作品をまとめあげるための条件なのだと言うこともできる。キリスト誕生の告知はパレスチナの羊飼いたちに起こった出来事だとされるが、これは普遍的な告知であって、地域的リアリズムの確立という条件は告知という宗教的出来事の普遍性を可能にする条件だからだという理屈である。別の言い方をすると、リアリズムの地域的な方法だけではなく、それがほかのさまざまな方法や意図と取りむすぶ関係をも分析してはじめて地域的リアリズムの機能を最終的に決定できるのであり、そこから地域的リアリズムがしかじかの機能をもつと記述することの批評的重要性も決定できる。

あるいは、イギリスのルネサンス悲劇に頻繁に挿入される場面を考察してみてもよい。これらの場面では、劇の主要な登場人物すなわち身分の高い有力者から、それとは異なる社会的秩序に生きる人物へと意識的に視点を移動させることがよくある。後者の人物たちは高位の人物とはちがう話し方をするし、さらに彼らは、興味深いことにイタリアの宮廷や古代ローマの広場《フォーラム》、あるいはさらに古い時代を舞台にして話が展開するというのに同時代のイギリス人の特徴を帯びた人物であることがはっきりと見てとれる場合が多い。こういう特徴に込められた意図は、「タウンリーの羊飼い劇」のなかにみられる意図とおなじではない。羊飼い劇のほうには普遍性と切り離せない地域性がかなり具体的な約束事としてあるためだ。その一方で、方法の観点からすると、ルネサンス劇の場面のいくつかをリアリズム的と記述せねばならなくなる。書き下ろされた話し言葉は日常的でふつうの生活の模倣にかなり近接しようとしているからである。こういった特徴のすべてがのちにリアリズムの条件とみられるようになる。ただし、中世劇とは相当異なるこの劇に挿入された場面をある程度正確にリアリズムと評するには、その挿入場面を作品全体の意図と関連づけて考えてみるしかない。ここでわたしたちが直面しているのは宗教劇の地域的／普遍的特性ではなく、相互関係ならびに拡張された行為《アクション》の連鎖のはらむ問題のほうである。ここでは、ある対照それ自体が劇の筋立て《アクション》全体の輪郭を浮き彫りにする機能を果たしている。それは主要な登場人物たちの行為の連鎖の様式ならびに話し言葉の様式と、先に述べた付随的な登場人物たちのそれとのあいだの対照のことである。後者の人物たちの場面にみられる型のリアリズム、すなわち方法としてのリアリズムと、もうひとつのリアリズム、すなわちごく重要な姿勢としてのリアリズムとのあいだの対照は私見では歴史的にのみ把握しうる。つまり劇の形式がどう発展してきたかを調べることで質的なものとしか言いようのない変化の所在を理解しうるのだが、では、その変化はいつ生じるのだろうか。それはリアリズム的な方法、つまり先述の個別具体的な場面で用いられている方法とかなり類似していることの多いリアリズム的方法が拡張されてひとつの全体的形式を構成するものへと変わるときであり、そしてひとつの全体としての劇がこれらのリアリズム的方法を用いているばかりか、まったく異なった意図を体現するものでもあるとみなされるときである。これら後発の異なった意図を論じようとするときに意図を括弧にいれて方法のみ論じたり、あるいは意図の問題を方法の問題に還元してしまったりするならば明らかに失うものは多い。

ひとつの全体的形式としてのリアリズムが決定的な発展をとげるのは十八世紀の演劇においてである。ただしこれに先行する事例をいくつかあげることができる。たとえば王政復古期〔一六六〇年代から八〇年代〕の散文喜劇には、偶然生じたこととはいえ非常に興味深い事例が見受けられる。王政復古期の勅許劇場は本質的に異常なまでに特定の階級に限定されたものだったのだが、そこでの散文喜劇において戯曲と役者と観客とのあいだの関係は例外的なまでに緊密なものとなっていた。宮廷の周囲にいた小規模な階級の生活が、おなじくそうした生活を送っている劇作家によって記述され、そして戯曲はといえばほぼ例外なく同様の生活を送っている観客にむけて書かれたのである。この散文喜劇は、ひとつの全体的形式としては（リアリズムについてのひとつの定義にしたがえば）英語におけるおそらくは最初のリアリズム劇である。その〔宮廷周辺の〕階級という範囲内で同時代の日常的なリアリティを重点的にあつかっているからである。話し方は会話を模倣する方向にむかい、以前の劇にみられたようなちぐはぐした会話でなく一貫性が得られている。さらにそれに伴い、ほかの変化もいくつか同時に生じたが、それを引きおこした決定因のすべてに芸術的な意図を見いだせるわけではない。女性役の演者を少年俳優から女優へと変えたことは、こうした事情がはっきりとうかがい知れる唯一の事例といえよう。だがあいかわらず重要なのは、そうしたたぐいの風俗喜劇に対してリアリズムの称号を付与することがたいていの場合拒絶されることである。だからこそいまや大方風俗喜劇という名称で分類されるわけだ。その方法と意図が大まかにいえばリアリズム的であるにもかかわらず、なぜ風俗喜劇をリアリズムと呼称することが拒まれるのかといえば、ひとつの全体としてのリアリズムがあとになって定義されるとき、そうした定義はリアリティにむかう姿勢にかかわってくるのだが、その姿勢が風俗喜劇のそれと異なってくるからであり、さらにいうと風俗喜劇との意識的な対立が出てくるためである。この〔宮廷周辺の〕階級にみられる限定された利害、関心ならびに限定された気質、習慣は先述の特定の演劇形式のなかに具現されている。こうした利害、関心や気質、習慣は、リアリティという語の十全たる意味においては同時代のリアリティに関与するものではないとみなされたのだった。

　この後発のドラマ、とりわけ十八世紀のブルジョワ演劇にいたってようやく、わたしたちはひとつの全体的形式としてのリアリズムにたどりつくのであって、その際立った特徴を特定する必要がある。まず社会的な拡張とでも呼ぶべきものにむけた意識的な運動をあげることができるだろう。ブルジョワ悲劇の初期においてある決定的な論争が生じた。悲劇の筋立て《アクション》では、慣習と規範によってそれまではおおむね高位の人物にかぎられていたのだったが、これを変えて（当時の言いまわしを借りれば）「みんなの同類、われらの同類」へと拡張する必要があるかどうかが議論された。この社会的拡張の動き（「みなさんのご同類が出ているからといって、あまり情が動かされないなどと言わないでください」[3]）こそ、今日のわたしたちがリアリズム的な意図と特定しうるもののなかで鍵となる要素にほかならない。そして第二に、筋立てが展開される場所を現在へ、筋立てを同時代のものに変える動きをあげることができる。注目すべきことだが、先行するほとんどの劇において、その舞台を歴史上ないしは伝説上の過去とすることが演劇的形式を構成するうえでほぼ必須の要素だった。したがって同時代の世界での筋立てに強調点が置かれていることは、この新しいブルジョワ・リアリズムの際立った第二の特徴ということになる。そして第三は、結局これが最重要の特徴になるのかもしれないが、世俗的な筋立てに強調点が置かれていることである。これはきわめて厳密な意味においていえることだが、ブルジョワ・リアリズム以前の演劇においては形而上学的もしくは宗教的な秩序が人間の行為《アクション》の連鎖を直接的あるいは間接的に制限していたし、この側面が強い場合には決定すらしていた。この形而上学的ないしは宗教的な側面が抜け落ち、そのかわりに人間の行為の連鎖が明らかに人間的な観点、つまり人間だけの観点から演じられることになる。これによって意義深さが失われた、劇が矮小化されたのだとみなされた。悲劇的な筋立て《アクション》が感傷的なものへと変えられてしまったと非難されることも少なくないし、じっさい局所的な観点からするとしばしばそれが実情だった。しかしどうしても見逃せないのは、ここにみられる意識的な世俗化がなにとつながっているかという問題である。世俗化の動きはある態度の発展とつながっているのであり、そして両者のつながりを演劇的方法よりもはるかに広い意味でのリアリズムとさらに関連づけねばならない。すなわち合理主義の発展、社会に対する科学的な態度の、歴史的態度の発展と関連づける必要がある。

同時に、これらのリアリズム的で全般的《ジェネラル》なものでもある意図は、個別具体的な状況にあっておなじく個別具体的なイデオロギー的特徴によって限定されてもいた。この種の限定を物語る重要な事例がリロの戯曲『ロンドンの商人』〔一七三一年〕だろう。むろんこの劇は特定の地域的《ローカル》な構造の外側へと足を踏みだすことはない。その構造も特定の階級にかかわり、より全般的な意図とはかかわらない。あるいはむしろここでは先述の全般的な意図が個別具体的なイデオロギーによって媒介されている、と考えるべきだろう。『ロンドンの商人』は正直で勤勉で従順な徒弟をめぐる物語で、この徒弟に対比されるのが自身の出世と快楽を自身のやり方で追い求めるもうひとりの徒弟である。後者の徒弟は窃盗と殺人に突き進んでしまうが、善良な徒弟のほうは親方の娘と結婚し成功をとげる。善良な徒弟と親方の娘は悪しき徒弟とその情婦が処刑されるさまをみて、ふたりの末路を肝に銘じよ、おなじ轍を踏まぬようにせよと観客にうながす。驚くまでもないが、この劇はその後ロンドン商人ギルドから援助を受けて徒弟むけに年一回上演され、それが百年以上もつづいた。ここからわかるのは、そのイデオロギー的内容のせいでリアリズム的な意図がある意味で遠回しなかたちで承認されていることだ。劇で生じている出来事の全体像は、リアリズムの観点からは十分に明確で説得力があるもの、つまりおなじ状況に身を置く人びとに対する教訓、それも道徳的教訓として利用しうるものであって、ドラマの筋立てを自分たち自身の生活に直接応用できる、こう想定されているのだ。

これら初期のブルジョワ劇から十九世紀後半の重要な盛期自然主義《ハイ・ナチュラリズム》へという演劇におけるリアリズムの発展は、緩慢なものであり複雑なものでもある。だが十九世紀後半、たとえばイプセンが出てくるまでのあいだに、先述の三つの強調点から発展したものがひとつの主要な形式として新たに浮上したのは明らかである。強調された特徴は、その後リアリズムとして意識的に記述されることが多くなるのだが、それは世俗的なものであること、同時代的なものであること、そして社会的に拡張されたものであることの三つである。これらの定義はあまりにも広範に浸透してしまったので（もちろんリアリズムの定義がこれだけになったわけではないのだが）、その包括的な定義の内部に、方法的にみて数多くの地域的なヴァリエーションを含みこむようになってしまったとすら、ある意味ではいえよう。

ここでやっかいなのが、リアリズムを自然主義から区分しようとする試みが十九世紀後半になされたことだ。この区分は少々考察しておく価値がある。じっさいリアリズム以上にはっきりいえることなのだが、自然主義の第一の定義はドラマの方法だとか、より全般的な芸術上の方法というものではない。その起源からすると自然主義は超自然論《スーパー・ナチュラリズム》だとか人間の行動《アクション》に対する形而上学的説明への意識的な対立を意味している。さらにこれに付随して、人間の行動をもっぱら人間の観点から、地域性に重きを置いてそれをより正確に描こうとするのが自然主義である。それは科学との関係、さらには自然史〔博物学〕との意識的な関係、同時代のリアリティをあますことなく分析的に記述しようとする方法を特徴とするわけだが、同様の哲学的つながりをもつリアリズムという用語と自然主義という用語は、とりあえずは相互に交換可能なものだ。この問題はストリンドベリが有名な定義のなかで述べたことによって、むしろ込みいったものになってしまう。ストリンドベリは表層の下に潜りこんで本質的な動きと対立を発見しようとする方法を自然主義と呼ぶ一方で、カメラレンズの表面の埃すら見のがさずにすべてを再現しようとするのがリアリズムであると述べた〔4〕。いまやみなが知っていることだと思うが、結局のところ慣例的《コンヴェンショナル》なものとなった区分法はストリンドベリとほぼおなじで、ちがうのは用語があべこべになってしまっていることだけだろう。一定の静的な性質をもった、のっぺりとした外観だけを再現するのが自然主義とみなされた一方で、リアリズムは（たとえばマルクス主義の伝統では）そうした表層の下に潜りこんで歴史の本質的な動きへ、ダイナミックなリアリティへとむかう方法ならびに意図だとされたのだった。そしてこの区分が自明の観点として採用されると、うんざりするほど繰り返されるようになる場面がある。現代の演出家や演劇人へのインタビューではいまや定型となっている感すらあるが、そこでは自然主義は終わった、なぜなら自然主義とは日常的なリアリティの表層だけを再現するものにすぎないからだと宣言される。こうした宣言のすべてを概観してみるとなんとも不思議なのは、現代の演劇《ドラマ》の大多数はもちろん日常的なリアリティの再現のことであって、その再現のあり方もまさしく先述の意味での自然主義的なものであることだ。そこでは自然主義が驚くほど小規模かつ部分的《ローカル》に変奏されている。そしてリアリズムのほうはといえば、それがダイナミックな運動にむかうものであるがゆえに自然主義よりは容認される度合いが高い一方で、排除され拒絶される傾向になってきたのも事実であり、その拒絶のあり方も、自然主義の場合と同様に抽象的で結局なんの意味もないものである。残っているのは心理的リアリズムであるとかネオ・リアリズムであるとか、事態をややこしくする言葉ばかりということになる。

いまふれた事例は限定されたものだが、それだけでもはっきりとわかることがある。すでにみてきたように歴史的に変化しうる定義には用心すべきだし、さらにその輪郭が定まらない意図から既存の方法を抜きだして抽象化してしまう定義、それも実質的な分析に結局耐ええない部分のある定義についてはことのほか用心すべきだ。この問題は専門的な定義と一般的な定義とのあいだの関係にまつわるものであって、その具体例としていちばんいいのが十九世紀演劇における舞台、それも部屋の事例だろう。部屋の登場がかなり具体的な歴史的発展によるものであることは疑いない。舞台を部屋として再現すること、あるいは舞台上に部屋を再現することがおこなわれるようになった。これは十九世紀にヨーロッパの多くの劇場で生じた変化である。それ以前は部屋が問題になる場合ですら、舞台とはまずもって演技のための場所であり、部屋の再現はいまだに付随的な課題にとどまっていた。十九世紀より前の筋立て《アクション》がどういう性質をもっていたかを考えると付言は不要かもしれないのだが、部屋という明らかに家庭内の場所は、街路や宮殿あるいは広場や宮廷といったより公的な場所と比べると使用頻度がかなり低いものだった。この問題については、もはやおなじみといった感すらいだく歴史観がある。それは舞台上での部屋の発展史を劇場技術の発展史と関連づける技術決定論的歴史観である。ガス灯の導入、舞台装飾技術の改良といったものが部屋の再現を可能にしたというわけだ。だが、十九世紀より前の人びとが十九世紀後半および二十世紀の劇場で製作されていたような部屋を舞台上でつくろうとしても技術的に不可能だったのだろうと想定するのは、じつのところばかげたやり方である。真実はこうだ。舞台上に部屋を設けることは、ある具体的な読解作業そのものだった。つまり、社会的な拡張という観点からすると劇の出来事《アクション》の本質的な核心はどこにあるのかを読解し、かつ同時代的なものに強調点を置くにはどうすればよいかと読解することそのものであった。これはその後の展開のなかで生じることだが、部屋の製作は性格《キャラクター》＝性質と環境との関係が分離不能なものであるという点を最大限強調する具体的かつ自然主義的な読解作業のことでもあった。この分離不能な関係において部屋とは性質《キャラクター》＝登場人物にほかならない。部屋とはそこに住む登場人物たちの性質によって形成される具体的な環境であると同時に、そうした本質に根源的な影響を与え、そうした本質の根源的な部分を開示するものだった。

　ほんとうの歴史は技術的な幅の広がりの観点から記述される歴史よりも、あるいは性格＝性質と環境の関係の科学的考察という観点から記述される歴史よりも複雑なものである。事実、再現された部屋が付された「額縁舞台《ボックス・セット》」（左右と奥に壁を設け、天井も付した舞台装置）が最初にイングランドに登場したとき（イングランドの劇場とフランスのそれに額縁舞台が登場したのはほぼ同時期のことである）、部屋が環境の存在を認識したり証明したりするためのものだというイメージはなかった。舞台上に部屋があるのは一種の贅沢さを示すためのものにすぎなかったのである。額縁舞台つきの劇とは「社交界《ソサエティ》」むけの、贅沢さをこれみよがしに誇示するような（いまの言い方であれば流行の最先端をいくような）劇のことである。額縁舞台の技術の大半と、それに引きつづいておこなわれたことだが完全な額縁舞台[5]へと劇場を変えていくプロセス（これは一八七〇年代になってようやく完了したプロセスだが）の決定的な条件となっていたのは、なにかほかの意図というよりもいま述べたような「家具調度の誇示」であった。だが根本的な変化、急激な展開がイングランドではなくむしろ北欧、ドイツ、ロシアの演劇で生じ、その後ヨーロッパ全体へと拡張してゆくことになる。それは部屋を人間の行動《アクション》におけるリアリティの核心と位置づけるものだった。私的で家族のものである部屋とは、いうまでもなくある具体的な読解作業、つまり人間の行為《アクション》の連鎖が生じている場所はどこかと具体的な読解をおこなっていく作業と完全に表裏一体のものである——これがブルジョワ家族の生活であり、重要な出来事はそうした居間で生じるということになる。ここでわたしが言わんとしているのは以下のようなことにすぎない。そうした種類の形式を分析するのであれば、方法を記述してそれをある抽象的な概念としてのリアリズムに関連づけるだけでは不十分であること。あるいは、部屋の再現にはなんらかの含意がかならず見いだされ、そうした含意が作劇上の全般的な意図にかかわっていると想定するだけでは不十分だということである。

　この点はその後に引きつづいて登場する種々の映画の事例にも深くかかわっている。映画《フィルム》は部屋の扉をあけて、劇場のドラマが概して放棄してしまった場所である公共の場所へと飛びだしてきた。ただしこのふたたび街路へ、という展開に比べ、より活発な動きをみせたのは部屋にまつわる展開のほうである。映画は部屋を、そして部屋から部屋への移動可能性《モビリティ》を再現するあり方を発展させ、さらにはそうした部屋や部屋のあいだの移動可能性というシンプルな観点から出発して種々の場面をイメージして再現するというやり方をより積極的に進展させてきた。それと同時に、部屋や街路の再現とはまったく異なる目的のために映像を使用しうる可能性も、カメラという現実存在《ファクト》のなかに内在していたわけだが。そして映画の使用法の大半は、ドラマの伝統とされるものを考えてみればその観点から使用法の輪郭を定めることができる以上、メッセージと意図にしても方法と意図の組み合わせ方にしても〔ドラマの伝統と〕同様のヴァリエーションが出てくることになるし、用語《ターム》の変遷（用語の混乱とまでは言わぬが）も同様のものが出てくる。この意味あいから考察しながらも、それと同時に映画固有のヴァリエーションの可能性を意識してゆくことが『燃えさかる炎』をどう定義するかという問題に最良のかたちでアプローチするやり方なのかもしれない。そこで以下、いくつかの問いを提示していくことにしたい。

最初にこう問うてみたらどうか。『燃えさかる炎』のつくり手たちがもし自分たちの作品を語るとしたら、それはどんな説明になるのかと。リヴァプール埠頭でのくらしの実相を示しているものだと言うだろうか？そうかもしれない。だが話がそれだけで終わるとは思えない。というのも、ここまでわたしが述べてきたリアリズムの前史とあいだの明白な連続性がなんらかのかたちで見いだせるためである。ブルジョワ演劇の第一期を特徴づけていたのが社会の拡張であることはすでに述べた。この『燃えさかる炎』という具体的な作品がかかわっている運動を歴史的に位置づけるのであれば、その拡張をさらに前進させた段階のものだと言うことができるだろう。ブルジョワ悲劇の書き手たちが「みんなの同類、われらの同類」への関係へと飛びだしていく運動について語っていたとき、その運動がむかっていた先はといえば、それは彼ら自身の階級のことだった。しかしブルジョワ階級のむこう側にいる階級への拡張はほとんどなかったのである。そしてこの種のドラマ形式をさらなる社会の拡張（これはブルジョワ的なドラマ形式を特徴づけていた三大特徴のひとつなのだが）という観点から、文字どおり寸分の誤りもなく読解するやり方が存在する。それは、ほとんどの演劇《ドラマ》によって明白に除外されてきた領域の生《ライフ》へとドラマの素材を意識的に拡張していくやり方である。そしてこのやり方を採用するとき、テレビはドラマを一定のやり方で拡張していくための場所としてイメージされることが多かった。それは社会的に申し分なく拡張された視聴者をテレビがすでに保持していたためである。劇場《シアター》演劇には社会的観点からしてあいかわらず少数派の観客、つまりテレビに比べると階級的にはるかに限定された観客がいたわけだが、テレビはこれに意識的に対立する代替物であるとみなされていた。テレビは広範なオーディエンスの存在を可能にする場所であり、ドラマを劇場演劇よりもはるかに満足のいくかたちで拡張するにあたって、つまりドラマのテーマを労働者階級のくらしへと拡張し、労働者階級をドラマの行動《アクション》の連鎖の核心部へとつれだしていくにあたって適切な場所だとみなされたということになるだろう。

ただしいまあげたのはかぎられた事例であって、この拡張がすでに完了した運動であることを示唆するものではない。劇場演劇ではこの拡張はかなり新しい運動である。たとえばハウプトマンの『織工』が上演されたのは一八九二年であり、わたしの知るかぎりでは同種のものはそれ以前には存在しない。『織工』は自然主義演劇の古典であり、そこにはある種の政治的意図が、それも意識的な意図が伴っている。ある種の自覚された政治的視点を抜きにしてこの種の拡張をとらえるのはまず不可能であり、以前と比べてはるかに広範な社会的生活を、おなじくはるかに広範なオーディエンスのなかにもちこんでいくという考え方がそこには見いだされる。しかも、そうした考え方は了見の狭いものではなく、当初は割合に開かれたものだった。だがこうした事柄を、つまりこの運動には単純な拡張以上のものが関係していることを理解するためには『燃えさかる炎』を一度みさえすればよい。『燃えさかる炎』は、労働者階級の生活への拡張という事例としてはいくつか出てきたような、オーディエンスにとってエキゾティックなものの表現ではない。なにが言いたいかというと、「低層生活」のドラマとかつて呼称されたものはブルジョワ演劇《ドラマ》における副次的な意図から生じたものであり、「もう半分の人びとのくらしをみること」（こういう言い方が頻繁にされたわけだが）はそれ自体が具体的な意図であり、さらには明らかに娯楽の一形態ですらあったということである。さて実際問題として『燃えさかる炎』をめぐって問わねばならないことのひとつは、それが埠頭内における具体的な行動の連鎖を広範な視聴者にむけて解釈しつつあるものなのか、それともその〔労働者〕階級を彼ら自身にむけて解釈しつつあるものなのかというものである。この作品にはどちらの意図もそれを証す痕跡があるとわたしには思えるし、分析を完全なものにするのであればいかなる場合でも両者を区別することが重要である。

わたしが言いたいのは、要するにこうだ。『燃えさかる炎』が分類上属しているのはリアリズム演劇なのだが、ただしそれは社会的拡張と同時代性と世俗性という三大特徴に加えて第四の観点が必要になるリアリズム演劇であること。そしてその第四の特徴とは、特定の政治的視点とかかわりあいながら解釈形成が意識的になされることである。この特徴は、たとえばブレヒトの演劇と興味深い相互関係をもっている。おもしろいのはリアリズムの背後にある意図そして哲学的立場をブレヒトが多くの点で共有しているにもかかわらず、相当数の彼の劇作品が同時代とかけ離れた場所を舞台にしていることだ——世俗的なものを強調するやり方はたしかに保持され頻度も高くなるのだが。かなりの数のブレヒト作品において舞台が過去に設定され、この過去への動きに日常性のかたちも左右されているということは、彼の劇をめぐってあいかわらず強調しておかねばならない点である。出来事を解釈するという意図を、ブレヒトはそのドラマ形式の一部にかくも内在化させているわけだが、この意図こそがたんなる感情移入を提供する形式からブレヒトの形式を区分しているものだ。そしてこの意図が『燃えさかる炎』にはかなり明瞭に見いだせるように思える。ひょっとするとこの作品は、ブレヒトの影響力とでも呼べるものに意識的にその由来を求めてすらいるのかもしれない。

『燃えさかる炎』は労働者階級の歴史と意識、それもある特定の職場に現に存在している歴史と意識をある水準で構成しはじめる。この作品がみつめているのは埠頭についてのデヴリン報告書[6]が出された時期のリヴァプール埠頭である。『燃えさかる炎』は、このように問題を深く考えさせるたぐいの発展したリアリズム映画にみられる諸特徴を用いる——たとえばソヴィエト映画で発展をとげていたリアリズム、さらには一九二〇年代初頭のソヴィエト演劇でのリアリズムを考えてみればよいのだが、そこでは俳優ではない人びとが「自分たち自身を演じる」人びとを意図的に用いていた。『燃えさかる炎』が展開する場所（の一部）はドラマ化された行動《アクション》が展開する場所だけではなく、歴史的な行動、同時代の行動が展開する場所であり、そうした具体的な場所にかかわりながらこの作品の際立った諸特徴は形成されている。それらの諸特徴にいわば包みこまれるかたちで、作品の前半で港湾労働者たちの会話のなかで立ちあがるのは、はっきりとほかと見わけがつく水準の意識である。つづいて起きることはリアリズムについてのより狭い定義とは一致しないものなのかもしれない。これとみてわかる場所のなかで意識の立ちあげというポイントに筋立て《アクション》が達したのちに、ある種の劇的であると同時に政治的なものである仮説が打ち立てられているからである。既存の状況に対する個別的な闘争、そして状況を明確にしたり変容させようとしたりする既存の試みという観点からさらに先に進んでいくとしたら、なにが起こるのか。みずから権力を握るべく動きだしたら、なにが起こるのか。ストライキの枠をこえ占拠にむけて動きだしたら、具体的にはなにが起こるのか。かくして『燃えさかる炎』におけるリアリズムの性質《キャラクター》を立ちあげてゆくと、認識を立ちあげるおなじみの方法と、その認識のなかに仮説を立ちあげる代替的な方法のあいだに興味深い組みあわせが、ことによると興味深い融合があること、しかしその融合のなかにある裂け目が生じていることにも気づかなければならない。そしてその仮説はリアリズムの観点から、しかし政治的に想像された可能性の圏内で演じきられる。その仮説が最後まで演じられる。ちなみに、それはユートピア的に演じきられるものではない。占拠にむけた動きのなかで出てくるのは、いうまでもないが大いなる成功と大いなる高揚感である。人びとがみずからのくらしをコントロールするときにはエネルギーの解放が生じるのだというなじみ深い思想がそこにはある。しかしそうした事柄の内部でやむことなく生じているのは裏切りへの動きであり、さらには組織がある意味で不適切なものであること、準備不足であること、最後に軍の出動が予想されるのに攻撃を受けることに真剣な注意がなされていないこと——これを明らかにしようとする動きもまたつねに生じている。労働者自身の力を示威する動きに対し国家権力は介入してくる、それもペテンと暴力によって介入してくるのだという主張がなされる。そしてついに先述の具体的な仮説は敗北を喫したことが示されるのだが、この敗北はローカルな観点からのものであり、仮説として保持されるあいだは思想としては敗北を喫していないのである。エンディングはじつに特徴的なもので、そこでは、ここでの特定の行動《アクション》は敗北を喫し、組織委員会は委員の入れかえをおこなう。しかし最後の場面では男たちが占拠委員会を再建すべく集まっているのだが、その背後から子どもたち、あとを引きつぐ次世代が出てくるのであり、そしてこの場面はある教えを伴う観点、すなわち労働者階級はみずからの勝利だけではなく敗北からも理解し学ばねばならないという観点の内部で展開することになる。

この全般的《ジェネラル》な運動のなかにある具体的な技法をもっとよくみると興味深い。それは第一にもっとも単純な意味でのリアリズム映画の技法である。カメラは単一の視点であり、代替的な視点が介在する可能性はまったくなく、観客はその視点に従う。つまり自分自身から距離を置くしかなく、観客は筋立て《アクション》が展開する内部で複雑な見方〔7〕を保持することがまったくできない。じっさいのところ状況についての知識と認識についていえば、それらをかなり保持していることが前提とされている。デヴリン報告書が言及されるのだが、この報告書を知る者もいれば知らぬ者もいるということはある意味でやむなしとされている。報告書の内容を知らせようという特段の努力はなされない。立ちあがってくるのは闘争の感覚だが、それはなお未完の感覚にとどまっている——なぜ未完なのかといえば、それが否定的にしか反応できないためだ。この限定された闘争の感覚から意識的な権力奪取という次の段階への鍵となる移行を導入するのは、ドラマ技法にほどこされる修正である。次になにが起こりうるのかを明瞭に見とおせる有能な男が導入される。ただしその身元はやはりはっきりしないままであり、興味深いことに政治的出自やこの〔占拠にむけた〕行動《アクション》との関連も明示されないままなのだ。ただし異なった意識をもつ声として彼は登場するのであり、自然主義的な流儀でなされるうんざりするような議論から、代替的な視点を意識的に提示する画面外の声《ヴォイス・オーヴァー》へという動きが映像のこの部分で生じる。ここでの様式の移行によってある約束事《コンヴェンション》が導入され、それにより複雑な見方が可能になってくる。先述の仮説がドラマ化されるとき、それもほかと見わけのつくひとつの筋立て《アクション》として（またしてもおおむね自然主義的な流儀で）ドラマ化されるときに、視点が可変的なものになる。基本的にこの約束事がふたたび用いられることはなく、最後の場面にいたってもこの約束事が不在であることがとくに重要な意味をもつ。というのも、敗北からの学びは最後の場面によって実行される（もちろんそれが実行されるのであればという話だが）のであり、いいかえるとある含みが提示されることで学びは実行される。すなわち後続の世代の手によって自己改善がなされ、その階級〔労働者階級〕が復興するであろうという含みこそが学びを可能にするのであり、いくつかの約束事の使用が学びをもたらすという話とはいささか趣を異にしている。そうした約束事とは、教訓がじっさいに学ばれる様相を提示したり、すでに生じてしまったことを分析することで新しい意識が獲得される様相を提示したりするもののことで、ブレヒトが自身で実践したたぐいのドラマで立ちあげようとした約束事のことでもあるのだが、『燃えさかる炎』の最後の場面にはそれが見あたらない。

作品全体というよりはその一部にかかわる局所的なポイントだが、分析してみるとかなりおもしろいものがひとつある。それは短いがじつに効果的な場面のことで、テレビのレポーターが出てきて、占拠がなにを意味しているのかを解明しようとするのだが、その理解は限定されたものにとどまっている。彼が奉仕しているのはいくつか存在するテレビ放映のあり方のなかでも特定の種類のものであり、彼はそこでレポーターという役割を担っている。彼の視点はそうした役割とけっして矛盾をきたすことがない、限定されたものになってしまう。事実わたしたちがみせられるのは耳にしたことを彼が曲解して要約する様子であり、これが効果的な風刺となる。この種の出来事を報じようとレポーターたちがやってくるとき、そうしたレポーターたちが担っている機能に対して、労働者階級の人びとの多くは皮肉を込めてそれを眺める。ほかの場面と切り離されているせいもあって、この場面はなんとも効果的なものとなっている。ただしこの場面がおもしろいのはそれだけではなく、全般的にこの作品で用いられている自然主義的表現がここにも見いだせるためでもある。この場面以外でもおなじようなことがあったことを思いだしてみると、以下のような感情のあり方を耳にする機会がこの場面にもあるとわかる——これ〔占拠〕はたいへんな話だ、人びとは仕事にもどりたがっているといったような言葉が聞こえてくるのだ。とはいえ、それはレポーターの要約に対してなんらかのお墨つきを与えるものというよりは、かなり散漫な印象を与えるものではある。あたかもこの場面自体が風刺的な表現であるとイメージされているかのようだ。またしても別個の約束事《コンヴェンション》が使われており、この約束事が機能するかどうかはテレビによるレポートの様式にわたしたちが自覚的たりうるかどうかにかかっている。さらにはこれ以外の場面では自然主義が支配的な約束事となっているわけだが、そこにレポートが突如挿入されているということをわたしたちが自覚しうるかどうかで話は変わってくるだろう。いずれにせよ先述の別個の約束事は一種の未解消の緊張感をつくりだし、さらには矛盾すらつくりだすものである。

ここで視点にまつわるもうひとつ別の問題を考えてみたいのだが、この問題に強調点を置くことはより積極的な意味あいをもつ。メディアは物事をありのままに提示しているのだとおなじみの主張を繰り広げる。ところが、そうやって現に起きていることを再現しているとみえるものの内部で意味の生産が生じている。ここではそうした人目につきにくい要素のうちのひとつを考えてみたい。それはカメラの位置どりの問題のことであって、ある種の社会不安に関与しているものとして表現されてしまう人びとと警察隊とのあいだで争いが生じるとき、カメラはどこにあるのだろうか。警察隊の後ろ側にカメラが陣取ることがいかに日常化され、いかに自然化されているのか。ニュース映画であろうと、虚実をとりまぜてこうした騒動をレポートしたものであろうと、その度合いはじつに驚くほどだ。警察隊はカメラに同伴するものとして映像化される。『燃えさかる炎』ではこうした標準化された約束事とは対照的に、視点は攻撃される人びとのほうに寄り添っている。これは忘れてはならない注意事項であって、映像の分析はもとより『燃えさかる炎』と正反対のやり方でつくられているとみなさねばならない何百もの事例を分析するときも有効なものである。物事をじっさいにありのままに提示するという約束事が完全に技術的な意味あいにおけるカメラの位置どり、つまり視点によって本質的な決定を被っている様相を分析する場合、想起すべき事柄なのである。

　作品の一部にかかわる局所的なものとして、もうひとつ分析に値するポイントがある。それは終盤に出てくる法廷の場面のことで、はっきりとしない政治的視点の問題が生じている。この作品は拡張された意味におけるリアリズム、つまり仮説が付加されたリアリズム技法と広義の政治的意図が結合したものであることはすでに述べた。この結合を理解しておかないと、闘争の種類があるものから別のものへと変化していく動きが理解しがたくなるだろう。意識が形成をとげる運動といってもよいのだが、ただしそうした意識は――明らかに左翼的な視点ではありながらも――この〔リアリズム技法と政治的意図の結合という〕段階ではかなり一般的なものとしかいえない左翼的視点にいまだとどまっている。法廷の場面で生じるのはそうした一般的なものとは異なる意識の形成なのだが、この意識はじつのところ映像内部における特定の視点として、もっといえば党派的ですらある視点の帰結として形成されているようにわたしにはみえる。その弁舌において判事は、ほかの場面を成立させている自然主義的手法の約束事を大きく乗りこえてしまう。港湾労働者と学生の関係について彼は強烈な主張を繰り広げる。いわく、この種の〔マルクス主義〕思想を学生がもつのはまったく差しつかえないが、労働者がもつのはとても危険なことだと。学生ならなんの問題もないという発想は、わたしのみるところ特定の党派的立場の産物であり、学生のみならず知識人全般についてそのような見方ができあがってしまっている。そして判事は実質上この種の党派的主張を際立たせるための引き立て役にあつらえられている。この場面は『燃えさかる炎』に挿入されていなかったら注意がむくことはまずないことだろう。この作品は概して首尾一貫した約束事に沿って展開するものであり、その約束事のなかでは語られたことが典型的なものとされる。だからこそ逆に判事の党派性が際立つ。判事の語り口はむしろブレヒト劇の登場人物の語り口に似ている。ということは首尾一貫性からの逸脱が見受けられるのだが、この逸脱は方法と技法をめぐる問題として大きな意味を、加えて、ある様相を例示するものとしても重大な意味をもつ。方法ならびに技法の使用法が、意識的なものであれ無意識的なものであれ物事の根本をなす立場性・視点・意図から切り離すことができない、という様相をその逸脱は示している。

作品の終盤にかけて「ジョー・ヒルのバラッド〔8〕」が歌われる場面がある。これは多少考察しておく価値があるだろう。はっきりしているのはある意味でこの歌が敗北を表現するための、ただしそこからエネルギーを新たに引きだし、新たな意識を引きだすことができる敗北を表現するための古典的なバラッドだということである。ジョー・ヒルは殺されたがけっして死んだわけではなく、このバラッドの雰囲気が『燃えさかる炎』最終場面の雰囲気にそのまま流れこんできて、最終場面では敗北から生まれてくるものがある。ゆっくりとだが新たな組織化が、あらたな意識が、未来の可能性が生じてくる。これが興味深いのは場面の雰囲気とバラッドがある水準において調和しているためなのだが、その一方で「ジョー・ヒルのバラッド」は自然主義的な約束事にまつわる問題をかなり明確なかたちで呼び起こしてしまう。いうまでもないが、このバラッドによって相当多岐にわたる歴史が導入され、労働者階級運動がひとつの全体としてかなり幅広く意識されるようにもなる。別の場所、別の時代でこの歌がどう使用されてきたのかという問いも生じる。別の言い方をするとこれは、次のふたつのあいだでいかにバランスをとるかという問題でもある（じっさいにはバランスとりに失敗していることのほうが多いのだが）。ひとつは、もっとも素朴なたぐいの自然主義的再現。もうひとつは、表層的なリアリティを規定している歴史の運動を自覚し意識しはじめようとする努力（これは功を奏していることが多いのだが）、すなわち自然主義とは対照的なものとして古典的には定義されるリアリズムのことである。この二者間の調和（と不調和）は、自然主義とリアリズムという方法にまつわる、そう簡単には決着がつきそうにないじつに根源的な問題である。したがって「ジョー・ヒルのバラッド」が歌われるこの場面という作品全体からすれば局所的な事例は、作品全体にかかわる含意をじつに明確に帯びている。

そして最後に「本物の人びと」、すなわち俳優ではない人びとが用いられる問題について考えておこう。彼らは俳優たちにまじって、埠頭のくらしと埠頭の闘争にまつわるこの作品で起用された本物の港湾労働者である。俳優ではない人びとは初期のソヴィエト映画および演劇で広く用いられていた。現実問題として、こうした種類の作品においてこれ以外に群衆の問題を処理する方法はおそらく存在しない。俳優だけではむずかしい、という実際上の理由で用いられている場合ももちろんある。とはいえ俳優ではない人びとは、やはり方法にまつわる問題を提起する存在なのである。たとえば興味深いのはハウプトマンの『織工』における事例だろう。労働者階級をめぐる劇としてはとうてい典型的なものとはいえないが、『織工』に出てくるのは労働者階級の代表であるとか（こっちのほうがはるかに多いが）その指導者であるとか、そういうかなりおなじみの形象というよりもひとつの全体としての労働者階級という形象のほうである。これが（たんに形象の問題ではなく）ドラマの方法という問題になると、ちがいがいくつか生じてくるのであって、これは興味深いもので注意をはらう必要がある。この『燃えさかる炎』という映像作品において、その包括的な意図は労働者階級の生活を全体的《ジェネラル》に表現することに置かれており、そこに疑いをはさむ余地はない。そして港湾労働者たちがほかのだれでもなく自分自身として語るとき、訓練を積んだ耳の持ち主であれば、それが本物の言葉づかいであり、かつ下準備された言葉づかいだと判別しうる。別の言い方をすると、彼らが語るさいのアクセントと様式は彼らがじっさいにくらしている種々の状況を再現しているという点で、それは真正のものである。と同時に、再現の際に語る内容があらかじめ決定されており、語られた内容のそれぞれがたがいにどう関係するかも同様に決定されているという点で、それは下準備されたものでもある。これはじつに興味をかきたてるものであり、この問題を考えるための価値ある素材をローチとガーネットはわたしたちに提供しているといえるだろうし、この点でふたりは同世代のだれよりも価値ある作業をおこなっている。

この問題は、映像制作という観点から細部にわたって検討してみるとさらに興味がつきないものとなる。〔労働者階級の〕人びととは映像制作者たちが奉仕すると同時に再現する対象でもあり、さらに忘れてはならないことだが、指示を与えて演出する対象でもある。彼らと映像制作者たちの関係こそわたしたちが探求すべきものであり、その知識を深化させるべきものだ。というのも、ある意味でここで見てとることができる様相は自然主義的な方法が示唆するような、意識の形成プロセスがすでに完成した台本にしたがって再現される様相ではなく、この種の作品が制作されその最中にあって映像制作者が意識を獲得する様相であるためだ。さらに踏みこんでいえば、この作品では台本があらかじめ準備され、じつに興味深い言いまわしだが「自分たち自身を演じる」人びと（ただし彼らが「自分たち自身を演じる」とき、その役柄は台本の枠をはみでるわけではない）が活用される。そのとき彼らと台本の関係が制作のプロセスにあって厳密にはどう展開しているかを細部にわたり豊富な例証をもって探求する必要が出てくる。これは別の角度からは、人びとが自分たちを規定している条件を状況のただなかでどう理解しようとしているのか、つまり俳優ではない人びとが映像制作という行為のただなかでどうやって意識を形成しようとしているのか、そのプロセスを再現する問題ともなる。そしてこの意識形成プロセスの問題はさらに別の問題ともかかわってくる。それは俳優ではない人びとの「発語」の対象という問題である。その「発語」は自分たち自身にむけられる。そしてこの自分たち自身とは、置かれた状況のただなかでみずからの姿を見いだす実在の人びとのことだ。彼らが次になにをなすべきかという議論が彼らに提示されるのである（思いだしてほしいのだが、これこそが『燃えさかる炎』の仮説であり、焦点は彼らがしたことではなく彼らが次になしうることに合わせられている）。ただし俳優ではない人びとの話しぶりを考えると、「発語」の対象は彼ら自身にとどまらず観客にもむけられていることがわかってくる。観客もまた、次になにをなすべきかという問いを突きつけられる。映像の終盤ではっきりと含意されているのは埠頭占拠自体が敗北を喫したと示される一方で、占拠の報告のむかう対象が港湾労働者とは別の人びとになりつつあるということだ。後者の人びとにとって範としうるものが占拠で示されているといってもよいだろう。映像が制作された一九六〇年代後半の時期を思いだしてみると（そしてじっさいにはこの時期が現在とのあいだに連続性を保持していることを思いだしてみると）、占拠にむかう運動、労働者階級の意識と行動を新たな段階へと進める運動こそ一九六〇年代後半このかたイギリスの政治において大きな意味をもちつづけてきたものだった。あるいはそうした運動は、現代イギリスの政治でもっとも意義深いアクションなのかもしれない。そして先に述べたように作品とテレビ視聴者とのあいだにはより広範な関係が潜在しているのだが、思うにガーネットは疑いなく（彼自身こう語ったことがあるのだが）この映像がひとつの全体として、広範な関係の内部で示される仮説になっているとみなすことだろう（自然主義的映像の内部で提示される仮説、ドラマの方法にかかわる仮説という論点については括弧にくるとしても）。ここに明確にみられる全般的な政治的価値、ドラマ上の全般的意図を映像のつくり手たちとわたしは共有しており、彼らと立場を共有していると大いに感じるものがある。『燃えさかる炎』の提示する諸問題とは、リアリズム的で自然主義的な様式の内部に生じる技術的な問題であると同時に、そうした様式で首尾一貫性を追求する問題でもあるが、わたしにとってそういう問題が今回のような分析に値すると思えるのは先に述べた価値と意図のためなのである。

ここまでおこなってきたことは準備作業的な色合いの濃いものであり、問いに答えるというよりは問いを提示するものにすぎない。しかしわたしがまずやりたかったのは、従来のリアリズム論が陥りがちだった過誤（とわたしには思えるもの）をおかさぬように注意してリアリズムを論じることだった。その過誤とはリアリズムを単一の方法として、あるいはドラマの本質からの逸脱として否定的に記述する論法であり、ひたすら形式面だけから分析をおこなう傾向をもつリアリズム論のことである。おなじ轍を踏まないようにして、リアリズムの方法と意図とは高度に可変的なものであり、歴史的および社会的な観点から具体的な分析をつねにほどこす必要があること——これをわたしは示したかった。さらにはそういう歴史的および社会的な観点を携えながら、重要なリアリズム作品を分析するのと同時に、そうした作品に特有の根深く未解消の問題を分析する、というかなり困難な仕事にどうやって取り組みはじめるのか、というのも提示したかったことである。最後にひとつ強調しておくなら、目下の状況ではわたしたちが住んでいる社会はある意味で批評の弊害で腐りきっている。この社会では、文化の生産がまさしく頓座しているがゆえに、人は自分で物をつくる行為から批評へ、他人の仕事を分析する営為へとむかってしまっている。『燃えさかる炎』のつくり手たちはそんな社会で積極的に作品制作にかかわっている同時代人だ。まさしくそれゆえに、わたしたちがなすべきことは批評ではなく分析であり、それも彼らがなし終えたことの分析にとどまってはならない分析である。歴史的角度からの分析やドラマ形式の展開と変化の分析に終わってはならない。それでもわたしは学びの精神というものに希望をもっている。それは抽象的な批評の分類法よりもむしろ分析の複雑な見方を用いた学びである。それはわたしたちみずからが、わたしたち自身の意識をも含めて意識を変容させる手立てになる。わたしたちがみずからの手で物をつくりだす方途となる。リアリズムが意図し表現してきた全体的《ジェネラル》なな価値をわたしたちが共有するのであれば、それはまさしくわたしたちがみずからの手でリアリズムを明らかにし発展させうるような方法なのである。

（一九七六年）

訳注

〔1〕『燃えさかる炎』（*The Big Flame*）は一九六九年二月十九日にBBCテレビ第一で放映された。

〔2〕「タウンリーの羊飼い劇」（Play of the Townley Shepherds）は中世イギリスの聖史劇のひとつ。羊飼いたちの困窮したくらしがコミカルに描かれ、羊泥棒の事件が解決したところで最後に天使があらわれてキリスト生誕が羊飼いたちに告知される。

〔3〕イギリス十八世紀の劇作家ジョージ・リロ（George Lillo, c.1693–1739）の『命取りの好奇心』（*Fatal Curiosity*, 1736）のプロローグからの引用。

〔4〕「自然主義」と「リアリズム」についてのこの（通常の定義とは逆の）定義はストリンドベリの「近代の演劇と近代の劇場について」と題する一八八九年のエッセイに出てくる。

〔5〕「完全な額縁舞台」（the fully-framed box set）とは、壁の部分に絵を描いて部屋に見せるというよりは、たとえば実物と同様の家具を配置するような舞台のこと。

〔6〕ここでの「デヴリン報告書」（the Devlin report）とは、一九六五年に公表された政府文書「イギリス港湾運送業にかんする調査――デヴリン閣下を議長とする調査委員会の最終報告」（Final report of the committee of Inquiry under the Rt. Hon. Lord Devlin into certain matters concerning the Port Transport Industry, London, H.M.S.O., 1965）のこと。この報告書は埠頭労働者を臨時雇用に切り替えることを勧告した。

〔7〕「複雑な見方」（complex seeing）とはブレヒトの演劇論に出てくる言葉で、対象から距離を保って物事を観察する見方のことであると解されることが多い。ただし以下論じられるように、距離化というよりも新しい視点や意識の形成が生起するようなあり方のことをウィリアムズは「複雑な見方」と呼んでいる。

〔8〕「ジョー・ヒルのバラッド」は米国で一九三六年につくられた物語歌（作詞アルフレッド・ヘイズ、作曲アール・ロビンソン）。ジョー・ヒル（Joe Hill, c.1879–1915）はスウェーデン出身で米国にわたり世界産業労働者組合（ＩＷＷ）で活発に運動をおこなったが、冤罪と思われる殺人容疑で死刑になった。フォークシンガーとして知られた彼はこの不当な死によって民衆の英雄となった。

Ⅲ　文学研究と教育

英文学研究の危機

ケンブリッジで最近起きた事件については聞かれた方もおられるだろう[1]。この件がきっかけで、わたしは秋学期の講義用に準備していた題材を発表する気になった。もともとこの題材は秋学期の長い期間のために構想したものだから、一時間そこらの短い時間にまとめることを考えただけでも気が遠くなりそうであった。しかし、この件に絡むこれほど多くの問題が取り沙汰されているのだから、十分な検討ができるようになるまで待つよりは、大まかな立場だけでもいま表明してみることが大切だと感じている。昨今の論争にはさまざまな立場があり、そのそれぞれに曖昧なラベルが貼りつけられている。ここでわたしが試みたいのは、このラベルをいったん外して論争上の立場を整理し、簡単な解説をほどこすことである。しかしその前に、ひとつまったくちがう議論を示してみたい。というのも、それが今回の論争の核心に迫る事柄のように思えるからだ。マルクス主義と構造主義それぞれの内部にもさまざまな傾向がある。さらに、このふたつの主義に部分的に影響を受けている傾向もあり、それも含めると多岐にわたる。そのなかにはまっこうから対立しあう傾向すらある。次の事実はたんに単純化してラベルを貼ることを避けるためだけでなく、もっと積極的な理由から強調しておかなければならない。つまり、いまあげた傾向のなかには文学研究に根強く支配的なパラダイムと両立できるものがある一方で、それに違和感をもち、この支配的なパラダイム、ひいてはその職業に対して何年にもわたる挑戦を試みてきたものがあるという事実である。いまわたしは「パラダイム」という語を大まかに使ったが、この語はクーンの有効な定義にもとづいている。[2] その定義によると「パラダイム」とは認識される知の範囲、つまり知の対象をあらわし、なんらかの根本的な仮説にもとづいて定められる。さらにこの定義には、その知を解明し、築きあげるのに適した方法を確定することも含まれる。さて、ここで定義されたパラダイムにまさしく一致するのが文学という事例であるようにわたしには思えて仕方がない。それだけではない。クーンも論じているようにこのようなパラダイムは簡単に放棄されることはない。むしろパラダイムは結果的に自己崩壊する寸前まで矛盾を蓄積しつづける。すると根本的な仮説や定義は当然のこと、この段階ではすでに確立されている専門的な基準や問題の立て方にいたるまで差し替えや取り換えが試みられる。そうなったら明らかに危機の時期である。わたしたちのケンブリッジの英文学はまさしくいまその時期に来たと思う。危機の時期といっても、まだ比較的初期の段階であるのだけれども。

どんな支配的なパラダイムでも起こってしまうことだが、なんらかの方法で認識される知の対象を定義しようとどんなに試みたところで、知をもたらす対象自体とこの定義とをわたしたちはどうしても混同してしまう。大文字の「文学」という語がそのときどきでどう使われているかをみると、このことは明らかだ。結局のところごくごく一般的な意味での「文学」が文学部で生産されることは少ないが、いまなお文学部によって所有され、擁護されているとみなされている。「文学」の所有のされ方、守られ方はさまざまだ。こうして「英文学の正典《キャノン》」を教えることこそわたしたちの仕事だと口ぐちにささやかれることになる。もとはというと聖書学から来た語で、真正のものと認められた聖書正典を意味する「キャノン」という語をここで使うことには意味がある。というのも、「英文学のキャノン」はもちろん与えられたものではなくて、つくられたものだからだ。それは慎重に吟味して選別されたもので、じっさいには選別が繰り返されている。もっとも単純な例をあげると、このキャノンはリチャーズが試みた実践批評の実験のなかで決定的な挑戦に晒された。〔3〕 彼の実験からわかったことは、高度の訓練を受けた学生たちはキャノンを教えこまれたとしても、その大部分はキャノンに内在する価値を独力で見極めることはできないというものであった。じっさいのところキャノンから完全に外れた書き物を彼らはしばしば好んで選んだのだ。それがわかってしまうと、このパラダイムを放棄しないまでも、パラダイムを現代に沿うようにするためのもっとも効果的な見なおしを図らざるをえなかった。この見なおしによって文学は批評とペアにされることとなる。というのも、聖書学とちがってこの学問は（文学キャノン内の具体的な作品について根拠づけは試みられたにしても）独自にキャノンそれ自体を確立することはできなかったので、批評的な価値判断というまったく新しいプロセスが導入され、教えられることになったからだ。このプロセスを根拠として文学を文学たらしめている考え方を維持しようとしたのである。

かつて文学《リテラチュア》とは、少なくとも十九世紀のはじめまでは印刷された文献を意味していた。じっさい、その中立的な意味は「文芸別刊号」（literary supplement）や「新聞スタンド」（literature stall）といった文脈でいまも使われている。〔4〕 この意味で使うと明らかに印刷物に意味を限定する効果があったし、十七世紀から二十世紀のはじめにかけては語法として総じて適切であった。とはいえ、当時からその語の使われ方に矛盾がなかったわけではない。まず演劇《ドラマ》があった。これは読まれるためではなく演じられるために書かれていた。それに大むかしから、いわゆる「口承文学《オーラル・リテラチュア》」もあった（「口承文学」と名づけて分類すること自体どうも変だし、誤解を招くのだが）。時代がぐっと現代に近づくと、放送番組や映画、口承文化の模擬復元などすんなり書き物と呼ぶことのできない形態も登場する。もうひとつ、十九世紀を通して次第に強くなってきた傾向もあった。今日では明らかに矛盾だらけにしか思えないカテゴリーにもとづいて「文学」という語の意味が限定されてきたことである。文学が小説や詩など「想像力の産物」を意味することが圧倒的に多くなった。この意味での文学は「たんに事実だけの」文章や「談話的な」文章と無理やり区別された。これによって、書く行為に必然的に伴う要素、つまり事実と主張を言語的に構成することがほかの領域（「たんに事実だけの」文章や「談話的な」文章）でもおなじように重要であるのに、わたしたちはそれに気づかなくなった。そればかりではない。意味を特化された「文学」の場合、「想像」と「事実」とのあいだに想定される関係が、明白な場合がまれにはあっても多くの場合、解釈を必要とする重要課題となった。いま述べたことだけでも事態は十分入り組んでいたはずだ。それなのに、さらに意味を限定しようとする動きが加わる。大文字の「文学」のカテゴリーがそれ自体を検閲し、選別を始めたのだ。小説や詩、演劇などありとあらゆる文学が大文字の「文学」というカテゴリーに入るわけにはいかなくなった。現実には非常にたくさんの数の小説や詩、演劇が大文字の「文学」に属しているとはみなされない。そうなると大文字の文学は実質上選択されたカテゴリーとなり、こうして批評が決めた「キャノン」がわたしたちに与えられることになった。

だから、いまだれかが「文学はどんなイズム（理論）よりも大事だ」と言うとすると、そこで想定されるイズムがマルクス主義《マルクシズム》だとか構造主義《ストラクチュラリズム》といったよそ者の場合、そうした発言が説得力をもつように思えてしまうのだ。だが、めったに口にされることのないイズムがひとつある。それがクリティシズム（批評）であり、そのイズムはいまや文学パラダイムを再定義するその仕事によって大文字の「文学」のなかに確実に取りこまれている（もしくはそれがこのパラダイムを定義し、支配するようにすらなっている）。ここに解けない矛盾がある。文学部でたいていの人間がやっていることといえば批評《クリティシズム》か批評的《クリティカル》な学問研究であり、それが正しい文学活動だとみなされる。他方、この文学活動とやらは、たいていは大学の外でほかの人間、たとえば小説家や詩人、劇作家が従事している活動とは似ても似つかない。

ここまで述べてきたことを時間軸に沿っておさらいすると、まず印刷物への意味の限定が起こり、次にいわゆる「想像力による」作品〔フィクション〕へと意味が狭まり、最後には批評によってお墨つきを得た「キャノン内の」わずかな作品群にまで制限されたことになる。だが忘れてはいけない。この制限の動きに並行して、もうひとつもっと強力な制限が加えられてきた。一言でいうと、たんに大文字の「文学」ではなく「英文学」に限定されたのだ。歴史的にみると、これは比較的最近つくられたものだ。なぜなら、中世の書き物をみると、少なくとも十七世紀まではどうみても英文学があったかどうか不確かだからだ。英文学の「英」とは言語のことなのか、それとも国のことか。もし言語を指すとすると、十五世紀の長きにわたってこの土地では英語以外のほかの言語で文字が綴られてきた。ラテン語、ウェールズ語、アイルランド語しかり、古英語、ノルマン・フランス語しかりである。もし言語でなく国を指すとするならば、「イングランド」だけだろうか。アイルランド、ウェールズ、北米、新旧の「英連邦」はここには含まれないのか。

「国民文学」という考え方は、ある時代に非常に重要な意味をもった歴史の産物である。国民文学（National-literatur）という言葉は一七八〇年代にドイツで最初に使われだした。そしてこのころから、「人文学」というずっと古くからあり、包括的な考え方に新たな視点と力点を加えながら、英独仏でさまざまな「国民文学」史が描かれはじめていた。というのも、この時期に「国家」という概念にも「文化的な国民性」という概念にも大きな転機が訪れていたからである。その後の歴史的な展開によって、とりわけわたしたちが生きる二十世紀には、このように「国」を限定することがむずかしくなるとともにいくつかの矛盾が生まれた。たとえば、こうした矛盾は期末試験問題に毎年注釈をつけることで一時的に回避されている。「問題の趣旨に照らすと、ここで言う「イギリスの」とはしかじかのことを指す」といった具合にである。じっさい、これは非常に大きな矛盾である。なぜなら、英文学研究では頻繁に云々される「イギリス性《イングリッシュネス》」という問題は今日、明らかに社会的、政治的な理由から深刻で緊張をはらんだ問題だからだ。また、これは伝統的アイデンティティが今日崩壊の危機にさらされているといったたぐいの反応を呼ぶ感情的な問題をもはらんでいるからだ。たとえばある最近の作品への傾倒を「フランス流」だとか「パリのファッション」と呼ぶとしよう。ここで使われる表現はたんに記述しているのではない。境界を設ける意図でわざと使われているのだ。しばしば擁護されるのは、たんに一連の作品ではないようだ。それが映しだす大きな投影図も守られているのだ。この仮想の投影図のなかでは、英語でものを書く作家たちのさまざまな作品が国家《ナショナル》のアイデンティティにまとめあげられる。過去の作家をおもに使ってまとめられるので、アイデンティティはいっそう強力になる。このアイデンティティの下、ひとつのムード、ひとつの気質が、ひいてはひとつのスタイル、それに一連の経験的な「原則」(この原則というもの、理論とちがうだけでなくどんな推論の仕方とも異なっている)が讃えられ、教えられ、可能ならば制度的に強制される。ここにいたると文学は、書くという活発で多様な行為という意味での文学からなんと遠く隔たってしまったことか。むしろ防波堤や最後の砦に近く、そこではずっと広い意味でのイギリス性や価値観や伝統感があらゆる侵入者を防いでいる。その結果(外国人はいうまでもなく)国内の異分子でさえもが、たんにちがうというだけでなくよそ者とみなされ、自分たちの言葉ではなくわけのわからない仲間言葉を話しているかのように受けとられるわけだ。ふつうのイギリス人からしてみれば彼らの大部分がアイデンティティやストレス、変化にかかわる問題に直面してじっさいに考えたり、感じたりしていることは別にあって、いまあげたような防御的反応とはまったくちがう。いわゆる英文学、いやもっと正確にいうと伝統的な英文学者のあいだでは、文学はたんに専門職であるばかりか天職もしくはキャンペーンであり、じっさいそのように受けとめられてきた。彼ら独自の学問領域ではイギリスの支配階級全体を十全に反映したり、その階級のキャンペーンを繰り広げたりしたほうが居心地よくいられる。じっさい、この階級がこだわる「文化継承」のキャンペーンは実質的には失敗つづきであるにもかかわらず、むしろそのためにいっそう語られ広められている。

さて今日、理由は多々あるが、マルクス主義と構造主義がそれぞれちがう角度から既存のパラダイムとその矛盾に直接楔を打ちこんでいる。しかし、じっさいは驚くようなことが起きている。これらの理論のじつに多くの傾向が既存のパラダイムのなかに絡めとられてしまっているか、自己調整をしてそのなかに収まってしまっているのだ。そうなると、これらの理論はおなじひとつの知の対象を探求する多様な方法のひとつとみなされてしまう。ときにはどんなに行状が悪く手に負えないほど乱暴にみえても、品行方正な多様主義の賓客として迎えられてしまうのだ。しかし、これらの理論が拠って立つ傾向のなかにはどうしても既存の定義に同化できない傾向やそれとはなじまない傾向がある。こうした異分子的傾向が今日の危機に深くかかわっていて、軋轢からか埃を巻き立て熱を発散している。というのも、この危機とはなによりもまして支配的なパラダイムの危機なのであり、専門にかんして確立された基準と方法が危機に瀕しているからだ。それでも先に述べた理由から、これはたんに専門領域内の論争にとどまらず広く社会的反響をもたらした。この危機によりほんとうの意味で重要な論争空間が生まれ、そこではもっとも広い意味での文化の危機とはなにかが定義されつつあるし、危機への対処策が検討されている。

そこでマルクス主義、フォルマリズムそれに構造主義の非常に多岐にわたるが特徴的な傾向について概略を述べてみたい。というのも、これらの傾向はわたしたちが文学研究と呼び習わしているものにかかわっているからだ。その傾向を正確にとらえるにはもっと腰を据えた研究が必要だろうが、ここでは少なくともそれらを区別整理し（これがもっとも重要だと思うので）どの傾向がパラダイムと両立し、どの傾向が両立しないかを簡単に述べてみたい。それはとりもなおさずどの傾向が確立した学問の取り決めになじみ、どれが私見ではなじまないかを述べることになるだろう。

マルクス主義にかんしてまず考えてみなければならないのは「反映」という概念にまつわる事柄である。この概念自体非常に複雑なもので、マルクス主義の伝統のなかでもさまざまな意味で使われている。歴史的にみると、ごく初期にマルクス主義を文学研究に応用した際に用いられたその用いられ方のことを指す。しかし、その応用の仕方には三通りあり、それぞれがおもしろいほどのちがいを際立たせている。

まずはじめに、マルクス主義のもっとも一般的な命題がある。社会の全体的な動きは生産手段の配置の仕方に左右されるというものだ。そしてこの配置、つまり総体としての生産様式内部の力関係や諸関係が、それ独自の法則にもとづいてかなんらかの傾向を帯びて変わるとき、意識の形態や知的芸術的な生産の形態（この形態は伝統的なマルクス主義の定義では上部構造に含まれる）も変わるわけだ。政治や法律など比較的直接的に転換するものもある一方で、遠回りでしばしば間接的に転換するものもある。伝統的に引き合いに出されるものとしては宗教、哲学、美学がこれにあたる。芸術史と思想史とをこの伝統的なマルクス史観で眺めると、社会秩序の土台部分にあたるところでの変化は社会秩序のもっとも遠い上部にまで反響し、そうなると人びとは利害の対立を意識し、さまざまな方途を用いて対立を克服しようとする。

この命題は何度も繰り返し議論されてきた。とりわけマルクス主義の伝統の内部ではひっきりなしに議論された。しかし、こと文学研究との関係に話を絞ると、ふたつの立場の議論に分けることができる。一方にかなり粗雑で、いまなお広く認知されているタイプの（多くの場合このタイプしか知られていないことが多いのだが）マルクス主義批評家がいる。他方に前者と比べると断然洗練されているか、洗練されているようにみえる批評家がいる。前者の見解はこうだ。文学の生産や知の生産が社会秩序の土台部分の対立を広い意味で反映しているというのが真実ならば、この種の研究に従事するマルクス主義者はなにが対立を生みだす原動力なのかを見極め、（一九三〇年代に広くおこなわれたように）進歩的な種類の文学作品と反動的な種類の文学作品とを峻別しなければならない。そのうえで、これらの作品を推奨するか弾劾するか立場を明らかにし、そして最優先課題として（彼らにとって批評より生産がいつも重要だったが）対立する土台部分の求めに応じた新しい作品をどうしたら生産できるか、その方法をみつけることをめざす。

以上のように概略を述べたのも、べつだん戯画化しているわけでなく、立場が単純であったからだ。この立場でもっとも弱いところは、自分たちが前提としている政治の傾向や歴史的傾向を物差しにしてこの作品はよいとか悪いとか烙印を押すだけに終始してしまうことだ。もっと一般的にいうと、どんな文学の議論をしても、前提となっている全体的な立場や階級の世界観に完全に依存してしゃべっていることになる。さらには、彼らが信じる全体的な真実がまずはじめにありきで、それが文学のかたちを借りて例証され、立証されることになる。無理もないが、この種のマルクス主義的解釈は一九三〇年代にテクストにより即したタイプの文学研究と衝突することになる。たとえばリーヴィスがその典型だ（彼自身、文学を道徳的に、そして文化的によいものと悪いものとに分けることに異常な情熱を注いだ）[5]。この衝突の際にマルクス主義批評家はかなり決定的な敗北を喫する。彼らの解釈は粗雑な還元論に徹していて、彼らの作品評価といえば、せいぜいよく言っても主義主張にもとづく偏見だらけとみなされた。

それでも、次のことは大慌てで言い添えなければならない。マルクス主義者が社会決定の一般的命題をどのような言葉で定義づけたとしても、この命題それ自体を放棄することはマルクス主義の伝統を否定することにつながった。近年ではこの種の議論をするとき、じっさいは「反映」という概念を使わないで通している。土台と上部とでは距離があること、時間差も働いていることなどが認められたあとになっても、じっさいの文学の生産が一方にあり、他方に歴史的にみて社会秩序のどこか別のところ、文学以外の場所で起きていると思える事柄がある場合に、往々にして両者間には最初から緊密で直接的な対応関係があると考える傾向にあった。その後のマルクス主義解釈では、以前のようにしかじかの文学作品が政治的に正しいとかまちがっているとか、そうでなければこの傾向や階級をあらわしているとかそうでないとか単純なレッテルを貼るために直接的で明白な対応関係を探すことはしなくなった。しかし、全体としての立場は依然として保持されていた。ただちがうところは、文学や芸術の生産プロセスはさまざまにあることを認め、そのプロセスを根幹から解明しようとした点にある。こうして近年になるにつれ、結果的にいっそう複雑な立場になった。しかし、ここでわたしはまず初期の立場についてふれてみた。なぜなら、第一にそれがもっともよく知られた立場であるからで、第二にそれが粗雑なかたちであれ洗練されたかたちであれ、きわめて冒険的であると同時に困難な立場であったからだ。

さて、ふたつめの立場に話を移そう。これは「反映」という概念に関連して考えられたものだが、比較するとずいぶんと単純だ。長い伝統をもつ文学の思想に依存しているために文学のパラダイムと完全に両立している。ともあれ、この立場は「反映」の包括的な概念を特徴としており、もっと言うとミメーシスをより消極的な意味で広く応用している(これとは全然ちがう積極的な意味あいもミメーシスにはある。その場合にはミメーシスとは、反映などではけっしてなく理解し、解釈し、変えてゆくプロセスである)。このふたつめの立場に立つと、価値ある文学とは社会の現実を反映しているもので、リアリズムこそもっとも好ましい形式となる。この評価基準でいくと、よい文学作品とは文学以外の場所で観察できる社会の現実に忠実であるか、それを明瞭に浮き彫りにしたものにほかならない。いったんこれを基準として採用してしまうと、作品が進歩的か反動的か、ほかの基準をもちだしてレッテルを貼る必要はなくなる。マルクスがバルザックについて述べたように（バルザックはマルクス本人とは政治的に対極に立つ人物であったのだが）バルザックが重要なのは、彼がフランス社会の現実を再現しているからにほかならない。もしバルザックがリアリズムの再現をやめてしまって、マルクスとエンゲルスが終始攻撃した「傾向文学」に鞍替えしてしまっていたら、彼はずっとつまらない作家になってしまっただろう。「傾向文学」の流儀では、作家は現実を映しだすことよりも、彼自身が大事にする政治的な命題に合うように現実を捻じ曲げようとするからだ。このように第二の立場に立つと、現実がどんなに受けいれがたくても作品が現実をあるがままに映しだしていることが肝心なこととなる。

それでも、全体を見渡す立場を表明するマルクス主義が独自の視点からこうした現実の性質を抉りだし、いやむしろ現実の根本的な法則を導きだそうと試みたことは事実である。わたしたちはそのことを事実として多少は、いやひょっとするともっと真剣に認めなければならない。この立場は、ときどきに偶然起こる「現実」を反映するという考え方とは実質上かなり異なっている。しかしその相違を論じても、おもに歴史にかんする議論に論点が集中してしまいがちである。土台や文脈、背景として定義される状態やプロセスを作品がどう反映しているかを分析する方法を文学研究がとるかぎり、ふたつの立場は両立できる。というのも結局のところ、これは文学研究にはとてもおなじみの立場だからだ。研究者は多少洗練された口調ではあるが、じっさい繰り返しおなじ質問をする。この小説は小説以外のところで観察できる現実とどう関連しているか、あの小説ではどうかと。じっさいこの立場が批評や文学研究のもっとも正統派に近い立場の大勢を占めている。このようにして「マルクス主義」の一変種が独自の基盤にどっかりと腰を下ろす。そして文学研究のなかでもっと広く認められ、お墨付きを得ている方法とも、それはじっさいほとんどいつも両立するのである。

おなじことは、ルカーチの著作にとりわけ明白にみられる三番目の反映理論にも当てはまる。これは、もともとはプレハーノフによって示された初期の様相を呈している。ルカーチの議論とはこうだ。わたしたちは文学作品と現実との関係を非常に単純化してとらえてしまっている。なぜなら現実の反映は直接理解できる形態であらわれる場合、不十分か、むしろわたしたちの目を惑わすものだからである。こうしてルカーチが最終的に完全に是認したリアリズムの定義が生まれたが、その定義はそれ以前に試みられた定義と比べると理論的にはやや弱い。なぜなら、その定義によると作家の仕事はみえずに水面下を流れている動きを反映することになるからだ。こうなるとそれ以前の立場の要点、つまりマルクス主義は特権的な視点をもつという点が断然際立ってしまう。なぜなら「水面下の動き」はマルクス主義の「法則」、ひいては特権的な分析にどうしても左右されてしまうからだ。そうなるとマルクス主義であれそれ以外の立場であれ、経験的に把握された具体的細部を引用しても、その内容は「水面下の動き」とは似ても似つかないものになる。それでもこの試みは、経験に縛られた愚直さを克服するためのものでもあった。その意味で「じっさいに起きたこと」と「作家がそれをどうとらえたか」ということのあいだに間接的な関係、あるいは深く穿った関係、あるいは理想的な関係を探ろうとする試みとも似ていた。こうしてルカーチは自然主義を猛烈に批判することになる。(言われているように)自然主義とはたんに物事の見かけばかりを見えたとおりに映しているだけであって、直接把握できる現実だけをあつかっているにすぎないからだ。自然主義に代わるものとして別のリアリズムが提唱された。このリアリズムでは主題である現在進行中の現実に忠実であると同時に、その水面下の動きを認識することがなによりも求められる。リアリズムを静的なカテゴリーではなく動的なカテゴリーとしてとらえることがなによりも肝心なこととなった。以上のような前提にもとづいてルカーチは歴史小説を解釈し、演劇形式の変遷を論じた。ところがおもしろいことに二十世紀にそれまでとはまったくちがうタイプの文学が発達し、ブレヒトなど恰好の例だが動的な動きを正確に再現するようになると、ルカーチはそれを痛烈に批判したのである。じっさいのところルカーチは古い型のリアリズムに拘泥しすぎるきらいがあった。この古いリアリズム作品こそ広く知ることのできる全体的《ジェネラル》な現実を反映し、浮き彫りにしていると考えたかったのだ。

さて目先を変えよう。文学研究に果たしたマルクス主義の功績といえば、少なくとも英語で読むことのできる著作にかんするかぎりじつに長いあいだ反映理論が代表格だった。しかしすでに一九二〇年代には、文学の生産とはなにか、文学と社会との諸関係はどうなっているかをまったくちがう角度から定義しようとする試みがマルクス主義内部でおこなわれていた。その際、議論の中心を占めたのは「反映」ではなく、一見それとは関係ないように思える「媒介」という概念であった。じっさいには「媒介」の最初の意味は、「反映」の概念をより洗練したものと大差なかった。ここでも、文学のなかに「現実の反映」を探すことはまちがっていると認められていた。当然のことながら現実は文学として構築されることで、ある一定の方法で媒介される。繰り返しになるが、このことは文学研究ではごくおなじみのもので正統派の考え方と言ってもいいくらいだった。さらには、エリオットの「客観的相関物」という考え方とも相通じていた。[6] もちろん、「客観的相関物」の場合、マルクス主義とは正反対の立場から行き着いた考えではあったのだけれど。ともあれ、「媒介」論では初期の段階で顕著であった還元主義的な見方に異議を唱えることがなによりの使命であった。そのため、現実から文学への内容の変化も視野に入れることができるようになった。興味深いことに「媒介」にかんする重要な議論はカフカをめぐって展開された。なぜならカフカの文学は、相反するふたつの反応をどうしても生んでしまうものだったからだ。一方でそれは反映理論の単純すぎる前提にもとづいて拒絶された。たとえば「退廃的な階級の病的な妄想」だとか「悲観的で主観ばかりの独り言にすぎず、民衆の活発で生気に満ちた人生とは隔絶している」とか難じられた。他方で、この媒介の考えにもとづいて、それまでとはまったく異なる解釈も生まれた。この新しいカフカ解釈については、詳しく例をあげて説明したい衝動にかられてしまう。しかし疎外や官僚主義の物語であるとか、帝国主義の落日の物語、ディアスポラのユダヤ人の話、エディプス・コンプレックスや死にいたる病の話など例をあげだすときりがない。こうした解釈はどれも新しい「媒介」論にもとづいて生まれたものだけれども、すでに活字になっているのでここでは割愛する。そうは言っても、初期の媒介という考え方は反映理論をほんの少しだけ洗練させたにすぎない。「媒介」にかんしてはほかにも三つ新しい意味で使われていて、それらについて簡単にでもふれなければならないだろう。

一九三〇年代にヴァルター・ベンヤミンによって編みだされたとてもおもしろい概念があって、それをまっさきにあげなければならないだろう。それが照応という考え方だ。これは決定的な転換点であった。なぜなら、文学作品は現実のなかに存在するなんらかの要素をたんに言葉で置きかえたものではないとベンヤミンは述べたからだ。そうではなくて、ある種の文筆と同時期におこなわれたほかの社会的経済的な活動とのあいだには「照応」関係が観察できるというのである。もっとも有名な例は、ボードレールについての彼の長い考察である。彼の議論をまとめるとこうなる。都市に新たに誕生したなんらかの条件が「群衆」という新しい形態を生みだし、その形態の内部で「個人」が再定義される。このような条件のもとにボードレール文学を含むじつに多様で新しい文筆活動が生まれたわけだ。その際ベンヤミンが参照しているのは、文学以外の場所に実在していて、わたしたちが観察することのできる社会の現実ではない。文学が「反映」するか、もしくは「媒介」しさえする社会の現実などではない。文学活動の性質および形態が一方にあり、同時代のもっと広い社会慣習の形態が他方にある場合、両者のあいだに観察できる「照応」関係が否定しがたくあり、ベンヤミンはその事実を論拠とするのだ。

ベンヤミンはフランクフルト学派の重要な考え方に近づいていた。しかし、まさしくいま述べた点で、アドルノとは意見がちがっていた。というのも、アドルノはアドルノで媒介という概念の使用をめぐって思索を深めていたからである。内容の反映や媒介という議論はもちろん、内容の照応も芸術には根本的に不必要だとアドルノは考えた。たしかに彼にも一理はあって、照応もしくは反映があることを認めてしまえば芸術には独自の基盤などないことを認めてしまうことになる。「弁証法的イメージ」の発見とアドルノが名づけたプロセスを通して芸術は生産される（じっさいにこの角度からアドルノはカフカをめぐる議論に加わった）。この「弁証法的イメージ」はほかのどんな形態を探してもみつからず、イメージ以外のかたちで表に出てくることはない。「弁証法的イメージ」は芸術のプロセスの内部だけに立ちあがる。そしていったんイメージが立ちあがると、それを生みだした構造全体との関係を分析することはできるかもしれないが、このイメージと構造全体を明々白々に、あるいは直接的に結びつけるものはなにもない。じっさいのところイメージが上首尾に芸術になるための条件は、このイメージが「自律的な」地位を確保することにある。

この意味で媒介を使うと、究極的には文学研究で言う構造主義の形式と意味が重なることになる。リュシアン・ゴルドマンはフランスの古典主義演劇、とくにラシーヌから始めて、のちには十九世紀、二十世紀の小説まで研究対象を広げていったが、同時に方法上、媒介のカテゴリーをさらに大きく引き伸ばした。照応関係は内容についてみられるのではなく、いつも決まって形式にかんするものだというのだ。それだけでなく、ゴルドマンはこう断言する。彼の物言いでは「低俗な社会学者」が一方に文学、他方に社会もしくは現実を置いて、そのあいだに単純な関係を探しだし結果が得られている場合、どれもこれも二流か凡庸な文学作品についてばかりであると。しかしながら、こうした二流の作品が映しだしているのは、それが書かれた時代の矛盾に満ちた意識や未発達の意識にすぎない。彼はつづける。ある時代の深層部にある意識はいくつかの重要な作品でしか到達されないし、それも内容を通してではなく、形式を通して到達できるものである。まさしくこれが肝心な点であることを彼はラシーヌ研究で示そうとしたのだった。彼がいつもこの前提を念頭に置いていたとはわたしは思わないけれども、要点はいま述べたところにあったと思う。それでもやはり、この前提でいくと照応や媒介は完全に形式だけの問題になってしまう。どの時代にも人間の関係性を特徴づけるなんらかの傾向があって、それは意識の最深部で作用している。そしてこの傾向は文学作品を構成するさまざまな要素の配列の仕方にみごとに対応しているというわけだ。ゴルドマンはみずからの立場を「発生論的構造主義」と名づけた。これは正統派の構造主義にあえて対立する立場であった。なぜならゴルドマンも論じているように、彼の考えるような形式を理解するためには、その形式がどのように立ちあがり、安定し、崩れていったか、そのプロセスのなかでとらえなければならないからだ。対照的に、ほかの構造主義の傾向をみるかぎり歴史的に発生し、歴史的に崩壊するといったたぐいの発想は禁じられていた。

さて、文学研究で言う構造主義に一気に話を転じるほうがわかりやすいかもしれないが、ほんとうはなにが起きたかを時間に沿って知るためには遠回りをしてフォルマリズムの話をしなければならない。ロシア・フォルマリズムの初期の仕事であれ、それが合衆国に、ついでフランスに輸入されて発達した仕事であれ、フォルマリズムという思潮が文学研究に大きな影響を与えたことは疑いようもない。じっさい、ほかの研究領域、とりわけ人類学で活発なもっと広い意味の構造主義が与えた影響と比べても、フォルマリズムが文学研究に与えた影響は甚大だった。この影響により、文学研究領域のなかに大まかに「構造主義者」と呼ばれるグループが生まれるにいたった。ここでは手短に述べるしかないが、フォルマリズムは新機軸を導入し、文学性とはなにかをあらためて定義しなおした。じっさいフォルマリストたちは、なににもまして当時の学問の様式、全部ではないにしてもほとんどの学問の様式に反発したのだった。ただ最初に断っておかなければならない。フォルマリストたちは当時のロシア固有の学問風土内部で反発していたのであって、当時はマルクス主義理論であれ、それに関連した理論であれ理論が活発に議論され、そうすることが時宜を得ていた。フォルマリストたちは述べている。作品を文学的にしている特質について人は考えずにすましていると。文学を文学たらしめている特質を作品のなかに探しても答えはみつからない。それは作品と作品以外のものとの関係のなかにしかないのだからと。当然のことながら中心となる問題は、この手元にある作品が文学といえるとするなら、それはなぜかということであった。こうしてフォルマリストたちは「文学言語」という概念を思いつくが、この言葉は今日でもよく耳にする。しかし彼らがこの言葉を使ったとき、それまでとはまったくちがう力点を置こうとしていたのだった。

もちろん「文学言語」という言葉にはもっと古い歴史があり、使われ方もさまざまであった。そのせいでこの問題はますますやっかいになる。ある場合には文学を高尚なものに引きあげようとする過程で、高尚な文学にふさわしい言語という意味で使われた。また別の場合には言葉づかいの正しさを測る基準となり、それに照らしてほかの言葉づかいが正しいかまちがっているかが判定された。両方とも古い発想で、今日の目からはあまりに保守的にみえてしまう。それだけでない。前者の発想ではどうしても陥ってしまう硬直した様式のためか、作家たちは「文学言語」という考え方に何度も何度も挑戦を挑み、かなりの場合、効果的に勝利を収めている。各々の時代にそうした作家はいるもので、彼らは既存の「文学的」もしくは「詩的」言いまわしを意識的に拒絶し、ふつうの人びととの関係ひいては「生きた言語」を取りもどそうと努めた。ごくふつうの言語使用とは一線を画す「文学言語」という考えを有効にしようと思えば、現実にはどのようにものが書かれ、書き方はどう変わってきたか、さらに書くことと社会との関係はどのように変化してきたか、それを示す歴史的な証拠が現実にいつも求められる。話し言葉と印刷物との関係が問題になる場合もあれば、高尚な文体と庶民の文体との関係が問題になる場合もあった。さらには、意識して言葉を綴る行為それ自体の様式についてまわる問題もあった。

言語を継承しよう、あるいは高めようといった立場はごくありきたりだが、フォルマリズムの主張はそれとはほとんど無関係だった。むしろ逆で、彼らは革命的な前進突破を唱え、文学がほかに頼らずとも独自の基盤をもつにはどんな条件が必要かを探るか（のちにもっとも影響力をもつ立場となる）、さもなければ「古典的」な様式が崩れてしまった現代に必要な条件をみつけようとしたのだった。これらふたつの作業については今後もっと明瞭に整理する必要があるが、初期のフォルマリストたちは言語を意識的に異化しよう、日常の言語使用から故意に切り離そうと主張したのだった。作品を文学作品として認めてもらおうとする場合に、こんなことは往々にして起きる。一種独特な言葉の使い方をする場合、もしくはある主題をあつかうに際してそれ以前のありふれたあつかわれ方や発想とはまったくちがうことを試みる場合、作品は跳躍して文学となる。あるいは「文学的」なものになる。そうなると解釈者の仕事は、その作品の文学性を構成している跳躍なり過去からの断絶を正確に読み拾うことになる。

この立場は多くの実りをもたらした。フォルマリズムともっと伝統的なマルクス主義とのあいだに交わされた議論はとても重要であったと思う。さらに一九二五年ごろからフォルマリズムの見解をもう一歩深めるような新展開も見えはじめるのだが、このことはあまり知られていない。というのも、フォルマリズムといえばエイヘンバウムやシクロフスキーといった名前を思い浮かべる人の数と比べると、ヴォロシノフ、バフチン、ムカジョフスキーの名前を知っている人ははるかに少ないからだ。[7] しかし、これらの後期フォルマリストたちは一般的で普遍的な問題、「文学とはなにか」について探求したのであって、彼らの仕事は文学研究、ひいてはそのパラダイムの地位にかんして見方を大幅に修正した。じっさい、後期のフォルマリズムは社会的、歴史的フォルマリズムと呼ぶべきものであった。なぜならそれは、文学とはなにかを総合的にとらえることをめざしただけではなかったからだ。（この時期になると動的な概念であった）「文学性」は個々の作家によって生みだされ、それと同時にもっと大きなプロセス、つまり歴史的で社会的な発展のプロセスを通して生みだされると彼らは考えたわけだが、その場合「文学性」が生成される条件はなんであって、その条件はどのように変わってゆくかに関心を示したからである。

一例としてヴォロシノフのことを考えてみよう。事実、彼の仕事は五十年の長きにわたって忘れられたままだった（彼は一九二〇年代の後半に活躍したのだが、ヴォロシノフといえばバフチンのペンネームにすぎないといまだに思っている人はたくさんいる）。彼は構造言語学という新しい流派に大きな影響を受け、言語の研究は記号体系の研究であることを認めながらも、言語は記号体系であると同時に社会的に生産される記号体系であると頑なに主張した。それだけでなく彼は、言葉という記号はいつでも「複数のアクセントをもつ」と論じた。そうして彼は構造言語学（それに精神分析学も）がとりあげていた「体系」という概念を拒絶する。また、体系のなんらかの法則が意味と形式を生みだすという考えを受けいれない。なぜなら社会的、歴史的な実人生のなかでは体系もつねに生産されつづけているのであって、そこで生産される意味や形式もまたいつも未決定で多様なものになりうるからだ。そう考えると、言語のもつ開かれた潜在能力を念頭に「文学性」をとらえることも可能になり、文学性は広い意味でも個別で特殊な意味でも使うことができるようになるからだ。

これは初期フォルマリズムからの決定的な転換点であった。後期フォルマリストたちは文学言語に特徴的なものを選り分けて強調しながらも、言語の生成や再生といった事象が文学作品のなかだけで起きているとは考えなかった。言語それ自体のプロセスは意味をずらしたり変えたりする可能性や新しい意味あいを付け加える可能性に満ちており、可能性の幅は言語体系と社会体系双方の「法則」によって定められる。バフチン本人の仕事、なかでも彼のラブレー研究[8]において新しいタイプの文学性、つまり歴史的な文学性の勃興が示唆されている。ラブレー以前には伝統的に継承されてきた民俗文学が一方にあり、それよりはずっと狭い社会の保守的な伝統の内部で継承されてきた高級文学とがもう一方にあった。ラブレー文学のなかでは、この民俗文学と高級文学のふたつの文学形式が相互に作用している点にバフチンは注目し、ラブレーの創意が双方をこえていることを指摘した。まさしく既存の異なる伝統の相互作用を通して、いわゆる文学性を備えた新しい兆しがめばえたことになる。

いま述べたようなことは、どれをとっても初期のフォルマリズムとは似ても似つかない。というのも初期フォルマリストたちは、どういう場面で言語は文学的になるか、具体的には特定の場面で「修辞的技巧」がどう使われるかといった問題ばかりにこだわったからだ。対照的に、後期フォルマリストたちにとっての関心は、どのようにしてある特定の文学性が社会実践になるのか、それを示す歴史的兆しを探ることにあった。それにムカジョフスキーもいた。おそらく彼こそ初期のフォルマリズムの立場をもっとも真剣に修正しようとした人物であった。じっさい、彼の仕事はその後のもっとも矛盾に満ち、両立不可能にみえる研究動向につながっていく。ムカジョフスキーはあっと驚くようなことを言いだしている(もっとも、最後までその考えを押し貫いたわけではないが)。つまり、芸術の質はそもそも芸術作品のなかで生まれるのではないとまで言ったのだ。こうして彼は美学上のフォルマリズムから離れてしまう。もはや文学作品のなかに文学的な要素や美的な反応を引きだす要素を探すことをやめてしまうのだ。そのかわりに美的な兆候、つまり美的な規範や価値はそれ自体いつも社会的につくられると主張する。なにを芸術とみなすべきでなにをそうすべきでないかを判断する指標は時とともに変化する。また、なにがある種の芸術でなにがそうでないかも同様だ。たしかに、こうした指標は作品の内的構造とも関係するが、一作品をこえて広範囲にわたり作用するものであって、固有の歴史をもっている。

非常に重要な事実がある。合衆国とフランスでは一九五〇年代後半からロシアの一連の著作が翻訳され、影響力をもちはじめるが、それらは初期フォルマリズムの仕事であって、社会的、歴史的な視野をもつ後期の仕事はずっとあとになるまでほとんど紹介されなかったという事実である。これはある特定のフォルマリストの立場だけが文学研究に応用され、発展するという深刻な結果をもたらした。もっとも範囲を狭く設定する初期フォルマリズムの作品分析は（もちろん、これは具体的な場面ではいつも印象的なのだが）支配的な研究モデルとなり、このころまでには人類学や言語学、精神分析学の各領域で「構造主義」アプローチと呼ばれていた方法論と同一視されるようになった。そういうわけで、十全な意味で広く使われる構造主義理論と、文学に限定して使われる構造主義理論との関係はいまだによく誤解される。それでも、両者のあいだにもちろん連続性はある。

構造主義に明らかに共通な傾向であって、人類学と言語学にはとても重要な価値をもつものがある。構造主義の立場ではある事象を解釈する際に、それを単独で切り抜いて考えることも、直接目にみえる形態だけを観察することもしないという点である。そのかわり構造主義はある事象や関係性、もしくは記号を総合的な意味生成体系のなかに置いてとらえようとする。こうした体系は固有の内在的法則をもっている。もともとこの考えは言語学の領域で生みだされたもので、インド・ヨーロッパ語族の統語概念とはまったく異なる統語概念をもつ諸言語をどのように研究するべきかという問題が出てきた際の建設的な解決案であった。既知の体系に新奇な事象を無理やり取りこむのではなくて、個々の構造体系のなかでその事象がなにを意味しているかを解明する取り組みが進められた。具体的にはこの単位がほかの単位群とどのような関係にあるかがまず考察され、ついで個々の体系に内在する総合的な法則が解明された。

　こうした手続きは文学研究にどのようにかかわるのだろうか。まずは構造言語学を文学研究に直接移し替えることも可能だろう。じっさいこれがきっかけとなり、分析の手法はずいぶんと洗練された。いまだに古い体質の文学部からはいぶかしく思われているけれども、この手法を用いた研究は日増しに増えつづけている。文体論がひとつの例だが、もっと重要な例として談話分析をあげることができる。この研究で使われる用語は、文学研究で通常使われる言葉づかいと明らかにちがうことが多いが、統語上の形式を分析する際だとか語り手や話し手を特定する際、また話し手間の関係を論じる際などに従来の研究より厳密な用語を用いて議論することが多い。談話分析の手法のなかには、もうずいぶん以前から文学研究でも採用されているものがあり、一手法として文学の分析ではごくふつうの手続きとして用いられている。

　しかしながら一般論として、体系が内在的な法則に支配されるという議論は簡単に応用できる。じっさいにこの種の議論は文学研究のなかでわざわざ構造主義を引き合いに出さなくても、すでに確認済みの立場と難なく結びつく。文学研究で言う構造主義にはいままで述べたような傾向があって、それは一九六〇年代にフランスから構造主義が入ってきたときに顕著になったと言う人がいるならば、わたしはあえて危険を冒してこう言いたい。この傾向はじつは一九二〇年代の終わりから一九三〇年代はじめにケンブリッジから外国へ出ていってしまって、行方不明であったいとこであったからこそ物めずらしく映ったのだと。じっさいにはケンブリッジだけが元祖とはいえない。しかしリチャーズが詩を一篇ほかから切り取ってきて、その詩自体に内在する仕組みを解明しようとした際の発想が、少なくとも間接的には継承されている。それに失踪中のいとこがどこに行っていたのかをみると、もっとはっきりする。それは北アメリカ大陸で「新批評《ニュー・クリティシズム》」と名乗っていたのだ。おなじころ、ケンブリッジではなにが起きていただろうか。北アメリカ大陸とは対照的だ。文学作品をほかのものとは切り離して、そこに内在する仕組みを解明しようとする手法を継承しながらも、同時に作品を道徳的に吟味し、じっさいには規範をつくるための評価をおこなっていた。つまり混乱だらけだが人目を引く折衷的な方法で読んでいたわけだ。これは、海外では不幸にも不純物が混じってしまったと考えられた。個々の作品がどのように言葉によって組み立てられているかを分析するのが唯一妥当な研究方法なのに、そこから脱線してしまっていると受けとめられた。作品が本来どのような仕組みになっているのかを解明することがリチャーズ以来の研究目標であったことを考えると、海外からこのような批判がまたもやささやかれるとはなんという皮肉だろう。ともかくイギリスの文学研究でも北アメリカ大陸の文学研究でもこの手法を具体的な作品に用いて読むことはかたやおなじみだったし、かたやまたたく間に広まった。そうなるとこの手法を用いても、その性格上多くの場合、所与のテクストなり所与の詩がどのような組み立てになっているかばかりが論じられてきた。

文学研究で言うこの種の構造主義は、わたしが冒頭に述べたパラダイムにうまく適合しただけではない。それ自体現代でもっとも影響力をもつ形式を備えたパラダイムになった。じっさいのところ、それがほんとうの意味で構造主義と呼べるかどうかはどうしても出てくる疑問である。それがごく慣例的に使われる場合を考えると、あまりにも具体的な場面に即していて技術的な話なので、またもっと広い総合的な体系の特性にほとんど関心を払うことはないので、構造主義の名前に値するかどうかも微妙である。「構造主義」と呼んでももっとすんなり納得できる立場はほかのところにある。たとえばカルチュラル・スタディーズではテクストの内在的な成り立ちを分析することを目標とはしない（それだけでは読解力の習得にすぎない）。内在的な成り立ちを分析することは個別のもしくは体系的な諸形式を分析し、区別整理するために必要な手段にすぎない。だからこそゴルドマンによる演劇形式や、もっと最近では彼の物語形式にかんする仕事をみればわかるように、彼は演劇や小説がもつ全体的な諸形式を分析しても、それら諸形式を統合する法則、構造的な法則を解明しようとしたのである。この方法は、言語学の手法を借りて具体的な場面を技術的に分析する方法とは大きく異なっている。ゴルドマンの方法は構造主義の根本的な考え方を形式にかんするさまざまな問題に応用したものであった。この形式の問題からして文学研究ではまったくと言っていいくらいとりあげられてこなかった。ゴルドマンの場合、形式の問題にも歴史的な問題にも同時に目配りが利いていた。形式は歴史とともに変わっていくからだ。しかしながら、構造主義を標榜して文学研究に介入する立場の多くはある信念を共有しており、その様子をみるかぎり、もっと古くからある文学ジャンル論とも重なってしまう。つまり、その立場の多くは文学一般の成り立ちを解明する法則があると信じているのだ。たとえば「語り」は「語り」としてひとまとまりに論じることができ、「演劇」も「演劇」として括ることができると考えている。たしかに研究課題としては重要だが、一方で作品内のごく瑣末な部分を技術的に細かく分析しながら、他方であまりにも大きなカテゴリーにそれを結びつけて、すべての細部が関連する「構造」として提示することが頻繁に起きる。しかも、ここで考えられるカテゴリーからは慎重に歴史が排除され、カテゴリー自体が審美的か心理的な概念に抽象化されているのだ。

「文学研究で言う構造主義」の三番目の型に話を移そう。それはルイ・アルチュセールのおもに哲学的な議論に影響を受けている。アルチュセールの議論は彼の生徒であったピエール・マシュレを通じて文学研究に持ち込まれた。この種の文学研究として例をあげると、イギリスではテリー・イーグルトンの『批評とイデオロギー』〔一九七六年〕が典型である。[9] この三番目の型にはこれまで述べてきたものとはまったく異なる傾向がみられる。それによるとこうだ。たしかに社会や社会秩序は法則に支配された体系であるが、忘れてならないのはそれが諸体系を統括する体系であって、最終審級では経済に決定されるということである。この全体的な決定に左右されながらも、文筆活動などの個々の実践は相対的な自律性を保ちながら重要な役割を果たす。それでも、この実践はそれが属する大きな体系の一部にすぎず、最終的には一部だと認識せざるをえないものであって、体系と同一視されないまでも最終的には大きく左右される。さて、この関係をじっさいに議論の俎上に上げ、例証するにはどうすればいいのだろうか。その手がかりとして全体の体系を拘束する力が想定される。それがイデオロギーである。ここで言われるイデオロギーの指示範囲は、個々の階級や集団がもつ思想や信念よりはるかに広い。ごくかぎられた例外を除くと、実質上意識をもって営まれるありとあらゆる生活の条件をイデオロギーという語は指す。こうなると、文学を学ぶ人たちのほとんどが自分たちの解釈や判断をふだん何気なく参照する領域、「経験」という決定的な言葉で要約される領域は、じっさいはイデオロギーという地平のなかにあると考えざるをえない。つまるところ経験とはイデオロギーのもっともありふれた形態とみなされる。イデオロギーという地平で社会の深層構造は意識をもった生の営みというかたちをとって、じつは再生産されつづけている。この説明でいくとイデオロギーはありとあらゆるところに浸透し、そのためかえって正体がつかみにくいので、それならだれがイデオロギーを分析できるのかと疑りたくなる。しかし結局のところ、わたしたちには「無意識」という先例がある。事実、イデオロギーは無意識とよく似ていて、両者には深い関係がある。精神分析学者の言葉を信じるなら、絶対的な無意識は存在するが、それを突きとめるための技術はあり、それを見抜いて理解することはできる。アルチュセールの場合、見抜くための技術でもっとも肝心なのが理論である。理論のみがイデオロギーの呪縛から完全に逃れられる。しかしまた、文学の場合には比較的特権的な地位が与えられる。文学は大方の反映理論で想定されたような、イデオロギーを運ぶたんなる媒体ではない。文学は逃れようもなくイデオロギーを帯びているが、それ固有の相対的な自律性を獲得しているので、文筆の形式つまり実践のための器をもっている。その器のなかにイデオロギーはたしかに入っているが、器の内部では煙たがられもすれば、疑いを抱かれもするのだ。そうなると、イデオロギーが握っている力が緩められる、少なくとも緩められる可能性がある領域のひとつが文学ということになり、まさしくその理由で文学の存在意義は高まる。なぜなら、文学はイデオロギーの構築物であることには変わりないにしても、文学的であるという強みがあって、その強みに乗じて異議申し立てをおこない、イデオロギーを内側から揺さぶりつづけるからだ。だから、仮に最近の記号学的な読み方と非常に似た読み方をしてテクストなりサブテクストなりを組み立てるとする。その際、たしかに「これはイデオロギーが再生産したものだ」と言うことはできる。それでも「イデオロギーを台無しにし、疑問を投げかけ、場合によっては転覆するようななにか辻褄の合わないことがそのテクストのなかで起きている」と言うことだってできるのだ。細部にこだわったおもしろい分析がなされる場合、この種の手法がよく使われる。

それから最後にもうひとつ。明らかに構造主義、なかでも構造言語学に関係があるが、構造主義であることを認めない一派がある（わたしもそれが妥当だと思う）。昨今記号学と呼ばれている一派だ。記号学一般こそ疑いようもなく構造主義の真の実子である。それは記号の科学であり、記号体系の科学である（その場合、記号とは言語にはかぎらない）。意味を知ろうとするとき、明らかな指示内容をみるのではなく、全体的な意味生成体系のなかでの関係をみることによって意味は解読される。近年の記号学ではこの種の分析がとても精力的におこなわれていて、広告や映画、写真報道それにバルトの場合にはファッションにまで同種の分析が用いられている。[10] わたしたちが記号体系を解読する基本的な手続きをひとたび覚えると、どうなるだろうか（記号体系にもとづく意味はおのずから明らかになるような単純なものではない。体系自体は隠されているので、まずその体系を読みとくことがつねに求められるのだが、その体系のどこに記号が位置づけられるかを理解することを通して意味はとらえなければならない)。この手続きをいったん身につけると、もともとは構造主義のなかで始まったことではあるが、のちにそれから独立してしまったものがみえてくる。こうなると、たいていの正統派の構造主義がもっとも強調した考え方、つまり文学作品は記号体系によって生産されるという考え方をとらなくてもよくなる。そのかわりこの後期記号学では、生産を司る諸体系はそれみずからを構築しては構築しなおすプロセスをいつも繰り返すことが強調される。そしてこのプロセスのために、記号を固定化しようとする動きにはたえず揺さぶりが生まれ、わたしたちがいつも構築したり解釈したりしている諸体系にもたえずせめぎあいが起きることになる。このように発想が転換されて生まれたのが新しい意味の「脱構築」である。作品の内在的な成り立ちを技術的に解析して、すべての部分、すべての構成要素がどこに由来しているのかを実証することはもうやめて、諸体系をばらばらにすることをもくろみ、具体例もたえずばらばらにして眺めるといった、これまでよりずっと開かれていて活発な作業が始まったのである。明らかにこの点で、脱構築はそれ以外の構造主義の傾向と比べてはるかに起爆力をもっていた。体系の法則がどのように機能しているかをたんに例証するだけでは飽きたらなくなった。例証をうまくやれたかどうかがこのパラダイムの適正能力と同一視されていたが、それもかならずしも重要でなくなった。対照的に文学であれテレビであれ、身体パフォーマンスであれ、それを分析する際に学問の世界で求められるような説明のための体系を探すのではなく、社会編成のひとつの様式であることがわかるような体系を探すようになった。それだけでなく、この社会編成の様式が自明なものになるとたちまち疑問が投げかけられるか、じっさいには無効にされる。その意味でこの根本から考える革新的な記号学を突き動かす動機全体が、生産と再生産ばかりを云々する構造主義とは大きく異なっている。とはいえ、後者の主流派のほうが文学研究では幅広い影響力をもちつづけている(もっと言うと、こちらのほうが文学研究では歓迎されているし、反りが合うのだろう)。

さて、ここで言っておきたいことがある。もともとは全然ちがうところから出発したふたつの立場が、どうも近年になって一緒に行動している姿が見受けられるようだ。たぶんわたし自身のことを引き合いに出して、このことを説明するのがいちばんだろう。わたしがこれまでに書いてきた文学研究のほとんどは、二、三の例外はあると思うが、わたしが冒頭に述べた支配的な文学パラダイムと両立すると考えられている。つまり、わたしは文学が社会的に決定されることをとくに強く意識して文学を分析し、評価を下しているとはいえ、わたしの関心の中心は依然として文学パラダイムにあって、手続きにしても歴史的に跡づけるなどといった意図のもとに判断を下し、解説し、実証しているなどと言われる。しかしながら、こうした批評が当てはまらない著作もある。『田舎と都会』[11]〔一九七三年〕がそうだ。これはわたしが先に述べた初期マルクス主義の立場にじっさいは非常に近いものである。なぜなら、田舎と都会について記述したものにはいくつか特徴的な形式がみられると考え、それを突きとめようとしたからだ。また、これらの形式をたんに歴史的な背景に置いて眺めるだけでなく（それだけなら文学パラダイムから一歩も出ていない）、活発に衝突しあう歴史的なプロセスのなかでとらえようとしたからであった。というのもまさしくこうした形式は、ときには明々白々だが、ときには隠れてみえない社会関係によって生みだされるからだ。だからこそ、あれはどう読まれようともひとつの変換点を画する本なのである。

だが、もちろん別種の著作もあった。時をさかのぼると、とくに『長い革命』[12]〔一九六一年〕を思いだす。この本も当時は文学研究に属するとは少しも考えられなかったが、明らかに今日では、最終的には支配的なパラダイムを拒否することに通じる、重点の置きどころを変えた書物として読まれている。あの本のなかでもとくにわたしの念頭にあるのは、イングランドの作家の社会史をたどった部分、演劇形式の社会史の箇所、標準英語の発達を述べた個所、それに文化を分析するのになにが必要かという問いに対してわたしが新しく示した見解である。その後コミュニケーション、テレビ、テクノロジー、文化の諸形式、それに文化の社会学にわたしは関心をもつが、それがわたしにとって第二の転換点だった。しかし、これらの事柄は英文学ないしは文学研究とはまったく関係ない知的関心であると当然のように言われた。この第二の転換点はすべて一九七〇年ごろに起きたことで、それ以降わたしはもっと明確な理論的立場を展開しようと努めてきた。そしてわたしは最終的にその理論的立場を『マルクス主義と文学』[13]〔一九七七年〕で表明し、「文化唯物論」と名づけた。もちろん、これも文学パラダイムの外で考えたことではあるが、わたしたちが究極的に共有している関心、つまり知識を引きだすもととなる作品から遠く離れてしまったわけではない。パラダイムという点で考えると、文化唯物論の関心領域が文学よりはるかに広がったということだ。それでも主要な文学形式は好んでとりあげている。ただ、ほかの著作物と並行して読むという点と、これまでとはちがう視点から読むという点でちがうだけである。文化唯物論とは意味生成のあらゆる形式を分析するものである。おもに書かれた作品が中心となるが、あくまで作品が生産される手段や条件を考慮に入れながら分析をつづけている。

この試みをつづけるなかで、わたしの仕事と昨今の記号学の仕事とのあいだに新しく接点がみつかった。双方にとってこれは驚きかもしれない。とはいえ、書かれたものを個別にみると、わたしたちのあいだには根本的な相違もある。わたしのものとちがい、記号学では構造言語学と精神分析学にかなり依存している。それでもわたし自身以前言ったことだが、完全に歴史的な記号学は文化唯物論とかなりの部分で重なると思うし、歴史を排除する視野の狭い構造主義とはまったくちがう傾向が出てきていることを喜ばしく思う。また初期構造言語学のやや単純化しすぎた立場が修正され、ヴォロシノフなどの社会的フォルマリストが試みたように意味生成体系が社会のなかで歴史的に生産されることに力点が移っていけばないいと思う。あとは精神分析学との関係が問題として残るだけだ。その点では、わたしたちのあいだには根本的な意見の相違があった。しかし一方、主体を問題化するこの領域でマルクス主義が概して弱かったことはわたしも認めている。それなら、意味と価値との生産という点では明らかに重要なこの領域で、まったく新しい次元の探究や精査の対象となる新証拠、新しい仮説が生まれるかもしれない。このように実践面でわたしたちふたつの異なる研究はたがいに交流を深めつつあり、いくらかの事例でとても建設的な発展をとげてきた。しかしひょっとすると、ケンブリッジではこうした交流があまりにあたりまえになっているせいで、重要なことを見過ごしているのかもしれない。つまり、わたしたちが学際的な交流を進める一方で、古くからあるパラダイムは依然として居座りつづけているのだ。また、今日までにパラダイムが抱える矛盾は研究を遂行するもっとも現実的なレベルでの災いとなり、パラダイム自体が崩壊しつつあるのは火をみるより明らかなのに、制度としては依然として強力なままなのだ。たしかに矛盾を隠すために新しい研究がパラダイムに付け加えられてはいるが、大方の目からすると、その結果は支離滅裂である。

そこで、ようやくわたしは最初の議論にもどることができる。いまある大方のマルクス主義と構造主義の傾向は、一部にはまだよく知られていないか概してよそ者で党派的と考えられているけれども、広い意味で正統派のパラダイムと両立しているし、そこになじんでさえいる。パラダイムが実践面で規制を緩め、折衷主義で矛盾を容認する立場をとればとくにそうだ。しかしながら大方とはちがう傾向の場合、そうはいかない。そのなかでもめだっているのが冒頭に述べたマルクス主義の最初の立場である。この立場に立つと、一般化された大文字の文学を特権的にとらえて、それだけで独立した価値の源泉だと言うことはできない。そのかわり、現実にあるさまざまな文学を歴史的なプロセスに関連づけるべきだと主張する。というのも、このプロセスのなかで根本的な対立や葛藤が必然的に起きてしまい、それが依然としてつづいているのであって、それと文学が無関係なはずはないからだ。それこそ『田舎と都会』を書いた意義であり、挑戦であった。

他にも既存のパラダイムとそれを支える職業機関とは両立できない立場がふたつあり、それが文化唯物論であり、根本から考える革新的な記号学である。なぜなら、これらの立場をとるとパラダイム自体をどうしても分析の対象とせざるをえないからだ。パラダイムこそが知の対象を権威的に決定するという考え方に納得できないのだから。

いま述べたようなちがいがあることを心に留めておかなければならない。これらのさまざまな立場が制度的にどうなっていくかはまだ様子をみないとわからない。大学や高等教育機関のなかには古いパラダイムの全体的もしくは部分的な見なおしがすでに図られたところもある。それでもなお、もっと歴史があり、もっと安定感のある諸制度や諸機関が今後どうなっていくかは非常に重要な問題である。とくにここケンブリッジではむずかしい質問をひとつしなければなるまい。各立場に方法論のちがいがあるだけでなく（授業であつかう材料は現実には重なっているとしても）知の対象についての考えが深刻なまでに根本からちがうとき、根本からちがう研究をひとつの科目の下に、ひとつの学部のなかで教えることはできるのだろうかと。あるいはこんな質問も必要だろう。人文学もしくは人文科学のなかの既存の分野を大規模に再編して新しい意味をもつ協同的な編成につくりなおさなくていいのかと。ほかの理由で寒々とした（じっさい貧窮している）研究風土にくらすわたしたちは、これらの質問に耳をふさぐべきではない。いまわたしたちが確実にできること、いや、しなければならないことは、みんなで率直に議論しながら学問の世界の根本に潜む最重要課題とはなにかを明らかにすることである。

（一九八一年）

訳注

〔1〕 当時のケンブリッジ大学英文学部で起きたコリン・マッケイブ論争のことを指す。マッケイブ（Colin MacCabe, 1949-）

はラディカルな構造主義者で、彼に長期在職権を与えるかどうかで、彼を推すウィリアムズら一部教授と保守派教授とのあいだに論争が繰り広げられたが、結果的に保守派の主張が通った。

〔2〕米国の科学史家トマス・クーン（Thomas Kuhn, 1922-96）の主著『科学革命の構造』（*The Structure of Scientific Revolutions,* 1962）で示されている定義のこと。邦訳版は中山茂訳、みすず書房、一九七一年。

〔3〕イギリスの文芸批評家I・A・リチャーズ（I. A. Richards, 1893–1979）著の『実践批評――英語教育と文学的判断力の研究』（*Practical Criticism: A Study of Literary Judgment,* 1929）のこと。

〔4〕「新聞スタンド」（literature stall）は新聞や大衆誌などをおもに販売する路上の露店のことを言う。

〔5〕F・R・リーヴィス（F. R. Leavis, 1895–1978）は一九三〇年代に雑誌「スクルーティニー」（*Scrutiny,* 1932–53）を主宰し、マルクス主義批評家を痛烈に批判した。リーヴィスについては本書所収の「走る男を見る」を参照。

〔6〕「客観的相関物」（objective correlative）とはT・S・エリオット（T. S. Eliot, 1888–1965）がエッセイ「ハムレットと彼の問題」（Hamlet and His Problems, 1921）において導入したことで広まった用語で、読者の心に特定の感情を喚起するように具体化して描写された状況および一連の事件を指す。

〔7〕ロシアの文芸学者ボリス・エイヘンバウム（Boris Eikhenbaum, 1886–1959）は初期フォルマリズムを主導。詩の徹底的な自律要件を考えた。ヴィクトル・シクロフスキー（Viktor Shklovsky, 1893–1963）は初期フォルマリズムの主要メンバー。「異化作用」の概念を洗練させたことで知られる。ヴァレンティン・ヴォロシノフ（Valentin Voloshinov, 1895–1936）は言語とイデオロギーとの関係を論じていて、初期フォルマリズムとは一線を画す。ミハイル・バフチン（Mikhail Bakhtin, 1895–1975）はフォルマリズムから出発しながらも、独自のカーニバル論やダイアローグ概念で構造主義およびポスト構造主義に幅広い影響を与えた。ヤン・ムカジョフスキー（Jan Mukařovský, 1891–1975）はチェコの文芸理論家。フォルマリズムと社会学との融合をめざした。

〔8〕ミハイル・バフチン『フランソワ・ラブレーの作品と中世・ルネサンスの民衆文化』（一九六五年）。邦訳は川端香男里訳、せりか書房、一九七四年、および杉里直人訳、水声社、二〇〇七年。

〔9〕フランスの文芸批評家ピエール・マシュレ（Pierre Macherey, 1938-）は師のルイ・アルチュセール（Louis Pierre Althusser, 1918–1990）のマルクス主義研究を自身の文学批評に援用した。主著に『文学生産の理論のために』（*Pour une théorie de la production littéraire,* 1966. 邦訳『文学生産の哲学――サドからフーコーまで』小倉孝誠訳、藤原書店、一九九四年）がある。イギリスの批評家テリー・イーグルトン（Terry Eagleton, 1943-）はケンブリッジ大学ジーザス・カレッジの大学院生であったときにウィリアムズを指導教官として博士号を取得した。一九七六年刊行の『批評とイデオロギー』（*Criticism and*

Ideology: A Study in Marxist Literary Theory, 1976. 邦訳『文芸批評とイデオロギー――マルクス主義文学理論のために』高田康成訳、岩波書店、一九八〇年）はアルチュセールのマルクス読解の強い影響がうかがえるが、師のウィリアムズ自身を「リーヴィス左派」として激しく批判した書物でもあった。

〔10〕 フランスの哲学者ロラン・バルト（Rolan Barthes, 1936-80）は『モードの体系』（*Système de la mode*, 1967. 邦訳『モードの体系――その言語表現による記号学的分析』佐藤信夫訳、みすず書房、一九七二年）でファッションについて記号学的分析をおこなっている。

〔11〕 Raymond Williams, *The Country and the City*, London: Chatto & Windus, 1973. 邦訳『田舎と都会』山本和平、増田秀男、小川稚魚訳、晶文社、一九八五年。

〔12〕 Raymond Williams, *The Long Revolution*, London: Chatto & Windus, 1961. 邦訳『長い革命』若松繁信、妹尾剛光、長谷川光昭訳、ミネルヴァ書房、一九八三年。

〔13〕 Raymond Williams, *Marxism and Literature*, Oxford: Oxford University Press, 1977.

成人教育と社会変化

成人教育と社会変化との関係を解釈する方法は、おそらくふたつあるだろう。明らかでいうまでもないことだが、そのひとつは成人教育だけでないもっと大きな社会の動きのなかで起きた変化に伴い、成人教育が制度化され、発展し、改正されてきたということだ。もうひとつはこれと比べると自明ではないが、わたしはかなりの程度まで成人教育史の内実に近いと思う。つまり、成人教育は社会を変える一プロセスになることを意図して設けられたし、ときとしてそれ自体変化の一翼を担ってきた。最初にあげた解釈にもとづいて歴史を語ることはずっとたやすい。それでいくと成人教育はメッセージを入れた小瓶であり、歴史という大海原の干満のなかを漂っていることになる。いい波のときもあれば、ひどい時化《しけ》のときもあるといった具合だ。しかし、わたしの考えはちがう。そういうふうに歴史をとらえ、成人教育と社会変化との関係をそのように解釈してしまえば、いかにこの解釈がやむをえないものでたくさん証拠があったとしても、成人教育を貶めることになりかねない。というのも、成人教育を解釈する仕方はじつにさまざまで今日でも片づかない論争にまで発展しているが、最終的に成人教育と呼ばれるようになるプロセスには中核となる野心があって、その野心とは社会を変える一プロセスをみずから担うことであったからだ。成人教育には過去いくつかの段階があったが、ある段階でとくに中心的な役割を果たしていた人びとによって、この野心は挫かれるか削がれてしまった。それでもやはり、成人教育がどんな影響を受けてきたにしても、その歴史が培った尊厳は依然として別のところにあるとわたしは思う。たしかに成人教育はしばしば副次的なものとみなされ、不安定で、しかも資金不足に悩まされてきたため、この方針かと思えばあの方針へとつねに方向転換を迫られ、ごくまれに一時の希望が与えられても、多くの場合裏切られてきた。それでも、もっと広い視野に立つと、成人教育はたんに変化に左右されるだけのものではなく変化の一プロセスになりたいという野心をいだきつづけてきたことは事実であり、そこにこそ成人教育の尊厳はあると思う。

わたしはオクスフォード大学での、とある重要な常任委員会の模様を覚えている。その委員会の席上、一世代前の伝統を依然として代表・代弁しつづけていたG・D・H・コール教授が敢然とこう言い放った。[1]「わたしは成人教育がどうなろうと知ったことじゃない。興味があるのは労働者教育だけだ」。ここでコールは成人教育を社会変化の一プロセスとして解釈している。当時、厳密な意味での労働者教育よりももっと対象を広げた成人教育を求める声が上がっており、コールの耳にはまずまちがいなくその声が届いていなかったし、コールが述べたような意見は時代の新しい声と衝突していた。だが、ほかのところでもまた衝突が起きていた。この声は要職にあるお歴々にも新しい悩みの種であった。というのも、彼らは成人教育を大学制度の新しい性格として取りこもうとしていて、どうあってもその反対の流れ、つまり大学が成人教育に取りこまれることを認めたがらなかったからだ。成人教育が既存の教育機関に対しておこなってきた教育的な挑戦の全史こそが問題となっていた。というのも既存の教育機関は、自分たちの世界のなかだけで実績を上げてきたので、非常に狭くて特権的、それに凝り固まった世界観をもつ危険をいつも抱えていたからだ。緊張は同等の立場で取り組まなければならなかったし、挑戦もまた同等の関係でなされなければ意味がなかった。ところがじっさいはいつでもみえない優先事項があって、その事項は精神にかんすることではなく資金の配分や委員会の構成といったことばかりであった。優先事項といえば、いつでも向こう岸のお上がもってくるように思えた。そうなると結果的に、成人教育の教師たちが社会変化のプロセスにかかわっていて、重要な貢献をしているという考え自体うさんくさく思われた。一九四〇年代、五〇年代という時代にはとくにこの思いが強かった。当時はほとんどすべての教師が自分たちの知的力量を隠していた。それほど政治的に危険な時代だったからだ。

成人教育の意義についてどのように語っても論争の火種となった。それだけではない。その意義をおなじように積極的に考えながらも、かなり偏った粗雑な見解が社会に蔓延しており、そのせいで問題はますます複雑になった。ほんとうにこれは粗雑な見解で、わたしたちの教育実践ですらイデオロギー色の濃厚な訓練とプロパガンダに変えられてしまいそうであった。しかし、わたしたちは右か左かのいずれも誤った立場のあいだに交わされるこの種の議論に満足しなかった。唯一正しい立場は別にあったし、その立場にはいっさいのブレもなかった。成人教育の推進力はたんに社会の不備を改善し、より開かれた社会を求めて不適切な教育機会の埋めあわせをすることだけにあったわけではない。また、社会の新しい要求を受けたものであったにしても、その要求にたんに答えるためだけにこの動きが生まれたわけでもなかった。学ぶことそれ自体を社会変化の一プロセスにしたいという欲求が推進力となって、最深部から突きあげていたのだ。成人教育を考えるうえで、そのことが大事であった。どうやるかはいつでも問題になったし、いろんな方法が試されてきた。しかし、ひとたび底流にある強い意志を忘れてしまえば、ほかの教育機関とは根本からちがう歴史はもちながらも、それらの機関と大同小異になりかねない。

十九世紀の社会が現状よりもっと教養をもち、かつ科学的な文化を生みだしたいと意識した結果、新しいタイプの諸機関を生みだし、ひいては意図して成人教育と呼ばれる機関を設立したことは事実である。しかし、わたしはこの動きのごく初期にコベット[2]が言っていたことをたびたび思い返す。当時はある職工の教育機関の設立のために資金が募られていたころで、コベットも趣旨に賛同して五ポンド寄付している。十九世紀初頭の貨幣価値を現在の価値に換算すると、五ポンドといえば高額の寄付であった。しかしながら、コベットはわざわざこう付言している。「この土地の労働者階級への敬意と思い入れの徴しとして、わたしはこの五ポンドを寄付した。それに、これらの階級の人たちと彼らのことを傲慢にも「下層階級」と呼ぶ人たちとを比べて、知性の点でなんら変わりがないことを証明するものならどんなものにでも賛成だという気持ちを示そうとしたのだ。だが、わたしには懸念がないわけではない。この機関が本来の目的を変えて職工たち自身にとっていちじるしく有害なものに変節しはしないかと。どういったたぐいの人間が彼らのあいだに入りこむのか、わたしはどうしてもみておきたい。……職工のみなさん、わたしは心からあなた方の成功を祈っているが、あなた方がけっして騙されることのないようにと心より祈る。もし万が一、本物の職工以外の人物があなた方のあいだに入りこんできて、この関心事を牛耳るようなことになれば、あなた方はまちがいなく騙されてしまうだろう。あなた方が善意でおこなったとしても、狡猾な悪党はたくさんいて、代価としてあなた方の居場所や年金を巻きあげてしまうだろう[3]」

コベットが教育にかんして権威者だからという理由で、彼を引き合いに出しているわけではない。彼自身が成人教育の偉大な実践者であった。この驚異的なまでに独学の人は成人教育という名前が公式になる以前から、地に足をつけた成人教育にたゆまず携わっている。しかし同時に彼は、その後に議論されることになる大方の方向に沿って成人教育が進むことにきわめて懐疑的であった。なぜなら彼には、教育とは手放しにすばらしいものだなどという気持ちはさらさらなかったからだ。まさしく教養による感化といった考えが出てくる以前であったので、彼は知的生活に憧れることなどなく、熱狂することもなかった。教育を通して人びとが自分たちの生活を理解し、よりよく管理できるようになるのか、それとも教育とはコベットが広く緩やかな意味で、しかも皮肉を込めて「慰めのシステム」と呼んだものの一部にすぎないのか、これは彼にとって区別しなければならない大問題だった。両者を明確に区別すると彼が考えたのは、いつでも教育の中身であり、教育が制度化する過程で人と人とのあいだに生まれる諸関係であった。しかし、この「慰めのシステム」のほうはコベットの時代から百年後にもプレブス・リーグのスローガンのなかで繰り返されることとなった。いわく、「階級意識に悩みすぎないで。オクスフォードにおいで。そうしたら癒されるから[4]」。

先ほどコベットから引用した箇所で、彼は「どういったたぐいの人間が彼らのあいだに入りこむのか、わたしはどうしてもみておきたい」と述べていた。わたしはこの言葉が気になって仕方がない。とても有能な人間が職工とその弟子たちのあいだに入りこみ、彼らに世界を教え、そのなかで彼らが果たす役割がどれほど大きいかをみごとに諭したという例は、じっさいの成人教育の歴史のなかにいくつもある。同様に、コベットが懸念したような輩がうまくつけいったことも事実である。そうした輩は成人教育がどのように動くことになるかが最初からわかっていたため、うまくつけいることができたのだ。たしかに、現状よりもっと教養をもち、かつ科学的な文化をつくりあげるためには、成人のために新しくカリキュラム化された教育を導入する必要があった。しかしながら、この制度立ちあげの初期の段階には次の段階が待っていた。わたしがもっとも気になるのは第二の段階にあらわれた混線した現象である。というのもわたし自身、このことについてはわたしの教育実践とほかの人たちの教育実践とを照らしあわせながら、ずいぶんと考えこんできたからだ。この第二段階に成人教育はとくに大学との連携を深めはじめ、いわゆる正味の成人教育の歴史がじっさいに始まる。大学となんらかの連携を図る必要があることは最初から明らかだった。この段階、なかでも十九世紀末の約三十年間、大学公開の動きがもっとも活発となった時期に、あるとても興味深い出来事が起きている。この出来事を引きあいに出せば、当時のイギリスの文化を二分する深刻な意見の相違がよく理解できると思う。意見の相違と言ったが、一見するとよく似ているのでわたしたちはよく混同してしまう。つまり、社会的良心という発想と社会意識という考え方である。

疑いようもなく大学公開の動きの大部分はある種の社会的良心の産物であり、その功績にある程度敬意を払うべきだろう。きつい仕事をしている人間たちが物質的に貧しく恵まれない環境で生活していることだけに人びとが目をむけたわけではなかった。こうした人間たちがかなり聡明で、勉強したいとも思っているのにその種の才能を開花させるのに必要なわずかばかりの学習の機会すらもちつづけることができないと知ったのだ。この良心がもたらした意識に伝道の意識、つまり社会のなかで不利益を被っている人びとを救済しに赴くという意識も含まれるとするならば、そのことにも敬意を払うべきだが、もちろん手放しで受けいれるべきではない。というのも、この意識をもったかなりの人たちがみずからの学識を人間的に活用しようと努め、事実、この貧窮に苦しむ環境に役立たせようと試みたからだ。しかしこの発想には当然つきものだし、これら当時の篤志家の大多数にいえることだが、自分たちは知識や思いやりを民衆にもたらしているのだという信念が強かった（彼らがどのくらいの期間、この種の信念をもちつづけられたかは想像しないでおこう）。彼らはじっさいに知識を活用することはなかった。なんらかの系統立った学問の成果を取り入れることもなかった。また、学識経験者が知らない貧しい人びとの世界には、じつにしばしば内実を伴った経験が培われていたのだが、そのような経験と学問の成果とを相互に照合してみることもしなかった。やったことといえば、たんに学問それ自体を持ちこんだにすぎない。人道的であろうとしたにすぎない。この時期に書かれたものを読むと、立派な生涯を送った人びとが「人間らしくする」とか「洗練させる」といった言葉を頻繁に使っていて、その多さに驚いてしまう。もちろん彼らによって人間らしく洗練させられる対象は、たいていは貧しい人びとであった。しかし、彼らの意図どおりのことは現実には起きなかったのも事実である。

不平等な教育機会しか与えられないシステムのなかでは、不利益を被っている人びとが事実上いることはだれもが知っている。より多くの教育機会をもち、よりよい教育が受けられ、しかも継続して学習をつづけることのできる人びともいれば、まったくそうでない人びともいることはわかっている。しかし、この分断の両側をつぶさに観察する機会はふつうありえないので、気づかれていないことがほとんどだ。つまり、教育の機会が均等でない社会では、ある特徴的な無知が学問のもっとも大事なところに蓄積されるということだ。学問のどこがもっとも大事かは学問のなかだけで決まる。学問が学問とはなにかを規定する。なにが研究のテーマであり、なにがそうでないか判断を下すのは学問それ自体である。また、なにが証拠となり、なにが証拠とならないかも学問の内部で決められている。ふたたびコベットを引用させてもらうなら、彼がまさにこの点を歴史教育に関連づけて考えていたことがわかる。彼は述べている。イギリスの歴史は「ロマンス物語となんら変わらない。ありていに言うと、内容は戦争や交渉事や陰謀、ライバルの君主間や貴族間の小競り合いにかぎられているし、登場する人物も王と妃と愛人、司教や僧侶といった者ばかりである」[5]。コベット自身の説明によると、この引用はとても聡明なひとりの若者と彼が談笑していたときの話で、その若者はさまざまな書き手によるイギリスの歴史を読みかじっていた。コベットはつづける。「わたしは会話の話題を変えてみた。すると、若者がふと漏らしたことから、十分の一税や教区、救貧税や教会維持税、数百件にもおよぶ陪審員制の停止について、ここイギリスでどのような経緯があったのかじっさい彼はなにも知らないことがわかった」。そこでコベットは主張する。「こんなことは肝心ではない[6]。むしろ、民衆のくらしぶりはどうだったのか、日雇い人夫は日にどれくらいもらっていたのか、それに食糧の物価はどうか、日雇いの服装はどうかなどなど、わたしたちは知りたくなるのだ」

さて繰り返しになるが、わたしはコベットが権威者だから引用しているのではない。彼以降に書かれた数百という文章で、彼が指摘した要点は繰り返し主張されたし、彼の言葉も誤解されながらも引用されてきたからだ。というのも、不利益を被っていると考えられる階級に、もしくは当時の一般的な説明では一握りの例外的に優秀な個々人に知識を一方的に伝授する関係が明らかに意識されてきた。ところがである。ここで分断としてとらえられている両方の側に現実には不利益が生じているのに、そう考えられることはめったになかったのだ。わたしがこんなことを言うのも、まさに学問の中心部に決定的な不利益があったからだ。そもそも同国の人びとのくらしについていえば学識経験者のまったく知らない世界があった。成人教育がたんに「人間らしくする」とか「洗練させる」手順としか考えられないときに、伝道の熱意をもって出かけた篤志家が生徒である労働者との激しい会話のやりとりを経験したことを考えてみよう（ときたまではあるが経験したはずだ。たいていの場合、とても素直な敬意をもって迎え入れられたが、それでもたしかにあった）。たとえば、こんな質問が飛んできた。「この学問とやらはおれの生活とどこで結びつくんだい」（このたぐいの質問はよく功利主義からの発想だと単純化されて言われがちだが、けっしてそうではなかった）。そう尋ねられると、「洗練させる」とか「人間らしくする」といった考えはとたんに教育のためにならなくなった。

ほかにも教育のためにならない考え方があった。たとえば議論するときには言葉遣いを和らげるべきであるとか、論争の的になるような昨今ご時世の話題は避けるべきだとかである。それに、このころつくられた特定の科目が以来今日にいたるまでこの種の考え方を支えてきた。なぜなら、これらの科目がまさしく防波堤となって、公式の学問の地位と性格を脅かしかねない世界に人びとの目をむけさせないようにしてきたからだ。

　十九世紀末に始まる次の時代に目を転じると、プレブス・リーグとＷＥＡとのあいだでの一悶着がまず思い起こされる。〔7〕その諍いのひどいときには、プレブス・リーグの目にＷＥＡの人間は追従者にしか映らなかった。悪しざまに「大学の門の前に立ち、労働者たちにこの種の大学意識を植えつけようとそそのかす追従者たち」と呼んでいる。しかし、このころのＷＥＡはそれだけをおこなっていたわけではない。ＷＥＡはまた、優秀な教師陣を通じてもっとも声高の要求の声に答えようとしていた。その意味で、洗練を求める声や比較的無骨な人びとを人間らしくしろという声に答えていたわけではないし、ましてやそのような声を引きだそうとしていたわけではない。そんなことをしても、社会変化は現実には起きないからだ。固く結束しているいると同時にみごとに組織された人びとがいてはじめて過去に社会変化が起きた。学問の意味が大きく変わったという点では、二十世紀の最良の成人教育にもおなじことがあてはまる。これは通過すべき一段階であったのであり、これを経たとき、学問は社会変化をたんに映すだけでなく社会変化に大きく貢献できたのである。

　トーニーの成人教育はいまでは古典になっている。〔8〕なぜならトーニーには学者らしい実直さがあって、すでに歴史家として高名になったあとでさえ、イギリス国民の歴史には彼がほとんど知らない世界があることを認めたからだ。これはのちになって経済学の世界に影響を与えたと思う。だが、すべては確実に戦後のことだった。もしわたしがこのことをひとつのお話として紹介することが許されるならば、当時わたしは塀の内側の大学つまり構内で教えはじめたばかりだった。ちょうどおなじころ、リチャード・ホガートも大学に移っていたが、わたしたちは構外の公開講座やＷＥＡの授業ではごくごくおなじみの教え方で教壇に立ち、現代文化も含め芸術や文学を歴史に関連づける授業をおこなっていた。すると唐突すぎたのか、大学のお偉方にとってこの種の授業ははじめて経験するものだったので、口ぐちにこうささやかれた。「なんてこった。カルチュラル・スタディーズとかいう新しい科目ができたのか」[9]と。ところが遺憾なことに、最近の百科事典をみると、一九五〇年代後半にこれこれの本が出版されることでカルチュラル・スタディーズが始まったという説明にお目にかかる。こんな説明を真に受けないでほしい。芸術や文学をとりあげ、それらが歴史と現代社会にどのようにかかわるかを教えるなかで、物の見方が大きく転換したのは成人教育が最初であった。それ以外のどんな場所でも、物の見方が変わることはなかった。成人教育でこの経験を積んだ人たちが大学に移って再現したとき、カルチュラル・スタディーズはにわかに科目として認識されたのだ。こうして、またはこれと似たかたちで成人教育の活動自体がまさに社会変化をもたらしたのであり、とりわけ学問の世界を大きく変えたのである。

さて、社会のなかの不利益という考え方が抜け落ちた戦後の時代を生きるいまだからこそ、これはどうしても言っておかなければならない。よく言われたことだが、戦後に普通教育はあたりまえとなり、いつも目を瞬かせて「じつに頭のいい子」と呼ばれる子なら行きたい学校はどこへでも入学できるチャンスはあるので、不利益を被っている人たちはいちじるしく減ったか、もはやいなくなったと思われた。こうして食人種は絶滅し、したがって伝道はもはや必要ないと考えられた。無骨で、生まれつき頭はいいが読み書きのできない人の数は大幅に減ったし、以前と相も変わらぬ人間はそもそも学ぶ気がない。そのため、成人教育は到達すべき限界に達してしまった。この状態が成人教育を始めた唯一の目標であったとすると、目標はすでに達成されていた。成人教育は廃止しても問題のないもの、過去の神話にしてもいいものになった。じっさい神話になったが、それだけではすまず、成人教育を廃止しようという真剣な動きが現実にあったし、それはいまでもつづいている。

学びたいという意欲や能力が一方にあり、つねに提供される学問の形態がもう一方にある場合、わたしたちは現場で両者の関係を考えると複雑な立場に立たされる。政府が教育についていだく粗雑な発想では、いつも示される前提はおなじである。いつでも学究のための教育と呼ばれるものが前提となっており、学究的な精神と呼ばれるものさえあると考えられている。また、あろうことか学究向きの生徒がいることを前提にしている場合もある。こうして学究のための機関は潜在的に学究生活にむいている人や生徒のために存在し、学究生活にむかない人や生徒は、そんなものに煩わされずにすむのでずっと幸せなことになる。「学究」というじつにすばらしい口実があるために、成人教育やそれに類する教育が提起した教育問題はたんにはぐらかされてしまう。わたしがこう言うのも、人びとのくらしと教育とが乖離しているからであって、人びとのくらしとは、こちらが与えてむこうが受けとるといった単純なやりとりではけっしてないからだ。なにかを学ぼうとすると、どうしてもいくつか障碍ができてしまう。そのひとつは、たまたまいま学ぶことのできる科目とあなたが学びたいと思っていることとが直接結びつくのかという問題である。こうしたやっかいな問題は教育システムのすみずみに深く喰いこんでいるので、よこしまなもくろみをもつ人間だけが、もう教育できるところまでは教育し尽くしたなどと愚かな結論をつけたがるのだ。

じっさいのところこの問題にかんして最後に調査をし記録にとったのは、冷戦下の国民兵役の時代であった。国民兵役というそれ自体喜ばしくないことがおこなわれたが、そのほかの点では申し分のない時代であった。当時は新兵に対して知力テストが実施されていた。なにもこのテストを信頼すべきだと言うつもりはないが、テストの結果からわかることがある。とても興味深い事実がある。一九五〇年代後半に実施されたこの知力テストの結果、分類ではもっとも知力の高い区分に属する約半数の新兵は、最低限の教育しか受けていなかった。しかしこの時代、成人教育などの代替機関が不利益を被ってきた人びとの知力を立派に引きあげたことが噂どおりに真実であるならば、それを経験したかなりの数の人がこの区分に含まれていてもよさそうなものである。これはわたしの強い信念を支えるひとつの客観的な証拠である。つまり、たんにどれくらい学習能力があるのか、学びたいという意欲がどれくらいあるのかが問題ではないのだ。学習能力と意欲をもった人間がいつでも学べる内容にむきあう場合と、おなじ人間が人生のある局面でおなじ内容に必要を覚える場合と、予期せぬめぐりあわせがあるということが大事なのだ。当然ながら成人教育に携わる教師たちは、この点をたびたび指摘してきた。そうすることで、成人教育に終止符を打とうとするイデオロギー色の強い乱暴な企てを挫くことができる。なぜならこの企ては、頭のいい少年少女たちはもはや全員教育システムを通って社会階梯の上まで登りつめたことを理由にしているからだ。悠長に構えるのでなく、この企てを挫かなければならない。だが現実には、教育にかかるお金を出し惜しんだり、教育への態度をほんの少し変えたりするだけで、この乱暴なイデオロギーは自己満足の予言になる可能性だってある。そうなると人びとも成人教育をまともに相手にしなくなり、成人教育立ちあげ当初、上のほうで想定されたことを証明するも同然になってしまう。

労働の性格や現代のコミュニケーション網の発達、そのほか教育の性質をともかくも大胆に目にみえるかたちで変えたもろもろの要因は社会を覆う大きな客観的な推進力となって、社会に変化と動きをもたらした。しかしこの大きな動きと比べても、今日成人教育が直面している変化ははるかに大きい。社会の大きな動きには、わたしたちはだれもが順応しなければならない。だが順応とはいっても、教育のためにならないイデオロギーに順応することとは意味がちがう。思想界や教育界でいまや大きな権力を握っている現在の食人種をみていると、たんに社会的良心で接する伝道者たちをもう一度送ったほうが不利益を被っている人たちのためになると、ときどき本気で思ってしまう。しかしそれでも、いまの権力者が分析するとおりに歴史をとらえてしまうと、成人教育をみずから名乗っている活動が身を置いている非常に危機的で錯綜した状況を自覚的に見極めることができなくなってしまうだろう。

成人教育にかんしてもうひとつ、非常に興味深いことがある。成人教育をめぐって、たしかにもめごとは多かった。成人教育の雰囲気や政治的傾向をどうするか、なにを教えるべきか、まただれが運営するべきかについてはまずプレブス・リーグとWEAとの一悶着があり、その後はWEAと労働党《レイバー》コレッジ〔10〕とのあいだの論争に飛び火し、こうした紛争は象徴的な出来事として今日まで記憶されている。もちろん、ほかの組織と比べるとWEAは財政基盤がしっかりしており、大学からの協力や政府の認可などを得て強みもあったけれども、それでも人びとは成人教育によって社会を変えるのだという強い意識をもって教壇に立った。これは興味深い事実である。とりわけ一九三〇年代はそれが顕著だった。この教師たちはふつうの人たちで、わたしの経験からいうとほとんどみな善良な人たちばかりだった。彼らは具体的な点で社会を変えようという思いを胸に成人教育に足を踏み入れたのだ。古くからある社会的良心に心を動かされたわけではない。恵まれない人びとに同情して伝道者を務めようと思ったわけでもない。むしろ当時は新しい危機に備えるのにふさわしい社会意識が求められており、時代にふさわしい社会意識をつくりあげる過程に熱意をもって身を投じた。この新しい危機とは当時戦争だとか失業、それにファシズムとして説明されていたが、いずれにせよ現代資本主義社会の危機全般として感じられているものだった。おなじような社会意識はどこにでもみられたが、それでも彼らは成人教育を選んだ。プロパガンダをおこなう気はさらさらなく（ほかの旗色が鮮明な機関のほうがもっとやりやすかっただろうが、それはせずに）、いま必要な社会意識をつくりあげることを最優先の課題としていた。それに伴う大きな困難、つまりいま述べたような意志をもつことでその世代が抱えこんだ心理的かつ理論的そして社会的な葛藤についてはまだ十分に説明されていないと思う。なぜなら、それについてごく単純化して述べるのを避けるならば、たとえば政治的に非常に困難になっていたなどと述べてすませないとしたら（じっさい、それほど単純ではなかったからだが）問題はまるごとすべて別のところにあったからだ。教師はなんらかのメッセージを携えて、自分だけで考えたメッセージを小瓶に詰めて教育の現場にやってきた。その後、成人教育の経験にずっと身を捧げていれば、どうしても学ばなければならないことがあると気づいた。それはつまり、成人教育の目的は正しい社会意識をつくりあげることだと納得した人びとでさえも、そのためにメッセージなんぞ必要としていないということであった。人びとが問題の解決を望んでいなかったわけではない。そうではなくて、自分たち自身の解決を望んでいたのだ。

それからいくらか時間が過ぎたあとでも、メッセージが受けいれられるか拒まれるか、あるいは修正されるかといったことは問題にはならなかった。（嫌味で言うつもりはないが）要はメッセージの中身をなににすべきかであった。この時代に授業内容を大きく広げ、科目も増やす動きがまさに起こった。いまから振り返って考えると、これは教育実践の複雑に入り組んだ状況のなかから生まれた発想だったと思う。その際にはメッセージの中身をどうするかよりもどういった証拠があるか、資料をどこに当たるべきかがじっさいの問題であった。

ひとつ例をあげよう。記号のもつ価値や意味について考えていたときに、具体的には芸術と文学について考えていたときに発想の転換が起きた。それ以前にもこれと似たことは芸術や文学を教える授業ではよく起きていたが、たいがいの場合、芸術、文学以外の社会のほかの領域でも起きたことを反映しているという説明ですまされてきた。新しい発想というのはまさにこうした芸術や文学の活動についてであった。いつの時代であっても、芸術や文学それ自体が社会一般に通用する意識をつくりだし、その意識を具体化する役割を多少なりとも果たしてきたのではないか。その際、この意識はどこかほかの特別な資料を使って教えこまれるのではなく、文学のように社会生活のなかでごくふつうに手に入る資料をもとに植えつけられたのではなかったか。それでもなお芸術や文学は芸術や文学以外の何物でもないので、それ以外のものとしてあつかわれないのではないか。このような発想の転換が成人教育をますます複雑なものにした一因であった。かつて成人教育の教師をしていたとき、経済学か政治学を教えられなければ二流の市民だと感じた時代があった。なぜなら、それこそが社会意識をつくりだす仕事だと真っ先に考えられたからである。わたし自身こんな経験がある。わたしが最初の年に受け持った四つの少人数授業は、すべて国際関係論関連の科目に含まれていた。ところが不思議なことに、翌年には四つすべてが文学の授業に変わったのだ。どんな経緯があってこんなことが起きたのかはこれまで十分に説明されてこなかったと思う。しかしわたしはこの科目変更のために、いわゆる認可を得たりしなかった。それに、いまでもやはりみなさんにその事情はわかってもらえると思う。たとえば、みなさんのうちだれかが「この冬から新しい授業が始まるに際して、なにをいちばん意識したらいいのでしょう」と言ったとしよう。それにつづけて、たいていはこう尋ねるのではないだろうか。「核武装解除やイギリスと世界の経済状況以外にこの冬話し合うべきことはありますか」と。わたしはこれらの問題のどれひとつとして軽くみるつもりはない。わたしが言いたいのはこうした発言の陰に古い発想が働いているということだけだ。その発想にしたがうと、いまあがった問題を話し合わないと、しかもそれだけが大事だというふうに話し合わないかぎり社会意識は生まれないと考えてしまうのだ。そして、戦後に興味深い発想の転換が起きた。今日それがもたらした政治的な余波のためにこの転換に気づかない人たちのなかには面喰らっている人もいる。もうひとつ実例をあげさせてほしい。わたしが一九五〇年代の新聞と広告について授業をおこない、それを本にまとめていたときに、政治学を専門とする同僚のひとりがわたしにこう尋ねた。「なるほど、かなりおもしろいとは思うんだけど、それがいったい政治となんの関係があるんだい」。新聞が政治と深い関係にあることがわかった一九八〇年代現在の視点で過去を振り返ると、わたしの同僚のように鋭い洞察力をもち熟練した政治学者と自負していた人たちが、じつはなんとナイーブで無邪気だったことかと思わずにいられない。

　わたしが以上のように述べてきたのも、現実の社会意識が生まれてくる過程は非常に複雑だからである。また、自分が生きている時代に働いている意識の核心に迫り、それを知るためには、いつでも同時代の最新の事柄を考察するほかないからである。最新の事柄を考察すれば、たしかに既知の事柄の多くを更新することにもつながるが、それだけでなく以前には無視されていたようなたぐいの証拠や影響、それに変化も議論に乗せることができるだろう。だがそこで、もうひとつわたしたちにプレッシャーがかかる。政治学や経済学が混沌としておもしろみのないごた混ぜの事象を考察しているのに比べると、最新の事柄は考察しがいがあるし、やっていて楽しい。政治学や経済学は人類の現実の営みを対象としているのに対し、こちらは美しいものを対象にしている。そんな思いがどうしてもプレッシャーになる。しかしながら、わたしたちは絵画様式の変化や建築技法の変化、あるいは文学形式の大きな変化をつぶさにみることで社会関係と人びとそれ自身が変わっていく様子を知ることができる。また、人は自分の価値や人間関係とはちがう価値や関係に遭遇するたびにそれらを解釈しようと努めるものだが、その解釈の仕方に使用する記号の意味が決定的な役割を果たしており、だからこそ記号は文化の変化を知る証拠として欠かせないとわかる。このような新しい認識が結果的に生まれた。成人教育に携わって社会意識を立ちあげたいという単純な立場は、その理念を失ったのではなく方法を変えたのだ。もちろん、成人教育の現場では当時ほかにもさまざまな変化が起きた。社会的に不利益を被っている人間がいなくなったと言われはじめたことがひとつ、教育制度がお役所的に型にはまったものになったこともまたひとつである。それ以外にも、新たな財政的支援を受けて、人間と市民の総合的育成の意義にかなう仕事や役目を生徒たちが担っていけるように訓練すべきだという声も強くなった。さらに成人教育の評判をよくしすぎては困るが、それなりによくしろとはいつも言われつづけていた。古いタイプの文系教師は外され、産業界の専門技能訓練士がやってきた。しかしそれでもなお、この困難な状況下に新しいタイプの文系教師たち、公教育を真剣に考えていた教育者たちは粘り強い活動をつづけていたのである。

社会意識を立ちあげるためには、現実という地に足をつけていなければならないし、世界を現実的に理解していなければならない。さらにいうと社会意識は、上辺だけみて〈政治的〉であるとか〈経済的〉であるとかみなされる単純な世界をこえて存在する。そのことは現場の成人教育が実践してみせたとおりである。社会意識がたんに社会変化の副産物や反映としかみなされないならば、その意義は弱められてしまう。社会意識がフルに機能しているときには、それは社会変化にまさしく大きく貢献してきたし、変化をもっと求めている社会秩序にいまも寄与しつづけている。それも、過去には例が見当たらないほど現実の状況には無自覚なまま働きつづけているように思う。というのも、わたしたちが生きている社会秩序のもとでは社会はどの大事な部分に不案内で、どの大切な部分をおぼろげにしか意識できず、そのためどの肝心な部分で成人教育の共同作業がまだ中心的な役割を果たしうるのか、じつのところわかっていないからである。

（一九八三年）

訳注

〔1〕G・D・H・コール（George Douglas Howard Cole, 1889–1959）はオクスフォード大学の政治経済学者。二十世紀前半の四十年にわたって、「労働者教育協会」（WEA）の運営に積極的にかかわった。

〔2〕ウィリアム・コベット（William Cobbett, 1763–1835）はイギリスの急進主義的な政治家、ジャーナリスト。一八〇二年から週刊「ポリティカル・レジスター」（*Political Register*）を発刊。産業社会の弊害を指摘し、社会改善を主張。主著に『田園騎馬紀行』（*Rural Rides*, 1830）がある。ウィリアムズはコベットを『文化と社会』（*Culture and Society*, 1958）の冒頭でエドマンド・バークと対照させて論じており、単著でコベットの評伝も出している（*Cobbett*, 1983）。

〔3〕コベットが発行していたジャーナル「ポリティカル・レジスター」からの引用。一八二八年十一月一五日付のジャーナルで、コベットは「職工の教育機関」（Mechanic's Institution）という記事を掲載していた。

〔4〕「プレブス・リーグ」（Plebs' League）は一九〇八年に、オクスフォードのラスキン・コレッジを中心に組織された成人教育運動の団体。労働者にマルクス主義の基本理念を教えることをめざした。

〔5〕コベットの『若き人びとへの提言』（*Advice to Young Men*, 1829）からの引用。

〔6〕この引用の直前の箇所で、コベットはエドワード三世の宮廷生活を描写している。

〔7〕WEAとは一九〇三年に設立された「労働者教育協会」（Worker's Educational Association）のこと。十八歳以上の社会人を対象とした教育機関。

〔8〕R・H・トーニー（Richard Henry Tawney, 1880–1962）はイギリスの経済史家。穏健な社会主義者として知られ、初期の成人教育運動に貢献した。

〔9〕リチャード・ホガート（Richard Hoggart, 1918–2014）は、ウィリアムズとともにイギリスのカルチュラル・スタディーズの創設者とみなされている。一九五七年刊行の主著『リテラシーの効用』（*The Uses of Literacy: Aspects of Working Class Life*. 邦訳『読み書き能力の効用』香内三郎訳、晶文社、一九八六年）は、ウィリアムズの『文化と社会』（一九五八年）とともに、カルチュラル・スタディーズが始まるきっかけとなった著書と言われることが多い。

〔10〕「労働党コレッジ」（Labour Colleges）とは、労働党が母体となって一九〇九年に設立された成人教育機関。マルクス主義を人びとにわかりやすく教え、労働組合組織を充実させることをめざし、イギリス各地で教育を実践した。

わがケンブリッジ

そこはわがケンブリッジなどではなかった。最初からわかりきっていた。この大学でこれまでわたしは三つの別々の期間、都合十八年を過ごしてきた。三つの期間のそれぞれで、最初にまずそこにいることに驚き、それから日を追ってそれなりに身を落ちつけてきた。だがいちばん長くいたときでさえ、かりそめの滞在という思いをつねにいだいてきた。

驚きを覚えたというのは、三つの期間のいずれも、みずから進んでこの地に来ることを求めたり応募したりしたわけではなかったという事実とかかわる。ケンブリッジをはじめてみたのは学部生としてトリニティ・コレッジに入学したときのことで、それまでは事実上なにも知らなかった。アバーガヴェニー〔著者の出身校であるグラマー・スクール〕の校長がアベリストウィス〔ウェールズ西部カーディガン湾に望む大学都市〕で学位を取ったあと、一年間トリニティで学んだ縁があった。わたしは十六歳で旧制度の「中等学校卒業認定試験」を受けて「国費奨学金」を得た。それまでは大学進学の話などまったく出なかった。校長と父がその件で面談し、校長はトリニティに推薦状を書いた。先方から合格通知が来て一九三九年十月の入学が決まった。これが事の次第だ。それから、その間にほかのもっと重要な事態が出来していたものだから、学部生としては二年間在籍しただけで陸軍に召集された。それからちょうど四年後、一九四五年の十月中旬、わたしの所属する連隊はキール運河〔1〕にいて、わたしは次にビルマに配属される連隊長のリストに入っていた。当時BLA、すなわちイギリス解放軍（British Liberation Army）と呼ばれていた任務だったのだが、それはたいていBurma Looms Ahead〔ビルマの不気味な影が迫る〕と言いかえられていた。ある朝、司令部から呼び出された。配属が決まったのかと思ったら、それはいわゆる「クラスB除隊〔2〕」の通告で、ケンブリッジ大学トリニティ・コレッジに復学せよとの指令だった。第三学年〔英国の大学では学部の最終学年〕の一学期がもう始まっていて、大学は翌年六月まであった。その学年の終わりに大学院奨学金をもらえることになり、研究者として大学に残ることを考えた。だがあまり乗り気にはなれず、しかもすでに扶養家族がいた。オクスフォード大から成人教育の仕事を得て、その後の十五年間はそれを生業とした。その期間、ケンブリッジを訪れたのは夏期講習を一度担当したときだけである。そのおりは周囲を見まわして道はわかるものの、まったく見知らぬ場所にいるように思えた。それから一九六一年の春、ある朝郵便物を受けとりに階下に降りて一通の手紙を開けると、それは三行の文面の公文書で、ケンブリッジ大学英文学部の講師に任ずると記されてあった。そのポストに空きがあることさえ知らずにいて、たしかに自分で応募したものではなかった。成人教育の仕事のほうは思わしくない方向に変わりつつあった。その後二日間にわたって別の手紙が数通来た。本来なら先に届いて事情を説明することが図られていた手紙だった。そちらにはそのポストを受けるように検討されたいと書いてあったが、すでに賽は投げられており、じっさい、わたしはこの申し出を喜んでいた。そのあとで特別研究員《フェローシップ》職の人事選考を受けるためにジーザス・コレッジを訪れる奇妙なエピソードがあった。結局それが通り、一九六一年の夏にケンブリッジにもどった。おそらく定年までとどまることになるだろう。

この三つの時期のそれぞれで、ケンブリッジはたいへん異なる様相を呈した。その場所のイメージのなかには根強さ、持続、安定といったものがあり、ほとんどの建物にそれがはっきり刻印されている。ある種の精神も根強く残っているといえるのかもしれない。オクスフォードと明らかな類似点があるが、それにもかかわらず根本的なちがいにもはっきり気づいていた。だがこうした長い期間にわたるケンブリッジをみるには、距離を置いてみなければならない。それをいちばん感じるのはよそに出かけたときか、たまに訪問者を案内するときだ。そのときにみえてくるのはすべてに通じることであり、それなりにあたっているのだろう。だがこの三つの期間のそれぞれで、間近でみることにより、そして下位文化集団《サブカルチャー》と思われるものの内側でわたしはまったく異なる仕方でこの場所を知ってきた。これらの下位文化集団は滞在の時期と期間で変わる。本質的なケンブリッジと思えるのもあるし、特定の時期のケンブリッジと思えるのもある。わたしにはその区別がつかない。この三つの期間で、この場所がまったく別のものに思えた。頭に焼きついているのは自分がしていたことであり、また特定の個人や集団だ。だが、記憶は選択的なものである。人があるグループを覚えていると言うときでも明らかにそうだ（それはたいてい鮮明で、独特な思い出である）。集団についてのそうした記憶について気づいたのは、少なくとも部分的にはその後の本人の経験によってその記憶が左右されるということだ。成功した事柄のほうが明らかに記憶されやすい。そのときにおなじように重要であった他の事柄はえてして忘れられがちだ。この大学の知的生活を外部からみたときのイメージについても、それとよく似たことがある。人びとはムーアやラッセル、あるいはウィトゲンシュタインやリチャーズなどのケンブリッジについて語る[3]。だが、そうした人物はこの大学の知的生活全体のなかではつねに一握りの少数派である。そうした少数の人物によってこの場所を描きだすと特殊な方向に歪曲してしまうことになる。彼らはかなり孤立しているか、あるいはその場所の特徴を示すものではまったくないということがよくあるからである。これと比べるとわかりにくいが建物だっておなじことだ。人を案内すると、ここは美しい場所ですね、とよく言われる。わたしは立ちどまってみて、そうですねと同意する。だが、日常生活のなかであたふたとした気分でおなじ場所を急いで通り過ぎるとき、そのようにみるのはとてもむずかしい。建物は会議の場の記憶として、あるいは望まない面談の約束というかたちで姿をあらわす。場所が変わり用途も変わると、記憶が奇妙かたちで混ぜあわされる。そしてこれらが時を経て変化すると、ここにもどって仕事にむかう者にとっては、その効果はここで三年間過ごして立ち去る人びとがいだくイメージや記憶とはどうしても異なるものとなる。ひとつの明白なちがいは、一定期間ここに住むと大学と同様にこの町を町として知るようになり、新たな次元が加わって、そのためにより局所的な記憶の多くが大きく変質してしまうということだ。

入学は一九三九年だったが、ちょうど戦争が勃発したところで、つかのまここにいるだけなのだという気分がどうしても強くなった。この場所を見たのはこのときが最初だった。もっとも、わたしが入居したメイズ・コーズウェイ〔ジーザス・コレッジ近くの通り〕の学生宿舎には事前に両親が訪れていて、ハム、ママレード、蜂蜜といった食糧を詰めた箱がトランクといっしょに届けられていた。守衛からガウンを買う店を教わったが、街中で手洗いを探すのに歩きまわるほうが時間がかかった。翌朝、主任テューターの式辞があった。聖書の言葉を交えたおなじみの話だった。その日のもっとあとで、自分は英文学を専攻しにきたのに〔所属のトリニティ〕コレッジはその授業の手配をなにもしてくれていないのがわかった。それでジーザス・コレッジのティリヤード博士[4]のもとに行くと、トリニティ・ホールのエルヴィン氏[5]のところに行くように指示された。シェイクスピアのソネットについての小論文の課題と講義リストを与えられた。これはかなり勉強になった。コレッジにはほかにも英文学専攻の学生がいて、その連中がわたしの最初の友人となった。スポーツはラグビーに登録し、何試合か出た。学生会《ユニオン》の終身会員になったが、その前にいささかばつの悪い思いをした。推薦してもらえる知りあいがひとりもいなかったのだ。最初の一週間でそんなことがあり、またほかのこともあって、いまではわかりきった事実にそのとき思いいたった。つまり、自分はほぼ孤立無援でここにたどりついたのだということである。行きついた先は、寄宿学校から同窓であったために長年顔なじみで訓練も将来の見込みも分かちあってきた同一年齢層の布陣で占められていたのである。父が前もってここに訪れた際に門衛《ポーター》と話したやりとりを伝えてくれたのを覚えている。門衛は高飛車な調子で、わたしの名前が事前に登録されているか父に聞いたそうだ。「ええ、去年の秋に」「昨年の秋？　彼らの多くは生まれたときに登録《プット・ダウン》されておるのですぞ」。わたしは寛容であろうとつとめ、いまならむかしより楽にそうなれる。だが思いだしてみると、講堂の席に座り、そんな学生たちに囲まれていると、この連中は生まれたときに始末《プット・ダウン》されていたらよかったのに、などと思ったものだ。個人のつきあいで問題が生じたとか嫌いになったとかいうのはほとんどなかったが、その布陣を憎むのはたやすかった。いまでもそうだ。それで書きとめておかねばならないが、わたしは攻撃的な態度で反応したのである。ケンブリッジ大学に入学する労働者階級の少年は戦前に比べて増えてきたが、その割合はいまでも相当に低い。そうした学生につきまとう神話がある。そこでは場ちがいで始末に困る輩で、行儀作法を新たに学ばなければならないというものだ。それは出身地によるのかもしれない。田舎のウェールズから出てきて、そんなふうには感じなかった。ケンブリッジを仕切ってきた階級は、自分たちを物腰やわらかで、ていねいで、繊細な人間として描く傾向がある。粗野で下品な他者とたえず対比させて、自分のほうが好ましいと考える。芸術となると趣味と感覚のよさをあからさまに自賛し、その悠揚迫らぬ調子について語る。わたしがそこでみたのはおそろしく粗野で図々しく、家名にがんじがらめになっている集団だったのだが、そんなことを口にすると、わたしが階級的感情や階級的嫉妬、あるいは階級の憤慨を示していると言われるだろう。階級的感情を示したというのはそのとおり。

わたしが言いたいのはせいぜいこうだ——幸運にもよい家庭、ほんとうの意味で品位があり心づかいが細やかなコミュニティで成長できた人間ならだれであれ、ああしたがさつで競争心が強く、恵まれない連中をうらやむことなど、一瞬たりともできないということだ。そのときわたしにわからなかったのはただひとつ、その階級がいかに冷たいか、ということだけだった。それは経験を積むうちに思い知らされる。

それとは別のもの（というか、当時は別のものと思えたもの）がまもなく立ちあらわれた。すでに政治活動にはかかわっていて、当時ＣＵＳＣ〔6〕と呼ばれた社会主義クラブに加入していた。異常な政治状況だった。三〇年代半ばからそのクラブは共産党員の学生が牛耳っていたが、共産党はこのとき戦争反対の立場をとっており、まもなく分裂するのが明白だった。いまでは「まやかし戦争《フォニー・ウォー》」と呼ばれる戦争勃発後のはじめの数ヵ月間、じっさいには緊張の度合いは見込みよりも下がっていた。はっきりとした分裂が生じたのはその〔一九三九〕年のもっとあとになってからである。労働党の国会議員の息子がオクスフォードの学友に手紙を書き、新労働党クラブの計画を立てた。その学友がそのあいだに共産党員に転向したのだが、当時はそれがじつにおかしなことに思えた。だが、そうしたやむをえない策略よりも重要なのはこのＣＵＳＣという強烈な下位《サブ》文化集団《カルチャー》だった。以来そのようなものにお目にかかったことがない。六〇年代後半に左翼の学生運動が高まった時期でもあんなではなかった。まずクラブルームというのがあった。ランチが出て、人と交わるのにそこが中心的な場となった。コレッジよりもずっと人づきあいに適していた。そこはペティ・キュアリーから少し離れた、かつてマクフィッシェリーズの店が入っていた建物の上にあった〔7〕。のちにその部屋はフットライツ〔8〕が占めることになり、これについては郷愁に満ちた回想録がいろいろ出ている。その界隈は取り壊されて、いまはショッピングセンターに様変わりしている。だがその場所はいまでも鮮明に覚えている。階段を上ると戸口の右側のカウンターでランチにありつけた。壁にはポスターが貼ってあった。お決まりの「君の勇気……君の決意がわれわれに勝利をもたらす[9]」のポスターもあり、これは「われわれ」（US）に下線を引くか、あるいは「決意」（Resolution）を「革命」（Revolution）にしてしまうかすることで改変されていた。壁新聞もあった。わたしの最初の政治評論はそこに載った。新品のタイプライターを使って書いたのだが、赤い印字リボンしか残っておらず、それでタイプを打った。だが、なによりも映画だった。事実上、この下位文化集団の全体に映画がかかわっていた。エイゼンシュテインとプドフキン、それにヴィゴとフラハーティを観た[10]。学生の文化が文学より映画中心になったのは六〇年代に入ってからだと指摘するむきがある。たしかにそういえるところもあって、文学を重視する文化というのが当時そこにもあった。だが、いまにして思うが、ランチと映画こそがCUSCをまとめあげる真の要素だった。マーケット通りのコズモがその前哨地となっていた[11]。政治活動の多くは内面的なものだった。それは左翼の特徴としてかなり根強いものだ。だが、わたしたちは学生会《ユニオン》に積極的に関与した。定期的にわたしは討議に加わったが、第一学期の中ごろ、フィッツウィリアム博物館の学芸員を非難したために一時出入り差し止めになった。女性の権利をめぐる議論のなかでその学芸員は反対の立場に立っていたのだったが、「あなたは学芸員じゃなくて陳列屋だ」と批判しつづけ、しまいに議長がベルを鳴らして止めたのだった。

もうひとつの出来事はロンドン・スクール・オヴ・エコノミックス〔LSE〕がケンブリッジに疎開してきたことだった。これは結局政治に左右した。より右寄りにはなったが、より多様でかなり洗練された状況になった。この疎開がもたらした幸運は妻となる女性に出会えたことである。彼女はLSEの学生で、誕生日会の一行とともに、ドロシー・ボールルームを会場にして開かれたCUSCのダンスパーティにやってきた。わたしは入場係だった。その当夜がそうだったか定かでないが、たしかにそのころわたしはアメリカ英語の発音で話していた。ほぼおなじ時期にラグビーから足を洗った。最後のゲームはトリニティのチームに加わり、ＬＳＥのチームが相手だった。

雑誌は数点出ていた。そのひとつに「マザー・チャペル」と題する短篇を寄稿した。どういういきさつだったかわからないが、その小説のことがウェールズに伝わり、両親はチャペルの人間〔非国教徒〕ではなかったとはいえ、これに大いに当惑した。[12]「赤い大地」と題する物語も書いた。それがいまわたしの興味を引くのは、その半分が前衛的な学生たちを諷刺して描いているためだ。いまでははっきりわかるが、こうした出来事のすべてに混乱し分裂した感情が示されている。だが、その最初の一年間はまるまる、さらに二年目の一学期も、いまふうに言うならわたしは戦闘的な学生運動活動家で、そちらに大半の時間を費やしており、学業も並行しておこなっていたものの別次元の事柄のように思えた。じっさい、学業は一種の日常業務であるか趣味のようなものなのだった。とりわけ人文学系の学生がそうなのだが、ケンブリッジの学究生活の特殊な条件のために、こうした状況が繰り返し生まれているようだ。他の人びと、とくにいま「ドン」〔オクスフォードやケンブリッジの教員・研究員〕と呼ばれる人びとの回想録をみると、学業のことにあまりふれず、さほど関心ももたれていないことにいつも驚かされる。だが、ある程度勉強はしなければならなかった。最近それ〔学業のノート類〕を入れた包みが出てきた。試験にも通った。別次元のものと思えたそちらのほうに現実的な生活のすべてがあったわけである。

三学期〔一年時〕に学生新聞の編集長になった。当時の名は「ケンブリッジ大学ジャーナル」（通称ＣＵＪ）で、印刷はライアン・ヤードにほど近い別の建物にあるフォイスター・アンド・ジャグ社だった。これもいまはショッピングセンターの下に消えてしまった。編集長になるのに条件はなかった。戦争が急に現実味を帯びてきたのだが、迫りくる西洋文明の崩壊を歓迎する動議を討議するというおふざけを予告したところ、学生監がこれを禁止したので、学生たちみながこの処分に驚くという雰囲気がまだあった。一九四〇年五月のことである。[13] わたしは演説の要約を「ケンブリッジ大学ジャーナル」に載せた。それでいくらかもめたが、もっと重大なことが起こっていた。〔ドイツ軍のブリテン島〕進攻の恐れがあったため、学生はいったんケンブリッジを離れたのである。もうもどれないのではないかと思った。ウェールズでわたしは国防市民軍《ホーム・ガード》となる組織に加わって、はじめて射撃訓練をおこなった。あのくらいの年齢だと、とりわけある種の状況に置かれればうわべだけしかつながりのない複数の生き方をいっぺんに生きてしまう能力が無限にある。

当然ながら、二年目に入ると真剣さの度合いが増した。政治活動を三〇年代の特権的な延長としてつづけるわけにはいかなかった。CUSCはピーズ・ヒルとベネット街が交わる角の地階に移っていた。いまは洋服屋になっている。その年度が進むにつれて、次第に別の雰囲気が濃厚になっていった。わたし自身はCUSCのなかの唯美派と呼ばれる集団とのつきあいが密になった。その連中と雑誌を創刊し、「砂糖」という物語を寄稿した。[14] そして自分たちからすればお洒落だと思えるやり方で懸命に創作に打ちこみ、また劇評や映画評を書いた。あいかわらず学生会《ユニオン》の例会にも出て発言をつづけ、イースター学期には議長に選出された。戦時中はこの役目は会長に相当した。だが、その年に知的な面で起こった最重要のことは、自分が積極的にかかわっている文化面での関心事や、それに合いそうなラディカルな理論を学業として学んでいる英文学と関連づけることだった。一年生のときは、英文学研究は習い事のように別個で型にはまったものであるように思えた。だが二年目になると、それこそ試験の答案ではないが、その二種類の関心事を比較・対照し、有用なかたちで関連づけなければならなかった。それがうまくいかなかった。なにか手立てがあればよかったのだが、思いだしてみるとそんな助けがなかったのも無理はない。正規のアカデミックな教育はたっぷりあったものの、わたしたちが書いている問題、また新しい形式や新しいオーディエンスについてのわたしたちの議論とは、それはまったくつながらなかった。さらに、わたしたちの集団がかもしだすかなり自己充足的でしばしば傲慢な雰囲気のなかでは、この問題を投げかけると挑発的な答えが返ってきそうで、どう聞いてよいのかわからなかった。仲間としていっしょに活動をしてきて、他者についてわたしたちがどう考えているのかわかっていた。

同時に、状況がますます厳しくなった。陸軍から休暇でもどってきた友人たちは、ほんの数ヵ月前まで共有していた学生のライフスタイルを軽蔑したが、両者の対照は明白だったものの、スタイル自体はますます窮屈なものとなっていた。そのころだったと思うが、わたしたちの何人かが、トリニティで年長者の大反対に遭いながらもコレッジ生のユニオンを創設した。いまではかなりお上品になっている団体だが、創立のきっかけとなったのは、食事のときにビートクという聞いたこともない肉料理が出てきたことだった。リソール〔パイ皮に肉や魚を詰めて油で揚げた料理〕をひどくまずくしたような料理だった。コレッジの食事についてのこの種の学生の不平がどれほど根強いか、また当時それがどれほどまじめに受けとられていたのかということは興味深い。当然のように上流階級のライフスタイルをとる学部生の世代にこれが起こっていたということも思いだす。パーティはそんなふうだったし、そのようなスタイルを持続するロンドンの文壇や劇場からやってくる常連もいた。そういえば、わたしたちのグループの飲み物は、たいへん度の強いジン・アンド・サイダー[15]だった。戦後わたしはジンを飲まなくなったが、それはいまでも味わえるだろうと思う。

学年の課程を終える条件として、士官候補生として軍事教練に参加するように求められた。グレインジ通りの先にある射撃場でブレン銃〔軽機関銃の一種〕の教練を受けたのを覚えている。このころ個人指導はティリヤードに変わっていた。十五年後に〔専任教員として〕ジーザス・コレッジにもどったとき、ティリヤードは学寮長《マスター》の職を少し前に退いたところだった。わたしたちはホールのハイ・テーブル〔教官用食卓〕で語りあった。しわがれ声で彼はこう言った。「ウィリアムズ、君のことで覚えているのはブーツのことだけだったなあ」。これを聞いて彼から受けた個人指導の特徴を即座に思いだした。その指導で彼は紅茶を飲みながら、やさしく静かに話を聞き、わたしのほうはおしつけがましく、おそらく無作法に、自分でうまく言えないような質問を彼にぶつけていたのである。それから記憶がよみがえり、もっと散文的に説明できることに思いいたった。彼から毎週受けた個人指導の時間は教練の直後だったのだ。わたしは制服のまま自転車で駆けもどり、どたどたと彼のすまいの階段を駆けあがっていかなければならなかった。だがこのいささか滑稽な状況は、いまでは明白なことだが、けっして彼のせいではなかったにせよ自分の本来の持ち場から追いだされた感覚、つながりを断ち切られてしまった感覚を依然として徴候的に示すものとなっている。じっさいわたしは、じっととどまるためにつねに懸命に走りつづけていた——あるいは、じっとしているのが歓迎すべきことだろうから、がむしゃらに懸命に走りながら、ぬかるみのなかにどっぷりつかっていたのである。ぬかるみから抜けでたと思えたのは何年もあとのことだが、『文化と社会』や『田舎と都会』を書いていたときに振り返ってみると、あのころは並はずれてやっかいで痛々しくもある時代だったと思った。初期の素朴な政治活動の多くについてもおなじように感じるようになった。そんな思いは、いまでは完全にではないにせよほとんど消えた。それは個人の発展の問題と混同され、それはあらゆるたぐいの情緒的な混乱を含んでいるので、おそらくわたしには、その緊張と矛盾がやっかいなものであるにせよまさに全体にかかわる変化の一局面に属していることがまったくわからなかったのであろう。たしかに、それはいまの多くの学生がわたしに語ってくることだ。もっとも、実際上高い犠牲を払って得られた答え（現実的な答えもあるというかぎりで）を知っているという利点はある。この経験の総体と、その後一九四八年に得た経験が念頭にあったからこそ、わたしはのちに〔エドマンド・〕バーク[16]について「みずからの過誤のふちから徳を学び、身をもって愚行を学んだ一群のひとり」と書いたのだった。いまならそんな言い方はしないだろう。怒りの衝動は必要で、さらに実質的にその衝動は正しいと思う。それに伴って一般的な種類の過ちが生じたのは、パブリック・スクール左派と後期ブルームズベリー派アヴァンギャルドのあらかじめ形づくられ、部分的にしかつながらない世界にそれが挿入されたためだった。だがその両者は、わたしの知るかぎりでは諸コレッジに根深く巣くう、さらに強い支配力をもつパブリック・スクール右派、あるいは不振に陥ったアカデミックな文学制度にとってかわるものとして唯一体を成していたものだったのである。このふたつの編成《フォーメーション》のどちらかしかないという状態から脱けだすのにずいぶんと時間がかかった。従来の正統派の編成はどうみても使い物にならないと思えた。

それは振り返ってみてのことだ。当時はなにもかもひたすら螺旋状に下っていた。六月にケンブリッジを去ったとき、自分のタイプライター、ガウン、自転車、それに本の大半を売った。それはごく半端なかたちの象徴的な身ぶりだった。借金をし、二週間後に軍隊に入った。だが、こうした実際的な理由以上に「さらば古きものよ」という心境だったのを覚えている。ケンブリッジの輝かしい回想録を読む機会はざらにある。もちろんそれは成功者の回想だ。一九四一年を記憶し、それ以来の数多の事例をみてきた者としては、それとは別種の事実を書きとめておかねばならない。ケンブリッジでなんの益もなく破滅してしまう者、困惑し、倦怠感をいだき、干からびてしまう者もいるということだ。大学当局の側に身を置くことになった一九六〇年代に、わたしはそうした状況に追いこまれた若者たちを目にしてきた。そして落ちつかない様子で椅子に座しているそうした学生をみて、一九四一年のあの場ちがいな、少なくともおなじくらいどうしようもない自分の姿と重ねあわせるのがつねだった。課外授業でキングズ・コレッジ礼拝堂での上演に行かされたことがある。壁に記された聖書の銘をあつかった当たり障りのない主題だった。わたしたちの一行は美的に反応したが、その主題そのものは当然のものと認めた。外では礼拝堂の神聖な壁に、ふたりの若者がペンキで書いた「ネルソン・マンデラを解放せよ」の文字があった。わたしはこのふたりの人物証明書を出しに裁判所に行った。みんな衝撃を受けていた。衝撃はまあ理解できることだが、わたし以外はみなふたりを放置した。自分の身は自分で守れというわけだ。こんなことがあり、また「ガーデン・ハウス暴動」[17]と呼ばれる事件で不当にも有罪判決を受けた青年に個人指導をおこなうために毎週監獄に出むいたことも含め、似たような出来事が何度か起こり、あげくにわたしは「学生に甘い」という評判を得た。その語句はいまも使われている。以前はCUSCの指導的な活動家のひとりだったがいまはお上品な教授になっている人物からそう呼ばれたことさえある。通常の意味ではわたしは学生に厳しいと思う。試験ではたしかに辛いほうだ。だが、ケンブリッジが挑戦させるのは学業成績だけではないということを知るに足る十分かつ持続的な理由をわたしはもっている。それはしばしば、当然ながら異議を唱えることだ。反対者に寛大であると大学は誇っている。相対的にみるならばそのとおりであることが多い。だがその条件をこえたたぐいの反対というものがある。はっきり言葉にできず、首尾一貫せず、しばしば怒り狂ったり、めちゃくちゃだったりする。そのようなときに、わたしはふと思ってしまう——わたしの同僚たちに青年期があったのだろうか、というか彼らは若いときも父親の若気の過ちを繰り返さず、はじめから壮年期を思わせるような人格円満な人物でいたのだろうか、と。じっさい学生たちに対してわたしが不満なのは、彼らのうちのあまりにも多くが緊張から消え去ってしまうか、あるいは自分自身のありうる未来ではなく、なんらかの権威を追い求めてしまうかしてしまうことだ。

ともあれ、それは終わったことに思えた。だが皮肉なことが始まった。陸軍時代にわたしが行ったあらゆる場所で、ケンブリッジ（わたしの痛々しい流転ではなく、その遠い土地のはっきりとした響き）が入場券となることを知った。じっさい、鉄道員の家庭でよく使われた表現でいえば、それは特待券なのだった。一度、たった一度だけ、それは自分が賢いことを示すからであった。のちに陸軍大将となった上司がケンブリッジ出身ならなんでも学べるはずだと決めつけ、新型戦車のマシンの指導員に仕立てようとわたしを訓練所に送った。わたしはじっさいに手引き書で学んだが、生来機械音痴もいいところなので整備兵が例の忠実さをもって後始末をしなければならなかった。たいていの場合ケンブリッジが大事なのは、わたしが正しい種類の人物であることを示すゆえだった。一九四一年の思い出だが、のちに同僚となる人物で当時学生の政治活動でこちらに敵対する保守派でもっとも活発だった男が、わたしの去り際に窓辺から声をかけてきた。「覚えておけ、ウィリアムズ、仕返しするからな〔I'll get you——文字どおりには「おまえを手に入れる」の意になる〕」と言ったのである。とにかく、キール運河にいたわたしの将校仲間たちにとって、任命でなく除隊命令が出されたとき、その雛形《パターン》は正確であるように思えた。「運のいいやつだ」とまず言われたあと、次の言葉は「もといた場所にもどるように」だった。

一九四五年の秋、復員兵の服を着て、もといた場所にもどるという気分ではなかった。核となるなじみの場所はすべてなくなっていた。旧友たちとはことごとく音信不通になっていた。そして見分けがつかないほど雰囲気が変わっていた。結局たまたまつながりができて、新しい別種の下位文化《サブカルチャー》集団を見いだした。それは英文学、また人類学においてF・R・リーヴィスをとりまく集団だった。以前は彼のことは事実上なにも知らずにいたし、このときも彼の指導を受ける予定はなかった。トリニティにはインド人の若手研究員B・ラジャンがいた[18]。その年リーヴィスの講義を聞いたのは一度だけだった。だが彼の指導を受けている親しい友人がふたりいた。どちらも社会主義者だった。そのふたりと雑誌の創刊を企画するのに長い時間を過ごした。結局それはふたつの雑誌となったのだが、「スクルーティニー」風の批評と左翼政治を結びあわせようとするものだった[19]。わたしたちはまた他の著作の計画でも協働し、これはケンブリッジを出たあとも数年間つづいた。わたしはケンブリッジの三つめの貸し間に住んでいて（最初がメイズ・コーズウェイ、その次がマルカム通りだった）、それはヴィクトリア通りの先端の家だった。卒業まで妻は娘を連れて義母の家でくらした。振り返るとそのころもあいかわらずごたごたの多い時期ではあったのだが、わりあいと静かに過ごすことができた。ひとつちがっていたのは学業に専念できる状態にもどれたという点だ。何ヵ月ものあいだイプセンに没頭し、次にイースター休暇中に時間に追われながらジョージ・エリオットを読んだ。これは勤勉な退役軍人の学生を絵に描いたようなくらしだが、セント・ジョンズ・コレッジのむかいのインド料理店で長時間過ごすこともあったし、複数の雑誌の計画立案もあった。捻出できる金が二〇ポンド足らずだとわかると、ニューマーケット〔の競馬場〕に出かけて有り金をすべて注ぎこんで大穴をねらおうと考えたこともある。結果として配給制のもとで退役軍人だということで印刷用紙を得ることができて、しばらくのあいだ雑誌の計画を実行に移していった。だが、なによりも大事だと思えたのは（これはいまならありふれた選択だが、一九四一年の若者にすれば奇妙なことだったろう）トライポス[20]〔優等卒業試験〕だった。試験勉強そのものに常軌を逸するほどのめりこんだ。感情的にのめりこんだのである。試験初日の朝にヴィクトリア通りを下り、ジーザス・グリーンを横切ったのを覚えている、そのときわたしにみえていたのは故郷の村だけで、それが奇妙な仕方でいま危機に瀕しているように思えた。試験監督のひとりが後年語ってくれた話によれば、長年試験を手がけてきたなかで彼女が鮮明に覚えている答案が二組あって、そのひとつがわたしの答案なのだという。たしかにわたしは、結局のところ比較的縁遠く形式的な練習にすぎないものに奇妙なまでに力を入れていたのだった。だが、「英文学第二部」はその種のかかわり方をするのに、わたしの知る他のいかなる試験よりも機会を与える。わたしの最初のふたつの本、そして部分的にはほかの本もその勉強が端緒になった。それと並んで、間接的なものではあったがリーヴィスの影響が並はずれて気持ちを引きたてるものであるのがわかった。しばらくの期間、リーヴィスの教えは一九四一年に未解決だった諸問題へのひとつの解決法に思えた。そうした問題に対してリーヴィスはきわめて直截に語りかけてくるように思えたのである。

　リーヴィスの影響に片をつけ、最終的に拒否するのに次の十年間を要した。しかしその期間は、その地を離れた多くの人びとにとってそうであったようにケンブリッジといえばリーヴィスだった。もっとも、逆説的なことに（そのことがわたしたちを大いに憤慨させ、またわたしたちを結びつける重要な要素になっていたのだが）ケンブリッジ、体制派のケンブリッジはリーヴィスを拒否していたのである。一九六一年以後、彼が退職する間際にもどってきて同僚となり、はじめて彼をじかに知るようになったというのはたいへん奇妙なことだった。敬意をいだきつづけてはいたが、変化が急速に強まっていた。思い返すと一九四一年に会えていればよかった。そのときであれば、彼が投げかける問いと彼が示すいくつかの答えは直接関連するものであったろう。だがその局面は過ぎ去り、話をしようとはしたが、双方で語りあえることはほとんどなかった。いちばん記憶に残っているのは、大人数の会議で並んで座っていたときの奇妙な出来事である。ふたりともテーブルの上に手を置いていた。わたしの手の甲は毛むくじゃらで、彼はいかにも彼らしく眼光鋭くそれをじっとみつめ、それからわたしのとはまったく異なる自分の両手に目を移したのである。その瑣末な出来事がわたしの頭にこびりついているのは、その点になるとあらゆる相違がどれほどほんとうに深いものであったのかということのかなり十分な例となるがゆえである。

　一九六一年にもどったことは予想されるように奇妙なことだった。当時講師職《レクチャーシップ》は非常によい仕事に思えた。もっとも、二年のうちに他大学から講座担当の教授職の打診を複数回受けた。だがいくつかの明白な理由で、ケンブリッジで自説を編みだすのがわたしにはたいへん大事なことだった。その最初の五、六年の講義はひとつの絶頂に達した強度を有していた。また、のちに明らかになるように急速に孤立が深まるものでもあった。わたしの友人知人のみなはいまやわたし自身よりも一世代若かった。わたしの同世代と年長者は、その一部は親切にしてくれたが（それはまあ簡単に差し出せるものではある）、仕事のうえで同僚であっても、他の点ではほとんどそうではなく、というのはわたしたちはいつもちがうことを考えていたからなのだが、その意味でまったくちがう場所にくらしているのだった。わたしは英文学部の仕事を十分共有し、以来十分以上にしているが、十五年経って知的には来たときより孤立しており、ともかくここで起こりそうなあらゆることから孤立している。鍵となったモメントは文学批評をわたしが拒否したことであるのかもしれない。学問的な主題としてばかりでなく、知的な分野としてでもある。その主張はほかでもしてきた。文学の専門化への拒否もそれと並行して含んでいる。だがわたしの言わんとすることをだれもまったく信じず、英文学部は、それ自身のよき理由によって文学批評をその心・魂としてもっている。わたしはケンブリッジで執筆に多くの時間を費やしたが、それ以上にそこは〔出会いのための〕大きな十字路である。その十字路でわたしは人びとと、とりわけ他国の人びとと出会いつづけることを喜びとしている。その中心部で形成されたもの、また形成しつつあるものは、わたしの生涯でつねにそうであったように、いまも無縁なものなのだ。

これはわたしのコレッジでとりわけはっきりしている。それにしても出だしから奇妙だった。数日滞在するよう求められたときは特別研究員職《フェローシップ》を念頭に置いていたのだった。ケンブリッジでは大学講師職《ユニヴァーシティ・レクチャーシップ》というのが肝心な職格だ。少なくとも既婚者にとっては特別研究職はせいぜい社交上の便宜にすぎない。わたしの念頭にあったのは教職義務つき特別研究員職《ティーチング・フェローシップ》で、研究の統括と週に十二時間までの個人指導を含んでいた。これは有給ではあるが性質上部分的で、おもに講師職《レクチャーシップ》の給与でくらしてゆく。さて、こうした状況でどこかのコレッジが人を必要とした場合に、いまは候補者のあつかいは少なくとも公平であるようにわたしにはみえる。だが、そのときはそうではなかった。いまよりも当時いっそうそうだったのだが、ほとんどのコレッジの雰囲気は、すでに得られている知的な官職の域をこえて特権的な任用であることを示していた。行ってから知って驚いたが、わたしには複数の保証人《スポンサー》がいた。反対者が多いのでそれが必要なのだった。敵対者たちと、なくてはならない中立派の人びとに呼ばれてざっと調べられた。長老の特別研究員に朝食に呼ばれた。それはケンブリッジの習慣なのだったが、もう忘れていた。その席で彼はトーストを手にしながら、自分は「よき労働党の人間」であるとわたしに言い、またむかしの英国に家事奉公人の守護聖人がいたのだが、ちゃんと評価されていないのでその祝日を〔宴会をして〕祝うようにとコレッジを説得しているのだと語った。これにわたしはこう答えた――「わたしも労働党ですが、異論があるので種類がちがうようです。それ〔新しい宴会〕を入れるとなると、スタッフの仕事が増えますからね」。すると彼は「ここでは〔スタッフとは言わず〕召使いと呼んでおる」と愛想よく説明した。そういうことがあり、また別の人物と会った際の〔不愉快な〕やりとりもあったものだから、わたしは保証人たちにむかって、特別研究員職はもうどうでもいいです、と言った。だが、長時間にわたる掛けあい問答が別の効果をおよぼして、結局わたしは採用されたのだった。のちに起きた出来事に照らしてみると、ずっと教えつづけてはいるものの晩餐会には出ないし、社交の場にもまずつきあわなくなってしまったので、当初わたしの採用に反対した人たちは、やはり思ったとおりだと考えているにちがいない。じっさい「ケンブリッジ・レヴュー」の第一面の論説にわたしを歓迎する一文が載ったのだが、ある同僚の手になるその記事は、ケンブリッジにお帰りなさいと述べつつ、冷たい辛辣さを剝き出しにして「ミスター・レイモンド・ウィリアムズ」[21]という題を付していたのだった。わたしが耳にしたところでは、わたしの到来を議論するために開かれた別の会合では、国費の教育《ステイト・エデュケイション》が引き起こしている問題の典型だという結論になったそうだ。小僧に食わせてやると、その子に手を嚙まれるというのである。もちろん、起こったのはこれだけではなかった。英文学部と大学全体の業務にずっと携わってきて、部外者には知りえないと思えるケンブリッジの要素を見いだしてきた。それはいずれにせよ、一般に知られる大学教員《ドン》という非常に異なる人物像のためにみえにくくされている。自分の下位文化集団に没頭している学部生にはいまもむかしも目に入らない要素——すなわち並はずれて地味で勤勉で、冷めた中心である。これは業務を進めるのにはうってつけではある。自分のコレッジに行ったとき、そこが将校クラブと驚くほど似ているものだから、その手の場所とみなすことでいちばんうまく対処できることに気づいた。大学全体は英国の公共団体のほうに近い感じだ。あらゆる英国の公共団体と同様に、その土地ならではの流儀で問題や矛盾に知的かつ効果的に対処しているものの、問題があまりに根深いため、可能な解決策は完全にその権限（それを彼らは本質的に法人組織の流儀で委託された権限と呼ぶことだろうが）をこえており、一時しのぎの策を講ずるしかほかに手がない。

だから、わたしが芝生ごしにこの奇妙な都市をみるとき、ここでどれほど多くのことがわたしに起こったか、またわたしの人生のなかで異なるときどきにそれがどれほど重要であったかを思いだすのは容易であり、かつむずかしいのだ。容易であるというのは、わたしがいまもここで働いているからである。たどることのできる数度の連続した期間ここに住んだわけなので、多くの場所が過去と現在をわたしに思い起こさせてくれる。むずかしいというのは、そうした年月を過ごしてきたのに、いまなおここが交差点にしかみえないからである。自分のものであるとか、この地にとらわれているなどとは感じられない。そう思うのにはそれなりの理由がいくつかあるのだが、歴史を読むと、とくに最近の歴史を読むと、それは通常認められているよりもずっとよくある事例であるようにわたしにはみえる。ここでなされたことは多々あるが、まさに性分に反してなされてきたことがじつに多いのである。

（一九七七年）

訳注

〔1〕キール運河はドイツ北部、シュレースヴィヒ・ホルシュタイン州を横断し北海とバルト海を結ぶ全長九八キロメートルの運河。ウィリアムズは一九四五年秋に将校としてドイツで戦後処理に従事していた。

〔2〕一九四五年秋、英国軍は除隊の方針を進め、大学の籍がある兵士をこの名（Class B Release）で復員・復学させた。

〔3〕G・E・ムーア（George Edward Moore, 1873–1958）、バートランド・ラッセル（Bertrand Russell, 1872–1970）、ルートヴィヒ・ウィトゲンシュタイン（Ludwig Josef Johann Wittgenstein, 1889–1951）、I・A・リチャーズ（Ivor Armstrong Richards, 1893–1979）。いずれもケンブリッジの教員を務め、優れた仕事を残した。

〔4〕E・M・W・ティリヤード（Eustace Mandeville Wetenhall Tillyard, 1889–1962）は一九二六年から五九年までケンブリッジ大学ジーザス・コレッジのフェロー、一九四五年から五九年まで同コレッジ長。

〔5〕ライオネル・エルヴィン（Herbert Lionel Elvin, 1905–2005）は一九三四年から四四年までケンブリッジ大学トリニティ・ホールのフェローだった。

〔6〕ケンブリッジ大学社会主義クラブ（Cambridge University Socialist Club）。

〔7〕ペティ・キュアリー（Petty Cury）はケンブリッジ中心部にある商店街。その南側は一九六〇年代に再開発されてショッピングセンターとなった。マクフィッシェリーズ（MacFisheries）はウィリアム・リーヴァーが一九一〇年代末に開業した魚屋のチェーン店。一九七九年に閉業。

〔8〕フットライツ（Footlights）は「ケンブリッジ大学フットライツ演劇クラブ」（Cambridge University Footlights Dramatic Club）の通称。一八八三年創設。学生演劇クラブの名門で、多くの卒業生が演劇界や映画界で活躍している。

〔9〕「君の勇気、元気、決意がわれわれに勝利をもたらす」（Your Courage, Your Cheerfulness, Your Resolution Will Bring Us Victory）はイギリス政府が第二次世界大戦の初期に国民の士気高揚を図って制作した宣伝ポスターのひとつ。

〔10〕プドフキン（1893–1953）はエイゼンシュテイン（1898–1948）とならんで草創期のソ連映画の開拓者。ヴィゴ（Jean Vigo, 1905–34）はフランスの前衛的な映画監督、フラハーティ（Robert Joseph Flaherty, 1884–1951）は米国の映画作家。

〔11〕コズモ（Cosmo）は当時ケンブリッジにあった映画館「コスモポリタン・シネマ」（Cosmopolitan Cinema）の略称。

〔12〕「マザー・チャペル」（Mother Chapel）はケンブリッジ大学トリニティ・コレッジの雑誌「マグパイ」（*Magpie*）の一九四〇年イースター号に掲載された。ウィリアムズの故郷の場所や人物をふまえていることに加えて、未婚の母となるスキャンダルを避けるために結婚する女性が描かれているのが両親を当惑させるものとなったようである。

〔13〕一九四〇年五月はドイツ軍のフランス進攻により英仏連合軍がダンケルクに追いつめられ、撤退が始まった。

〔14〕「砂糖」(Sugar)は「アウトルック」(*Outlook*)誌(一九四一年夏に刊行)に掲載された。同誌の編集人はウィリアムズ、マイケル・オロム(Michael Orrom)、モーリス・クレイグ(Maurice Craig)の三人であった。

〔15〕サイダーは林檎酒のことで、これでジンを割るというわけなので、たしかにアルコール度数は強そうである。

〔16〕『文化と社会』の第一部第一章「対照」より。

〔17〕「ガーデン・ハウス暴動」(The Garden House Riot)は一九七〇年二月十三日にケンブリッジのガーデン・ハウス・ホテルで起こった事件。ギリシャ軍事独裁政権に抗議して、「ギリシャ・ウィーク」の一環として同ホテルで開催された晩餐会に乱入した学生たちと警官隊の衝突があり、同夜に学生六名が逮捕された。抗議行動に参加した約六十名の学生の名を大学当局が警察に知らせ、十五名が起訴された。

〔18〕バラチャンドラ・ラジャン(Balachandra Rajan, 1920–2009)はインドの英文学者、外交官。一九四四年から四八年までケンブリッジ大学トリニティ・コレッジのフェローを務め、その後母国インドにもどって外交官となった。

〔19〕ふたつの雑誌とは「批評家——批評の季刊誌」(*The Critic: A Quarterly Review of Criticism*)と「政治と文学」(*Politics and Letters*)を指す。前者は一九四七年春に創刊、ついで四七年秋号を出したが二号で廃刊。後者は一九四七年夏に創刊、四七年に二・三号(冬季号・春季号)をあわせた合併号として出し(表紙には「『批評家』誌を統合」(Incorporating '*The Critic*')と記されている)、そのあと一九四八年の第四号(夏季号)を出して廃刊となった。両誌ともウィリアムズ、クリフォード・コリンズ(Clifford Collins)とウルフ・マンコウィッツ(Wolf Mankowitz, 1924–98)の三人の共同編集によるものだった(本文中でリーヴィスの教え子の「ふたりの友人」とウィリアムズが述べているのはこのふたりのことを指している)。

〔20〕「トライポス」(tripos)はケンブリッジ大学での英文学専攻などでの学士の「優等卒業試験」、もしくはそうした専攻の学士課程自体を指す語としても使われる。同大の英文学専攻の学士課程では一、二年次に「英文学第一部」(English Part I)として古英語期より近現代まで英文学について広範に学び、最終学年の三年次の「英文学第二部」(English Part II)では特定の主題を掘り下げてゆく。

〔21〕本稿でウィリアムズが回想しているように、ケンブリッジ大学に復学して卒業したあとウィリアムズは大学院には進学せず、成人教育の教師となった。それでこの時点では博士の学位を取得していないので「ドクター」の称号はなく、またもちろん上流階級の「卿」(ロード)のような称号もつかない。ことさらに記事のタイトルが「ミスター・レイモンド・ウィリアムズ」とされたことに彼が冷酷さ、あるいは悪意を感じたのは、たしかにゆえなくはない。

走る男を見る

一九六三年の厳しい冬、二月のある日の午後のこと、わたしはキングズ・パレイド〔ケンブリッジの中心街〕の南を歩いていた。横なぐりの風に粒雪《ざらめ》がたっぷり混じっている。それを避けるために軍隊のシープスキンに身を包み、フードをかぶっていた。通りには人影がなかったが、やがて一〇〇ヤード前方でペンブルック街から角を曲がって男がひとり走ってきた。だいぶ近づいてきてわかったのだが、こんなひどい天気なのにずいぶんと軽い身繕いだ。シャツの襟が大きく開いていて、上着を風にはためかせながら走っている。

その姿をみてリーヴィス[1]であるのがすぐにわかった。こんがりと焼けた肌と精悍な顔つきがもう見てとれる。だが、ケンブリッジでは街頭でたまたま知人に会っても話しかけるものでないと辛辣な調子でふたりの年長の先生《ドン》に別々に言われたのがつい数週間前のことだった。そう諭されて叱られたような気分だった。ウェールズのボーダー〔イングランドとの国境〕沿いにあるわたし自身の田舎では、友人であれ見知らぬ人であれ、だれかとすれちがってなにも挨拶を交わさずにいるなど考えられない。急ぎの用事がなければたいてい立ち止まって話をするものだ。特別研究員《シニア・メンバー》としてケンブリッジにもどって二年ほど経っていた。[2]つきあいの冷たさはその地の知的な雰囲気と、また〔体に悪いとされる〕東風と合っているのだとわたしは思った。さて、それではみなに一目置かれているこの知人の場合いったいどうなるのだろう。いまや走るのをやめて、わたしのほうにむかって歩いてきたのだ。

近づいてきて彼はわたしの顔をまじまじとみつめた。わたしは会釈して片腕を上げた。じっとみつめる表情がこわばり、彼は一言も言わずに通りすぎた。助言してくれた先生方は正しかったようだ。それから、わたしの背後でさっと駆け寄る気配があり、振り返ってみると片手がわたしの肩の上に置かれていた。

「すまん、ウィリアムズ。知らんふり《カット》をするつもりはなかった」

その表現を文字で読むことはよくあったが、じっさいに耳にしたのははじめてだった。

「かまいませんよ。ひどい天気ですからね」

「そのせいではなくて」と彼は言った、顔つきがまた険しくなっている。「銀行に行かねばならないんだが、もうすぐ閉まる時間なもので」

「そうですか」

彼はわたしの腕にふれていた手を放し、走り去った。わたしは通りを渡った。渡る必要もなかったのだが。

それから二十年経った。その雪の日の以前もそれ以後もリーヴィスとは会議で同席したり、つかのまの会話を交わしたり、あるいは長時間話しこんだりもし、一緒に過ごす時間が多くあった。それでも、ほかのなにもましてわたしは雪の日の邂逅をくっきりと思いだす。それ自体は取るに足らぬ出来事なのに、わたしたちの間柄を象徴するエピソードであるように思えるのだ。リーヴィス研究なるものに従事する人が多くいて、また彼とわたしの仕事の関係について調べている人も増えているのだが、そういう人たちが話を聞きにわたしのところにやってくる。まず本の内容を問うような答えやすい質問を受ける。それからさらに進んで、どうにも答えようがない質問が来る。それで答えられないと言うと、彼らは信じられないと思うのだ。年中顔をつきあわせていた同僚としてふたりの間柄はどういうものだったのですか、と彼らは聞いてくる。おふたりには共有する主題があり、いくつかの点で明らかに意見が分かれていたわけですが、それらの点についておたがいどのように話しあわれたのですか——そういう質問も受ける。それに対してわたしが、そうしたことをふたりで議論したことはじつは一度もない、と正直に答えると、相手は丁重な姿勢で、しかしあいかわらず腑に落ちない様子でいる。それでときどき前述のささやかな出来事を語ってみせるのだが、彼らにはなんのことか皆目見当がつかないのだった。

「おやおや、まさか」

「そんなことはないでしょう」

わたしが一九六一年に講師となってケンブリッジにやってきたとき、リーヴィスは定年までそれほど間がなかった。[3] 英文学部[4]への彼の態度と、英文学部の大方の彼への態度は岩のように頑なになっていた。だが、そのイメージだけではだめだろう。お決まりの分裂があった。ある講演で彼が口にしたとされるひとりの同僚についての評言。学部長への戦闘的な手紙。会議での激論。これほどまでにひとつの集団がひとりの人物に取り憑かれているようにみえる社会的状況をわたしは他に知らない。だれもが自身のリーヴィス物語をもち、それを人に伝えることを最優先の仕事としているかのようだった。とりわけ彼と同世代の人びとは、少なくともわたしに対してそのような物語を語ってきた——街頭で話しかけてはいけないという例の年長の先生方のもったいをつけた調子で。だがそのあたりの事情についてわたしは事実上なにも知らなかった。わたしと会うとリーヴィスはいつも礼儀正しかった。学部の議論ではたいていの場合、彼の意見が正しいようにわたしには思えた。とはいえ、そこには長い歴史があって、その終章のほうにひょいと入ってきた身で、その歴史をはじめから生きてきた人たちと同等に万事承知などとうぬぼれることはできない。古参教員たちの微に入り細にわたった説明を聞いていてそう思えた。ただしそうした説明は（聞いているうちにわかってきたことだが）大方があやふやで問題含みのものであった。それはわたしが共有する歴史ではなかった。もっとも、その仕事を通して、わたしはその歴史と間接的ながら避けがたいかかわりをもつようになったわけである。

　もちろん、わたしが執拗に聞かされていたさまざまな物語のなかには、彼もしくは彼の仲間たち《サークル》（一味《ギャング》という語のほうがよく使われていた）のひとりがわたしについて言ったことを含んでいた。『長い革命』（一九六一年）を出した直後だったのだが、そのころわたしはほとんどみなからこき下ろされていたもので、これもただたんに興味を引かれた。たしかな話だとしてこう言われたのだ——あの仲間たち《サークル》に近い筋の人が、あなたは国費で教育をほどこされながら、育ての親の手を噛むことになった少年の典型例だと言ったそうですが、その発言はほんとうなのでしょうか？　これは彼の著作からわたしが理解していたことにまったくそぐわないので、その言葉を信じようとは思わなかった。もっとも、その「国費」がらみの分析についてはおもしろがって聞いた。だが多くの人びとがリーヴィスとのじっさいの関係を、また彼のもっとも基本的な姿勢のいくつかを、ときとしてほとんど故意に何度も何度も誤解したのだった。ずっとあとになって聞かされたことだが、わたしをそのように語ることについて彼は異議を唱えたのだそうだ。だが、これもずっとあとになってわかったことだが、政治がひとつの問題だった。ある左翼の講師が勤め先の大学で一悶着あったため、著名人の支持の署名を集めてほしいと言ってきた。リーヴィス夫妻に頼んでくれというので、それでわたしは電話をかけてリーヴィス夫人と話をした。怒りを交え政治的な理由を述べ、彼女は断ってきた。

　いま振り返ると、わたしの頭のなかで、リーヴィスの独特な立ち位置がどうなっていったかについて次第に解き明かされていくのがみえる。若い研究者たちからはいまごろわかったなんて遅すぎると言って叱られる。そうかもしれない。だが最後に、彼の著作のなかでわたしが得たもの、だがさらにいっそう生身の彼とじかに接してわたしが得たものは、完全には説明できないような感覚で、そのなかにあの強烈なエネルギーがずっと注ぎこまれていたのだった。表面的なレベルでは、入念さと向こう見ずなところがじつに奇妙なかたちで混ぜあわされていたのだが、その下にはまた別の様相がある。彼以外でそれを持ちあわせているのは、わたしのみたかぎりではひとりかふたりしかいなかった。すなわち、謎《ミステリ》に対する真の感覚と、その謎に晒されているというひりひりするような感覚である。なにしろ多くのよく知られる揺るぎない信念と意見をいだいた人物だったので、そんな人がそんな感覚をもっていたというのはいっそう理解しがたいことだ。あるいは、これはわたしの取り違いにすぎないのかもしれない。とはいえ、しょっちゅうというわけではなかったが、険しい表情で虚空をじっとみつめているあの忘れがたいまなざしを目にするとき、わたしがいつも受けとったのはそのような感覚だったのである。

いかなる回想文もこのレベルには行き着かない。たしかにわたしの回想文もそうだ。彼を知るようになるにつれて彼のことは知りようがないと思い知ったのである。比較的公的なレベルではもっと簡単だった。勤めだしてまもない時期にわたしが出席した学部教授会では、議事は前年度の夏期の試験問題のひとつについて質問を発することが妥当であるか否かについて、リーヴィスと学部長が長時間延々と議論を交わすことにほぼ終始した。その質問は認められないとリーヴィスは再三言われたのだが、並はずれた弁論術を駆使して、かれはなんどもその質問を繰り返したのである。英文学部はいまなお論争で割れているが、この点についてかれは毎年定例の会議をもうけて試験官の報告書について、また必要に応じて試験問題について討議するようになっている。そのような帰結となることが多くあった。わたしの理解するリーヴィスの論拠ゆえに、彼に歩調を合わせることもできた。それからまた別の会議になると、まったくちがったものになった。英文学の大学教員たちをときとしてつかむ気分というものがあった、そういうときは彼らは試験官としてすさまじい集団性を発揮する。人びとを採点しまくるときの、挑戦しがたい義務感によっていや増す激しい喜び。成績評価という非凡な知性の勤めを果たすこと。リーヴィスを眺め、その問題についてのいくらかの共有された感覚を予期しながら、共通の追究、[5]共同精神、とわたしは思ったものだ。採点はなされなければならないが、その一方でシステムの問題があった、だがこの雰囲気はそれに必要なものだったろうか？　冷たく距離を置くその勤めに、ぎこちなくはあるが彼が賛成するのをときとしてみることはショックだった。基準、基準。その瞬間に匹敵する別のショックもあった、わたし以外にも脳裏に強く刻まれている人がいることだろうが、ある人物を招聘して講演をしてもらおうという提案を議論していたとき、彼は両手をあげて突然こう言ったのだ。「その人物は部外者です」と。

　わたしが公務で彼といちばんかかわったのは、トライポスの〈第二部〉[6]用に小説についての新しい論文課題《ペイパー》が提案され、わたしが議長としてそのための委員会を招集する役目を負ったときのことである。リーヴィスに出席してもらうために電話をかけ、また通りで会って説得するのに何時間も費やした。自分の出席はみんな望んでいないだろうと彼は確信していたが、あなたこそ必要なのですとわたしは言ったのである。結局出席してくれることになり、たいへん思慮深い意見を述べて助けになってくれた。ひとつ激論となる問題があったものの、わたしのみたところでは（他の人はちがうと言うが）まさしく大学にふさわしい精神に則って議事は運ばれた。問題となったのは課題の対象がイングランドの小説であるのか、あるいは小説全般なのかということだった。彼はイングランドの小説だけを望んだ。大多数は彼に反対だった。悲劇をあつかう課題の例が提示された。イングランドの悲劇を理解するにはギリシャやフランスの悲劇と並べてみることが有用であり、それが必要でさえあるというわけだ。リーヴィスは屈しなかった。小説全般を論じさせるような課題は根本的に誤った指導になるだろう、そう彼は言うのである。

「ですがリーヴィス先生」とだれかが言った。「二十世紀の小説を理解するには、たとえばプルーストやカフカを読まねばなりません」

「わたしは読みました」

「それなら、学生たちも読む機会をもつべきではないでしょうか」

「それが誤った指導なのです。そこにはなんら関連はない」

「でもそれは学生が決めることでしょう」

「それは誤った指導でしょう」

「翻訳で読むからという理由でしょうか」

「それもある」

「ではアメリカの小説家はどうでしょう。たとえばフォークナーは」

ここでわたしはちゃんと席についていなければならない。次に発せられた言葉について、またそれが発せられた雰囲気についてわたしはじつに鮮明に覚えている。たけだけしく嬉々として、そして同時に驚くほど確信に満ちた言葉を発したのである。

「フォークナー!」とリーヴィスは言った。「戦後アメリカ人がヨーロッパに入りこんできて大小説家をもたねばならなくなった。それで彼らが選んだのがフォークナーだったというわけです」

そのとき、みんな二の句が継げなかった。それから一般論がつづいた。リーヴィスは自分に勝ち目がないことがわかっていた。問題の急所にいたったときに彼は嬉々とした表情を浮かべるのがつねだったのだが、そうした表情を浮かべて議長席のわたしのほうにむいた。

「直接あなたに申しましょう、議長。一貫性のある講座とするなら、ディケンズからロレンスまでのイングランドの小説でしょう」

それがこのころわたしが担当していた主要な講義科目の演題であることを彼は熟知していた。その講座が『偉大な伝統』に終始反論しようとしていたことも知っていたのだと思う。[7]

「けっこうです」とわたしは言った。「それは筋の通った講座であると思います。ですが何人かの外国の小説家も含めたいというのが本委員会の多数意見であり、その議論が有力と思われます。結局〈第二部〉はこのように拡大して展開するのが重要だということになります」

「いや、わたしはあなたにじかに申し上げているのです」

「わたしはどちらにも賛成できます。どちらに賛同するかは大ちがいではあるでしょう。ですが、いまわたしは学部の一役員で、委員会の決定を得ようとしているのです」

「あなたに申し上げている」と彼は繰り返した。

会議が再開した。結局、妥協案に達した。おおまかにはリーヴィスが望むものを中核とするが、他の作品も許容するというものだ。彼は会議のあとに手紙をよこし、わたしが「あの委員会をみごとにさばいた」と言った。だが後続のグループから課題見本が提示され、妥協案がうまくいきそうにない、あるいはまったく機能しないかもしれない（じっさい、そうなってしまったのだが）ということが明白になったとき、リーヴィスはその案のすべてを否認し、それを攻撃する文章を活字にした。その提案がなされた当初のいきさつについてなにか言うだろうと思っていたが、その点はあまりふれず、よくそうしたように自分を排除して誤った道に進みつつあるこの学部全般を弾劾する議論にこの問題を仕立ててしまった。過去にもいくどとあったように、彼は自身にとってかけがえのない申し立てをおこなって敗れたのだった。そんなとき、彼にとってはじっさいに自分がどれほど関与したか、また関与しようと努めていたのかは認めがたいことだった。英文学課程について彼が提案した内容が全面的に敗北したことを公的に認めてからずっとあとになって、彼はよりローカルな方向に影響を与えようと努めるようになり、六〇年代になると一部の若手の講師たちから声をかけられ、積極的に寄稿を求められるようになっていた。だが、それはあらゆる重要な点で遅きに失した。彼はそのような共同作業を欲していた。それは彼の理想なのだった。だが、彼は会議で助けになってくれたこともたびたびあったが、いくども少数派でいた経験を憎んでおり、かつそれをはっきり表明するのだった。

「もし君がディケンズからロレンスまでに賛成していたら、委員会の決定を変えていただろうね」と彼はのちに言った。

「それに賛成もできますと言いました」

「どちらにも、と君は言った」

「それがわたしの立場だったからです。わたしがいちばん望んだのは小説の論文課題《ペイパー》です。どちらにするかでトライポスが大きくちがってきたでしょう」

「ひっくりかえすこともできた」

「いえ。多数意見は明らかに別のほうでした」

「めだって孤立する用意が君にはできていなかった」

「そういうことならよくありました。しかし、これについてはそれは当てはまりませんでした。どちらの結論にいたろうと、とにかく論文課題を決めたかったのです」

「わたしは君の仕事を問うているのだが」

「ええ、少数派の立場にいる人はほとんどみなそうですね。しかし、どのような機関で働くのであれ、それが問題になるのでしょうか？　自分が好きなように教えることができるかぎり、賛成できないものであっても、わたしは大多数が決めた枠組みを受けいれなければなりません」

「いや、受けいれなくてもいいんだ」

「これまでどおりにそれを受けいれることです。仕事をつづけるために。こうした別の考えを入れるために」

彼は首を横にふった。ただの言い訳にしか思えないものを彼は受けつけなかった。自身に一般論をあてはめることもしなかった。何度もあったことだが、問題が核心にふれるとき決まってこの種の壁にぶつかるのだった。彼が生涯仕事をした場所は、自身が反対しかつ絶望している学部のなかでなのだった。気分は異なるが、また立場も異なるが、わたしもおなじようなことを始めていた。問題を解決不能だとみなしたことで彼を責めることはしない。近年それはますます解決しがたくなっていると思う。だが、当時のわたしたちはその感覚を共有できなかった。すべてが彼から直接に個人に物申すというかたちで出てきた。わたしのほうはといえばシステムと構造について語ろうとしていたのであり、必然的に問題に巻き込まれている以上、いずれを採るかの選択の問題だということを述べていたのだった。彼は少なくともその「必然性」を問うことができず、おなじ種類の選択をしたのだが、どちらも認めることができなかった。彼の気性はまるごと英雄的な孤立した個人のそれで、それにもかかわらずケンブリッジのため、共通の追究のため、より開かれた議論のため、参加のためといった言い方で主張をしていたのだった。非常に複雑な全般的状況のなかで、つねに両方の点で主張しかつ行動していた。その姿こそ、そしてその問題こそわたしがリアルだと思えるものだ。それは罰を受けた孤独な英雄という、遠目からみて理想化したリーヴィス像、とりわけ、ひどく不愉快で協調性の欠けた厄介者という大多数の見方とは正反対なのである。

もうひとつ、実質的な記憶がある。もっとあとで学部教授会がまた意見の相違で紛糾していたころに、彼は自宅にわたしをお茶に招待してくれた。話をするよい機会だと思ったが、わたしが懸案の問題を話題にしようといくらしても反応がなかった。そのかわり彼はある話をまるごとひとつしてくれた。それは多くの人に語っていた話であるのを知っている。〔第一次世界〕大戦のこと、二〇年代の英文学部のこと、ウィトゲンシュタインのこと、リチャーズのこと、夫人の最初の書物の世評のこと、「スクルーティニー」の時代のこと、[8]ますます引きこもるようになったこと、病気と金銭問題のこと、他の人びと（彼は実名をあげた）が自身の流儀を失ったり否認したりしていること。そんな話を聞いたことがある人ならたいてい、その抑えきれないような語り口を覚えていることだろう。そうした話題は一見脈略がないようにみえるのだが、ひとつの持続的な感情構造なのだった。それは本質的に、文字どおりの意味でひとつの構成物だった。前に聞いたときはちがう話だったが、などと思うこともあったが、わたしは語られる出来事に反応した。だが、わたしは自分自身のために、そして彼やほかの人たちから教えられたとおりに彼の語りに反応したのだった。

「それをお書きになるべきでしょう」とわたしは言った。

「前にもそう言われた」

（そうした棘のある答え方はいつもどおり。いちど「お誕生日おめでとうございます」と言ったら、彼は「君は「タイムズ」を読んできたようだね」と言った。それでわたしは「いいえ、「タイムズ」は読みません。たんにお誕生日だと知っていただけです」と返した。）

「ある種の小説にみられるような、読者をぐいと引きこむような力をもったお話ですね」とわたしは言った。

彼はそっぽをむいた。

「難点がひとつありますが」とわたしは付け加えた。「その力強い単一の視点からの説明によって、読者はそのお話に完全に納得させられます。しかし、物語のあとのほうの章のどこかで読者自身が一登場人物として出てくるのではないか、ということにやがて思いいたるわけですね」

彼は怒って横目でわたしを見た。まったく場をわきまえないことを口にしてしまったようで、われながら無礼でさえあった。そのような話をわたしに語りながら、偽りのない感情がこのときよみがえったのではないだろうか。ここでうわべを取り繕ってみても仕方がないのではないか。かれの顔がそんなことを告げているようにわたしには読めたのだが、そこで個人的に指摘した点を中心にして語ったことはそれまでなかった。わたしの発言は方法や構成について指摘したつもりのものだった。またある種の強烈な一般性に達するときにいかなるたぐいの自己中心化が生じうるのかということも言いたかったのだ。なるほどといった顔で話に耳を傾ける特定の読者層に一見むけられているようでありながら、じっさいの人物や出来事（自分自身や他者）がこのおなじ強力な手続きのなかで吸収され提示されてゆくのをみて、どうしても驚かずにはいられない、そのような話だったのである。

「君に言わねばならないが」と彼はふたたび口を開き、新しい挿話のかたちで複雑な物語がまた始まった。もう語るべきことはたいしてない。方法について考えることはこのプロセスの全体を混乱させる。それはとにかくだれの物語なのだろう、わたしたちがみな魅せられ、あの有名な方法で「置かれて」いるものとして？　だが、大方が悲しい思い出、あるいは当惑を覚える思い出ばかりなのだが、思いだすといまでも大笑いしてしまうようなことがひとつある。学部教授会でわたしたちはよく隣りあわせで座っていた。議論がこじれての大騒動もあって、そちらのほうが記憶に強く残っているのではあるけれども、わたしのみるところでは彼はたいがい礼儀正しくて思いやりがあった。つまらない議題のときは、わたしたちはよくふたりして大窓のむこうに広がる外の景色を眺めていたものだ。一度など、おや、風向きが変わったと、おたがいに同時にささやいたこともある。退屈きわまりないときに、目を下にむけると、毛むくじゃらのわたしの手の甲を彼がじっとみつめていることに気づいた。彼は自分の両手を目の前に広げる。その手の甲はすべすべだ。テーブルのむこうでは、たしかウィンチェスター朗読賞[9]の審査員の選出を審議していた。彼はじっと目を凝らしてわたしたちの手を見比べていたのだが、わたしが見ているのに気づくと、にっこりと微笑んだ。

「聖書は勘弁してもらいたいな」とわたしは声をひそめて言った。それが聞こえたのかどうかわからないが、彼はうなずいた。そしてテーブルのむこうからは「異議なし」という声があがった。ウィンチェスター朗読賞の審査員が決まったのだ。

リーヴィスが亡くなった年〔一九七八年〕にわたしは非公式の記念講義をした。英文学部はなにも公式行事を準備しなかったが、わたしは追悼の催しをしたいと思ったのだ。学部のリストに「F・R・リーヴィス」とだけ記した。講義ノートを見返すと、彼がおこなったような〈実践批評〉と、ケンブリッジの地でその批評が体現しようとした局面を論じることにほぼ終始していたことがわかる。精読による言語分析と激しい倫理的議論が結合した彼の批評はおおむね再現不可能なものだが、その特徴について説明しようとした。辛辣な文言が下線を引いて書きこんであった。追憶にふけって丸く収めてしまうのはよそうと思って書いた文言だ。「すばらしき批評家、その人物とあの「文学外の妄念[10]」のいっさいを残念に思う」。残念というのは、あの人は切り離して論ずるのでは到達できないような次元で強烈な関心と確信をもっていたからだ（生気のある議論と提示はしばしばそうした次元から発するものであったのだが）。わたしはひとつの方法として、ここから自分の理論上の距離を測った。そしていずれにせよ、そのもとのかたちをまとめあげている核心部分を欠いたままで方法だけまねをしても説得力がないと主張した。全身全霊で事に反応する彼の姿勢は他に例をみないもので、そこが大事だとわたしは述べたが、そのお決まりの語句をそれと関連する源泉にむけていった。すなわち、それは生きた、真剣な、また頑迷な計画で、どのような立場や条件を主張しようとも理論化しえないものだった。かくしてその人物は批評家とは分離できなかった。彼にとってはひとつの徳であり、それ以外のわたしたちにとってはひとつの問題だったのである。Ad textum, ad hominem〔テクストにむけて、人間にむけて〕――教育計画総体として提示された個人的な方法は、まったくちがう種類の歴史、議論、分析（とりわけ言語の分析）にむけて行きつもどりつしなければならない。以上の見解は公式の追悼記念講演だったら言わなかったことかもしれないが、これがひとりのたぐいない、かけがえのない人物について顕彰したかったわたしの見方だ。その〔「たぐいない」「かけがえのない」という〕ふたつの形容詞を、ありきたりの弔辞にみられるようなおざなりの使い方でなく、まじめに、文字どおりの意味で使いたかったのだ。

わたしが生身の彼を最後に見たとき、彼は〔ケンブリッジの〕マディングリー通りを走っていた。何通かの手紙を握りしめてポストにむかっていたのである。彼が晩年にそうしている姿をわたしはたびたびみかけた。多くの人と手紙を交わしていて、力のこもった文章をそこに注ぎこんでいるのだなと思った。その文章は精巧に強烈に、またあやういかたちで〔批評分析と倫理が〕溶けあっていて、特異で非人格的なものだ。それを人はあらゆる次元で認識しつづけながら、ふつうの言葉では理解していない。車を運転していたわたしは、道が混んでいたのだが、速度を落として手をふった。一所懸命走っていたので彼の顔は険しかった。こちらのほうに目をむけることはなかった。走りつづけていたからである。

（一九八四年）

訳注

〔1〕F・R・リーヴィス（Frank Raymond Leavis, 1895-1978）はケンブリッジ大学エマニュエル・コレッジ卒業後、一九三〇年からダウニング・コレッジの英文学担当教員となり、同大学を英文学研究の一大拠点とすることに貢献した。

〔2〕ウィリアムズは一九六一年にケンブリッジ大学英文学部講師、同ジーザス・コレッジの特別研究員となった。

〔3〕リーヴィスは一九六四年に定年でケンブリッジ大学の教員職を辞した。

〔4〕ケンブリッジ大学の英文学部（the Faculty of English）は一九一九年に設立。ケンブリッジ大学は（オクスフォード大学と同様に）コレッジ（現在三十一ある）を基本単位とし、学生はいずれかのコレッジに所属する。教育内容はさまざまな学部（現在二十一学部ある）が運営する講義と、コレッジが供給する個別指導（supervision）とからなっている。個別指導はコレッジの教授（professor）、准教授（reader）、講師（lecturer）が担当する。コレッジ自体は特定の学問分野に限定されておらず、学生は自身の専攻に応じて、いずれかの学部の講義を履修することになる。教員の多くは研究員（フェロー）としてコレッジに所属しながら、自身の専門の学部（faculty）にも所属している。

〔5〕「共通の追究」はリーヴィスの評論集（*Common Pursuit*, 1964）のタイトルでもある。

〔6〕トライポスとはケンブリッジ大学で学士の学位（ＢＡ）を取得するための筆記試験で、一般分野（第一部）と専門分野（第二部）に大別される。

〔7〕Raymond Williams, *The English Novel from Dickens to Lawrence*, London: Chatto & Windus, 1970. そこでウィリアムズが仮想敵とした『偉大な伝統』（*The Great Tradition*）はリーヴィスの主著にあたる英国小説論。一九四八年刊行。英文学研究に大きな影響を与えた。

〔8〕哲学者ウィトゲンシュタイン（Ludwig Wittgenstein, 1889–1951）はウィーン生まれで、一九一二年にケンブリッジ大学トリニティ・コレッジに入学、一九三九年にケンブリッジ大学哲学教授に就任。批評家Ｉ・Ａ・リチャーズ（Ivor Armstrong Richards, 1893–1979）はケンブリッジ大学モードリン・コレッジで哲学を修め、同校の特別研究員として、ケンブリッジを拠点に批評活動をおこなった。「夫人の最初の書物」というのはＱ・Ｄ・リーヴィス『小説と読者大衆』のこと。またＦ・Ｒ・リーヴィスがウィルソン・ナイト（Wilson Knight, 1897–1985）と共同で発刊した文芸季刊誌「スクルーティニー」（*Scrutiny*）は一九三二年から五二年まで続いた。

〔9〕「ウィンチェスター朗読賞」（the Winchester Reading Prize）は一八六七年にケンブリッジ大学に創設された賞。参加者は課題とされた聖書や小説の抜粋で朗読の腕を競う。

〔10〕「文学外」（extra-literary）はリーヴィスが多用した語。リーヴィスの主張によれば、文学研究と「文学外」の諸研究は関連づけられるべきものであるが、文学批評を「文学外」の研究に従属させてはならず、あくまで自立したものととらえるべきだとする。ウィリアムズとしては、文学批評の境界線をそのように分ける立場には賛同できなかった。

Ⅳ　文学と社会

文学と社会学

リュシアン・ゴルドマン追悼

昨年〔一九七〇年〕の春のこと、リュシアン・ゴルドマン〔1〕はケンブリッジを訪れてふたつの講義をおこなった。わたしたちの多くにとってゴルドマンの声を聞く絶好の機会となった。なにしろ彼の仕事を歓迎し、敬意を払っていたわたしたちである。彼のほうは「ケンブリッジが気にいった。木々と芝生が講義室のこんなそばにあるのがいい」と言っていた。わたしが「来年もいらしてください」と頼むと、彼は承諾してくれた。それだけではなく、いま取り組んでいる仕事についておたがいに直接意見を交わそうと約束したのだった。それはふたりともイングランドとフランスの皮肉な間柄がよくわかっていたためである。両国は物理的にはたいした距離はないのに、文化的には相当に離れてしまうということがじつに多い。とりわけ細部の点になると、それがはなはだしい。そうして秋に彼は亡くなった。五十七歳だった。共同研究が始まったのに印刷物に立ち返るしかなくなった。結局そうなってしまうのが世の常なのかもしれないが。だが彼に敬意を表して、そして現在必要であると思えることをあらためて確認するために、まず彼の直接の思い出を話したかったのである。ゴルドマンの仕事ならびに思想をわたしのそれとひとまとめにして議論する必要があるとわたしは考えている。というのも、両者はたいへん異なる伝統のなかで生起したものでありながら、立場と関心のあり方を多くの点で共有しているためだ。むろん、残念なのはここに彼が同席して対話に加われないことである。ゴルドマンの講義がその流儀において対話そのものであった以上、これは悔やむほかない。そして彼の講義が対話的であったのは、ある意味でわたしには驚きだった。彼の著述のうち出版されたものだけを読んでの話ではあるが、ゴルドマンの特徴とは、議論を限定し体系化していくときに彼がみせるある種の厳格さに求められるのだから。

イギリスの知識人の置かれている特異な社会的状況がもたらすその長期的なもろもろの効果について、多くの人びとが気づいているのではないかと思う。この状況は変化をとげつつあるとはいえ、そうした効果はずっとつづいている。少なくとも人文学では、またその功罪も相半ばするのだが、イギリスの思想家や著述家は日常的な言葉づかいにたえず引きもどされている。これは文章の調子であるとか言葉の選択のみならず議論の流儀にもかかわる。その流儀は体系的な構成を欠いていると言われることもある一方で、語りかける直接の対象である聴衆をほかではみられないほどに意識したものになっている。ここでいう聴衆とは、その成員が平等に分かちあうものとしての共同体のことであり、その意見に対して思想家や著述家たちが距離をとることも同伴することも等しく許されている。思うに、この習慣化した流儀には肯定的な側面がいくつもある。ただし否定的な側面も見逃すことができないとも思う。思想家や著述家たちは、そうありたいと思っているかどうかは措くとしても、じっさいにはそうした集団の成員となっており、彼ら（知識人と形容すべきか否かが議論の核心部分となるのだが）はそうした集団の意識を共有したいと思っている場合でも、おおっぴらにはそうしないというのが最低限の礼儀なのだ。そしてそうした集団がとくにケンブリッジのような場所で、その実質的な部分においても詳細においても長きにわたる特権階級であったり、ときには支配階級ですらあったりする場合、日常的な言葉づかいへと引きもどされることは現行の意識へと、すなわち上品ではあるが明らかな制約を被りながら形成される思考へと引きもどされることをしばしば意味する。

このプロセスを観察してきた身としては、六〇年代初頭以降、あれほど多くの学生たちがむしろ別種の知識人たちにその関心を転じる選択をしたことになんの驚きも覚えない。社会学の場合は、もちろんほかの事情もある。その分野ではわたしたちは後塵を拝してきたのだから（はっきりいうと多くの点で未開発国だった）。だが文学研究でもおなじ事態が生じていた。この分野ではこの半世紀のあいだ見逃すことのできない力強い仕事がなされてきたのであり、それは他のどこにもましてケンブリッジで顕著にみられた。イングランドの思想にはある種の絶対的とすらいえる制約――広範な社会における制約や膠着状態とごく密接に結びついているとおぼしき制約――が課されているという感覚があり、だからこそ、いまあるものとは別の伝統、別の方法を探しもとめるという作業が至上命題と化したのだった。もちろん見逃せないのは、アメリカでなされた仕事が、つまりおなじ言語とおぼしきもので書かれていながらも、いま言っているようなイングランドの独特な合意の外部で書かれた仕事がいつでも存在していたことである。理論、いや体系《システム》といっておいたほうがまちがいなさそうだが、こういうものが効果を発揮するのではと耳目を集めていたということでもある。そしてアメリカの知識人のほとんどは、非知識人的な支配階級との独特な同化のあり方をよきにつけ悪しきにつけ共有していないようにみえた。そこではイングランドで耳にするような不満があまり生じない、すなわちある人間が自分の人生をかけた仕事について、あたうかぎりの正確さをもって説明しているときに、仕事や余暇の合間にたまたまその説明を耳にしただけの人間からするとその説明が即座に理解できずなんともよそよそしいと不平が生じてくることがあまりないように思えたのである。

その後目につくようになったのは、そうした従来とは別の流儀が魅力を放つものになると同時に模倣されるようになる事例がある種の研究のなかに出てきたことである。理論に懸命に手を届かせようとして、その模倣が実質的なものとなった場合もある。手順どおりに繰り返し抽象化をほどこしていってそれが表層的なものになってしまう場合もあった。章がいくつ、節がいくつ必要と計算して論文を書き、用語を唐突かつ余分に神経質なまでにイタリックで強調して定義づけをおこない、その用語も高度に専門的で内向きのものへと変えていった。イングランド人以外のだれもがこういうやり方でものを考えている、あるいは少なくともこうやって文章を書いている——突如こうみえてしまったのだった。それ以外の秩序や強調点に頼るのは視野狭窄だということになった。とりわけイングランドのブルジョワジーと縁を切るには、こうした別種の手続きや様式が必要であるように思われた。自分の意志をもってすぐさま結びうる数少ない実際的な提携先のひとつとして、これにすがってしまったのである。

だが、じつは状況はもっと込みいったものだった。特定の社会科学の抽象的な方法と語彙が別種の合意を得るための道具へといかにたやすく利用されてしまうか——これを思いだすのにはチョムスキー（専門分野での仕事ではじつに厳格な思想家）の到来を俟たねばならなかった。その利用のために支配階級が学んだのは、公の場で「権力」や「勢力」といった語を使わず、「運用戦略」だとか「グローバル・シナリオ」などといった語をもちだすこと、「人間の支配」とは言わず「管理運用」という語を用いることだった。チョムスキーが出した具体例のひとつを借りるなら、難民化したベトナムの農民たちへの爆撃を（その手続きを示すのに）「都市化の加速」であると説明してしまえる。[2] これは人びとを煙に巻く非人間的な論法だとわざわざ言わなくてもよいが、そう表現することもできるのであって、こうした語法の危険性を十分に認識しているイングランドの思想家たちはたやすく、いともたやすく旧来の習慣に逆もどりしてしまえる。彼らは権力構造のような抽象についてては理解できないと言ってはばからない——小宇宙《ミクロコスモス》については伝統的に理解できているのにもかかわらずである。物象化もわからないと言う——客観的相関物[3]ならわかるというのに。あるいは媒介作用の概念もわからないと公言する——カタルシスのことは知っているのに。こうした思考習慣こそが標準だとされているわけだが、いいかえるとそれはじつに伝統的で前民主的な概念を微調整してはこまごまと権威的に選別する習慣のことであり、この習慣は錬金術とでも呼ぶべきものの力を通して、具体的ではあるがじつに細分化された地位をもたらすことになる。とはいえ、こうした事態が起こる様子がはっきりわかってくればくるほど、ある社会状況がもたらしている好悪半ばするものとしか言いようのない帰結をより明確に認識せざるをえなくなる。それは知識人たちがみずからを定義するときに、周囲から分離した職業であるとする以外の選択肢をほとんどもっていない、という状況のことである。そうすると彼らを知識人として任用するが仲間として受けいれてはいない社会の様相がよりはっきりとみえてくる。そんな彼らが身につけることになるのは、社会から切り離された言葉づかいと流儀であり、そうやってみずから規定した言葉づかいと流儀は、少なくともよりあからさまな偏見や誘導によって制約されることがないとはいえ、やはり専門書や講壇での言葉づかいや流儀にとどまってしまう。彼らは黒板に番号をふって事項を列挙し、重要点を書きとらせ、暗唱可能な定義を教師然として力説する。大胆で新しい研究、そして大胆で新しい術語の数々にはまごうことなき真正の厳格さが見受けられるのだが、この厳格さと、旧来の専門書的、講壇的な習慣とのあいだには奇妙な相互作用が存在するのである。

理論の諸問題

リュシアン・ゴルドマンは大陸的な伝統のなかでも、本流をなすものといえるこの伝統のなかで訓練を受けた思想家である。ブカレストに生を享け、その後ウィーン、ジュネーブ、ブリュッセル、パリへと住まいを移した。そんな彼のなかには、社会からは分離されたうえでの流動性《モビリティ》ならびに非人格性という、この伝統に属する要素が同時に見受けられる。彼の仕事のやり方のなかに、じつにくっきりとうかがえるのだ。しかしわたしにとって興味深いのは、彼の仕事がそういうなじみ深いやり方で表現されているのを読みといたのちに、それとは異なった思考の所在が声となって聞こえてくることだ。その声から感じとれるのは、先の伝統に属するものとは異なる、あの別の意味での機動性《モビリティ》である。鋭敏で機微にふれる柔軟さ、おりにふれて変化する聴衆への視線、ネクタイをせず笑みを浮かべながら演壇を歩きまわるスタイル——講義ノートよりも煙草が気になって仕方がないようではあるが、とはいえ彼がなによりも関心をむけているのはその議論によって取り組もうとしている難問、彼自身の存在をそのうちに明らかに含みこんでいる難問である。一種の逆説が見受けられた。その真剣さが興趣を伴いながらも絶対的なもので、その信念が暫時のものでありながらも情熱を帯びたもので、そしてその大胆さが一種の自己卑下になると同時に一種の自己主張である、という逆説が彼にはあった。この逆説はケンブリッジ滞在中のゴルドマンにかぎってのことだったのだろうか。あるいはそれにとどまらなかったのかもしれない。

というのも、思うに社会学と文学研究においてわたしたちがある逆説を生き抜こうとしているということは疑いようがないからだ。そしてこの逆説はさまざまなかたちでわたしたちの目にふれることになるのだが、もっとも明確なかたちとしては型《スタイル》の問題として立ちあらわれる。この逆説の基本形はこうだ。わたしたちは理論を必要としている。だが存在ならびに意識に加えられたある種の制約によって理論の獲得が阻まれる、もしくは少なくともその理論を確実なものとすることが阻まれる。ただし理論の必要性によってわたしたちの思考のありようは圧力を受け、一種の擬似的な理論を受けいれるように部分的には説得されてしまう。この擬似的な理論はもちろんわたしたちを満足させないばかりか、誤った場所のほうへ、誤った方向へ視線をむけるようにうながすことにもなる。理論という考え方が示唆するのは法則と方法であり、そればかりか方法の体系《メソドロジー》が含意されることもある。だが法則の概念のなかでももっとも利用しやすいもの、そしてそこから生じてくる体系化された方法のなかでももっとも利用しやすいものとは、ゴルドマンが思い起こさせてくれたようにまったく種類を異にする学問から到来するというのが現実なのだ。たとえばそれは物理学からやってくるのだが、この学問において研究される物質は客観的に観察されうるもので、価値から自由になった観察が可能であり、そうした観察が公平無私な研究の基礎となるとみなされていて、だからこそ事実にもとづく科学的で厳密な学問が実践しうるように（ほんとうにみごとなほどに）思えてしまうことがある。

こうなると、もう明らかなことだと思えるのは、文学の作品における資料の存在、すなわち価値（じかに取りあつかわないと取りあつかえる部分が誇張抜きにまったくなくなる価値）をかくも満載した資料の存在によって、大学をとりまくあらゆる場面において危機としか言いようのないものが生じるだろうということである。大学はいまや厳密で専門的そして公平無私な学問という観点から自己を定義する傾向がますます強化されている場所なのだから。イングランドにおいてゴルドマンが科学主義と呼称するものへの抵抗を率先しておこなってきたのが文学批評家たちであったこと、その筆頭が〔F・R・〕リーヴィスであったことはほとんど驚くにあたらない。社会学での抵抗の記録はこれと比べてはっきりせず、思うにそうほめられたものではなかったのだろう。というのも、むろん社会科学では、範囲を設定し対象を分離させ概念の定義をおこなうことで価値判断に左右されないとみなせるある種の客観的な資料を生産したり考案したりすることが（それらの資料とほかの経験との結びつき、それらの資料と別種の諸関係との結びつきをすべて無視することで）可能になるためだ。価値そのものですらこうした方法で研究することが、たとえば多かれ少なかれ洗練されてはいる世論調査にみられるように可能である。いわく、ある割合はこれを信じている一方で、ある割合はあれを信じており、ここにみられる結果が次の世論調査がおこなわれるまでは調査の成果というわけだ。むろんわたしは、こういうたぐいの作業がもたらす成果が社会科学の中心的な営為にあまり価値あるかたちでは寄与しないのではないか、と言いたいわけではない。社会科学は社会的関係ならびに歴史のなかの人間たちを取りあつかう義務を負うわけだから、この学問には変容する価値のありよう、そして意志をもってなされる選択を、それも観察者たちの価値と選択を含む価値と選択を（そのことを自覚しようがしまいが）取りあつかう必要がどうしてもある。わたしが言いたいのは、この中心的営為がつまるところ機能していない、もしくは不十分にしか機能していないということだけである。そしてこの不備は、イギリスの社会科学を適切なかたちで発展させそこねたという歴史的事実（そうした社会科学をケンブリッジで確立することがほんとうに困難であったということが思い起こされる）によってさらに悪化することになるのだが、いずれにせよこの不備を受けて出てきたのが、文学、そして英文学という価値と価値をめぐる議論が公然と交わされる領域にこそ本物の中心、人文学の中心が見いだされうるという主張だった。

しかし、この主張がなされる場面とは、文学と社会科学のあいだの関係とはいかなるものか、という中心的問題が即座に噴出してくる場面である。ちなみに、文学研究では社会科学とちがって擬似的な客観性が追求されることがない、と考えてはならない。古典語、ならびに性急に論を拡張すれば古典語の文学は厳格なテクスト内在的方法を用いて研究することができ、この方法論はほぼすべての文学研究に影響をおよぼしてきた。同様の精神をもって遂行される古典語以外の言語研究にしても、他と切り離された特定のテクストなどによっておなじように文学研究の工程に送りこまれ、少なくともある程度の厳密さを備えた学問実践の一例として、しばしばあからさまに活用されることになる。じつに豊かで重要な中世英文学に対してわたしたち自身がおこなっている研究でいえば、そうした内在的方法論によって、また価値と歴史をめぐる生きた問いからうまく距離をとることでこの方面の研究はかなりの前進をとげてきた。この研究法が直接かかわる範囲だけで考えるなら、これまたすべてが正当化しうる。しかし、そうした観点と先述の中心的な問いとのあいだの結びつきこそが解答困難な問題《プロブレマティック》なのであり、より上品な言い方をすれば究極の問題なのである。

自然科学と人文学研究のあいだに横たわる際立った差異とは、表現された諸価値、活発に変化する諸価値をめぐる避けがたい問いの所在だけではない。それは変化の性質という問題にかかわってもいる。社会ならびに文学のなかには活発に変化し相互に矛盾しあう歴史、人間の歴史というものがあり、この歴史は活発に変化する諸価値とつねに分離不可能なものとしてある。ただし社会科学や歴史学、文化人類学の一部にみられるように、文学研究においてもこうした変化の事実がみせかけの全体性のなかへと放りこまれてしまうことがある。このみせかけの全体性には強みがあり、そうした変化をその内部に取りこみ、ついには変化を変化ではなく、あたかも横たわる岩石のごとく静止したものとさせてしまう。そうは言っても岩石だって日常の経験からすれば不動のようではあっても、静止しているものがほんのわずかでしかないということ、そしてその静止した岩石ですら変化の産物、地球の間断なくつづく歴史の産物だということは、自然科学に実地にあたればすぐに学びとれることだ。こうしたみせかけの全体性は、変化をそのうちに取りこんだり、なかったことにしたり、都合よく理屈づけしたりするのだが、この全体性の発信元というのは、じっさいには科学ではなく、ある種の哲学体系、イデオロギー体系であり、わたしが思うに究極的には宗教なのだろう。

文学において、こうした虚偽の全体性でいちばんよくみられるのが「伝統」である。本来伝統とは選択しまた選択しなおすという行為がたゆまず活発になされてゆくものであり、たとえ最近の時点であってもつねに具体的な選択がなされたひとつの集合体が伝統の謂いであるのだが、ここでの「伝統」の場合はそのような実相がかえりみられず、いまやひとつの対象物、映しだされた現実としてじつに都合よく利用されており、わたしたちはこの「伝統」をそれが示す条件のまま受けいれるように強いられる——そうした条件はつねに他者による価値判断、選択、排除であるにちがいないというのに。固定しきった講義シラバスにひそんでいる思想はまさにこの「伝統」という臆断の産物、方法論であり、この手のものでは日常的にもっとも目につくものだ。もちろんこの種の全体性を考察してみると、その内部で変化が事実として生じていることは許容されうるのだが、その許容のあり方が独特である。たとえば文学史を研究することは大いに奨励されうる。ただし、そこで研究されるのはいまや変化ではなく程度の差であって、動きを欠いた全体性のなかで、この時期の特徴はこう、そしてあの時代の特徴はこう、といった具合に差異が列挙されるにすぎない。まさに経験上の歴史と同様に、この時期そしてあの時期と理解を深めていくわけだが、「そして」の部分に強調点が置かれることはないし、「そして」の部分で起きていることはいずれにしても質的な変化ではなく一時的に生じた程度のちがいとして片づけられてしまう。

おなじような虚偽の全体性は、経済学や政治理論、文化人類学において、さらには同時代を対象とする社会学ですら広く企図されてきた。そこでは程度の差は事実として、いや正確には事実としてのみ解され、そしてここでの事実は、活発に変化する価値と選択のありようという悩ましいプロセスにかならずしもわたしたちをかかわらせるものではない。たしかによく言われるように、わたしたちは事実というものを抜きにやっていくことはできないし、事実を手に入れるプロセスというのは長く困難な努力を要するプロセスである。だが経験から引きだされたこの見解は一見反駁しがたいものにみえるものであっても、最初からひとつの思いこみにもとづいている。事実というものを静止した状態でとらえることができて、公平無私にあつかえるのだとする思いこみである。理論はあとから姿をみせるのだろうが、なにも言わずとも最初から理論がそこにあるというのが肝心だ、とわたしたちは言われる。静止して受け身の状態にある全体性、したがって経験的に到達可能な全体性を方法論のうえで想定してしまってそうみてしまうわけだ。文学研究からいちばん明らかな例をあげるなら、それは「種類」や「ジャンル」を研究するという方法論になるだろう。経験的な作業をもれなく実行可能にすべく、叙事詩や悲劇あるいはロマンスといった「恒久不変の形式」が文学の「本体」のなかに存在している、という想定が前もってなされる。[4] こうなると、わたしたちがいくら積極的に研究をおこなおうとも、それらの形式をはみでることなく程度の差を研究することに例外なくとどまってしまうし、そのような程度の差について、すぐわかる直接的な要因や、場合によっては社会史的な要因を探ることぐらいは認められるのかもしれないが、そうした変種はその本質的な特徴において自律的なもの、内的な法則にしたがうものとされてしまう。このような先験的で観念論的な前提のために先の諸形式（これらはなんと言われようともほんとうに時間を超越したものであるわけがない）の生成過程という重要な歴史を見てとることができなくなるばかりか、名目上は連続していることになっている形式のなかに根本的変化、質的変化を見てとることも阻まれてしまう。そうした変化はしばしばこのうえない重要性をもち、じっさいにこの変化をあつかうためには、ときとしてまったく異なった研究方法、その種の包括的な分類法に依拠しない研究方法が要請されることになる。

「実践批評」の限界

だが文学こそが人間の学の中心をなすという主張が依拠してきたのは、こうしたみかけの客観性を用いる方法のいずれでもない。それは「実践批評」[5]に依拠してきたのである。この批評が注目に値するのは、それ自体が興味深いからということもあるが、同時に、英語でなされた文学的な社会学の多くが逆説的にもこれに由来するためでもある。この実践批評に独特かつ局所的なかたちで身を捧げてきた批評家たちがいる。彼らのこれ以上ないほどの熱烈さ、全身全霊を込めたかかわり方、異常なまでの傾倒ぶりをゴルドマンがもし目にしていたら（訪れる者はだれでも驚くのだが）驚かずにはいられなかっただろうと思う。彼が「科学主義」に闘いを挑んでいたとき、おなじ言葉を使っておなじものに挑んでいる味方がケンブリッジにいると一瞬思ったかもしれない。だが、その思いは長くはつづかなかったことだろう。ゴルドマンによる科学主義批判（自然科学の方法を人間科学に無批判に移入してしまうことへの批判）はなによりも批判的社会学という名でおこなわれたのだが、それに対して実践批評派が「社会学」という語を発するのは、好き好んで呪われる悪業を犯した者を最後に憐れんで一瞥するときにかぎられているのだから。ゴルドマンが自分の方法論を語りはじめて十五分もしたら、実践批評派はロレンスからの例の痛烈な引用をぶつけてみせることもできたろう。「一個の芸術作品を判定する根拠となるのは、わたしたちの真摯で生気に満ちた感情にそれがもたらす影響なのであり、それ以外のものではない。文体や形式に対して批評と称してあれやこれやと無駄口を叩くこと、植物学の流儀をまねて科学者もどきのやり方で書物を分類したり分析したりすることは、すべて見当ちがいのふるまいでしかなく、大方つまらぬ戯言にすぎない」〔6〕。かくして実践批評の立場からすれば方法論などご無用、真摯で生気に満ちた感情だけあればよいというわけである。だが真摯で生気に満ちているというのをだれが決める？　そんなことをわざわざ聞いてくるようなら、答えははじめからわかりようもない。それは人びとがみずから、活発で相互協力的な批評のプロセスのなかで決めることだ——そう実践批評派は言う。

しかし、どの人びと、おたがいにどういう関係をとりむすぶ人びと、そして他の人びととどういう関係をとりむすぶ人びとが、それを決めるのだろうか？　こんなことを言うとどれだけ呪われるかわからないが、あえて言うと、この問いこそが社会学者にとって必然的な問いなのである。実践批評はいくつかの点で弱い。じっさいには大胆なまでに主観的な原理にその基礎を置きつつも、うわべは客観性をまとう方法へと凝り固まっていったのだし、テクストをそれが生じた文脈から孤立させてしまいもした。また観照を重んじる特徴のために新しい文学作品を敵視することがよくあった。だがこれらの弱点はすべて、実践批評が下手になされるときにもっともはっきりと露呈するといえよう——上手か下手かというのもまた内在的な規範ではあるのだが。とはいえ、じっさいのところこれらの弱点、あるいは潜在的な弱点は実践批評家たちが置かれた独特な社会的状況にすべて起因するものである。どの人びとがどういう社会的な関係のもとで決定するのかという先の問いへの真の解答は、知ってのとおり明確で筋の通ったものですらあった。すなわち学識をもつ批評家の少人数集団がそれであった。もっとも全般的なたぐいの主張によってその端緒を開かれたプロセス、すなわち真摯で生気に満ちた絶対的なものとおぼしき性質をその中核とする明らかに人間的なプロセスは、現実に加えられた圧力によって自分たちを決定者として規定する集団となって終わったのだった。とはいえその一方で、彼らの批評的活動が真正のものであったがゆえに、そうやって当初企図された社会的位置づけが一般化され人口に膾炙する一方で、じっさいにはそれとはかなり様相を異にする社会的関係がつくりだされた。真摯さと活力が制約を被り破壊されることになる文明から、そしてそうした文明のなかを流れゆく巨大な潮流の数々から孤立しているという感覚。そうした制約や破壊の実行者たちへの執拗なまでの敵愾心。このような感覚や感情をその核とする関係性が浮上した。イングランドでの文学の社会学のじっさいの起点は、ひとつの急進的批評集団がみずからの活動とアイデンティティをこのように位置づけ正当化せねばならなかったという事情に求められる。そこでは凡庸な文学や粗悪な文学から良質な文学が区分されたわけだが、この実践的な区分は拡張されて、そうした価値のちがいをもたらす文化的条件の研究にも適用されていった。文学と文化の批評史が探求されたのである。この区分はさらに拡張され、始まりの時点ではあくまで批評的に読むという活動に限定されていたわけだが、既述の文化的条件のなかでも主要な条件のひとつ、すなわち読者大衆《リーディング・パブリック》の性質にも適用されたのだった。そこでこの読者大衆に与えられた独特な解釈はむろん文化の衰退という説である。[7] 批評意識をもった少数者たちが根本的に他と隔絶することがその意味で出発点であるのと同時に帰結であった。とはいえ文化の衰退、あるいはより中立的な言い方をすれば文化の危機（実践批評家たちにとってそういうものの所在を論証することはお安い御用だった）ということになるが、これを理論化するとなれば、いかなる場合でもより広範な社会的プロセスを記述することが不可避となる。この場合では、有機的社会が産業主義と大衆文明によって破壊されつつあるという説明になる。

一九三〇年代においてこの種の分析は、ほかでなされていた急進的な解釈の数々と重なりあっていた。あるいは重なりあっているようにみえた。そうしたなかで特筆すべきは資本主義がおよぼす影響についてのマルクス主義的な解釈ということになろうか。とはいえ、ほとんど即座に双方の集団のあいだに根本的な敵意が生じた。「スクルーティニー」誌とイングランドのマルクス主義者たちとのあいだで批評的論争が展開され、いまから振り返ってみればほとんど疑いを差しはさむ余地のないかたちで「スクルーティニー」が勝利をおさめた。しかし、なぜそうなったのだろうか。「スクルーティニー」の批評家たちのほうが文学にずっと近かったためだろうか。おもに経済学のたぐいの別種の証拠をもとに考えだされた理論に文学をかなり性急に嵌めこんですましてしまうようなまねをしなかったからだろうか。それもあるだろうが、ほんとうの理由はもっと根本的なものであった。その当時一般に解されていたような種類のマルクス主義は、実践批評がその強みを発揮したきわめて重大な領域において無力だった。つまり、じっさいに生じている意識についての説明を正確かつ詳細に、またほどほどの適切さをもって提供するという能力が不十分だったのである。体系化や一般化をおこなうだけではなく、豊かで意義深く、そして具体的な経験に充ち満ちたじっさいの作品を説明することがマルクス主義には不得手だった。これとも密接にかかわるもうひとつの弱点がマルクス主義に生じた理由を特定するのはむずかしいことではない。土台と上部構造という当時標準とされていた公式のなかにそれは存在しており、この公式は、月並みな手腕をもって処理されると単純な反映や再現あるいはイデオロギー的表現として上部構造を解釈するものへとあっという間に変換されてしまった。そうした単純きわまりないやり方では、じっさいの作品という長期にわたって作用する経験とわたりあうことがまったくできないだろう。それは還元主義の理論と実践だった。具体的な人間の経験と創造行為はかくも即座に機械的に変換され、あれやこれやと分類されてしまうのだが、その究極的な実相と意義はそれではわからず、つねにどこかよその場所に求めるしかなかった。そのために事実上この分野は未開拓のまま残された。それでも芸術についての説明を提示しうる者であれば、それも芸術作品がつくりだされ価値づけされる場である人間的局面の実相と、その密度と強度においてとにもかくにもわたりあいながら提示しうる者であれば、だれにでもその分野は開かれていたのである。

「スクルーティニー」側が勝利したと言ったが、実際問題としてこの勝利があまりにも圧倒的なものであったために、当時論争の交わされた諸問題はイングランドでは一世代にわたって提起されることさえもほとんどなかった。教師も学生もその答えをすでに知っている、もしくは知っていると思いこんでしまったのである。ルカーチやゴルドマンの仕事は例の放棄された闘争の場を引きあいに出して簡単に片づけられる。今日でも、おそらくそう考えられているのだろう。ルカーチやゴルドマンのようなネオ・マルクス主義者は結局なにを達成したというのか、ちょっとばかり語彙を新しくして政治的な延命をはかっただけではないのか——そんなふうにみなされている。思うに、彼らによる達成はその程度のものではない。いや、それをはるかにこえるものだ。だが、わたしたちはあの決定的な論争の存在を想起せねばならないとも思う。というのも、そこではいくつかのほんとうの事柄が学べたからである。それがあったために、継続されている探求の作業に対してイングランド固有のかたちでなされた貢献がいまなお関連性をもち、生気のあるものとなっている。わたしたちのだれかがイングランド的な合意を離れてまったく別種の意識と言葉づかいにむかう動きにどれだけ加わりたいと思ったとしても、それだけはいえる。

社会の全体性

すでに述べたように、なによりも土台と上部構造という出来あいの公式こそが文学と思想に対するマルクス主義的な説明をしばしばその実践において根拠の薄弱なものとしたのだった。だが、いまなお多くの人にとってこの公式はマルクス主義の核心の近くに位置し、文化史と批評にふさわしい方法論の所在、そしてもちろん社会科学と文化研究とのあいだの関係を考えるのにふさわしい方法論の所在を指し示している。経済的な土台が社会的諸関係を決定し、社会的諸関係が意識のありようを決定し、意識のありようがじっさいの思想と作品を決定する、という公式。ここで使われる一連の用語のひとつひとつをめぐって際限のない論争をなしうるのだが、そうした公式に相当類似するものを信じてもらえないかぎり、マルクス主義はその十八番ともいえる挑戦的な地位を失ってしまったようにみえる。

さてわたし自身はどうかといえば、土台と上部構造という公式に対してつねに異議を唱えてきた。その主たる理由は、方法論として薄弱だからということよりも、むしろこの公式のもっているこわばって抽象的で凝り固まった性質にある。さらにいえば、十九世紀についての仕事を進めてゆくなかで、わたしはこれを本質的にブルジョワ的な公式だとみなすようになった。もっと具体的にいうと、この公式は功利主義思想の中心に位置する。わたしは経済活動と経済史がきわめて重要であるという自分自身が保持していた感覚を捨てたくはなかった。拙著『文化と社会』での探求の始まりは、社会の様相をがらりと変えたひとつの変化についての、まさにそうした感覚に由来していたからである。だが理論と実践の両面でわたしが確信するにいたったのは、マルクス主義的伝統という名で知っていた事柄を捨てなければならない、少なくとも棚上げせねばならないということだった。社会的全体性について別種の理論の展開を試みること。文化の研究を生の営みの全容における諸要素同士の関係についての研究とみなすこと。特定の作品や時期における構造、それも特定の芸術作品や芸術形式のみならず社会生活全般の形式や関係とも密にかかわり、それらに光明を投じるような構造の研究方法を見いだすこと。土台と上部構造という公式にかえて、決定要因となるさまざまな勢力が均質ではないにしても相互に作用をおよぼす場という、より生きた理念を使うこと。以上が『長い革命』での企図だった。そして振り返ってみると、当時のわたしがルカーチやゴルドマンの仕事を知らなかったというのは驚くべきことに思える。両者の仕事は『長い革命』とじつに密接な関係をもっていただろうからだ。なによりもふたりともマルクス主義の伝統をより強く意識し、またそれほど根本的には孤立しないで仕事をしていた。当時でさえわたしは『ドイツ・イデオロギー』でのマルクスの効用理論の分析を知らなかったというか、忘れてしまっていた。同書では(マルクスを読み返すときにこういうことがよく起きるといまはわかるのだが)土台と上部構造という公式の還元論であるとわたしが感じていたものに対して、じつに厳密な歴史的かつ分析的な光が当てられていたのだった。

こういうわけなので、ルカーチとゴルドマンの仕事のなかによく錬られて生き生きとしたマルクス主義理論を発見したときにわたしがどういう気持ちだったか簡単に想像できるだろうと思う。この理論が探求していた領域の多くがわたしのものと重なりあっていたし、概念も多くの場合同一であったが、別の概念がまったく異なる領域で展開されていることもあった。この理論が異端視され、ヘーゲル左派への回帰だ、ブルジョワ左派の観念論への退行だなどと糾弾されていることも同時に知ったのだが、あいにくそれでわたしが二の足を踏むことはなかった。教会にいるわけではないので異端宣告を恐れることはない。こういう権威主義的で信心ぶった態度をみせるのはひどく凡庸なマルクス主義か、ひどく観念論的な革命論ぐらいのものだ（ただしこれがよくみられる）。唯一真剣によりどころとすべきものは現実の理論と実践だけであった。

ルカーチと、彼のあとにつづいたゴルドマンの両者が物象化について言わんとしていたことは、わたしにとって正真正銘の前進であるようにみえた。というのもそこでは、経済活動が人間のそれ以外の活動形態のすべてに対して優越する様相と、経済活動のもつ価値がそれ以外のすべての価値に対して優越する様相について厳密な歴史的解釈が与えられていたからである。この優越化あるいは歪曲は資本主義社会に特有の性質であるということ、また近代の組織化された資本主義においてこの優越化は（じっさいに観察できるように）その度合いを増しており、その結果としてこの物象化、この偽りの客観性が、経済活動以外のあらゆる生活と意識の隅々にまで浸透することになるという説明である。すると全体性という理念は、まさしくこの歪曲に抗うひとつの批判的な武器なのであった。じっさい、資本主義自体に対する批評的武器ともなったのである。ただしこれは観念論ではなかった。経済活動以外の諸価値こそが優先されるべきだといった主張ではなかった。話は逆であって、特定の経済を歴史的に分析することによってのみ歪曲を根底から理解できるのとちょうどおなじように、歪曲を克服し乗りこえようとする試みは孤立した証拠文献や他と分離した活動のなかにあったのではない。より人間的な政治手段と経済手段のなかで、社会がめざすべきより人間的な目的を見いだし、主張し確立してゆく実践的な作業のなかにこそその試みは存在したのである。

もっとも実践的な次元では、わたしはこれに簡単に同意できた。だがその一方で、全体性という観点から考えるときに肝心なのは、わたしたち自身もその全体性の一部をなしているという認識である。そこではわたしたち自身の意識、仕事、方法が決定的にあやうい立場にさらされることを認識すべきだ。また文学の分析という具体的な場には以下のように明らかな困難があった――わたしたちが読みとかねばならない作品のほとんどがこの時代の物象化を被った意識の産物であり、そのために理論的な突破口が開けたようにみえたものがあっという間に方法論の罠へと転じてしまいかねない。ルカーチが結局そうであったとは、いまのところはわたしには言えない。まだルカーチの全仕事が参照できないためだ。[8] とはいえ、少なくとも彼の仕事の一部にはあてはまることであり、『歴史と階級意識』といういまやルカーチがその内容を部分的には否定している著作についていえば、そこで提示されている重要な洞察の数々は批評上の実践のなかに移して取りこめるようなものではなく、だいぶ粗雑な観念操作（本質的にはいまだに土台と上部構造という公式によった操作）が彼の他の著作に繰り返し出てくる。わたしはいまもなおゴルドマンを読む。共同作業にあたるような気持ちで、かつ批判的におなじ問いを発しながら読む。なにしろ全体性の実践は、わたしたちのだれにとっても、またいつの時代にあってもきわめて困難なもの、明らかに困難なものであると思うからだ。

とはいえ、いくつかの前進はなされてきたのであって、わたしはそのことを認めておきたい。なかでもゴルドマンによる構造の諸概念、そして意識の種別について彼がなした区分（ルカーチにもとづくがそれをさらに発展させた区分）はとくに重要だと思う。それが重要なのは、なによりも文学研究と社会研究の関係にかかわってくるためだ。単純な次元でいえば、文学と社会学の接点の多くが活用できるようになる。たとえば読者層の研究などでそれが有効だろう。なにしろ作品の読まれ方についての文学的な分析と、読者層のじっさいの構成についての社会学的な分析とを結合しようとする試みはこれまでほとんどなされてこなかったからである。また作家という集団はじっさいには歴史的に変容する集団であるわけだが、そういう歴史が作品の実質とどういった批評的関係を結んでいるのかという問題もほとんど手つかずのままである。また文学形式の社会史を文学という形式の特異性と広がりをまったく失うことなく研究するのと同時に、文学が文学以外の形式群とのあいだにもっている複雑な関係をも研究するというやり方はこれまでほとんど採用されてこなかった。いま列挙したたぐいの分析はいずれも『長い革命』において予備的に試みたものである。しかしその当時、さらにはそれ以降ずっとわたしがいだいてきたのは一緒に仕事のできる仲間が決定的に欠けているという思いであった。とりわけ、もっとも困難な中心的問題に取り組んでいるときに、「残念ながらわたしの専門領域には限界があります」などと言わない、もしくはそう言う必要のない仲間がまわりにいないことを痛感していたのだった。

もちろん、ゴルドマンはそんな限界など受けいれなかった。ときに社会学者、ときに批評家、ときに文化史家として彼は語った。だが同時に、彼自身が属していた知識人の伝統においては哲学と社会学が当初から存在していた。この事実にこそゴルドマンの忍耐強い文学研究の起点は求められる。かくして彼が構造について語る際に自覚的に応用した観点と方法は、みたところ別々に分かれている学問分野を横断するものというよりも、それらの学問分野の双方に通底するものだった。それが意識という観点であり方法なのであって、かくして文学と社会学の関係とは一方に種々の個別作品、他方に種々の経験上の事実という二者の関係のことではなくなる。ほんとうの関係とは意識の全体性の内部で結ばれる関係のことであり、理解され詳説されるものというよりは、その所在が推測されそのありようが開示されるような関係なのである。わたしたち自身の〔英国の〕伝統のなかでは論証すべきこと（とりわけ文学と社会のあいだに重要で第一義的な関係が存在するという仮説そのもの）が多く残されているわけだが、全体を見通す積極的な立場をとることで障壁を乗りこえることができるだろう。全体を見通す哲学と社会学の観点から方法論を編みだし、それから個別の分析を始められるだろう。[9] わたしたちの仕事を眺めてみると、哲学や社会学に中核となるものが欠けているといえる。ゴルドマンの仕事を眺めてみると（その逸脱の数々にもかか練りあげられた哲学と社会学がないともいえる。

わらず、彼はみずからが属する伝統全体を代表する存在だった）論究の次元で彼にはすでにみなに受けいれられていたひとつの中核があり、それがあって彼は実質との全面的な接触を始められたのだといえるだろう。

感情構造

思うに以下に示す議論は、発展させられるなら方法についてのこうした必然的な対立を伴うし、矛盾さえも生じる。核心にふれる例をひとつあげておこう。わたしは自分自身の仕事のなかで感情構造という概念を練りあげる必要に思いいたった。これは作家集団のみならずそれ以外をも含む人びとが特定の歴史的状況のなかで共有する一定の特徴を示すためのものだった。この語をどう正確に適用するかについては後述する。だが、当時わたしはゴルドマンが社会的事実と文学的事実の関係を内に含むような構造の概念を出発点として議論を始めているのを知り、非常に興味深いと思った。彼の主張によればこの関係は内容の問題ではなく、「ある一定の社会集団の経験的意識と、作家によって生みだされた想像世界とを同時に組織化するカテゴリー」〔10〕としての精神構造にかかわる。定義上こうした精神構造は個人単位ではなく集団の活動の結果としてもたらされる。また、これはほとんど翻訳不能の用語なのだが、この立場は発生論的構造主義と称するものであった。必然的にこの立場は構造分析だけでなく、構造の歴史的編成とそのプロセスにもかかわる。それらの構造がどのように組成されるかということのみならず、構造がどう変化するかということも問題とするのである。このような接近法の基礎となっているのは、人間の活動というものはすべて特定の客観的状況に対して意味のある反応をなそうという試みであるとする確信である。この反応をだれがするのか。ゴルドマンによれば、それは孤立した個人でも抽象的な集団でもなく、現実の集団的な社会関係のなかに置かれた個々の人びとである。意味をなす反応がひとつの独特な世界観であり、組織化をおこなう見方である。そしてまさに組織化のこの要素こそが文学においては意味をなす社会的事実なのである。大事なのは作家と彼の世界とのあいだの内容上の相応関係よりも、組織化や構造におけるこうした相応関係のほうだ。内容の関係はたんなる反映にすぎないのかもしれない。だが構造の関係は、しばしば内容のみかけ上の関連がなんらないところで起こるものであっても、わたしたちに組織原理を示すことができる。その原理によって特定の世界観が、ひいてはその世界観を維持する社会集団の統一性が意識のなかで本格的に作動することになる。

これを批評としてより厳密にするために、ゴルドマンはルカーチにならって現実意識と可能意識とを峻別している。現実意識には豊かな多数性があり、可能意識には最大限の妥当性と一貫性がある。ひとつの社会集団は、通常はその集団がもつ現実意識に限定される。そしてこれは多種多様な誤解と迷妄を含むだろう。そこにみられる虚偽の意識という要素は、当然ながら並の文学のなかで用いられ反映されることがよくあるだろう。だが、最大限の可能意識というものもまたある。それは最高度に、そしてもっとも一貫性のある次元にまで高められた世界観である。その意識を限定するのは、それ以上先に進むとその集団が自身を超克し、新たな社会集団へと変わるか、新たな社会集団にとってかわられるかするという事実だけである。

次にゴルドマンはこう論じる――たいていの文学社会学は凡庸な文学作品と現実意識との比較的明白な関係に関心をむける。その関係は内容の次元で示されるか、あるいはそこに共通する迷妄を型どおりに詳述することで示される。新しい文学社会学、すなわち発生論的構造主義に依拠する文学社会学は、可能意識とのより根本的な関係に関心をむけるだろう。というのは、もっとも偉大な文学作品とは、まさしくある世界観をそのもっとも一貫性のあるもっとも適切で、また最高度に可能な水準で実現した作品にほかならない、という見方が彼の主張の中心にあるからである。だからもっぱら周縁的な関係ばかりを研究するようなまねは避けるべきだ。内容と背景の対応関係だとか、作家と読者の明白な社会関係などはどうでもよい。偉大な文学作品群においてわたしたちが研究すべきは組織化のカテゴリー、本質的構造のほうである。そうしたカテゴリーや構造こそが文学の傑作群に統一性と固有の美的特徴、また厳密な文学的性質を与えているのだから。同時に組織化のカテゴリーや本質的構造をみることで社会集団（現実的な見方からすれば社会階級）が有する最大限の可能意識がわたしたちの眼前に開ける。結局その可能意識があったからこそ、個々の作家において、彼らを通して偉大な作品群が生みだされたのである。〔11〕

さて、これは力強い議論だと思う。そう断ったうえで多少意見を述べておく。世界観という概念、すなわち世界をみる独特の組織化された方法は、もちろんわたしたち自身の〔英国での〕研究でなじみ深いものだ。じっさいわたし自身、その見方がお決まりのかたちで提示されるのをみて、そこから離れるために長年を費やさなければならなかった。エリザベス朝の世界像そのものには魅惑されたが、エリザベス朝演劇の全容をみるのには助けとなるよりはむしろしばしば障壁となることが実感としてわかってきた。〔12〕またギリシャの世界像を学んだが、ギリシャ劇に出会って途方にくれた。ヴィクトリア朝の世界像を学んだが、十九世紀のイングランド小説にびっくりした。ゴルドマンの区別がこの点でわたしたちの助けになるのではあるまいか。彼ならこう言うだろう――わたしたちが与えられているのは要約のかたちでの現実意識であるが、それに対して文学に見いだすものはしばしばそれとは非常に異なる可能意識なのである、と。たしかにそのとおりであることが多いと思うが、意識という概念自体を考えなおす必要が生じることもおなじようによくある。ふつう世界観として抽出されるものは、じっさいには諸原理を要約したものだ。その時代のほとんどの人間ができなかったような仕方でよく練りあげられた一貫性のある要約である。そうなるとわからなくなってくるのは、わたしが批評を実践するうえで、ゴルドマン自身が分析にあたっているときに可能意識としてもちだしてくるたぐいの証拠とこの要約としての世界観とを区別できるのだろうかということだ。さらに、どちらの見方も文学が現実にもつ構造やプロセスとある程度距離が生じていることがよくあると思う。わたしが感情構造という自前の概念を練りあげたのはまさにこのような距離感に反応してのことだった。同時代のさまざまな制度や信条のなかに現実の社会的関係、自然な関係があり、そのなかでこれらの諸関係が相対的によく錬られてまとまりのあるかたちで構成されている。だが文学の傑作群において生起しているようにわたしにみえたのは、基底にあって形を与えるこれらの構造を作品が実現しているのと同時に、これらの構造に反応してもいるということだった。じっさい、私見ではそれが独特な文学的現象を構成するものだった。すなわち、あるプロセスの劇化であり、フィクションの形成である。そのなかで現実の社会生活と信条という構成要素が現実化されるのと同時に、ある重要な点で差異を感じながらそれが経験される。その差異は想像の行為、想像の方法、そして特殊でまぎれもなく前例のない想像の組織化に存する。

わたしたちはこのすべてに一流の個人的才能の作用を感じることができる。そしてじっさい、なぜこの想像的な代替物が探し求められたのかということについて、作家の来歴にじかにあたれば具体的な理由、それも社会的なたぐいの理由が見いだせるはずだとたしかに思う。だがおなじくたしかだと思うのは、こうした創造行為が歴史的な時代のなかでひとつの具体的な共同体をつくりあげているということだ。その共同体は感情構造において可視化され、なによりも根本的な形式の変化において例証できる。わたしはこのことを十九世紀と二十世紀のヨーロッパ演劇のなかで、また十九世紀と二十世紀のイングランド小説の発展と危機において実地に示そうと試みてきた。そしてこのような変化を伴う感情構造でとりわけ重要だとわたしが思うのは、通常の意識の歴史を織りなす公式の観念や信念の変化のほうが識別しやすいものであっても、感情構造の変化のほうがそれより先に生じるのがふつうだということだ。さらに感情構造の変化は、変わりつつある現実の社会的関係のなかで生きる人間の現実の社会史と密接に対応しながらも、より識別しやすい公式の制度や関係性の変化――すなわちより接近しやすく、またたしかにより標準的な歴史――よりも先に生じるのがこれまたふつうなのである。まさにこのような意味で、芸術は人間の最重要の活動のひとつであるとわたしは言う。芸術は上から押しつけられた社会組織や知の体系、あるいは構成的な社会組織や知の体系をうまく分節化するだけでなく、組織と同時に組織の経験を、その生きられた結果をも明確に示すことができる。他の多くの活発な反応に非常に近い仕方で、新しい社会活動において、またわたしたちが私生活として知るもののなかで、だがもちろんしばしばより近づきやすいかたちでそれを示すことができる。その理由はまさしく芸術が具体的に形づくられているからであり、それがつくられるとそれなりにまとまりがあり、自律性さえも備えているからであり、さらにそうしたたぐいの作品であればもともとの状況や環境をこえて伝達されコミュニケートすることが可能だからである。

さて、これがそのとおりだとすると、意識というものを決定因としての土台にじかに関連づけるような見方を拒否しなければならない理由がたやすくわかる。この論法に覆いを被せてみたり複雑な装いをこらしてみたりしても話は変わらない。ルカーチとゴルドマンが現実意識を強調してくれたおかげでそうした隘路を抜ける真の道が開けた。そうすると、こう言ってよいのかもしれない――わたしが説明しようとつとめてきた関係、すなわち形式への意識と新しい創造の営みとの関係は、ルカーチとゴルドマンが導入した現実意識と可能意識という語を援用したほうがもっとうまく正確に説明できるのではないか、と。〔13〕願わくはそうあってほしいが、ひとつ大きな困難があるのがわかる。この関係は込み入ったものだが、依然としていくつかの点で静態的である。可能意識とはある階級が別の階級に転じる前に、あるいは別の階級にとってかわられる前にその階級が到達しうる客観的な限界である。だが思うに、これは一種のマクロヒストリー〔巨視的な歴史記述〕にいたることがかなりはっきりしている。多くの点で適切だが、つねに変化しつづけるじっさいの文学と関連づけるのにはしばしばそのカテゴリーでは話が大きくなりすぎてしまい、ある階級が別の階級にとってかわる抜本的、根源的な瞬間が訪れる意義深い地点を例外とすれば、すぐそばに寄ってみることができなくなる。ゴルドマンを読むとまさにこの困難を彼が強く意識しているのがわかるが、それにしても彼の著作のなかで、封建世界とブルジョワ世界のあいだの歴然たる危機の地点に立っていたラシーヌとパスカルを論じた文章のほうが、十九世紀、いや二十世紀の小説をあつかった論文よりもはるかに説得力があるのは偶然なのかどうか、わたしには定かではない。近現代の小説論では、ブルジョワ社会の内部での一見小さいがそれでも意味深い変化をミクロ構造分析とでも呼べるような方法で論じなければならない。ルカーチにしたがって、小説は退化した社会のなかで人が客観的に限定された社会と運命を超克しようとつとめながらも挫折する形式である――すなわち解決不能の問題を抱えた主人公の小説である――と述べることは、啓発的ではあるが、同時に偏頗《へんぱ》でもある。〔14〕じっさい、これを主張するために出される証拠はきわめて選択的なものであるために、すぐさまわたしたちは身構えてしまう。イングランドの小説はまったく考慮されていない。海峡を挟んで両国がたがいに閉ざされているのをこちら側でも日ごろから強く意識しているわけだが、これはあちら側の一例である。だが『大いなる遺産』〔ディケンズ〕『流謫の地に生まれて』〔ギッシング〕『日陰者ジュード』〔ハーディ〕そしてもっと複雑だが依然として関連のあるかたちで『ミドルマーチ』〔ジョージ・エリオット〕を喜んで差しだすことができる一方で、たとえば『リトル・ドリット』〔ディケンズ〕において別の現象に直面させられる。〔15〕そして思うに、これは特定の事例についての議論にとどまらない。ルカーチとゴルドマンを読んでいてわたしがいちばんわくわくさせられるのは、彼らが形式を強調している点だった。自分の仕事を進めるなかで確信するようになったのだが、もっとも鋭い分析とはつねに形式の分析だ。とりわけ文学形式の分析がそうで、そこでは視点の変化、既知の関係と知りうる関係の変化、なしうる決断とじっさいにおこなった決断の変化が文学構成の形式としてただちに例証しうる。こうした変化は個々の解決にとどまらず、さらに広い次元を含むがゆえに現実の社会史と無理なく関連づけられる。そうした社会史自体、基本的な諸関係や関係の破綻や限界という観点から分析的に考察できる。そうした考察はわたしがたとえば『現代の悲劇』で試みたことであり、そしてそれ以来、まさにこの点でルカーチとゴルドマンらが練りあげた社会学から理論的に多くを学んできたのだと言わなければならない。だが形式についてなすべき分析の多くは私見ではほとんど手つかずだ。これを発展させるのはたんに時間の問題だけではないと思う。

その理由をきわめて辛辣に表現するとしたら、次のようになるだろうか――ルカーチとゴルドマンは形式をジャンルや種類に言いかえてしまうことが多すぎる、わたしたちは出来あいの学問的な伝統、究極的に観念論的な伝統のなかにとどまることが多すぎる、と。その伝統のなかでは「叙事詩」と「ドラマ」、「小説」と「悲劇」が内在的で恒久的な小道具をもち、その小道具から分析が始まり、選ばれた実例がこれと関連づけられる。形式と世界観とのあいだでこの種の一定の全般的な相互関係が示されうるということは、わたしも喜んで同意する。とはいえ、なによりもこの百年のあいだ、たとえば悲劇作品と小説がいやおうなしにおなじ文化の内部で存在してきたという事実、そして同一の社会集団、あるいはよく似た社会集団がそれらを用いてきたという事実に直面しなければならない。あるいは現代の悲劇の内部で、さらには小説の内部においてでさえも形式についての根源的に重要な変化があって、そこで文学と社会の変化の多く（歴史的時代全体の変化というよりはむしろ生活や経験の速度における変化）がもっとも直接的に把握できる。たしかにこれは実践において認識される。ゴルドマンは伝統的なブルジョワ小説とナタリー・サロートやロブ゠グリエらのヌーヴォー・ロマンとの興味深い対比をおこなっている。そこで彼は徹底的に物象化された世界にその新小説を関連づけている。ルカーチはバルザックからトーマス・マン、カフカを経てソルジェニーツィンまで同様の区別をおこなっている。だが、形式とはなにを意味するかという理論上の大問題は私見ではいまだに混乱している。とりわけこの混乱を招いているのは、より抽象的でより前歴史的な意味での形式という、この捨てられていない底荷《バラスト》があるという事実によるのではあるまいか。かくしてゴルドマンのような人物でさえも、あたかもふつうの観念論的な講壇批評家のごとく、ソポクレスはギリシャの劇作家のなかで「悲劇的という語がいま受けられている意味で」悲劇的と呼ぶことができる唯一の人物である、などと言えてしまう[16]。こうなると受けつがれたカテゴリーの遺伝的優位性が印象的ではあるが、同時に哀しくもなってくる。

過去の勝利、現在の罰

だがこの種の限界は、このもうひとつの伝統のもつ力と有機的に関連している。構造が原理、あるいは形式的カテゴリーの応用と習慣的でいわば必然的な関係を結んでいることは、発展した哲学的立場（それは他のほとんどの観点では真の力の源となるものなのだが）のひとつの特徴をなす。だからこそいまや三〇年代にイングランドで発展したこの種の議論をこえたところにむかうことが大事なのだ。というのは、あれこれの読解、あれこれの方法を細かく反駁するのは当座は意味があるとはいえ、わたしたちの置かれた状況全体のなかでは、この地域的なイングランドの実際的な体質の背後に一連の未検証の一般的概念があること、それが次に突然、一種の社会理論としてまったく別の位相で具現するという事実をそうした議論は隠してしまいがちだからだ。批評的少数派から少数派の文化と教育へ。あるいは過去の文学の豊かさから、あたかも唯一の価値の源泉がけっして未来でも未来の感覚でもなく過去にあるかのごとく過去を現在にぶつけるかたちで用いることまで。三〇年代に地域的な勝利が得られたのには代償が伴っていたのであり、その代償をわたしたちはそれ以来支払ってきている。すなわち文学研究と社会学の生き生きとした関係、そして文学と現代社会を含む現実社会とのより根本的で継続的な関係は、事実上注意から逸らされてしまった。なぜなら理論と実践において、そうした関係についてなんらかの批評的検証をするとなると、しばしば既存の社会関係を根本的に動揺させることになり、それらを表現するのと同時に守っている利害の諸部門と専門分野をぐらつかせることになってしまうからである。

本稿を終えるにあたって、ゴルドマンが用いたふたつの概念を強調しておきたい。それらの概念をわたしたちは理論的に明らかにするべきであり、共同作業によってそれらを実践に移すことを試みるべきである。ひとつは「集団的主体」の概念。これはみるからにやっかいな概念だが、潜在的に大きな重要性をもつ概念だ。文学研究はじっさいこれと関連する概念を繰り返し用いている。わたしたちは「ジェイムズ朝の劇作家たち」「ロマン派詩人たち」、また「初期ヴィクトリア朝小説家たち」と言うのみならず、しばしばこうした表現をまったく特異な意味で用いて、ある世界の見方、ある文学方法、ある独特な言語の使用法などを示そうとする。じっさいにはわたしたちはしばしばこうした一般化を打破することに関心があるし、それはそれで正しい。ベン・ジョンソンとジョン・ウェブスター、ブレイクとコールリッジ、あるいはディケンズとエミリー・ブロンテの相違を知ることは真の意味で必要なことだ。だがこれをこえて、こうした個々の相違をすべて考慮に入れたときに、ある種のほんとうの共同体がたしかにわかるようになる。ブレイクとコールリッジのちがいだけをみて、ロマン派の詩とジェイムズ朝の劇と初期ヴィクトリア朝の小説のちがいをみずにいることはじつに了見が狭く、じっさいの役にはまったく立たない。そしてまさにこの共同体の説明ができるということ、他者と自然をみる具体的で全体的な見方としての形式の共同体を説明できるということは社会集団の問題にまったく新しい仕方でアプローチすることである。というのは、それはある平均化のプロセスによって一集団を諸個人に還元するということではないからだ。それは個人の相違のなかで、相違を通してひとつの集団をみる見方なのだ。個人の特殊性、個人がそれぞれに想像した産物の特殊性、それは言語、慣習、一定の特徴的な状況、経験、解釈、概念における真の社会的アイデンティティを否定するというよりはむしろ確証するものである。じっさい、社会学研究の重要性はここにあるといってもよい。すなわち、他の場合であったらまったく別個の領域に追いやられてしまうであろうような個人的な現実を根本的な仕方で含み、意味をなす集団を記述する仕方をわたしたちは見いだしうるということである。抽象的な集団だけに関心をもつ社会学、そして抽象的な個人と作品のみに関心をもつ文学批評をもつことは、ひとつの分業というだけにとどまらない。それはじっさいのくらしのもっとも個人的なかたちともっとも社会的なかたちの解釈の現実を回避する手立てとなってしまう。

問題はつねに方法にまつわる事柄で、この点から意識の生成の構造というふたつめの概念に本格的に取り組まなければならない。社会学研究のなかでわたしたちがいちばん弱いのがこの領域である。すなわちそれは知の社会学と呼ばれる領域だが、つねにそれよりずっと多くのものを含む。というのは、わたしたちがかかわるのは知識だけではなく学習、想像、創造、パフォーマンスといった現実のプロセスすべてにかかわるものだからだ。そしてかくも多くの個人の作品のなかで、まさにこうしたプロセスを詳細に記述するための資料が（既存の分野のなかに）たっぷりとある。これを拡張する方法をみつけること、ただたんに社会史の背景だとか観念史の背景だけでなく、社会集団が形成され定義される他の現実のプロセスにまで広がる方途を見いだすのはたいへん困難だが、いまやたしかにそれが要請されている。文学のプロセスを社会的産物に関連づけること、あるいは社会的プロセスを文学的産物に関連づけること（それはいまわたしたちが大方していることだが）は結局のところ挫折して、人びとは長くではないにせよ自分の陣営に引きこもる。だが、もしもどのような場合にでも特定の産物をこえて真のプロセスへと（そのもっとも現実的で具体的な編成へと）分析のかたちをさまざまに変えることによってむかうようにつとめることができるなら、いくつかの接続点がみつかるはずだとわたしは思う。その接続点こそがわたしたち自身の生きるプロセスについての、わたしたちのもっとも親しい感覚に応えることになるだろう。わたしたちの別々に切り離された研究では、それに応えられないことが多すぎるのである。

こうした点、すなわち集団的主体という概念と意識の生成の構造という概念のそれぞれで、リュシアン・ゴルドマンの貢献は未完ではあっても意義深いものだった。直近の論争にとらわれていたため、彼はしばしば自身のごく一般的な立場を再三述べることに限定されていた。だがたとえそこにおいてさえ、わたしが要約では示すことができなかったような仕方で、彼はかくも複雑な分野のなかでよく練りあげられた議論、さらなる定義づけを生みだしたのである。そこからわたしたちみなが学ぶことができる。わたし自身がしばしばおこなうように個々の公式化や適用に異を唱えてかまわないのだが、それでもゴルドマンが文学研究と社会学研究の発展を理論と実践の両面から強調したことは格別に貴重な貢献だったということ、それをわたしたちは認めることができる。

そしてこれは専門的な関心事の域をこえる問題なのである。いま社会の危機と人間の危機が訪れていて、まさにこうしたかたちでわたしたち自身がその危機に巻きこまれていることは議論の余地のないことだ。去年の春にケンブリッジで彼の話を聞いているとき、そのことを見てとるのはむずかしいことではなかった。というのは、こうしたもっとも人間的な学問研究のなかで明晰さと意義深さを達成することは、いかなる保留地も、いかなる安全な主体も、いかなる中立的な活動も許容されない世界のなかでの人間の目的と手段を求めての闘いと直接結びついているからだ。いまここで彼を追慕しつつ、わたしは彼が与えてくれた感覚を受けとる。それは持続する探求、持続する議論、持続する関心の感覚である。この時代に意味をなす反応をした人物、そしてわたしたちが（本人ならこう言っただろうと思うが）意味をなす共同体を見いだし、世界のなかにいてまなざしをむけ、存在し、行動する方途を見いだすためにそばに寄り添っていてくれる、そんな人物の感覚である。

（一九七一年）

訳注

〔1〕 リュシアン・ゴルドマン（Lucien Goldmann, 1913-70）はフランスの哲学者、社会学者。ルーマニア出身でブカレスト、ウィーン、パリで法律と哲学を学んだ。第二次世界大戦中はスイスに逃れ、心理学者ジャン・ピアジェのもとで研究に従事、カント論で学位を取った。一九四五年の解放後はパリで国立科学研究センター研究員となる。一九五五年、『隠れたる神――パスカルの「パンセ」とラシーヌ劇における悲劇観をめぐる試論』（*Le dieu caché: étude sur la vision tragique dans les Pensées de Pascal et dans le théâtre de Racine*, Paris, Gallimard, 1955. 邦訳『隠れたる神』上下、山形頼洋、名田丈夫訳、社会思想社、一九七二―七三年）で注目を浴び、一九六九年、パリの社会科学高等教育院の教授となった。ルカーチの影響を受けつつ、独自のマルクス主義的立場から社会学的な文学研究を展開した。ユーゴスラヴィアの社会主義者の「自主管理」に共感の目をむけながら、一九七〇年十月に心臓発作で急逝した。他の主著に『小説の社会学にむけて』（*Pour une Sociologie du Roman, Paris, Gallimard*, 1964. 邦訳『小説社会学』川俣晃自訳、合同出版、一九六九年）『マルクス主義と人間の科学』（*Marxisme et sciences humaines*, Paris, Gallimard, 1970. 邦訳『人間の科学とマルクス主義』川俣晃自訳、紀伊國屋書店、一九七三年）などがある。

〔2〕 変形生成文法の創始者として知られるアメリカの言語学者ノーム・チョムスキー（Norm Chomsky, 1928-）はベトナム戦争以来、反戦を訴える批評家としても精力的に活動をおこなってきた。ここでウィリアムズが使っているチョムスキーの批判は「ニューヨーク・タイムズ・ブック・レヴュー」（*The New York Times Book Review*）一九七〇年二月二十六日号のサミュエル・P・ハンティントン（Samuel Phillips Huntington, 1927-2008. 彼は一九六七年からジョンソン政権下の国務省でベトナム戦争に関する報告書を執筆していた）への反論にみられる。

〔3〕 「客観的相関物」（objective correlative）とは詩人、批評家T・S・エリオット（T. S. Eliot, 1888-1965）が自身の批評で打ちだした用語で、読者に情緒を喚起するように具体化して描写された状況および一連の出来事を指す。

〔4〕 ここでウィリアムズが仮想敵としているのはカナダの文学批評家ノースロップ・フライ（Northrop Frye, 1912-91）が『批評の解剖』（*Anatomy of Criticism*, Princeton, Princeton UP, 1957）などで展開したジャンル批評および原型批評であろう。

〔5〕「実践批評」(practical criticism) とは一九二〇年代にI・A・リチャーズ (I. A. Richards, 1893–1979) がケンブリッジ大学でおこなった実験的な文学研究の教授法および批評の方法論を指す。教室でリチャーズは作者名と題名を伏せた詩作品を学生に示し、伝記的背景や歴史的文脈を離れたところでテクストの精読を通して評釈をさせ、その反応を分析した。その記録が彼の主著の『実践批評――文学的判断の研究』(*Practical Criticism: A Study of Literary Judgment*, London, Kegan Paul. 邦訳、坂本公延編訳、みすず書房、二〇〇八年) である。リチャーズが提唱したテクスト解釈の手法はF・R・リーヴィス (F. R. Leavis, 1895–1978)、Q・D・リーヴィス (Q. D. Leavis, 1906–81) らケンブリッジを拠点とした「スクルーティニー」派に受け継がれ、さらにアメリカに渡ってニュー・クリティシズムの源流となった。

〔6〕引用はD・H・ロレンスの生前未発表のジョン・ゴールズワージー論より。D.H. Lawrence, 'John Galsworthy', pt. 4, *Phoenix: The Posthumous Papers of D.H. Lawrence*, ed. E. McDonald, London, 1936.

〔7〕ここでウィリアムズがとくに念頭に置いている (そしてケンブリッジでの聴衆が即座に連想したと思われる) 著作はQ・D・リーヴィスの『小説と読者大衆』(*Fiction and the Reading Public*, 1932) であろう。

〔8〕ジェルジ・ルカーチ (Georg Lukács, 1885–1971) は本稿の原型となる講演をウィリアムズがおこなってから一月後に生地のブダペストにて没した。当時冷戦下にあって「西側」の知識人がルカーチの仕事の全容を知るのはたしかに困難だった。

〔9〕ここのくだりは翻訳の底本とした単行本で明らかに脱落があると思われたので、初出誌の本文で補って訳した。

〔10〕引用はゴルドマンの論文「文学の社会学」より。ゴルドマン『人間の科学とマルクス主義』邦訳六三ページ。

〔11〕この段落はゴルドマンの『小説の社会学にむけて』中の「文学史における発生論的構造主義の方法」を要約している。

〔12〕ここはウィリアムズのケンブリッジ大学の学部生だったときの恩師のひとり、E・M・W・ティリヤード (E. M. W. Tillyard, 1889–1961) の主著『エリザベス朝の世界像――シェイクスピア、ダン、ミルトンの時代の秩序の観念の研究』(*The Elizabethan World Picture: A Study of the Idea of Order in the Age of Shakespeare, Donne & Milton*, London, Chatto & Windus, 1942) に言及していると思われる。邦訳『エリザベス朝の世界像』磯田光一、清水徹郎、玉泉八州男訳、筑摩書房、一九九二年。

〔13〕ウィリアムズが説明につとめた「形式への意識と新しい創造の営みとの関係」は、とくに『長い革命』(*The Long Revolution*, 1961) の第一章「創造する心」のなかであつかわれている。

〔14〕とりわけルカーチ『小説の理論』(*Die Theorie des Romans*, 1920) でその見方が展開されている。

〔15〕ディケンズの小説『リトル・ドリット』(*Little Dorrit*, 1857) にはリゴー (別名ブランドワ、ラニエ) というフランス人が重要な役回りの極悪人として登場し、最後に天罰が下って崩壊した家の下敷きになって死ぬ。

〔16〕ゴルドマンのソポクレスについてのこの評言は『隠れたる神』の第一部第三章に出てくる。邦訳、上巻、五八ページ。

一八四八年のイングランド小説の諸形式

一八四八年が記憶されるのにはいろいろな理由がある。そのひとつとして、最初の書籍売店《ブックストゥール》が新しい英国鉄道網の上に開店したことがあげられる。W・H・スミス〔1〕という人物によって開かれた、と言っていいのかもしれないが、じっさいにはその年に刊行されたもっとも有名な小説のひとつ〔2〕を連想させる肩書きをもつ会社、すなわちW・H・スミスと息子〔W・H・スミス父子商会〕によって開かれたのであった。たまたまその息子のほうは保守党の候補者としてウェストミンスター選挙区で著述家のジョン・ステュアート・ミルにまず敗れ、次に彼を打ち負かすという結果になった〔3〕。一八四八年という世界史的な年代の分析をおこなうのにW・H・スミス（と息子）という経験的事実をもちだすのは場ちがいだと思われそうである。なるほど、たしかにそれは俗悪な資本主義企業の一項目であって、それが高度なブルジョワ・イデオロギーという興味をそそる高台にわたしたちが上るのには邪魔なものであるように見受けられる。だがどのような歴史分析をおこなうときでも、ある日付を中心に据える場合は、日付がみな定まっていてもすべての時間は運動のなかにあるという認識からまず始めなければならない。いかなる特定の地点にあっても、支配的、残滓的、勃興的と呼びうるような制度と実践のあいだの複雑な関係がある。すると分析の鍵となるのは、つねに動態的《ダイナミック》な領野の内部でそうした制度や実践が占める具体的な場所を検証し特定することである。

かくして資本主義的な書籍販売という面で、スミスの書籍売店とそれに関連するパーラー文庫や鉄道文庫[4]という大衆小説の廉価版は勃興的なものだ。だが、勃興的な生産という点についてはまったく別の方面をみていかなければならない。書籍の生産と販売のあいだには別の社会関係が存在しており、それは大多数がじっさいになにを読んでいたかという事実によって示される。ここにW・H・スミス（と息子）がまたかかわってくる。この書店は独自に「トップテン」の作家を記録したからだ。興味深いリストがひとつある。ブルワー＝リットン、キャプテン・マリアット、G・P・R・ジェイムズ、ジェイムズ・グラント、キャサリン・シンクレア、カナダ人のトマス・ハリバートン、フランシス・トロロープ夫人、アイルランド人のチャールズ・リーヴァー、エリザベス・ギャスケル夫人、そしてジェイン・オースティンである。想像するに、文学研究に従事するたいていの学生や教員であれば、このリストの最後のほうで過去二ヵ月間に読んだ作家の名前がようやく出てきてほっとするのではあるまいか。では一八四八年に人びとが読んでいたのがなんであったか。その答えを求めてあらためて題名をみるなら、リストの上位は以下のとおりである。『アジンクール』『戦争のロマンス』『ポンペイ最後の日々』『イージー少尉』『ロンドン塔』『ブリュージュの女相続人』『ウォータールーの戦いの物語』『頭皮を漁る者』『放浪者ロディ』『プライドと偏見』そして『小さな妻』[5]。

ひとつの理論的な問題がただちに明らかになる。いまのおなじみのやり方でゆくなら、あの時代のブルジョワ社会の特徴を分析することから始めて、特徴的なブルジョワ・イデオロギーに目を転じ、次にそれにふさわしい小説形式に移ってゆけるということになっている。じっさいあの一八四八年、すなわち新しい主要な小説群が出た驚くべきあの年が小説においてひとつの特徴的なブルジョワ・リアリズムが始まった劃期であるとする意見を聞いた覚えがある。するとそこにはふたつの直接的な問題がある。第一にブルジョワが読んでいたものが全体として、そのいかなる通常の意味においてもブルジョワ小説ではなかったということ。第二に『虚栄の市』から『ドンビー父子』まで、また『メアリ・バートン』から『嵐が丘』までの新しい主要な小説群の特徴をブルジョワ・リアリズムだと主張するためには尋常ではない仕方でそれらをのっぺらしたものにしなければならないということ、相互に合成してアクチュアルで効果的なプロセスや現実の諸形態の複雑な編成をうまく隠しとおしてしまうしかないということだ。

時代的な分析とは区別された別種の歴史的な分析法でゆくなら、依然として問題含みではあるものの、もっと具体的なかたちで調停できるのかもしれない。というのは、わたしたちは政治と文化のなかで支配的形式と残滓的形式が非常に複雑に絡みあっていること（そしてその絡みあいとの関係のなかで勃興という形成しつつある特殊な形態のさらにいっそう複雑なプロセス）を認識することによって始めなければならないからだ。とりわけ小説において、これは明らかに一八四八年という年のほんとうのかたち、動態的なかたちなのである。かくして、たったいまあげたいくつかの題名のなかに、そして大多数の作家たちのなかに（「形式《フォーム》」という語をゆるやかな文学的歴史的意味あいで用いるなら）ふたつのポピュラーな「形式」を認めることができる。それはまず内容によって決定されるが、独自の形式上の帰結を伴う。すなわち、ひとつは歴史ロマンスである。とくに戦争にかかわる歴史ロマンスがそうだが、これが実質上支配的なジャンルである。もうひとつは異国情緒を意識した小説だ。これ自体、意味深長にも植民地化が侵攻する新時代としばしば関連づけられる。

ついでに言っておくべきだが、歴史ロマンスはスコットの時代とは異なっている（教科書では両者はおなじような装いで示されるきらいがあるのだが）。そこには信憑性のある歴史的内容がかなり乏しい。歴史小説、歴史劇と時代小説、時代劇をわたしたちは区別するわけだが、この時代の作品の多くが後者にあたる。ひとつの場所、彩り豊かな背景が描かれているとはいえ、歴史的な運動、時代のなかでの歴史的緊張は歴史的スペクタクルの気分に従属している。異国調《エキゾティック》の作品も同様だ。いうまでもないことだが、それは植民地戦争の物語ではない。そうした経験の全体から抽出された冒険物語なのである。

だが、これら〔歴史ロマンスと異国物〕は一八四八年の残滓的な形式であると言いたい。形成された一定の読者層のなかで依然として大多数に読まれていながら、だんだん書かれなくなってきたという意味で、それらは残滓的なのである。

一八四〇年代を通して歴史物も異国物もめだって出版点数が減ってゆき、別種の形式が始まっている。だがこの残滓的要素は、あの複雑な連結——（約《つづ》めていうなら）貴族的な人生観、価値体系とブルジョワ的な人生観、価値体系との、一八四〇年代のイングランド文化の中心にみられる連結《インターロック》——の肝の部分をなしている。すなわち、ブルジョワジーはこうした点でもっぱら貴族趣味の小説を（貴族の社交界の世界を思い描きつつ）読んでいる。そして独自の形式であらわれでているものは、最初は未発達の状態にある。残滓的なものと四〇年代を通して支配的なブルジョワ文化になりつつあったものとのあいだの連結を取り決めるのは残滓的な諸形式を通してではなく、意識的にある階級にむけられた新種の小説を通してである。まずはここで支配的なものの内部でいくつかの区別をしてみなければならない。

一八四〇年代において、ブルジョワジーの明示的な価値観と関心事にまさに直接対応するブルジョワ小説を見いだすのはかなりたやすい。それは自身の関心を誕生から富へ、相続した地位から自力で築きあげた地位へと変えてゆく物語群である。ほんの少し前の一八三〇年代には、中流階級は自分たちを描きだす小説を欲していないのではないか、そのような関心はさほどないのではないかとしばしば疑問がもたれていた。それは後代の人びとにも思い浮かぶ疑いであった。だが四〇年代のうちに、ロマンスに出るのが当然な人物であるようにみえた貴族層が、小説のある種のカテゴリーのなかで自己形成と自助という新しいブルジョワ的倫理の影響を受けはじめていた。じっさい、遊びとは区別されたかたちで仕事に力点が置かれるようになり、それに伴って(じつはこのクラスの小説でもっとも刺激的な要素のひとつとして)貧困とは個人の努力の欠如によるものだとか、ひどい不品行の報いなのだといった診断がはっきりと示された。こうした明確で意識的なブルジョワ的価値観が当時のこの階級の正式な社会的特徴であったわけだが、この価値観がこうして小説に入りこんだ。とはいえ、じっさいのところは、とくに重要な小説にはそれが入らなかったのである。そのため「ブルジョワ小説」だとか「ブルジョワ・リアリズム」だとかいった紋切り型の用語が単純な定型のようには機能しない。そうした直截なイデオロギーは、雑誌掲載の多くの新しい小説に、一八四〇年代の家庭雑誌の連載小説のなかに見いだせる。労働者階級の特定の層にむけた、改宗を説いたり禁酒を訴えたりする小冊子のなかにも見いだせる。小説形式のなかに人びとがいかにして禁酒や努力によって成功しうるか、あるいは飲酒や弱さや悪徳によって失敗しうるかについての物語のなかにそのイデオロギーが注ぎこまれたが、そこには直接に付された教訓があった。人は自分の貧困を他人に転嫁したり、他人に救ってもらうことを期待したりしてはならない、それは本人の努力と節制次第だという教訓である。そういうわけで小冊子と雑誌掲載の小説に直截なイデオロギーが見いだせる。じっさい、社会問題をわきへ置くために汚いやり口でそれを提示する輩から、強い信念をもち同情的ではあるが、その時期の貧困と苦しみをそのように解釈してしまう人びとまで多岐にわたる。だが、そのいずれも主要な形式の確立にむかうことはない。せいぜいのところ、私見ではメアリー・ハウイット[6]の作品が模範的で、社会的態度と道徳的態度の範囲だけを単純にとりあげるならば彼女はギャスケル夫人からそう遠くはない。だが小説という点では、一方から他方へはじつに大きな懸隔がある。

さて、その支配的で、とりわけブルジョワ的な小説（自力で得られた富と徳の関連、道徳的欠陥としての貧困、結婚の神聖さの強調、性犯罪者を迅速に罰するためのプロットの操作）と並んで、おそらくひとつの領域は例外だが、残滓的ではなくかといって勃興的でもないものがみられる。従属的な文化があり、また抑圧された文化がある。両者が特殊なかたちで結びあわさって、それぞれにふさわしい小説の形式ができあがっている。従属的な文化とはもちろん労働者階級の文化であり、政治の次元、社会と産業組織の次元ではひとつの部類として成熟にむかう最初の局面にすでにいたのだが、文化的には依然として際立って従属的なものであった。異なる階級の経験を表現しうる新しい形式の発見といったような、勃興の要素があるとしたら、それらは自伝のなか、さもなければある種の詩のなかで（しばしば意義深くも個人的な声に近いものとして）まさに周縁部に存在している。労働者階級の小説と当時の民衆的な韻文の多くにおいて、労働者階級の政治運動と密にかかわった詩人や小説家はブルジョワ的な諸形式の並はずれた再生産をおこなった（ときとして教訓が別の方向にむけられてしまったのではあるが）。だが、もっと多くみられたことだが、その時代の複雑な重なりあいのなかで貴族層（とりわけ地主階級）を階級の敵とみなす見方が出ている。産業ブルジョワジーを階級の敵ととらえる感じ方が労働者階級に出てきたわけであり、これは当時の政治に決定的な作用をおよぼした。だが、この労働者階級の文化のなかでは（そしてこれはじつに強力な形式の多くを促進したのだが）古い貴族層である地主階級を敵としてとらえる見方のほうが通常のものとなった。とにかくそうした階層が「急進的メロドラマ」やそれと関連する小説の大半の標的とされている。これは現実の歴史のなかで、地主階級と産業ブルジョワジーが社会にかんして重大な示談を結びはじめたあとの時代のことだった。そういう次第で、労働者階級の小説と詩の多くがじつは支配的なブルジョワの諸形式を再現している。全部が全部そうしているというわけではないが、なにか新しいものに移ってゆくときにしばしばむかう先は、わたしの用語でいえば抑圧された文化という別の要素と重なってしまう。

抑圧された文化はブルジョワジーが自身の経験と、なによりも自身のセクシュアリティの事実までも認識しそこなった結果である。ポルノグラフィの大市場は、一八二〇年代後半からヴィクトリア朝中期にいたるまでずっと書籍販売の古典的な特徴となっていた。じっさいにはポルノグラフィの新作は多くはなくて、十八世紀の作品の再版や翻案、あるいは翻訳が主だった。そうした領域が存在し、また興味深いことにこれに付随した小説の領域もある。こちらは労働者階級の読者層によく読まれたもので、厳密にいえばポルノグラフィではないのだが、それとかけ離れているわけでもない。それは醜聞を描いたもので、宮廷や貴族層の醜聞をあつかっている。ブルジョワジーや労働者階級自身の醜聞はみられない。シューが用いたフランスの形式をじかに模倣したレノルズの『ロンドン宮廷の謎』やリードの『王家の放蕩者の物語』[7]をみるならば、労働者階級の読者層の社会観に際立った場を占めていたのがなんであったかつかめるだろう。社会の最高位の者たちの行状がじつは醜聞に満ちたものであることをそうした小説が教えてくれたからである。こうした判断を下す際の言葉づかいは、労働者階級の読者層が新たに自己形成をとげ強い倫理観をもつブルジョワジーと分かちあっていたものだった。レノルズがトラファルガー広場でのチャーティスト集会で演説したのちに『ロンドン宮廷の謎』の執筆にむかっていけたというのは、異を唱えることと従属する経験が一貫性を欠くさまざまな次元で表現されていた次第を示している。そのような状態がつづいていたあいだは、プロレタリア小説と正しく呼べるような作品の勃興などじつは望めなかった。残滓的な形式をいくぶんか翻案したものであればみられる。ワット・タイラー〔十四世紀英国の農民反乱の指導者〕やジャック・ケイド〔十五世紀英国のケント反乱の指導者〕についての歴史小説の連載が人気を博したし、〔十七世紀英国の〕市民戦争を急進派の側から描くという従来なかったような小説も出た。貧しい娘が誘惑されて捨てられる（だがここでも娘をかどわかすのはたいてい貴族や役人といった社会の上位者であり、製造業者や商売で財を成した金持ちはまだ出てこない）といった急進的なメロドラマの類型に入るロマンスが出ている。そういう次第で——サミュエル・バンフォード、エベネザー・エリオット（彼は一八四〇年代の流行作家のなかで本物の声を見いだすことにもっとも迫った作家かもしれない）、トマス・クーパー〔8〕、そして試行錯誤した他の何百という作家たちに大いに敬意を払いつつ——それをひとつの従属的な文化だというのは正しいと思う。もっとも、長い目でみれば支配的な文化にかんして決定的に重要な点と意義深いかたちでつながってはいる。つまりそこには抑圧された広い領域が含まれているのであり、その領域では読んでいる内容を認めることができず、経験を認めることもできないのだが、それにもかかわらずその経験を切望しているのである。

すでに述べたとおり、この勃興の問題を究明するためには諸階級の複雑な絡みあいと関連づけなければならない。当時勃興しつつあったものを読み返していくと、こう言われてしかるべきだったと歴史や理論の後知恵で考えたり（ついそうした誘惑にかられるものだが）、あるいはこう言われていたのではないかと当て推量で考えたりしがちであり、そのために見当ちがいの見立てをして、勃興の仕方がじっさいには重要な点で異質なものを一緒くたにしてしまうおそれもある。形式面からこの問題を眺めてみたほうがこの問題をもっとよく見定めることができるだろう。

形式面で、この年（の前後）に書かれた七つの小説（『ジェイン・エア』『ワイルドフェル・ホールの住人』『嵐が丘』『虚栄の市』『シャーリー』『メアリ・バートン』『ドンビー父子』）は、リアリズムというそれにふさわしい小説形式を備えて、意識的に組み入れたブルジョア文化の勃興の全体像を究明するのに資する。ごく早い段階でこれらの小説を一様に均《なら》してみるのはかなり簡単であるが、肝心なのは最終的にこれらが意味のあるかたちで分類できるかどうかということだ。『ジェイン・エア』『ワイルドフェル・ホールの住人』『嵐が丘』についてまずいちばん指摘しやすい点をとりあげてみよう。これらが新たに導入している強調点は強烈な個人的経験の要請、もしくは概説書がおしなべて用いている表現でいえば情熱だというものだ。これが全体をとらえるのに的外れの説明だというわけではないが、形式面からこれを眺めるなら、いくつかの興味深い問題がただちに浮かびあがる。『ジェイン・エア』がいちばん単純な事例にみえるのは、覚えておられるように、「〜の編になる自伝」というようにカラー・ベルによって編集された自伝と称されているためだ。偽名を使って実作者の素性を隠すという例の特徴的な距離化がなされている。だが表象形式としては、これはもっとも外面的な次元のものだ。じっさいの文章を引き継いでいる声が語りと観察を完全に支配しているからである。その声は一貫してある種の個人の声なのだが、それはさまざまな異質の言説の内部で、個人を中心とした従来の小説とは異なる位置づけがなされている。そのちがいがいちばんはっきり出ているのは、シャーロット・ブロンテを朗読してみたときに通常起こる問題である。語りの声は個人の読者が黙読することがはかられており、朗読するのとひとりで黙読するのとでは根本的にちがってくる。いちばんわかりやすい言い方をすると、読者がシャーロット・ブロンテとふたりだけでいるかのように秘密を分かちあっていることがはかられているのだ。その声音は他人が聞いていたらそうたやすくは近づけないようなものなのである。あの非常に特殊な個人の声（直截な「読者よ、わたしは彼と結婚した」[9]）は、必要なたぐいの強度をもって、じかにこう誘いかける。「わたしの身になって考えていただきたい。わたしといっしょに感じていただきたい」

この特徴は『ワイルドフェル・ホールの住人』[10]とも明らかに異なる。形式面からみて後者には二重の個人の語りがみられるためだ。そこではひとりの男性の語り手がひとりの女性の日記を含みこんでいる。その日記はそれまでのあいだずっと語り手を悩ましてきた人間関係の誤解を明るみに出す手段となる。さらに事態を複雑にすることには、この語り手は友人への長尺の手紙というかたちで書いている。第一章から十五章までがこの手紙の内容で、第十六章から第四十七章までが私的な日記、そして四十五章で男性の語りにもどる。このように複数の視点を周到に分散する手法を用いることによって、こうしなかったら自伝的主観的な強度という概念へと均質化されてしまうところだが、そこにある種の差異、ある種の区別がすでに導入されている。じっさい、これは誤解された関係というよくみられる形式にさらにずっと意義深いかたちで関連している。そしてここでより一般的《ジェネラル》な問題について一言述べることができる。ブルジョワ小説という範囲内で強い性的感情の妨げを描くもっとも見慣れた小説の趣向は発見ということだった。……そう、別の言い方をさせてもらおう。この文化の範囲内で愛しあうことも関係することもできないようなふたりが、気づくとそうなっている。通常行く手をふさぐのはたんなる結婚の制度ではなく、ときとして夫、だが通常は妻が実在していることだ。道徳にそむくことなく逃亡を許す特徴的な趣向は、妻が狂人、酒乱、あるいは極悪人だったのが判明することだ。これに束縛されている配偶者は酒乱あるいは狂人のつれあいの世話をし、自己犠牲によって有徳の人物であることを示す。だが最後にいたって、その人物の美徳が証され、もちろん待ちつづけたあとのことだが、ふたりが関係を結ぶ瞬間が組みこまれる。これは雑誌の連載小説で起こるようなものではなかった。ジェイン・エアのなかで起こることなのである。じっさい『ワイルドフェル・ホールの住人』は、結婚そのものを問うことなく結婚外の関係を認めるためのこのかなり周到な趣向よりも、文化のもうひとつの面とより興味深い関係を結んでいる。すなわちそれは、とりわけ小冊子や雑誌の連載小説に顕著にみられるものだが、兄妹〔姉弟〕関係の理想像によって男女関係を調停し、男女が適切に分かちあえるもの、あるいは分かちあうべきものをすべて分かちあうことである。近親相姦のたぐいは少なくとも意識的な次元ではまったく暗示されていない。たんにふたりはよき友人同士で、経験を分かちあい、たがいに手をさしのべて支えあっているというわけである。それでこの兄妹というのがある意味で理想的な関係となっている。

(『ワイルドフェル・ホールの住人』にかんして)やましい関係とみられたのが兄妹の関係だとわかるのは、じつに興味深い。[11] それゆえこの関係はちゃんと結婚関係の代理になりうる。ここでも、もちろん長く試練に耐えなければならない。じっさいにはその試練が起こっているのは語りの時間よりも以前のことなのだが、テクストの時間の内部では、日記による回想として中間部分で起こっている。したがってその点に達する以前に長い苦悩がすでに生じている。それでやましい関係と感じられていたのが理想の兄妹関係となり、先に進んでゆくことができる。自伝に修正を加えた特殊な形式にしていなかったら、これは不可能であっただろう。この形式によって、誤解を招く関係についてふたつの観点が導入されているからである。

あるいは(『嵐が丘』について危険を承知でかいつまんで述べてしまうなら)そこにも二重の語りがあるという事実をみていただきたい。ただし、意味深長なことに、ふたりの語り手はいずれも語りの本体から外れた地点にいて、主要な出来事に対して従属的な関係、さらにいずれ差異が際立ってくるような関係を結んでいる。これが時間と語りの両方で多層的な中心をもつ客観的な視点に移ってゆく。行き着く先は一連の出来事(それ自体が複数の世代を通して位置づけられる)であり、それが絶対的な一番の強度をもつ断言として要約できる。まさにそれが『嵐が丘』の中心的な価値であることを認めなかったら、この本を満足に読むことはできない。だがそれを非常に意識的に位置づけている構造は、注意深く分析してみると最初の印象よりもずっと複雑なものであることに気づく。時間構造にしても、観察の様態と主要な人間関係が展開されてゆく段階を相互に関連づける構造は相当に複雑なものである。ロックウッドとネリー・ディーンを通してシークエンスを眺め、語り手としてのロックウッドとネリー・ディーンが使える観察の様態と、彼らの観察内容が直接あるいは複数の世代を通して構造的にかかわっている経験の様態とのあいだでつねに開かれた関係があることを見てとるならば、形式において、それゆえ経験の構造全体においてさらにいっそう複雑なものが見いだされる。それはおそらく強い主観性をもつ特異な表現によってのみ表象しうるものなのだろう。じっさい、主観性とそれが転位するプロセスの両方がそこには見いだせるのであり、私見では、両者はどちら側からであれ価値を構成するものと解してはならない。キャシーが「ほかのすべてが滅んで彼が残ったら、わたしもずっといつづけるわ[12]」と言ったとき、彼女は自己同一化の感覚についての、また関係性（関係性における自己同一化）の感覚についての古典的な断言のひとつをおこなっている。そしてこれは思うに、見てとれる次元では政治性も社会性も皆無であるとはいえ、一八四〇年代のアクチュアルな文化へのもっとも深い反応のひとつなのである。「ほかのすべてが滅んで彼が残ったら、わたしもずっといつづける」。それでもネリー・ディーンが「わたしは彼女の愚かさに耐えきれなかった[13]」といえるのは、まさしくこれとの直接の関係においてなのだ。その地点で、周到な形式の内部で、その観察がどこまで正しいのか考えてみなければならない。キャシーが物語《アクション》の展開のこの時点でしているように、それを信じるのが愚かなのではなく、その思いこみが愚かなのだ。彼女は、必要な関係性をもっているがゆえに、それは恒久的な関係性であると思いこんでいる。わたしが言いたいのは、この種の構造の内部で読者が求められているのは、ブルジョワ的リアリズム小説の通常の記述のなかでの要請事項とされるように経験についての単一の視点と一体化することではないということだ。所与の状況の内部と、展開する状況を通しての時間の内部の両方で、非常に複雑な見方をする機会がこの小説の形式のなかに組みこまれているのである。以上はほかの場合であれば主観的な小説の三本組《トリオ》として簡単にまとめられてしまう作品から例をあげたにすぎない。

『虚栄の市』をみるならば、そうした勃興的な諸形式がいかに際立っているかがただちにわかる。力強くはあるが、この小説はその語りにおいてより古く、ずっと利用しやすい立場をとっている。前口上は上演の支配人によるものであり、重要な意味でこれは読者のための位置づけなのである。語り手／支配人は読者との可変的な関係に直接介入できる。「アメリアをわたしたちはたっぷりとみることになりますので、はじめに申し上げておいても害はありません」と彼は言い、ただちに読者との関係に距離を置く。この著述は場面を出入りしつつ語りと論評を進めてゆき、最後に「さあ、お子さん方、人形を箱にしまいましょう。お芝居は終わりです」という台詞で結ばれる。[14] ここではより古い小説形式にみられる遊びと仕切りを半々にしたような調子のなかに、じつはたいへん注目すべき社会的、批評的視座を意識的に置いている。わたしには興味深く思えることだが、十九世紀のブルジョワ的リアリズムについて通常与えられる説明は、ひとりの登場人物が社会についての認められていないいくつかの一般的事実を、さまざまな地点で社会の諸相を横断しつつ発見するというものだ。これが批評的リアリズムの視座であるとみなされる。そのモデルにとりわけ明白に対応する小説が『虚栄の市』である、ただしじっくりみてゆくと、そのモデルではじつは解釈できないことがわかってくる。ベッキーの輪郭描写は第一に社会ではなく「人物《キャラクター》」の描写であり、それはずっと古い時代にさかのぼる基本的形式なのである。

より一般的な問題点のいくつかに移りたいので、他の作品についても若干付言しておこう。『シャーリー』のなかでシャーロット・ブロンテはより一般的な意味で勃興的な社会的様態《モード》にむかっている。「読者よ、ロマンスのたぐいがあなたのために用意されていると思われるなら、はなはだしい思いちがいというものです。「これこれのこと」を期待されるのですか、「あれこれのこと」を期待されるのですか？ 期待を抑えてください。……リアルで、冷めていて、堅牢なものが眼前に広がっているのです」[15]。さて、「リアルで、冷めていて、堅牢なもの」（『シャーリー』が非常に冷めているということではない）とは厳密な意味でブルジョワ・リアリズムを予知する見直しにずっと近いものだ。特徴的にも、それは日付をさかのぼる。「物語はこれでおしまい。わたしには思慮深き読者が眼鏡をかけて教訓を探そうしておられる姿がみえる気がする。とやかくわたしが申し上げるのは読者の賢明さを侮辱することになるだろう」[16]。読者との関係についての特殊な意識がここにはみられる。教訓がそこにあるのだが、それを引きだすのは語り手である自分の役目ではないというわけだ。語り手は他者の良識と判断力を当てにできる。その点で『シャーリー』はリアリズム小説とは異質であるし、また書かれた時期も早いものではあるが、リアリズム小説の野心を共有している。

『メアリ・バートン』は語りの事実を客観的な語り手が隠蔽する古典的な例であると通常みなされる。明らかにそれがあてはまる期間が長くありはするが、冒頭部分で語りの重大な構えを設定する位置づけはそれよりもっと複雑なものだ。野原で人びとが歩く場面を語り手が描写した重要なくだりで、彼らが歩いている理由を部分的にしか知らないことを語り手は認める。休日だからか、あるいはじっさい「なにかほかの理由があったのかどうか、わたしにはわからない」[17]。この密接な、しかし限定された情報は、じつは語りと形式上結ばれた重大な関係なのである。ギャスケル夫人があつかっている〔労働者〕階級による書き物に対して、故意に密接だが限定された接近がなされている——サミュエル・バンフォードに大きく依存していること[18]、あるいはあの故意に関連づけた、しかし外面的には説明的な仕方で方言を導入している点にみられるのと同様に。思いだしてみると『メアリ・バートン』についてわたしの心にまず残ったのは、早くも二ページ目のところでひとつの方言を入念に再現して、それを脚注で説明していることだった。それはもちろん、形式的な関係であるのと同時に社会的な関係である。彼女は自分が書いている人びとのくらしや話しぶりをまちがって再現しないように決めている。別のモデルにそれを同化させようとはしていない。これは重大なギャスケルの強調である。同時に、とりわけこうした読み書き能力《リテラシー》と本の学習の問題がそうなのだが、階級がかくも根深く分化している文化の内部でこうした強調を試みる際に、読者層の大多数が別種の人間なのだろうという自覚が彼女にはある。それで労働者の内側に入って再現してみせたくらしの描写に注釈をほどこさずにはいられない。形式的なレベルでのこの逆説が、今度はよく知られた歴史と関連づけられる。その歴史とはすなわち、最初『ジョン・バートン』として着想し、想像のなかでこの人物に強く固執していたのが、結局『メアリ・バートン』という親密だがつねに深く但し書きのつくかたちへと移っていった経緯である。

『ドンビーと息子』では、一般的でさらに威圧的な語り手がいる。だがディケンズについて考えれば考えるほど、通常の意味での「語り」が彼の様態《モード》を記述するよい方法であると思えなくなる。あくまで浮かんでくる語は「提示《プレゼンテイション》」である。というのは、この語り手にはふつうではない移動性《モービリティ》があるからだ。彼は同時代の他のどの小説家よりも多様性をもち、場所から場所へ移り、ある登場人物の視点から別の人物の視点に移ってゆく。移動性について同様の確信をもって文体から文体へと移る。それで中断して次に移ると新しい様態が確立できる。古典的なリアリズムのテクストにみられるような均一な語りなど皆無である。そこにはなにか別の要素があって、これを正しく表現できる術語はないのではないかと思う。だがこれを考えてみたいのは、リアリズム小説という問題で、とりわけ一八四八年という年に小説が果たした役割について、これが重大な変数を導入するからである。勃興的な小説形式の語りの様態の多くがもっぱら直説法を用いているといえる。すでに起こったこと、また起こりつつあることの説明であり、またそうであることを承知のうえで述べられていたのである。「直説法」をこうした説明で受けとるなら、次に（その語はどうみても十分なものとはいえないが）ディケンズの著作のなかの仮定法の要素について語ることができよう。それは明らかに「もし〜だったら」とか「〜だったろう」とか「こう仮定しよう」というものだ。いいかえるなら彼は社会的、政治的には利用できないような視座を導入している。それはひとつの視座、感情、力についての仮説なのであって、そこで観察されるべき諸勢力の現存のバランスのなかで、そもそも存在するのかどうか彼には定かでない。一般的なリアリズム小説のなかでの直説法の概念は、もっとよく考えたほうがよいのではないかと思える。リアリズムの視座は一般には諸勢力の変更の可能性を排除するものとみなされる。自然主義にできるのは効力があると知られる諸勢力を再現するだけで、それで読者の知識は増すものの、アクションの能力はもはやない——これが自然主義に対するむかしながらの不平不満である。そうしたたぐいのリアリズムの語りの内部での仮定法は、拡張し維持するのがつねにむずかしいものであるが、しばしば小説の結末に見いだされる。『ドンビー』の結末に好例がある。さらにまた例の特徴的な介入をディケンズがおこなうときにもそれが出てくる。つまり、リアリズムのテクストの条件をこえて、まったく別物ではあるが達成可能な視座を呼び起こすときだ。そこでわたしたちはすべての力と関係性を異なった視点でみることができる。『ドンビー』の名高い第四十七章[19]がそれだ。その種の仮定法の存在は決定的なものであるようにわたしには思える。まさしくディケンズが物事を結びつける感覚こそが、彼のはるか前方に控えていたものなのだ。

ここまでわたしは構え《スタンス》としての形式、あるいは様態《モード》としての形式について、もっとも単純な次元での実例をあげてきた。だがこうした相違点のもとに深いイデオロギー形式とみなせる深い形式がないかどうか問うことができる。すでに話の途中でひとつふれておいた。満足できる人生を送りたいと願っていながら、経験上自分の社会の限界を思い知るという、十九世紀小説の主人公についてのルカーチの古典的診断がそれである。自分自身の充足が妨げられるだけでなく、全般的な限界もあるのだが、その限界がオルタナティヴな社会的視座となる。自分の人生を十分に実現できないというその地点で、すべての人間が自身の人生を満たす妨げとなっている客観的な社会的限界を発見するわけである。だがこれは主としてフランスとロシアの小説に由来するモデルであり、それはじっさい実例がたっぷりとある。思うにイングランドでは、それがぴたりと当てはまるような実例は多くはない。いずれにせよ、そこで表現されるべき問い(『ジェイン・エア』『嵐が丘』そしてある意味でディケンズの全作品に明らかに関連する問題なのだが)はすべてのことがなにかに依存するのだが、そのなにかは深い形式のあの描写がぼかしてしまうものなのだ。これは限界の発見の地点での価値の問いである。いまあつかっている時代からはみでてしまうが、たまたま理論的にずっと明白である実例をあげるなら、『フィーリクス・ホルト』と『日陰者ジュード』を客観的な限界の発見（全体的《ジェネラル》なものとしての発見）というルカーチ的定式に同化させることができるかもしれない。[20] だがこの地点で止まってしまうのはばかげている。というのは、『フィーリクス・ホルト』の最高潮はまさに、あきらめの様態での限界の発見、人間が理解し行動するための人間の能力にある種の「ほんとうの」限界があることの発見なのであり、他方『日陰者ジュード』では、限界の発見は（はるかに破壊的なものであるため、まったくなにも残らないようにみえるのではあるが）中心人物を妨げる限界の構造の根深い破壊分子である。この重点のちがいは構造的なものだ。ただたんに最後に語られたことではない。それは組織体の全体においてまさにたどりなおすことができるようなものである。

さて、そうした点について主観主義的強度と呼びうるものに立ちもどって考えるなら（おそらくそうした分類のひとつのなかでの一八四八年の新小説群の特徴となっているものであるが）その「限界」がなんであるかの発見にすぐさま移ることができる。すでにみたように確立された形式には構造上の限界があり、まずその限界を回避してからでないとその強度は十分に表現することも実現することもできない。さらにまた、この新しい主観主義の挑戦を限定する意味で、まったくちがう様態での主観主義もありうる。シャーロット・ブロンテが導入したその様態では、語り手の感情という支配的な条件を通して以外では、他の登場人物の感情や状況をも考えたりするのは非常にむずかしいのだが、その導入が最終的に、わたしの言い方でいえば特別な嘆願の小説というものになる。その意味での主観性はある点で他者の抹消の投影となる——ただし、自身の（語られた）知覚された必要性の強度を彼らが語るときは別なのだが。その限界はしばしば感傷的に、ある種の事柄を回避することで表現される。そうした限界が見てとれるのだが、それはわたしにはルカーチたちが例のマルクス主義の伝統のなかで語ってきたような限界であるようには思えない。というのは、社会構造におそらく要因があって、そのために強烈な経験が妨げられ、自分は社会的役割や社会的機能とは別個に存在し感じる自立した個人であるという自己イメージが妨げられてしまっているし、妨げとなる障壁も見てとりやすいものではあるのだが、正真正銘の異議申し立ての次元は、そうしたローカルな歴史的構造とは切り離して考えることができるように思えるからである。文明全体の最深部に経験が横たわっているのであるが、文明そのものが根本で抱えている事情のため、しばしばそんなことはしていないと言いながら、文明はあらゆるたぐいの強烈に認識された経験を抑圧してしまうのである。

するとこれらの作品をみているときに（これは他の深い形式にもあらわれる点であるが）じつはイデオロギー的な限界の圧迫であるものと、現実の社会的限界の広がりつつある領域とを区別することは非常にむずかしい。さらに区別を要するのがこの種の限界と、じつはなにものかへの未完の衝動であるものとの区別であり、そのなにものかとは定義上その構造と形式の内部で完結しえないものだが、自身を表現しようと動いているところにいちばんの価値があるものだ。

深い形式のもうひとつの例をあげよう。そしてそれがいかにこの小説のあるものを指し示すのと同時に、ある意味で裏切るのかを示そう。一八四〇年代の小説の新しい事実として確認できるものであり、一八四八年自体でも非常に際立っていることであるが、階級闘争を含む階級関係を意識的な小説の材料として認めているのである。この意味で一八四〇年代の小説は、前例がないわけではなかったが、階級闘争を強調した点で非常に新しい。強烈で明白な階級闘争の時代とじかにかかわっているのである。さて、一部の人びとが当時知覚した深い形式にしたがって、闘争はまさしく和解したり回避したりできるようにするために認められる。思うにこれが、わたしが聞きとった時代から判断するならばポピュラーな分析となりつつある。そしてだれもがむかう実例は『北と南』[21]であり、これについてわたしはそれが不正確ではない診断であると言いたい。『北と南』の闘争は調停をはかるために設定されているのである。つまり、最初からそうなっているのだ。階級闘争を根本のところで回避するというのがこの時代の多くの小説の特徴としてみられるわけだが、『北と南』でも闘争を避けることによって和解が結ばれる。この小説では利害関係を異にする人間同士がぶつかりあうが、結局幸運な遺産が主人公に転りこんで大団円を迎えることになる。商業という条件のもとに置かれた人間に財源を与えるためには、外部から余剰金が入らなければならない。社会的にまた経済的に不可能な問題を解決するためにこのように遺産に頼ることは、もちろん一八四八年ごろの小説に遍在している。財産の源泉として、あるいは社会の対立から逃れる場所として〈帝国〉に頼るのとまさにおなじように深く特徴的なのだ。だが単純なイデオロギー的なやり方でそれを『メアリ・バートン』やディケンズに適用するのは誤りであるように思える。もちろん和解の概念がそこにもみられるのだが、描かれている和解の類型を峻別しなければならない。ディケンズが頻繁に投影していた類型の和解というものがあって、それは人びとが心を入れかえて、ちがった精神で相互関係を認識するというかたちなのだ。あるいは、ディズレイリが投影したような和解もあって、それは民衆と貴族層が産業ブルジョワジーに対して連合しうる、かくしてそれに勝つことによって階級闘争を解決できるというものだ。シビルはチャーティストであるばかりでなく、財産を奪われた貴族であり、貴族の男性と結婚するのである。[22]両者の連合（「チャーティストが産業ブルジョワジーに抗って貴族と結婚する」）は階級闘争を和解させるのだが、それは階級闘争に抗って結束し、階級闘争を無効にしてしまうことによってなされる和解なのだ。

だが『メアリ・バートン』のなかに深くあると思えるような類型の和解がある。これは人が抽象的に着想しただけのものを直接的に経験することの結果であることが意図されている。すなわち息子の死、家族のなかの現実の損失がそれである。たしかにバートン家には病気があり、いわば死者たちをめぐる和解がある。だがそれは『北と南』の和解やディズレイリの政治ファンタジーとは別物であるように思える。いいかえるなら、示唆された深い形式——闘争は起こるべきであるがゆえに、また虚偽の和解で回避されうるがゆえに導入されるということ——これをわたしは誤りだと思う。マルクスを引用して論駁することもできようが、それが決定打になるとは思えない。たしかにマルクスは「輝かしい小説家たちの一団」について書いた。その一団とはディケンズ、サッカリー、シャーロット・ブロンテ、ギャスケル夫人のことで、彼らは「職業政治家、政治評論家、道学者のすべてをあわせたよりも政治と社会の真実を」明らかにし、中流階級のすべての層を正確に診断したと評価したのである。[23]だが、これは問題の解決にはまったくならない。マルクスに文学を語らせるといつも当たりはずれがあるからだ。だが、これは歴史的想像力を働かせないかぎり把握できないことなのだが、主観的衝動の種類と和解の種類を区別しそこなうと、皮相きわまりない因襲的形式を深いイデオロギー的形式と錯誤し、逆に伝統的形式と深い形式の矛盾を超克しようと真摯に試みて、緊張感のみなぎる筆致で書かれた作品をたんなる低級の失敗作だと見誤ってしまう。

ここにかかわる理論的問題は、創作《プロダクション》と再現《リプロダクション》の問題全体にとって中心的なものだ。明らかに、ある次元で、勃興的な小説を中流階級によって生みだされかつ読まれていた大半の作品と峻別しなければならない（だからこそわたしはW・H・スミス父子商会から話を始めたのだった）。意識的なブルジョアの立ち位置を真に再現した作品がどれなのか見極める必要がある。中身がおなじものを形式が高度で洗練されているというだけで他と区別するのも具合が悪い。きわめて大事な特徴を共有している場合でもそれがいえる。それゆえあの支配的な形式と関連づけて考察しないのはまちがいだろう。この新しい小説群のなかで非常に大きな要素を占めている単純な再現の問題について考えないわけにもいかない。だが思うに、いっそう有害な過誤は、新しい衝動に備わる外に開かれた重要な要素があることを見落としてしまうことだろう。すなわちそれは階級の状況と階級闘争の重要な現実を含んでいるということ、当時それが非常に困難であったのにもかかわらず、ある種の力をもってその表現をなしとげていったということだ。というのも新しい内容として、そして内容の新しい形式として、これらは真性の勃興的な要素であるからだ。創作、それも意義のある創作がある種の圧迫を克服し、ある種の限界を乗りこえようとする。同時に、創作が広範におよぶなかで圧迫と限界のたいへんな重みに耐えるような作品が出てくる。それは単純な形式と単純な内容をイデオロギー的に再現しただけではけっしてなしとげられないような作品なのである。もちろんいま、わたしたちはこれら一八四八年の作家たちが知っていた以上にそうした圧迫と限界について、深く決定的な社会関係と闘争について知ってはいる。ただしそれは時代区分がなされて日付として書きとめられたかたちで知っているにすぎない。だが実質としてわかるようになるまで(よそよそしい態度ではなく「訳知り顔」で対するのでもなく)わたしたちはつかみとらなければならない。これを理解することの重要な部分が、わたしたちがそうした圧迫と限界を知るということ——闘争のなかで、党派的に、そのとき突破口を開こうとしていたのがなんであったか、それを知ることとなのである。

(一九七七年)

訳注

〔1〕書籍販売商W・H・スミスは一七九二年にヘンリー・ウォールトン・スミス(Henry Walton Smith, 1738–92)によって創業。三代目のウィリアム・ヘンリー・スミス(William Henry Smith, 1825–91)が一八四六年に同名の父親のもとで家業の書籍商に入った際に社名をW・H・スミス父子商会(W. H. Smith and Son)とし、一八四八年にロンドン、ユーストン駅の構内に最初の書籍売店(bookstall)を設立、以後その拡大に成功。この息子のほうは後年保守党の国会議員をつとめた。

〔2〕 チャールズ・ディケンズ（Charles Dickens, 1812–70）の小説『ドンビー父子』（*Dombey and Son*, 1848）を指している。

〔3〕 思想家のジョン・スチュアート・ミル（John Stuart Mill, 1806–73）は、ロンドン、ウェストミンスター選挙区から出馬して一八六五年から六八年まで無所属の下院議員を務めたが、一八六八年の総選挙で保守党のスミスに敗れて落選した。

〔4〕「パーラー文庫」（Parlour Libraries）はベルファストを本拠地とする出版業者シムズ・アンド・マッキンタイア（Simms and McIntyre）が出したペーパーバックの叢書。「鉄道文庫」（Railway Libraries）はラウトレッジ（Routledge）社が鉄道の乗客にむけて出したペーパーバック叢書。一八九八年までに千二百点をこえる小説を出した。

〔5〕 ここで列挙された作品群を作者名とあわせて記しておくと、『アジンクール』（*Agincourt*, 1844）はG・P・R・ジェイムズ（G. P. R. James, 1799–1860）作。『戦争のロマンス』（*The Romance of War*, 1845）はジェイムズ・グラント（James Grant, 1822–1887）作。『ポンペイ最後の日々』（*The Last Days of Pompeii*, 1834）はエドワード・ブルワー＝リットン（Edward Bulwer-Lytton, 1803–73）作。『イージー少尉』（*Midshipman Easy*, 1836）はフレデリック・（キャプテン・）マリアット（Frederick [Captain] Marryat, 1792–1848）作。『ロンドン塔』（*The Tower of London*, 1840）はウィリアム・ハリスン・エインズワース（William Harrison Ainsworth, 1805–82）作。『ブリュージュの女相続人』（*The Heiress of Bruges*, 1831）はトマス・コリー・グラッタン（Thomas Colley Grattan,（1792–1864）作。『ウォータールーの戦いの物語』（*Stories of the Battle of Waterloo*, 1848）はG・R・グレイグ（G. R. Gleig, 1796–1888）作。『頭皮を漁る者』（*The Scalp Hunters*, 1851）はトマス・メイン・リード（Thomas Mayne Reid, 1818–83）作。『放浪者ロディ』（*Rody the Rover*, 1846）はウィリアム・カールトン（William Carleton, 1794–1869）作。『プライドと偏見』（*Pride and Prejudice*, 1813）はジェイン・オースティン（Jane Austen, 1775–1817）作。『小さな妻』（*The Little Wife*, 1841）はエリザベス・キャロライン・グレイ（Elizabeth Caroline Grey, 1798–1869）作。

〔6〕 メアリー・ハウイット（Mary Howitt, 1799–1888）は英国の詩人、作家。夫との共著で百八十冊以上の本を出した。

〔7〕 ウジェーヌ・シュー（Eugène Sue, 1804–57）はフランスの小説家。新聞小説で人気を博した。シューの『パリの秘密』（*Les Mystères de Paris*, 1842–43）を模倣して、イギリスの作家G・W・M・レノルズ（George William MacArthur Reynolds, 1814–79）は『ロンドンの秘密』（*Mysteries of London*, 1844–48）や「ロンドン宮廷の秘密」（*Mysteries of the Court of London*, 1848–55）を発表して人気を博した。レノルズはチャーティズム運動の主要メンバーでもあった。W・B・リード（William Blanchard Rede）の『王家の放蕩者の物語』（*The History of a Royal Rake*）は一八四〇年に「サンデイ・タイムズ」に連載された。

〔8〕 サミュエル・バンフォード（Samuel Bamford, 1788–1872）はイギリスの作家で急進主義の活動家。エベネザー・エリオット（Ebenezer Elliot, 1789–1841）は英国の詩人。穀物法改正の運動に尽力し、「穀物法の歌よみ」（Corn Lwa Rymer）と渾名された。トマス・クーパー（Thomas Cooper, 1805–92）は英国の詩人でチャーティズム運動の主要メンバーのひとり。

〔9〕シャーロット・ブロンテ（Charlotte Brontë, 1816–55）作『ジェイン・エア』（*Jane Eyre*, 1847）最終章（第三十八章）冒頭の言葉。

〔10〕『ワイルドフェル・ホールの住人』（*The Tenant of Wildfell Hall*, 1848）はアン・ブロンテ（Anne Brontë, 1820–49）作。一八四八年の刊行時には男性名のアクトン・ベル（Acton Bell）の筆名で発表された。

〔11〕語り手のギルバート・マーカムは女主人公のヘレン・ローレンス・ハーティンドン夫人がフレデリック・ローレンスと不倫関係にあると誤解してフレデリックに暴力をふるうが、両者が兄妹であったことをのちに知る。

〔12〕エミリー・ブロンテ（Emily Brontë, 1818–48）作『嵐が丘』（*Wuthering Heights*, 1847）の第九章でキャサリンが語る言葉。

〔13〕『嵐が丘』第九章。

〔14〕『虚栄の市』（*Vanity Fair*, 1847–48）はW・M・サッカリー（W. M. Thackeray, 1811–63）作。

〔15〕シャーロット・ブロンテ作『シャーリー』（*Shirley*, 1849）第一章の第二段落に含まれる語りの一部。

〔16〕『シャーリー』の最終段落に含まれるくだり。

〔17〕『メアリ・バートン』（*Mary Barton*, 1848）はエリザベス・ギャスケル（Elizabeth Gaskell, 1810–65）作。

〔18〕ギャスケルは『メアリ・バートン』のなかで労働者詩人サミュエル・バンフォードの詩を引用し、一八四〇年代のイングランド北部産業都市における労働者の生の声を反映させている。

〔19〕『ドンビー父子』第四十七章ではドンビー氏と妻イーディスとの関係悪化が極限にいたり、堪忍袋の切れたイーディスが家出し、娘フローレンスも父への敬愛の情をすべて失うくだりが描かれる。

〔20〕『フィーリクス・ホルト』（*Felix Holt*, 1860）はジョージ・エリオット（George Eliot, 1819–80）作。『日陰者ジュード』（*Jude the Obscure*, 1895）はトマス・ハーディ（Thomas Hardy, 1848–1928）作。

〔21〕『北と南』（*North and South*, 1854）はエリザベス・ギャスケル作。

〔22〕このくだりはイギリスの保守政治家ベンジャミン・ディズレイリ（Benjamin Disraeli, 1804–81）の小説家としての代表作『シビル、あるいはふたつの国民』（*Sybil, or the Two Nations*, 1845）に言及している。

〔23〕マルクスの一八五四年の論評「イギリスの中流階級」より。Karl Marx, 'The English Middle Class,' *New-York Tribune*, 1 August 1854. マルクス＝エンゲルス全集第十巻、大内兵衛、細川嘉六監訳、大月書店、一九六三年、六五五ページ。

小説における地域と階級

ある種の小説がいつから「地域的《リージョナル》」と呼ばれるようになったのか、詳らかでない。私見ではその区別が重要になってくるのはせいぜい十九世紀後半のことで、確固たる区別だと思われるようになったのは二十世紀になってからのことにすぎない。一見「地域的」というのは単純な区別にみえる。それはある小説が湖水地方や南デヴォン、あるいはウェールズ中部のような地域《リージョン》を「舞台」もしくは「主題」にして書かれていることを示す。それにしてもなにと区別されるのだろうか。三つの答えがありうる。いずれもイデオロギー的に意義がある答えだ。第一にある種の場所が「地域」なのであって、そこには独特の土地柄というか地方色があるのに対して、ほかの場所にはそれがない。第二に、ある種の小説を「地域的」と呼べるのは、それが生活全般をあつかうというよりも特定の場所について、またその場所で営まれるくらしを中心として語る、あるいはもっぱらそのくらしだけを語るという意味においてである。第三にある種の小説が「地域的」であるのは特殊な社会生活を「主題」もしくは「舞台」にして書かれていて、もっと広い永久不変の人間の経験を示すような小説とは区別されたものとしてである。

この三つの答えのそれぞれをさらに吟味することができる。第一の答えはまさしく政治的な意味あいをもつ。ある「地域《リージョン》」(region) はかつて regere =「統治する」の意味で領土《レルム》、王国《キングダム》、国《カントリー》であったが、そうした土地区分ならではの政治的両義性ゆえに regere =「指図する」の意味で教区、地区、区域でもあった。後者の意味はイングランドでは十六世紀から教会政治において一般的になった。ただし前者の絶対的な意味も自然描写や隠喩的描写に残存していた。そうすると「地域」が「従属的な領域」という近代の意味を帯びるようになったのは、明らかに中央集権化の度を次第に増す国家の一機能としてであった。新たなかたちを与えられた中央集権的な政府と行政は限定的な権能をたえず〔地方に〕「委任」し「委譲」していった。「従属的な領域」という意味は、いまや「ローカル」（「地域的」）な特徴を認めるということとむろん両立する。

そして文化の記述にかかわる問題で印象的なのは、ある種の地域をこの限定的な意味での「地域的」なものとしてつねに他と分け隔てることだ。それは他の地域がそのようなものとしてみられない場合にのみ通用する見方なのである。この見方が文化の中央集権化の機能、すなわち「都会―田舎」の分け隔てにつながる。それは「メトロポリス」文化と「地方《プロヴィンシャル》」文化という十八世紀以降重要となった区別に密接にかかわる。だが、これはもはや生活領域やくらしの種類の区別ではない。それは体よく「価値判断」と呼べるものだが、正確にいえば中央に集中した文化が優越しているという表明なのである。

このような文化記述の仕方のなかに、ひとつおもしろい表現がある。「ホーム・カウンティーズ」〔ロンドン周辺の諸州〕というのがそれだ。この語句はロンドンを中心とする巡回裁判《ホーム・サーキット》に由来し、十九世紀に意味の幅を広げた。ここでの論点を吟味するには次のように問うてみればよい――ホーム・カウンティーズや、ロンドン市内のチェルシーやらハムステッドやらブルームズベリーといった地区を「舞台」もしくは「主題」にした小説が、湖水地方や南デヴォンやウェールズ中部、あるいはドーセットや「ウェセックス」〔ハーディの小説の舞台となる英国南部地方の仮名〕を「舞台」もしくは「主題」にした同種の小説と比べてみて、その描写をおなじように「地域的」と言いうるのであろうか、と。この次元では「地域的」だとする記述は明らかにイデオロギー的なものだ。一定の恵まれた地域でのくらしとその住民は本来一般的なものとみなされる。それが正常だとさえ思われているのかもしれない。それに対して、他の地域のくらしとその住民はどんなに興味深く、またいかに愛情を込めて描きだされていても、なぜか地域的だとされるのである。

想定上の第二の答えは、多くの人の口ぶりからすると、明らかに上記のたんなる変種にすぎず、はっきり言っていないぶん、もったいぶったものである。あたりまえのことだがグウィネズ〔ウェールズ〕やカース・オヴ・ガウリー〔スコットランド〕やアナトリア〔トルコ〕で経験したことよりも、ロンドンやパリやニューヨークでの経験のほうが一般的でより重要なものだというはずがない。だが別の次元で、ここにひとつ肝心な点がある。後述するように、それは小説《フィクション》における「階級」を考察する場合でも大事な区別である。というのは、固有の場所に置かれているだけでなく、ほかの場所では起こりえないかのように設定されている種類の小説が現にあるからだ。実際問題として、これはニューヨークやカリフォルニアやホーム・カウンティーズを舞台にした小説でももっとたやすく見てとれる類型と少なくとも同程度にありうることなのだが、湖水地方〔コンスタンス・ホーム[1]の小説を参照〕で起こることが、二十世紀の話であっても本来的に自給自足のくらしであるかのように主要人物のだれひとりとしてその場所の外に広がる、また外から侵入してくる社会的諸関係によって影響されることも決定されることもないかのように生起しているものとみなされるのである。たしかにこの種のもっとも重要な事例は不労所得生活者の小説、会社小説、大学小説といった後期ブルジョワ小説の特殊な類型なのであり、そこでは本質的にローカルなくらしの詳細に没入するには、その外に広がるくらしとの関係を根本的に無視してかからなければならない。不労所得者の収入源でなされている仕事、会社内部の事業や術策の実質をなしている市場と権力の関係、特定の大学を形成している学習と資源とアクセスという外部に広がるプロセスを無視することで成り立っているのである。
だが、はっきりと「地域的」であるものを縮約するひとつの形式があるということは疑問の余地がない。じっさい、それは人気のある形式である。二十世紀に書かれた田舎の小説は、この琥珀のなかの化石の蠅さながらの性質を備えている。この形式に必須の戦略は、田舎のイギリスが「損なわれていない」最果ての地であっても支配的な都市の産業経済が限なく浸透しているというのに、あたかもそんなものがないかのように温かく魅力的なくらし、自然で情熱的でさえあるくらしが独自のリズムによって内的に律せられている様子を描くというものである。あるいはその変種として、この「地域」は自立した土地であるとする見方が確立しているために、そこに加わる圧力をすべて外部のものとみなし、この地域に対立する別のくらしとして等閑に付してしまえる。

　考えてみると、わたしがこの形式をとくに意識するのは、それが現実のいくつかの社会的プロセスをとらえているのがわかるからだ。じっさい、圧力は多くの場合そんなふうに加えられてきたのである。だがこの限定的な意味での真に地域的な小説は、まずその地域のなかで非常に孤立しており、それゆえ内部で完結した（「有機的」な）ものとして投影されているので、その内部で種々のプロセスが複雑に絡まりあっていることが認識できない。それらのプロセスは内部の分断と対立を含み、現実にその外に広がるさまざまな圧力とつながっているのにもかかわらずである。そういえば、わたしが『辺境』を七回書きなおしたのは、そうした内的なプロセスと分断が真の重みをもって描けるようなオルタナティヴな形式を見いだすためだったのだし、また『マノッドのための闘い』は、あえて特定の地域についての小説としたのではあるが、そのような形式を非常に意識的かつ明示的に見いだしたのだった。[2] 平たく言うならば、「地域的特性《リージョナリズム》」の諸問題を探求し明確にすることが当然ながら際立ってハーディ的な作品となるような小説である。メトロポリスの一部の愚か者たちは、ハーディがロンドンやホーム・カントリーズでなくウェセックス（あの見知らぬ特殊な土地）について書いたがゆえに地域小説家であるといまだに考えている。だがもっと重大な次元では、一方で『緑の木陰』やさらには『狂乱の群衆をはるか離れて』といった縮約もしくは囲いこみという意味で地域的とみなせる小説と、他方で『森に住む人びと』や『ダーバヴィル家のテス』のようにさらに深くその地域に置かれているのにいかなる限定的な意味でも「地域的」ではない小説とのあいだのように、ハーディの作品の内部ではっきりとした区別がなされる。それらの小説のなかで内的にまた外的に起こること（つながりあうひとつのプロセスにおけるふたつの抽象）には非常に広く複雑な、十分に拡張された包括的な、一連の関係性が含まれている。

第三の答えは、その重大な次元にかぎってこの点とつながりうる。些末な慣習上の次元では、それはたんに後期ブルジョワの偏見にすぎない。小説とはある種の社会生活を「主題」や「舞台」にしたものではなく、一個人としての性生活、精神生活とりわけ私生活の営みを描くものだとする偏見である。それよりも広い社会生活を認める小説という発想自体が排除されている。じっさい、そうした小説が〈社会学〉とみなされて別の棚に置かれていないとしたら幸運というものだ。もっとも、それがほんとうに幸運なのかどうか、いまとなってははっきりしなくなってきてはいる。だが同時に、その後期ブルジョワ的な見方ではなく、もっと広くみて小説における地域主義のひとつの理にかなった意味を識別しなければならないのはたしかだ。その意味が指し示すのは、小説は人間関係を結びながら地域に住み地域を構成する人びとについてよりも地域や生活様式自体を描くほうを重視するというものである。

それは単純なカテゴリー化の問題ではない。人びとがさまざまな関係を取りむすんでいるという問題（彼らがどの程度の認識をもち、個体化され、また発展のための空間と時間がどれだけあるか）は当然歴史と社会のなかで変動するが、関連する区別のみが今度は歴史的で社会的なものとなる。私生活を営む個人を外部と切り離して、あたかもその外部に広がっている社会生活が存在しないかのごとく、その私生活の内実を限なく探求できるものだとする後期ブルジョワの発想が生じたのは、権力や金が実際的な距離化や転位の可能性を生みだしてきた個人の社会的存在によるのは明らかだ。他の集団《コミュニティ》や階級においてはそのような確固とした距離化や転位はないのだが、そうすると小説がもっとも一般的な特徴に集中しすぎてしまって、そうした特徴を不可避的に体現し演ずる個々人を認めることができないということに当然なりうる。それを認めるためには、現実のさまざまな圧力と一定の空間が同時存在していることを認識しなければならないからである。もっと重要なことに、そうした小説は経験と関係の真の領域をとらえそこねてしまうきらいがある。その領域はもっとも一般的で共通の状況やプロセスと共存し、それによって通常影響され、ときとしては決定されるものでありながら、依然としてもっとも一般的で共通の条件に還元することができないものなのである。性的経験と精神的経験（いずれもお決まりの項目だが、それは措くとして）を例にあげるなら、それらは社会状況の機能にとどまらず、またはそれに「すぎない」ものではない。「地域的」なる語は、そうした還元をもたらす多くの小説を示す明々白々な語なのではない。ある種の経験をもっとも一般的な「生活様式」に従属させる要因は、ある種の直接地域的なタイプやよりわかりやすい「ドキュメンタリー」、あるいは真に特定的な意味での「社会学的」小説といったもののなかで共通にみられるものである。

この地点において小説《フィクション》における「地域」の概念から「階級」の概念に有益なかたちで移ることができる。それは「労働者階級小説」という観念にとりわけ関連する。この言い方に効用があるのは明らかで、それは「地域的」な説明の効用とぴったりと符合する。一定の小説を故意に限定された領域に割り当てること。それらの限定された地位をこの種の「狭さ」によって、あるいは「一般的な人間」の経験よりも「社会的」な経験のほうを限定し優先させることによって示すこと。他方で、だが部分的に重複するかたちで、そのような小説が労働運動と社会主義運動のなかで尊重されてきたのは、そうしたやり方で自身のアイデンティティを宣言するからにほかならない。ブルジョワ小説の伝統の内部で大多数の労働の経験と、大多数の労働者階級の人びとを無視してきたことはまぎれもない事実であり、だから、それに対抗して単純に強調してみせるのも正当化できるようにみえる。ひとつの階級がまるごと、ある種の地域の総体と同様にかえりみなくてよいものとしてしまえる。それが周縁的なものであること、あるいはよくあるように地位や関心が劣っているものだとする含意が周到な選択と強調によって拒絶される。そうすると労働者階級の小説を弁護する際のひとつの計画は、「地域的」な定義の要素を事実上受けいれる条件によって、だがその価値の一部を転倒させたかたちで提案される。

その問題もまた歴史的に考察しなければならない。労働者階級の経験の実質的な要素を含む小説というもっとも広い意味での「労働者階級小説」は、最初から地域小説とは別種のものとしてみなければならない。かくしてこの類型のもっとも初期の小説（一八四〇年代のイングランドの産業小説群）は、こうした階級的地域の内部から書かれたものではなかった。それどころか、そうした地域への訪問者たちによって、同情的な観察者たちによって、あるいはある特別な、しかし依然として外的な接近法をもつ人びとによって書かれたのである。地域小説というのは最初からその土地の住民によって書かれたものであることを特徴とするわけだから、これはまったく地域小説らしくない。才能に恵まれた多くの労働者階級の著述家たちのなかに、たまに例外があるにせよ小説家が入っていなかったというのは十九世紀文化史の重大な事実である。これは主として小説の利用可能な諸形式と関係があった。小説はもっぱら財産相続や資産家の結婚の問題を焦点とし、さらにはかなり異国情緒に富む冒険とロマンスを中心にしていたのだった。自身の階級を捨てて伝統的な主題を選んで個人的出世をとげようとした者は別だが、そこに労働者階級の書き手が入る余地はほとんどなかった。労働者階級の書き手の大半がそのかわりに目を転じたのは（階級の大義に直接かかわるエッセイやパンフレットやジャーナリズムのほかは）自伝や回想録、あるいは民衆的な韻文であった。

しかしながら最初の産業小説家たちの社会的土台が逆説的におよぼした効果は、階級関係が最初から係争中の問題であったということだ。見てとれるあらゆるイデオロギー上の手立て、術策を通してエリザベス・ギャスケル、ディケンズ、キングズリー、ディズレイリ、ジョージ・エリオットといった人びとは階級内の関係のみならず階級間のアクティヴな関係につねに強い関心をもった。そうすると「階級」を定義する際のひとつの問題がとくに重要になってくる。じっさい、ひとつの階級はひとつの地域とみなせる。それはある種の人びとが一定の流儀でくらしを営んでいる社会的領域である。たしかにふつうの説明をすれば、そういう意味になる。だがマルクス主義的な階級の意味あいをもちだすならば、それはこの種の社会的領域を当然かつ必然的に認めてはいるのだが、社会組織全体のなかでの社会関係の形成という、階級についての不可避の（結局本質的な）意味をもつ。かくしてオルタナティヴで典型的に対立しあう（いずれにせよ必然的に関係しあう）編成という意味をもつことになる。

かくしてひとつの階級を個別にみることは、いかに密接に、親身になってそうするのであっても地域を個別にみるのと同様に限界に突きあたるきらいがある。そして次に階級の重大な諸要素のいくつか（それは他の諸階級との一定の明確な関係のなかで、その関係によって形成されるわけだが）を完全に見過ごしてしまいかねないという点で、さらなる限界に陥る。その実例を十九世紀後半の小説《フィクション》の「コックニー派」[3]にみることができる。その先人としてはギッシングがいる。そこではロンドンの〔労働者階級が多く住む〕イースト・エンドの実生活の多くが効果的に書かれてはいるが、特徴的にもそれが孤立したかたちで、そしてしばしば外面的には「彩りのある」「メロドラマ的」な仕方であつかわれている。というのは、イースト・エンドのくらしの本質的構成要素のひとつは〔上層階級の住む〕ウェスト・エンドの存在（圧迫的で搾取的だが、もちろん定義上地域としてじかに見てとれるものではない）であるからだ。その関係がなかったら、地域の特性と登場人物たちのもっとも活気のある描写が決定的な様相を欠いてしまう。

これは理屈のうえでは比較的みやすいことだが、構造分析の場合と同様に、これで一件落着というわけではない。というのは、じっさいに問題となるのは実践《プラクティス》であり、実践の諸条件なのだから。そうした条件は二十世紀においてアクチュアルで複雑な展開をとげてきたなかで観察することができる。

イングランドではトレッセルとD・H・ロレンスという大きくかけ離れた実例がある。トレッセルの顕著な特徴として、『ぼろズボンの博愛家たち』[4]が階級関係についてのある見方に最初からもとづいているということがあげられる。労働者階級のくらしについての彼の観察と虚構化は、カリカチュア化された修辞的な様態《モード》を周到に採り入れている点まで、すべてその見方によって決定されている。ある意味でこれは同情的な観察者という古い様態と関連するし、明らかにディケンズとつながっているのだが、観察の気分《ムード》が変わっている。こちらは参加し、さらされている観察者であり、和解よりもむしろ変容を求めている。

だが、ロレンスとの文学上の対比を厳密におこなうとみえてくることであるが、外的影響の要素は残存する。ロレンスは彼の実践の特殊な状況において、少なくとも二世代にわたる「労働者階級作家」の典型であることが判明している。ロレンスは労働者階級の家庭に生まれついたのと同時に、住民がどっしりと根を下ろした地域のなかに生まれついたからである（どちらの点でもトレッセル／ヌーナンとは異なるようにみえる）。そうすると〔ロレンスの場合〕「労働者階級のくらし」は最初から、特徴的で強力な直接性をもつ家族の経験と地域《ローカリティ》のくらしの経験によって媒介されている。かくしてロレンスは労働者階級についての還元的な小説を書くおそれがけっしてない。まず具体化されるのは階級でなく家族、隣人、友人、場所だからだ。もちろん、ロレンスは最終的に真の階級関係の一端をみることになるが、そうなるのは意味深長にも彼が階級関係から移動し去ってしまってからのことだ。『虹』と『恋する女たち』がそれにあたる。そしてそのときまでには彼はすでに（彼の個人的な好みだとかイデオロギー的な嗜好ということがあるが、同時にみずからの実践の諸条件のなかでの決断があって）自身の出自から外に移動し去ってしまった個人にいちばんの関心をもつようになっていた。かくして彼の後期小説では、労働者階級と複雑な階級関係の総体の両方が別のものに置きかえられてしまっている。労働者階級については子供時代と思春期の経験にとってかわられており、成人労働者階級の変わらずにつづく生活状況にはとくに注意を払っていない。階級関係についてはイデオロギー的な一般論にほぼまるごととってかわられている。〔『恋する女たち』の〕ジェラルド・クリッチのようなイデオロギー上「代表的」な人物の姿を借りて、その一般論がしばしば一種の逆成《バック・フォーメーション》によってフィクション化されているのだ。

これは分析であって批評ではない。こうした特殊な実践《プラクティス》の条件は強い決定力をもちつづけた。とりわけ小説《フィクション》形式の点でそうだった。かくしてロレンスの直接の遺産は逃避と逃亡の一連の小説、あるいはせいぜいのところ回顧の小説である。だが、この多くがいまなお「労働者階級小説」を代表するものとみなされているのである。

だが、これらの条件の内部で他の動きも可能であった。ウェールズの産業小説がその好例である。ジョーゼフ・キーティングの作品（『闇の花』一九一七年を参照されたい）がその嚆矢となるが、そこには十九世紀のさまざまな困難がすべて刻印されている[5]。キーティングは鉱山労働者だったが、後にジャーナリストとなった。彼の小説群には坑夫の仕事をじかに描いた最良の文章が含まれているのだが、『闇の花』ではおなじみの十九世紀風のブルジョワ・ロマンスがはさみこまれ、事実上それが他を圧倒してしまっている。じっさいにはようやく一九三〇年代にいたって「労働者階級家庭」小説の最良の形式がグウィン・ジョーンズの『このような時代』（一九三六年）に見いだされた。[6]じつに緻密で説得力があり、ロレンスの場合は階級と特定の家族のあいだの（主としてイデオロギー的な）乖離に陥ってしまったのだったが、この小説はそうした欠点を免れている。他方、グウィン・ジョーンズが認識したように単一の家族に限定することは、経済的圧迫を受けて家族が離散する筋立て《アクション》であっても閉鎖的な状況がもたらす一定の作用がある。とはいえ、この一般的《ジェネラル》な社会的筋立てがT・ローランド・ヒューズの『大変動』[7]（一九四六年）においてふたたび、そしてじつに力強く示すことができるのは、個人の（ひとりの個人作家の）逃避や逃亡の小説における重要な前進なのである。

　一九三〇年代に出されたウェールズの小説で、いずれも（家族と土地柄の）地域としての階級の殻を破ろうとしながらもまったく別の方向をむいている二種類の実例がある。ジャック・ジョーンズの作品では『ロンザ・ラウンダバウト』（一九三四年）のように社会をパノラマ的に描いた小説、『ブラック・パレイド』（一九三五年）のように家族を土台としながらも世代を通して、それゆえ歴史を通して描いている小説がある。さらにルイス・ジョーンズが『マーディ谷』（一九三七年）や『私たちは生きている』（一九三九年）で描いた世界がある。これらも家族を土台にするが、階級の要素、まさしく階級闘争がいまや鉱夫連盟と共産党の経験のなかで顕著なものになっているという相違がある。これらの新しい方向性のそれぞれが労働者階級に生まれながらもそこから抜けだしていった作家とは異質の、ひとりの成人の労働者階級作家によって見いだされたというのは意義深いことだ。[8]

　これらのウェールズの小説を地域的《リージョナル》として、じっさいウェールズ的で労働者階級的という点で二重に地域的な産物とみなす通常の見方は、はなはだ単純な偏見である。だがこれらの新しい形式でさえも、階級関係の十全な認識を妨げる根本的な障害がまだ残っている。その土地《ローカリティ》の特性のなかで、じっさいの労働者階級のだれに対しても他の階級はきわめて選択的に、またしばしば非常に誤解を招くかたちで再現される。その土地での階級の敵は通常管理者《マネージャー》、もっと広くいえば地元のプチブルである。支配的なブルジョワジーは目に入りにくくて、現に資本主義の発展におけるこの段階では物理的に不在であることが多い。かくして階級関係は非常にローカルな仕方か（内的関係、あるいは労働者階級とプチブルの関係）、さもなければ非常に一般的で十分にイデオロギー的な仕方のどちらかで具体化される。かくしてルイス・ジョーンズにみられるように政党を通して十全な階級関係を手っ取り早くつかもうとしても、そこには（事実面で）歴史的政治的にローカルな困難が生じるし、実質的な困難も伴う。『ブラック・パレイド』におけるように歴史の展望がみごとにとらえられても、階級と土地の特性の強さそのものが、そのまさに成り立ちのところである種の原動力を切り崩してしまう。事実においてと同様にしばしば小説においても、そうした力は疎遠でよそよそしいものであるからだ。皮肉なことにウェールズの労働者階級についての最良の歴史小説は、歴史を経験するのと同様に読むこともできた同情的な外部の観察者によって（それ自体欠点と限界はあるものの）書かれた。すなわちアレグザンダー・コーデル[9]である（一九四九年に出た『美しい国の略奪』を参照されたい）。この小説では形式が重要な働きをしているが、歴史的ロマンスとのつながりが、弱められているとはいえいまだに重要なものとしてある。その形式はもっとも厳しいローカルな認識の一部を回避し、同時にローカルな困難の一部をも回避している。それを確認するにはこの局面全体のもっとも重要な小説であるグウィン・トマスの『なべてのもの汝を裏切る』（一九四九年）と比べてみればよい。[10]トマスのこの小説は意義深くもこの複雑な経験を書くこと（語ること、歌うこと）の問題に真っ正面から取り組んでいる。つまり主観的に（だが集団的な主体によって）

経験されたまぎれもない客観的現実をあつかっているのである。

数世代にわたって無視されてきたことを考えるなら、いまなお事実上地域小説であるといえる数百もの労働者階級の小説（ある地域について、ある産業について、ある囲われた階級についての小説）を入れる余地が十分にある。だが、創作にかかわる中心問題は依然として十分に発展した階級関係を描く労働者階級小説《フィクション》の形式を見いだすことにある。その問題はいくつかの点でいっそう客観的に困難なものとなる。独占資本主義のいや増す傾向によって、労働者階級の大半の生活形態を決定づける個人と機能と制度がさらにいっそう遠くへと追いやられてしまったのだ。そうすると、いまSFにおいて特徴的にみられるように、投影と外挿というオルタナティヴな様態《モード》から区別されるものとしてそのような関係を実質的に認識することは、とりわけ困難である。コミュニティのタイプにおいて、そして一般的《ジェネラル》でありかつ個人的でもある流動性《モビリティ》において労働者階級の内的変化は問題と機会の両方をもたらす。作家がどのような場所に立つのであっても、懐古的な様態《モード》や残滓的な様態をとる以外には、外界から遮断された小説《フィクション》を真剣に書くのは実質上不可能になりつつある。かくして限定された「地域」小説は（それは依然としてポストコロニアルの社会、中間的な社会では効力をもって書かれているのではあるけれども）先進資本主義社会のなかでまじめな考察の対象でなくなり、可能性もなくなっているのが現状だが、まさにそれと同様に、限定された「労働者階級」小説もこれまで以上にはっきりと限界がみえてきている。

そうであっても、地域《リージョン》と階級に根ざした作品がいまなお大いに必要とされている。あの限られたくらしの実質を（メトロポリス的で国際的なブルジョワ小説において活気を失いつつ、いま起こっている事態と対照をなすかたちで）達成しながらも、同時に細かく線引きされた、しばしば閉塞した関係と関係性の実質を求める作品が必要なのだ。そうした作品はさまざまな圧力と介入をとおして、自己実現と闘争をなすあの階級と地域の形成にただちに挑戦し、威嚇し、変化させながら、錯綜した歴史の成り行きのなかでそれに貢献する、自己実現と闘争のとりわけ新しい形式を含んでいる。

小説家にとって、形式と技法上の問題はじつにやっかいなものだが、もしわたしたちが方向性を求めるなら（そして小説の現状においてそれを求めないことなど考えられないのだが）これが最善の道である、あるいはもっとありうることだが、これがわたしたちにとって複数の道をつなげる最善の組みあわせなのである。いずれにせよ、歴史的には地域と階級はそれらが十分に自身を宣言するときにのみ十分に構成される。それらの決定的な宣言に貢献する余地は、小説家たちにまだ多く残されている。

（一九八二年）

訳注

〔1〕コンスタンス・ホーム（Constance Holme, 1880–1955）は両大戦間期に活躍したイギリスの女性小説家。『寂しき鋤』（*The Lonely Plough*, 1914）をはじめとするホームの小説群は故郷のウェストモーランドの住民と自然の関係を描いている。

〔2〕『辺境』（*Border Country*, 1960）はウィリアムズの「ウェールズ三部作」のうちの第一作。『マノッドのための闘い』（*Fight for Manod*, 1979）はその三部作の最終巻にあたる。

〔3〕「コックニー派」（Cockney School）とはもともとは一八一七年に「ブラックウッド・マガジン」の「詩のコックニー派について」という記事でリー・ハントやジョン・キーツらロンドン出身で上層階級ではない詩人たちを嘲笑する語として用いられた。ここでは十九世紀後半にロンドンの貧民を描いたアーサー・モリスン（Arthur Morrison, 1863–1945）の『貧民街の物語』（*Tales of Mean Streets*, 1894）、アーサー・シンジョン・アドコック（Arthur St. John Adcock, 1864–1936）の『イースト・エンドの牧歌』（*East End Idylls*, 1897）などのロンドンの貧民を描いた一連の小説に言及している。

〔4〕ロバート・トレッセル（Robert Tressell, 1870?–1911）はアイルランド出身のイギリスの塗装工、作家。トレッセルはペンネームで本名はヌーナン（Robert Noonan）。没後出版の『ぼろズボンの博愛家たち』（*The Ragged Trousered Philanthropists*, 1914）は労働者による労働者階級の実態を描いた最初期のイギリス小説とされる。

〔5〕ジョーゼフ・キーティング（Joseph Keating, 1871–1934）はウェールズ南東部グラモーガン、マウンテン・アッシュ出身、

十二歳から炭坑で働き、行商人、ヴァイオリン弾き、事務員、ジャーナリストなどの職につき、自伝的な小説を書いた。『闇の花』（*The Flower of the Dark*, 1917）は第一次世界大戦期の南ウェールズ炭鉱地帯のくらしを描いた小説。なお、原文では「トマス・キーティング」（Thomas Keating）とあるが、明らかな誤記なので「ジョーゼフ」に訂正した。

〔6〕グウィン・ジョーンズ（Gwyn Jones, 1907–99）はウェールズ、モンマスシャー、ニュー・トレデガー出身の作家、文学研究者。『このような時代』（*Times Like These*, 1936）、『九日間の驚異』（*The Nine Days' Wonder*, 1937）などの小説に加え、アイスランド・サガの翻訳も手がけた。

〔7〕T・ローランド・ローランド・ヒューズ（T. Rowland Hughes, 1903–49）は北ウェールズ、ランベリス出身の作家、詩人。石工の息子としての見聞をふまえてウェールズのスレート採石場で働く労働者たちを『洞窟』（*Yr Ogof*, 1945）、『大変動』（*Chwalfa*, 1946）などで描いた。

〔8〕ジャック・ジョーンズ（Jack Jones, 1884–1970）はウェールズ南東部マーサー・ティドヴィル出身の炭坑夫、政治家、作家。小説『ロンザ・ラウンダバウト』（*Rhondda Roundabout*, 1934）は一九三〇年代初頭の南ウェールズ、ロンザ渓谷を舞台とし、大不況に見舞われた人びとの窮状を非国教派牧師の目を通して語っている。翌年刊行の『ブラック・パレイド』（*Black Parade*, 1935）は作者の故郷マーサー・ティドヴィルの一八〇〇年代から半世紀にわたる人びとのくらしを描く。ルイス・ジョーンズ（Lewis Jones, 1897–1939）は南ウェールズ、クリダッホ渓谷出身の炭坑夫、政治活動家、作家。労働運動に従事し一九二六年のゼネストで逮捕されて服役。『マーディ谷』（*Cwmardy*, 1937）は炭坑夫でボーア戦争に従軍したビッグ・ジムとその妻シャーンの生活、また息子レンの成長を描く。続編の『私たちは生きている』（*We Live*, 1939）はレンを主人公とし、政治運動と組合活動の日々、そしてスペイン内戦に参加するまでを描く。

〔9〕アレグザンダー・コーデル（Alexander Cordel, 1914–97）は歴史ロマンスを得意としたウェールズの作家。『美しい国の略奪』（*Rape of the Fair Country*, 1959）は十九世紀ウェールズの製鉄業のコミュニティでのくらしを労働者一家を中心に描いている。

〔10〕グウィン・トマス（Gwyn Thomas, 1913–81）はウェールズ、ロンザ渓谷出身の作家。『なべてのもの汝を裏切る』（*All Things Betray Thee*, 1949）は作者の古郷のコミュニティとそこでの労働争議を旅回りの楽師の視点から語っている。

可能性の実践

テリー・イーグルトンとの対話

イーグルトン　あなたがケンブリッジ大学演劇学講座の教授職を辞されたのは一九八三年でした。それまで政治的左翼としての活動を長きにわたってつづけてこられ、それをいまも継続しておられる。ヨーロッパでファシズムと戦い、初期のニュー・レフトと初期のCND〔核兵器廃絶運動〕で主要な役割を果たされました。それ以来、一連の社会主義の立場からの介入に、労働党の内部と外部の両方からかかわってこられた。そして知識人としてのお仕事、ご自身では最近これを「文化唯物論」と称しておられるわけですが、そのお仕事によって文化の領域における学者と労働者の思考を数世代にわたって変容させてこられた。

ご退職の記念に金時計ではなく社会主義の社会を差し上げられたらよかったのにと思います。しかし社会主義という目標は、現在はるか遠く離れたところにある。これまで政治活動をなさってきたなかでも、どの時期にも劣らないくらい、いや、もっと遠くなったとさえいえるかもしれません。まさしくわたしたちが目にしているのは、政治について人びとが記憶しているなかでも労働者階級への悪意を剝き出しにした言語道断の政権です。警察国家の地ならしがなされ、それに対する左翼の対抗はみたところ混乱しています。軍事面でいえば、わたしたちはひどい危険にさらされています。そこでうかがいたいのですが、かくも長き闘争の果てに、どんな意味であれ幻滅を感じておられるのでしょうか？　サッチャーの第三期政権が決まった選挙の直後という状況で、政治的な思考と希望をどのようにいだいておられるのか。

ウィリアムズ　幻滅はまったく感じていません。むろん落胆はありますが。しかし振り返ってみると、わたしはこうした落胆をかなり早い段階で味わったと思えるので、最近の落胆はさほどこたえるものではありません。じっさい、わたしは早い時期に若者として、また従軍兵士として期待していたことが多々あったのに、それが一九四七年の一連の出来事によって手ひどく裏切られたので、一、二年のあいだ一種の引きこもりになったのでした。その間、以前とは異なる知的なプロジェクトを練りあげようとつとめました。異なる政治的プロジェクトとはどんなものでありうるかという感覚もそこには含まれていたのです。いいですか、それはわたしの子供時代の世界観のすべてであった労働党に失望させられただけではなく、激しく拒絶された時代だったのです。労働党は福祉面でかなり実質的な成果をあげられたのに、それよりも米国との軍事同盟を優先してしまった。ストライキを打つ労働者に対して軍隊を差しむけてしまった。その他もろもろのことをしました。[1]そういう次第で、わたしには危機はずっと前に訪れていました。一九五六年の危機に際して、共産党にとどまっていた知識人が受けたほどのショックをわたしが受けなかったのは、部分的にはそのためなのかもしれません。[2]それから一九五〇年代の終わり近くになって、活力がもどってきたように感じました。その感覚は一九六〇年代のあいだつづき、左翼の諸勢力を新たに結集する試みがなされました。それが一九七〇年にしぼんでいくと、もちろん挫折感と敗北感に陥りました。しかし左翼がそれから経験することになる失敗を感情と知性の両面で受けとめる準備を、歴史の全体がわたしにさせてくれたのだと思います。

こういった状況がすべてサッチャー政権の露骨に反動的な時代へとなだれこんでいったとき、左翼はじつに乏しい希望を再構築しようと再三試みているようにみえました。それが失敗するのをわたしが再三目にしてきたような希望です。一九四五年の〔総選挙での労働党の〕勝利のレトリックは、たしかにある意味ではけっこうなものではあるが、一九四七年から四八年の現実によってただちに限定を加えないかぎりは、それが説得力をもってはまずいというものでしょう。一九六〇年代の成功した（ことになっている）労働党政府のレトリックにしても、わたしにいわせればおなじように一九六八年の一連の出来事によって限定を加えなければなりません。六八年は、新たな思想や感情の潮流を労働運動へと流しこもうという試みがたんに無視されただけではなく、やはり拒絶された、非常に混乱したときだったのですから。

今日では、社会主義の分析は正しいということが、これまでになくわたしの目には明白で、さらにその正しさは私見ではこれまで繰り返し証明されてきたものです。しかし主流の左翼組織を維持してきたものの見方は、彼らが変えようとしている社会にとってまったく不適切です。左翼陣営では古いモデルを再構築しようという試みがつねにありました。最近の選挙でのレトリックから例をとるなら「イギリス統一」という概念、すなわち自律的な独立経済という概念がありますが、これは過去四十年間の国際的な資本主義において起こったことがまるでなかったかのようなレトリックなのです。彼らがこのような観点で闘うときに、なにが勝ちとれるか、またなにが勝ちとられるべきなのかは見定めるのがはるかにむずかしい問題となってしまいます。

イーグルトン　ではなにが勝ちとられるべきなのでしょう。これまでとはまったくちがう左翼の戦略を提案されるのですか？

ウィリアムズ　戦略はこれから立てなければなりませんが、その妨げになっているのは「成功した」独立経済を備えた相当に強力な統一イギリスを創造するのだというこの古いモデルだということは言っておきます。

そのようなモデルは歴史によって無効になったと思います。その帰結のひとつは、特定の地域への、労働党の伝統的な拠点への（つまりスコットランド、ウェールズ、イングランド北部への）撤退でした。しかし真の戦略の形は、そのような状況をイギリスの内部でのみ変えようという発想をこえでていくことでしょう。少なくとも西欧という視点を入れることです。その西欧では似たような状況に置かれた多くの人びとや地域が国際資本主義と軍事同盟によって浸透され、ねじ曲げられているのです。役に立つ戦略があるとすればそれはイギリス内部のそのような地域の自律性を打ち立てることにも資するのでしょうが、それをイギリスの国家にむけるのではなく、少なくとも最初のうちは西欧とどのようにつながっていけるかを追求する必要があります。

その際に明らかな障害となるのは国民的《ナショナル》な政党の必要を強いる選挙制度です。「国民的」というのはイギリス国家の時代遅れになったモデルにもとづいたものです。そこから、左翼の諸勢力の連合が必要になってくるわけですが、そんな連合は誠実になれば維持などできないとみんなわかっている。リベラル派から極左にいたる意見の幅はあまりにも広いので。社会主義者は唯一無二の悪を打ち負かす戦いに参加したいと思うのだけれども、そのためには労働党右派、自由党、社会民主主義者、さらにはトーリーの進歩派とさえつきあわなければならない。しかし、そういった諸派と見解をともにしているふりをしながらそうすると、人はそのもっとも基本的な義務を怠ってしまうことになる。つまり、見たままの真実を語るという義務です。

その一方で、あらゆる社会主義戦略に立ちはだかる大きな障壁は、左翼が現在の制約の範囲内で、社会主義の要素を維持することとは異なって労働党全体を自分自身のイメージでつくりかえようと繰り返し試みることです。じっさい、これによって労働党は、それがなすべきかぎられた仕事をするために必要な統一性を達成することができなくなっています。またこれによって、合意《コンセンサス》のみせかけのもとに完全に率直な社会主義的な議論や宣伝の量が制限されてしまうことにもなりかねない。労働党の候補者が（わたしの選挙区の候補がじっさいにそうだったのですが）NATOに忠誠を誓うだとか、強力な艦隊をつくりたいなどと語っているのを聞くと、具体的な目的にむけて喜んで同志となって協力しあうような人びとがいた、そういう世界にはもはや生きていないのだと痛感するわけです。しかし左翼がいまだ社会民主主義の政党を社会主義政党へと無差別に転向させることをその目的だとみるならば、左翼が声を失ってしまうことには重大な根拠があるということになります。

イギリスに比例代表制があったら中道派の再編が急速に進むでしょう。左翼の再編が取り沙汰されているけれど、じっさいにすでに始まっているのは中道派の再編なのです。さて、そのような中道派の再編が起きるのは必然的だと思ってはいますが、それはまったく左翼のあずかり知らぬことです。社会主義的な分析と宣伝は独自の観点からしていかなければなりません。労働党をまごうことなき社会民主主義の局面に押し進めるような中道派の再編がもし起きていいたら、社会主義、環境保護運動、そしてラディカルなナショナリズムの勢力とのあいだのなんらかの連盟のための空間が、変化した選挙の状況のうちに生まれていたはずです。そんな空間は選挙では無意味ではないでしょうし、そのなかで言葉を濁さずに自身の世界観をはっきり述べられるようになるでしょう。そのようなことは現在の政治ではあまりないことですが。労働党内部の左翼にとって、労働党を分裂させてさらに弱体化させることなど極力避けたいでしょうし、また離脱すればすむような問題でもありません。しかしここでわたしが説明しているような状況において、左翼が自分の声で語る可能性があるのです。そして現在のような困難な政治状況では、その可能性を無視してはなりません。

イーグルトン　たしかに。ですが資本主義の危機が切迫するにつれて、極左から知識人がどんどん離脱していっているのをわたしたちは目撃しているところです。個人、集団、雑誌、政党の全体がなすすべもなく右へ右へと流れていってしまっています。それも皮肉なことに、それ相応のラディカルな反応を必要としている「全体的なグローバル・システム」とでも名づけうるものがこれほどまでに明確に、これほどまでに圧倒的に存在したことはない、そのような時代にです。しかしポストモダニズム的な断片化の時代には、そのような真実を主張することは日増しに流行遅れになっている。一部のいわゆる左翼仲間のなかで社会階級について口にすれば、お引きとり願いますということになるでしょう。どれだけ「力動的」でモダニスト的な粉飾を凝らしていようとも、敗北主義と順応が現在の風潮なのです。いつだったか、うまい皮肉をおっしゃっていましたね。「短期的な問題について長期的な調整をおこなう」連中、というのでした。あなたの念頭にあったのはその手の「知識人の裏切り」なのでしょうか?

ウィリアムズ　そうですね、わたしたちの敵が強力であることは疑いありません。しかし制度そのものを動かしているもっとも聡明な人たちも、制度がいかにかぎりなく不安定なものであるかを知っています。米国主導の反共、反第三世界の同盟は圧迫を受けつつあります。ただしそれは、それ自身の内的な亀裂と、米国がそれを制御する力を日増しに失っていることから来る圧迫ですが。国際的な金融システムはまったくでたらめな経済であって、その基礎になっているおそろしいまでの信用拡大と信用リスクは、一世代前の正統的な銀行家や金融家であれば怖気をふるったでしょう。このように言ったからといって、もちろん破綻を待望するようなある種の政策を支持するわけではありません。ひとつには、そのような破綻は自動的にやってくるものではないので。またもうひとつの理由は、そのような破綻はこれまでに目にしたこともないくらいの強硬な右翼を生みだしそうだからです。イギリスで強硬な右翼について語る人たちはいますが、彼らは本物をみたことはないのです。しかしもし制度がそれほどに不安定であるなら、わたしたちがくらしているのは順応などとてもできない世界だということになります。あまりに強力でうまくいきすぎている制度のなかで、古い社会主義の文献と観念をなんとか生かしていかなければならないと信じる風変わりな少数派に属することに甘んじていなければならない？——いや、この世界はそんな世界ではないのです。制度はたしかに強力ですが、うまくいっているかといえば否です。

その一方で、東欧のいわゆる「現存社会主義」[3]において起こったことは、左翼に対して言語を絶するほどの害をなしました。多くの知識人の左派からの離脱は、この要素によるところが大でした。恐怖政治の告発を裏書きすることに当然なるわけなので、その要素に異を唱えるのはむずかしかった。そのような恐怖政治が歴史的にみて、右翼による長きにわたる制度的な恐怖政治とくらべればたいしたものではないとわかっていてもです。もし社会主義の名のもとにひどいことがおこなわれたからということが社会主義を捨てる理由になるなら、それはわたしたちの知るあらゆる社会制度を捨てる理由にもなるはずです。しかし東欧のさまざまな社会は、その現在の状態のままでいることはないでしょう。根本的な変化がなければもちこたえられないことが彼らにはわかっています。そしてそのことは西欧の社会主義知識人にとっては肯定的な要素です。

イーグルトン　今日では、一方では階級闘争へのコミットメント、もう一方では差異と複数性の称賛というかたちで左翼が政治的な陣営に分断して対立しているように思えます。しかし、この両方の考え方があなた自身の著作のなかでは微妙なかたちで、ほとんど最初から共存していたように思えます。一枚岩の閉鎖的な理論や戦略につねに深い疑念をいだいておられ、はじめからあなたの社会主義は困難や複雑性、多様性を強調していました。ところがその一方で、とくにこの十年かそこらのあいだ、ほかの左翼知識人が妥協をしたり、もしくはたんに変節したりしたまさにその時代に、あなたは階級の視点をつかんで離さないという姿勢を崩しませんでした。これらふたつの力点の関係をどうお考えですか？

ウィリアムズ　わたしは階級と場所とのあいだの複雑な関係をいつも意識してきました。場所というものを強く意識し、いまでも場所とそこに住む人びとという感覚から肯定的な感情を非常に強く受けとっています。それで、マルクス主義における重要な論点はずっとプロレタリアが普遍的な階級になるかどうかでした。つまり、共通の搾取という経験から鍛えあげられたその結束が第一のものとみなされ、地域や国民、または宗教といったより局地的な結束を最終的にはこえるものになるかどうかということです。一方では、共通の搾取の認識は階級意識と階級組織を普遍的な規模で再生産しつづけます。その一方で、そういった闘争が長続きするときには地域や国民や宗教といった問題がかならず重要なものになり、場合によっては決定的な役割を果たします。ですから、たしかにわたしはその議論の両側に立っているのです。わたしは根本的な搾取から生じる普遍的な形式を認めています。体制というものはそれぞれの場所で多様に存在するものではあれ、それでもあらゆる場所に認められるものなのです。しかしその体制に対する闘いはつねに、そういった普遍的なものとはちがったより個別的な結びつきから始められ、またそれによって方向が変わってゆくものなのです。

イーグルトン　そこにはもちろんジェンダーが重要なかたちでからんできますね。ご著書の『長い革命』は一九六一年の刊行で、現在の女性運動の再興よりはるかに前の著作になりますが、あの本のなかでどの社会にも存在する四つの絡まりあった制度というものを指摘し、そのひとつを「生殖《ジェネレーション》と養育の制度」[4]と名づけられました。しかし理論的な著作では、そういった問題についてはかなり沈黙を保ってこられた。そのかわりにそうした問題は、あなたの小説のなかに居場所を見いだしたのかもしれません。小説のなかでは家族、生殖／世代《ジェネレーション》、そしてそれと労働や政治とのかかわりといった問題が中心に据えられる傾向にありました。

ウィリアムズ　そのとおりです。その問題はじっさい、わたしの二作目の小説『第二世代』[5]〔一九六四年〕にすべて書きこんであります。それを主題にした小説だと言ってもいいくらいです。しかしそれとほぼ同時期に、わたしは『イングランド小説――ディケンズからロレンスまで』〔一九七〇年〕を書いており、その本ではブロンテ姉妹を、男性の覇権によって周辺化されてしまった利害や価値を代表するものとして説明しています。しかしブロンテ姉妹が代表するのはそれだけではありません。姉妹は人の力を奪ってしまう男性性《マスキュリニティ》の概念の限界を浮き彫りにするような、より一般的な種類の人間の利害をも代表したのです。たぶん君は覚えているだろうが、わたしは講義のなかで、男性が人前で泣くのをやめたのは歴史上のどの時点だったか考えてみるのはおもしろくないだろうかと言って学生諸君をよくとまどわせたものでした。やさしさや感情的な反応、弱さではないもの、つまり他者に対する、他者を通じた感情を受けいれる意思、こういったものの抑圧は、女性の経験の抑圧であるだけではなく、はるかにより一般的なものの抑圧なのです。そしてこの問題を探究するには、どちらかといえば個人的な観点から自分の小説で探究したほうが容易だと思ったのです。まあ、釈明にはなっていませんね。小説以外の著作でもそれをやるべきだったのでしょう。しかしわたしがこの問題をそのようにとらえるようになったころには、その仕事は多くの有能な人びとによってすでになされており、その人たちは疑いなく、わたしよりもこの問題を意義深く取りあつかっていました。

イーグルトン　メディア、またはあなたがより好む呼び方ではコミュニケーション手段は長らくあなたの仕事の中心を占めてきました。ただ「媒体《メディア》」というこの概念はたしかに、その制度のもつ巨大な力を伝えるにはあまりにも受動的に聞こえます。「サン」紙、「デイリー・メイル」紙、「デイリー・エクスプレス」[6]の編集者たちは、サッチャーにとっては彼女の腹心たちよりも選挙においてははるかに重要で、彼らはウェストミンスター寺院〔国王・女王の戴冠式や葬儀がおこなわれ、歴代の名士が埋葬されている〕に埋葬されるに値するわけです。できるだけ早く埋葬したほうがいいですけどね。この恐るべき政治的権力の源とどう闘っていけばいいのでしょうか？

ウィリアムズ　そうですね、もちろん教育について語ることはできます。つまり、そういった種類のジャーナリズムに対して人びとの精神を武装させるという意味で。しかし、そういったメディアの操作がいかに機能するのかを示そうとする文化的な試みはずっとおこなわれてきたのに、それは現実の権力に傷ひとつつけることはなかった。教育による応答がどのようにしたら適切なものになるのかわかりません。操作の方法はあまりにも強力で、しかもやり方がじつに汚い。その手の連中は排除されるべきですね。読者によって所有され、読者に応答責任をもつ報道《プレス》をつくりださねばなりません。メディアにおけるさらなる権力の集中は奇妙にも社会主義者が、そして労働運動の全体が抵抗をしてこなかったもので、じっさい社会主義者と労働運動はメディアの重要な部門を明け渡してしまったのです。五〇年代にわたしがこの手の文化の分析に力を注いでいたとき、善良なるマルクス主義者の友人たちからときどき言われたものです。経済闘争が肝心なのに、そんなのは脇道に逸れているとね。それがいまや労組幹部や政治指導者がこぞって「メディア、メディア」と叫んでいる。選挙による政治ではメディアこそが主戦場となるという予測は正しかったわけですが、それに対する反応は非常に遅れたものになったのです。六〇年代初頭にわたしは著書『コミュニケーションズ』〔一九六三年〕でメディアの民主的な管理を主張しましたが、それはいまだに必要な目標であると思います。

イーグルトン　わたしたちたちはふたりともケルト外辺の出身で、どちらもかなり年をとってから自分のルーツに回帰しはじめました。あなたは小説作品と政治的な著作の両方で次第にウェールズに目を向けるようになっておられますね。わたしたちのどちらにとっても周縁をかえりみるようになるまで長い時間がかかりました。なにしろ英文学専攻で、「イングリッシュネス」のイデオロギーに取り憑かれていたのですから。あなたはいまだに個人的かつ政治的にウェールズと親密な関係を保っておられる。この周縁なるものはお仕事の力の源になっているのでしょうか。それとも中流階級のイングランド人の群れなすなか打って出るに際して、いわばもっておけば便利な、異質なパスポートと身元証明にすぎないのでしょうか。

ウィリアムズ　ウェールズの友人たちのなかには親切にもこう指摘してくれる人がいます──わたしが彼らにとっていくばくかの重要性をもっているとするなら、それはまさにわたしが出ていったから、つまりイングランド人たちのなかに入っていって、その制度のなかで耳を貸してもらえて、さらには認知さえ受けたからなのだと。ウェールズのような不利を被った国に属する場合、そこから脱出してほかの場所で成功した人に対して厳しい態度をとることはよくありますが、出ていった人びとが、たとえ内部に残るのではなく国境をこえて出ていったとしても、まだ故郷の人びとと関係があるのだとわかっていれば話は変わるのです。その意味では、わたしは国境をこえたことをときどきは悔いますが、まったくもって残念だとは考えないのです。なんにせよわたしはウェールズのなかでもイングランドとの国境地帯の出身ですから、わたしにとってその問題はつねにウェールズ人であるとはどういうことかということでした。それも、輸出可能な舞台用のウェールズ語の一変奏といった意味ではなく、真剣な意味でなのです。思うに、わたしが本物のウェールズ人だとみなしたある集団がいました。確固としたアイデンティティをもち、自信に満ちあふれて、わたしのような帰郷してきた移出者にさまざまな疑問をいだかせたものです。

とくに若いウェールズ人からわたしが受けとった反応は、まさにその反対でした。だれかがウェールズから出ていって、ウェールズ人とはだれでなんなのか、という問いを発してくれるのはありがたいというわけです。いつものわたしの悪名高い保留や複雑化、深みや曖昧さの主張といったものは、まさに彼らがすでに知っていたものなのです。そしてこの曖昧さと矛盾の経験によって、ウェールズに住むわたしたちは自分たちの状況をよりよく理解できるようになっただけではありません。その経験はまた、かつては自信に満ちあふれてゆらぐことのなかったイングランド人たちも含めた多くの人びとの状況を感情と知性の両面で理解する力を与えてくれたのです。いいかえれば問題を、ほんとうはもう過去の時代に属するような、単純でゆるぎなく統一されたアイデンティティの問題に還元したほうが容易なのですが、いまやそうはいかないのです。

イーグルトン　最後に、出発点へともどらせてください。落胆や意気消沈の問題です。どんなものであれ幻滅することは拒む必要があるというご発言はまったく正しいものだと思います。あなたのお仕事は一種のゆらぎのない、深いヒューマニズムによって裏打ちされているとわたしには思えるのですが、それを楽観主義と説明しては安易にすぎると思います。あなたの政治的な著作の底には、つねにこの人間の能力に対するゆるがぬ信というものがあります。その能力というのはあまりに確固として耐久性のあるものなので、それが政治の未来において最終的に勝利しないというのは考えられないばかりでなく、いってみれば冒瀆的でもあるような、そんな人間の能力です。わたしもその信条を共有しているのかもしれませんが、しかしちょっと天邪鬼になってちがったシナリオを提示させてください。歴史の記録は、そのような人間の能力はつねに敗北してきたことを示しています。ヴァルター・ベンヤミンではありませんが、歴史は進歩というよりは野蛮なのです。あなたやわたしだったら道徳的・政治的美徳だとみなすものが社会秩序を支配したことは、ほんの短期間の例外を除いてはありませんでした。ほんとうの歴史の記録といえば悲惨と不断の労苦のそれでした。そして「文化」は――あなたとわたしの専門ですが――そのような歴史に怪しげに根を張っているものなのです。それではわたしたちはそのような歴史をどのようにして断ち切ってゆけばよいのでしょう――ほかならぬその歴史から手渡された、汚された道具を使いながら。いいかえるなら、社会主義はまさに歴史を逆撫でするような願望的思考以上のなにかなのでしょうか？　この論点をもっと個人的にいえば、人間の想像的な能力に対するあなた自身の信に、温かで愛情に満ちた労働者階級の子供時代の産物である部分がどれくらいあるのでしょうか。ある意味で、その信は懐旧的《ノスタルジック》な記憶であるのかどうか。

ウィリアムズ　わたしの政治的な信条の多くがかなり早い時期に形成されたものの延長線上にあるというのはそのとおりです。それについては、大まかにいえばわたしはいま感じているような感覚をいだいていなかったときはなかったと思います。ただし先ほどお話しした一九四〇年代の時期は例外で、それは一種、わたしが子供時代に想定していた確固たるものが崩れ去ってしまった時期でした。わたしはそのときに、たんなる子供時代の文化の産物ではなくなったのです。では自分がなんの産物となったのか、それはわかりません。差し出された代替案を受けいれることはどうあってもできなかったので。その根本的な混乱《ディスロケーション》の時期から再建されたのは、ひとつの知的な信念でした。いまもそれをいだいていると思います。むろんそれだけですむはずがありませんが。社会主義者で鉄道労働者だった父の死に際して訪れた危機をわたしは人にちゃんと説明できたためしがありません。部分的には小説の『辺境』で説明したのかもしれませんが。その危機とはある価値観の敗北とでもいえる感覚でした。これは理不尽な反応なのかもしれません。そう、父は死んだ。あまりにも早く。でも、そうやって死ぬ人はたくさんいるではないか、と。それでも、結局のところ父を犠牲者としてみないことは非常にむずかしかった。いま書いている歴史小説へとわたしを最終的にむかわせたのは、おそらくそのような種類の経験だったのでしょう。それは『ブラック・マウンテンズの人びと』という小説で、非常に長い期間にわたるウェールズのある特定の場所をずっと見据える歴史の運動を主題としたものです。そしてこれはあなたの言うすべてをめぐる歴史なのです。つまり敗北、侵略、迫害、抑圧の歴史です。身体上自分の先祖であるとみなしていい人びとに対してなされたことを目にすると、ほとんど信じられないような気分になります。

　そのような作業からわたしはなにを手に入れるのか。生き残っていけるという自信でしょうか。そう、部分的にはそうです。その歴史上にはほとんどもう不可能だと思えるような状況からの、まったく驚くべき自己発生《ジェネレーション》と再生《リジェネレーション》のプロセスが存在してきました。むかしトマス・ベケット〔十二世紀英国の大司教〕が、イングランドとウェールズの国境で抜け目なく世渡りに長けた役人にウェールズ人の性格について尋ねたことがあります。「ひとつ、ウェールズ人の奇妙な性格を教えて進ぜましょう」とその役人は言います。「連中はこっちが剣をもっていれば服従するが、自分たちが剣をもったら我を張りだすのです」と。わたしはこの意味深長なポーカーフェイスのジョークが好きです。敗北は何度も何度も訪れました。そしてわたしの小説が探究しようとしているのは、ひとえになにかが生き残るための条件についてなのです。これは単純な愛国的な応答ということではありません。つまり、おれたちはウェールズ人だ。まだ生きてるぞ、ということではない。それは果てしもない打たれ強さであり、さらには一筋縄ではいかない気質ともいえるもので、それによって人びとはどこまでも不利な状況のなかでなんとか生きのびてきたのです。そしてそれは人びとが自分たちの自律性を表明してきた驚くほど多様な信念の問題なのです。さまざまな形態の、多種多様な抑圧に負けずに生き残ってきた価値感なのです。

たとえば核戦争を避けられるかどうかを見積もって「五分五分かな」と言うとしたら、即座にわたしはあべこべにして五十一対四十九とか六十対四十にしてみせます。希望のために語らなければならないと言うゆえんです――それが危険の本性を隠してしまわないかぎりはね。思うに、わたしの社会主義はたんなる幼少期の経験の延長ではありません。はるかに残忍で徹底した搾取がなされた千年期の最後にそんな子供時代が到来するのなら、しあわせな時代とみることができます。それはしっかりと根を張っていて破壊できない、しかし同時に変化を伴いつつ体現された、共通のくらしの可能性なのです。

（一九八七年）

訳注

〔1〕第二次世界大戦終結間近の一九四五年七月、イギリス総選挙で労働党が大勝し、クレメント・アトリーを首班とする労働党政権が成立、一九五一年十月まで労働党政権がつづいた。基幹産業の国有化という社会主義政策を一九四六年から実施し、石炭、電信・電話、鉄道、電力、ガス、鉄鋼などを国有化し、また一九四六年には国民保険法と国民保健サービス法を制定した。だがその一方で冷戦体制の初期にあって一九四六年十月には内閣秘密委員会で核兵器独自開発を決定（最初の核実験は一九五二年）、反ソ・反共の立場で米国との軍事的連携を強め、労働争議にも強硬な姿勢をとった。

〔2〕一九五六年の危機とは、二月のフルシチョフによるスターリン批判、十月のスエズ危機、そして十一月のハンガリー動乱である。スターリン批判とハンガリー動乱は親ソ派の左翼に幻滅をもたらし、スエズ危機はイギリスの帝国主義的な企図の限界を国民に印象づけた。この一連の危機のあとイギリスのニュー・レフトは、ソ連の共産主義と西側の帝国主義（またそれに荷担する労働党）を拒否するところから出発した。そのニュー・レフトを主張する雑誌「ニュー・レフト・レヴュー」の前身のひとつは「ニュー・リーズナー」誌であり、その創刊者はジョン・サヴィル（John Saville, 1916–2009）とE・P・トムスン（E. P. Thompson, 1924–93）というふたりの共産党員の歴史家だった。このふたりは、スターリン批判の後に党を内部批判し、除名されている。ちなみにウィリアムズ自身は一九三〇年代、ケンブリッジ大学での学生時代には共産党に入党しているが、第二次世界大戦で従軍したことで党籍は自然消滅したと証言している。

〔3〕「現存社会主義」（actually existing socialism）はブレジネフ書記長の時代（一九六六—八二）にソ連と東欧共産圏で使われた語。計画経済と一党独裁制が資本主義体制よりも優位に立つことを主張するプロパガンダとして用いられた。

〔4〕「生殖と養育の制度」（system of generation and nurture）はウィリアムズの『長い革命』（*The Long Revolution*, 1961）の第一部第四章第二節に出てくるフレーズ。文脈は以下のとおり。「決定のシステム、コミュニケーションと学びのシステム、維持のシステム、生殖と養育〔産育〕のシステムのあいだのアクチュアルな関係——つねにことのほか複雑な関係——のなかにこそ、社会の全体としての事実が見いだされるべきものであるように思われる」

〔5〕『第二世代』（*Second Generation*, 1964）は『辺境』（*Border Country*, 1960）につづくウィリアムズのウェールズ三部作の第二作。プロットの重要な一部として自動車工ハロルド・オーウェンの妻ケイトが自立の道を模索する話が語られる。

〔6〕「サン」（*The Sun*）「デイリー・メイル」（*The Daily Mail*）「デイリー・エクスプレス」（*The Daily Express*）はいわゆる「高級紙」の対極に立つイギリスの日刊タブロイド新聞で、いずれもセンセーショナルなゴシップ記事を売り物にしたのみならず、一九八二年のフォークランド紛争時には読者の好戦的愛国心を煽り、サッチャー人気の上昇に大いに寄与した。

編者解題

＊　本書に訳出した各エッセイについて書誌的な注を付す（ｉに初出データ。ⅱ以下で当該エッセイおよび初出文献についての補足説明、執筆時の著者の状況など関連事項を記す）。

I　歴史・想像力・コミットメント

1　「想像力の時制」The Tenses of Imagination

i　Raymond Williams, *Writing in Society* (London: Verso, 1983), pp. 259-268. 翻訳はこれを底本とした。ウェールズ、アベリストウィスのユニヴァーシティ・コレッジ（現アベリストウィス大学）で一九七八年におこなわれた講演にもとづく。

ii　以下に再録。Raymond Williams, *Tenses of Imagination: Raymond Williams on Science Fiction, Utopia and Dystopia*, ed. Andrew Milner (Bern: Peter Lang, 2010), pp. 113-124.

iii　「ウェールズ三部作」などのウィリアムズ自身の小説作品への自注というかたちをとりながら想像力の「歴史化」

をはかる。ウィリアムズが自身をなによりも「ライター」と規定した所以が明らかにされた論考であるといえよう。

2 「ユートピアとSF」Utopia and Science Fiction

i *Science Fiction Studies*, Vol. 5, Part 3 (1978), pp. 203-214.

ii 以下に再録。P. Parrinder, ed., *Science Fiction: A Critical Guide* (London: Longmans, 1979); Raymond Williams, *Problems in Materialism and Culture: Selected Essays* (London: Verso, 1980), pp. 196-212（翻訳はこれを底本とした）; Raymond Williams, *Tenses of Imagination*, pp. 95-112.

iv SFに関するウィリアムズの豊富な知識を開陳しているのみならず、彼の社会主義理念において当然重要な「ユートピア」（また「ディストピア」）という概念とSFとの複雑な関連性を詳述した点で意義深い論考。

3 「作家——コミットメントとつながり《アラインメント》」The Writer: Commitment and Alignment

i *Marxist Today*, June 1980, pp. 22-25. 一九八〇年三月におこなわれたマルクス記念講演をもとにする。

ii 以下に再録。Raymond Williams, *Resources of Hope* (London: Verso, 1989), pp. 77-87. 翻訳はこれを底本とした。

iii サルトル的な「社会参加」「介入」（コミットメントあるいはアンガージュマン）という批判されることの多い立場が歴史的に対立していたのは、市場によって限界を設定される「自由な個人」という立場だったのではないかと著者はいう。「つながり」という概念が示唆する非＝主体性の言語論は（構造主義的アプローチとも異なる）ウィリアムズの独特な言語観を提示するものとなっている。

4 「ライティング、スピーチ、「古典」」Writing, Speech and the 'Classical'

i 一九八四年四月十日にウェールズ、カーディフのユニヴァーシティ・コレッジ（現カーディフ大学）でおこなわれた古典協会の講演。

ii　以下に再録。Raymond Williams, *What I Came to Say* (London: Hutchinson, 1989), pp. 44-66; John Higgins, ed., *The Raymond Williams Reader* (Oxford: Blackwell, 2001), pp. 208-218. 翻訳は前者を底本とした。

iii　古典協会（Classical Association）は古典学研究振興を目的として一九〇三年に設立されたイギリスの学術団体。ウィリアムズは一九八三年から八四年まで同協会の会長をつとめた。

iv　ウィリアムズ自身が受けた古典教育の経験をふまえて、「声の文化」と「文字の文化」の弁証法を考察して、一九八〇年代における「ニュー・コンフォーミズム」に圧迫された人文学教育への擁護を試みている。

Ⅱ　アヴァンギャルドとモダニズム

5　「メトロポリス的知覚とモダニズムの出現」Metropolitan Perceptions and the Emergence of Modernism

i　Edward Timms and David Kelley, eds., *Unreal City: Urban Experience in Modern European Literature and Art* (Manchester: Manchester UP, 1985), pp. 13-24. 初出タイトルは「メトロポリスとモダニズムの出現」（The Metropolis and the Emergence of Modernism）。

ii　以下に再録。Raymond Williams, *The Politics of Modernism: Against the New Conformists*, ed. Tony Pinkney (London: Verso, 1989), pp. 37-48. 翻訳はこれを底本とした。

iii　日本語訳として以下の既訳がある。「メトロポリスの認識とモダニズムの出現」、レイモンド・ウィリアムズ『モダニズムの政治学——新順応主義者たちへの対抗』（加藤洋介訳、九州大学出版会、二〇一〇年）九—二六ページ。この「文化研究」全二巻はウィリアムズの未邦訳の代表的エッセイを訳出することを原則にしたが、この論考については例外的に著者の重要なモダニズム論として外せないと判断し、新訳として本巻に組み入れることとした。

iv　国民国家の内部の都市から、帝国主義さらにはグローバル資本主義を背景とするメトロポリスへの移行と、それがともなう都市での知覚の変化、そしてその知覚における「普遍」の産出を論じたこの論考は、その後のマルクス主義的ポストコロニアル批評にも大きな影響を与えている。

6 「ブルームズベリー分派」The Bloomsbury Fraction

i Derek Crabtree and A. P. Thirlwall, eds., *Keynes and the Bloomsbury Group* (London: Macmillan, 1980, pp. 40-67). 一九七八年にカンタベリーのケント大学で開催された第四回ケインズ・セミナーでの講演にもとづく。この論集に収録された際のタイトルは「社会的文化的集団としての「ブルームズベリー」の意義」(The Significance of 'Bloomsbury' as a Social and Cultural Group)であった。

ii 以下に「ブルームズベリー分派」(The Bloomsbury Fraction)と改題して再録。Raymond Williams, *Problems in Materialism and Culture: Selected Essays*, pp. 148-169. 翻訳はこれを底本とした。

iii しばしば大雑把な定義のままに言及される「ブルームズベリー・グループ」に関して、緻密な歴史的かつ文化唯物論的な位置づけをしつつ、「専門家集団としての中流階級」が帯びた文化史的な(問題含みの)意義を析出している。「ケインズとブルームズベリー・グループ」というセミナーでの講演がもとになっているわけだが、その会でこのグループを「分派」と規定した著者の問題提起は重要かつ相当に挑発的なものだったといえよう。

7 「演劇《ドラマ》化された社会における演劇《ドラマ》」Drama in a Dramatised Society

i Raymond Williams, *Drama in a Dramatised Society* (Cambridge: Cambridge University Press, 1975). 一九七四年十月二十九日におこなわれたケンブリッジ大学演劇学講座教授就任記念講演を小冊子として刊行。

ii 初出版の冒頭部分(ケンブリッジ大学に新設された演劇学講座のポストと演劇学の歴史についての前書き)の二ページあまり、また最後の段落の数行を削除し、残りの部分に若干の修正を加えて以下に再録。Raymond Williams, *Writing in Society*, pp. 11-21(翻訳はこれを底本とした); *Raymond Williams on Television: Selected Writings*, ed., Alan O'Connor (Toronto: Between the Lines, 1988), pp. 3-12; *Raymond Williams on Culture & Society: Essential Writings*, ed. Jim McGuigan (London: Sage,

2013), pp. 161-172.

iii　かつては「特別なおり」に上演された「ドラマ」が二十世紀に劇場の枠をこえて映画やテレビといったメディアを通して日常生活に浸透したことが人びとのくらしにいかなる効果をおよぼしたか。「ドラマ化された社会」という現代社会特有の文化現象の歴史的編成を論じている。いわば「ドラマとはふつうのもの」（Drama Is Ordinary）という言明がなされているわけであり、ケンブリッジ大学演劇学講座教授という（アカデミックな）新設ポストへの彼のスタンスをよく表現しえた論考といえる。

8　「リアリズムの擁護」A Defence of Realism

i　*Screen*, Vol. 18, No. 1 (Spring 1977), Society for Education in Film and Television, pp. 61-74. 一九七六年十月八—十日にSEFT（映画・テレビ教育協会）と「スクリーン」誌の共催によって、リアリズムをめぐる週末講座がロンドン国際映画学校（London International Film School. 現在のロンドン映画学校）で開催された。本稿はそこでのウィリアムズの講義を文字化したものである。なお、「スクリーン」誌の初出のタイトルは「リアリズムについての講演」（A Lecture on Realism）となっていた。

ii　以下に再録。Raymond Williams, *What I Came to Say*, pp. 226-239; *Raymond Williams on Culture & Society*, pp. 206-222. 翻訳は前者を底本とした。

iii　英国の映画監督ケン・ローチ（Ken Loach, 1936-）は一九六二年にBBC放送のディレクターとなり、一連のテレビドラマの演出を手がけた。そのなかの一作である『燃えさかる炎』（*Big Flame*, 1969）はリヴァプールの港湾労働組合員たちが労働者の自主管理を企図し敗北する物語を独特なリアリズム技法で描いている。本稿は演劇におけるリアリズム様式の歴史的展開を概説したうえで『燃えさかる炎』の達成を積極的に評価し、リアリズムの可能性を探っている。初期のローチ論としても貴重な論考である。

Ⅲ　文学研究と教育

9　「英文学研究の危機」Crisis in English Studies

i　*New Left Review*, No. 129 (September/October, 1981), pp. 51-66. 一九八一年三月にケンブリッジ大学英文学部でなされた公開講演にもとづく。初出の「ニューレフト・レヴュー」第百二十九号（一九八一年九月十日）に掲載された際のタイトルは「マルクス主義、構造主義、そして文学研究」(Marxism, Structuralism and Literary Analysis) であった。

ii　以下に再録。Raymond Williams, *Writing in Society*, pp. 192-211. 翻訳はこれを底本とした。

iii　ケンブリッジ大学ほかで人文学研究のパラダイム転換を迫られているという意識のなかで、英文学の「正典性」から始め、マルクス主義的な「反映論」、フランクフルト学派、フォルマリズム、構造主義、記号論という二十世紀の（文学）批評理論の流れを概観したうえでウィリアムズ自身の「文化唯物論」の批評的位置を確認している。

10　「成人教育と社会変化」Adult Education and Social Change

i　*Adult Education and Social Change: Lectures and Reminiscences in Honour of Tony McLean*, WEA Southern District, 1983, pp. 9-24. 一九八三年におこなわれたトニー・マクリーン記念講演にもとづいている。

ii　以下に再録。Raymond Williams, *What I Came to Say*, pp. 157-166; John McIlroy and Sallie Westwood, eds., *Border Country: Raymond Williams in Adult Education* (Leicester: National Institute of Adult Continuing Education, 1993), pp. 255-264. 翻訳は前者を底本とした。

iii　ウィリアムズは一九六一年にケンブリッジ大学の講師となる以前は長らく成人教育の教員をつとめていた。出世作『文化と社会』（一九五八年）は大学でなく成人教育の経験を通して書きすすめられたものであった。その経験をふまえ、社会の変化をもたらす「共通文化」を創出するための教育とその前提となる社会の条件を考察している。

11 「わがケンブリッジ」My Cambridge

i Ronald Hayman, ed., *My Cambridge* (London: Robson Books, 1977), pp. 55-70.

ii 以下に再録。Raymond Williams, *What I Came to Say*, pp. 1-14. 翻訳はこれを底本とした。

iii 初出の論集『わがケンブリッジ』の編者ロナルド・ヘイマン（Ronald Hayman, 1932-）はケンブリッジ大学トリニティ・ホール出身の演劇批評家。同書はケンブリッジ大学出身で各界で活躍する十二名が母校の思い出を語ったエッセイ集。それぞれのエッセイにはタイトルは付せられていないが、底本とした本にしたがって（ウィリアムズ自身にとっては皮肉な）「わがケンブリッジ」としておく。

12 「走る男を見る」Seeing a Man Running

i Denys Thompson, ed., *The Leavises: Recollections and Impressions* (Cambridge: Cambridge UP, 1984), pp. 113-122.

ii 以下に再録。Raymond Williams, *What I Came to Say*, pp. 15-23. 翻訳はこれを底本とした。

iii 初出本はF・R・リーヴィス（Frank Raymond Leavis, 1895-1978）、Q・D・リーヴィス（1906-81）夫妻の追悼論集。十八篇の追想からなる。編者のデニス・トムスン（Denys Thompson, 1907-88）はF・R・リーヴィスのケンブリッジ大学での教え子で、批評活動においてリーヴィスの同伴者だった。

iii 初期のウィリアムズの批評に多大な影響をおよぼし、また一八六一年から六四年までケンブリッジ大学英文学部で同僚であったF・R・リーヴィスの追想。大学での英文学教育へのリーヴィスの信条、あるいは奇妙なまでの執着に批判的にふれ、多数派から排除された「よそ者」の意識に共感をこめてリーヴィスの思い出をつづっている。

Ⅳ 文学と社会

13 「文学と社会学——リュシアン・ゴルドマン追悼」Literature and Sociology: In Memory of Lucien Goldmann

i *New Left Review*, No. 67 (May/June 1971), pp. 3-18. 一九七一年四月二十六日にケンブリッジ大学レイディ・ミッチェル・ホールでおこなった講演にもとづく。

ii 以下に再録。Raymond Williams, *Problems in Materialism and Culture*, pp. 11-30. 翻訳はこれを底本としたが、本文中脱落と思われる箇所は初出誌で補った。

iii ブダペスト出身でフランスを活動拠点にしていたマルクス主義の批評家リュシアン・ゴルドマン（Lucien Goldmann, 1913-70）がルカーチをふまえて展開した「文学社会学」と、ウィリアムズ自身が属するイギリスの文学批評との「対話」を図り、生産的な社会学的文学研究の可能性を模索している。このエッセイの意義については以下を参照されたい。Edward W. Said, 'Traveling Theory,' in *The World, the Text and the Critic* (Cambridge, Mass., Harvard UP, 1983), pp. 226-247. 邦訳エドワード・W・サイード「移動する理論」、『世界・テキスト・批評家』（山形和美訳、法政大学出版局、一九九五年）。山田雄三『ニューレフトと呼ばれたモダニストたち――英語圏モダニズムの政治と文学』（松柏社、二〇一三年）一九八ページ以下。

14 「一八四八年のイングランド小説の諸形式」Forms of English Fiction in 1848

i Francis Barker, John Coombes, Peter Hulme, Colin Mercer and David Musselwhite, eds., *1848: The Sociology of Literature* (Proceedings of the Essex Conference on the Sociology of Literature July 1977, Colchester, Essex: University of Essex, 1978), pp. 277-290. 一九七七年にエセックス大学（英国コルチェスター）で開催された「文学の社会学」学会の報告書。

ii 以下に再録。Raymond Williams, *Writing in Society*, pp. 150-165. 翻訳はこれを底本としたが、本文中脱落と思われる箇所は初出誌で補った。

iii 『文化と社会』での「産業小説」論のくだりにみられるように、ウィリアムズは一八四八年（前後）をイングランドの小説形式が独特の展開を示す劃期とみなしていた。「残滓的」「支配的」「勃興的」という独特の鍵語を活用して、十九世紀中葉の文学社会学を展開した論考。

15 「小説における地域と階級」Region and Class in the Novel

i Graham Martin, Douglas William Jefferson, and Arnold Kettle, eds., *The Uses of Fiction: Essays on the Modern Novel in Honour of Arnold Kettle* (Milton Keynes: Open University Press, 1982), pp. 59-68. 文学批評家アーノルド・ケトル（Arnold Kettle, 1916-86）の功績を顕彰した記念論集の一篇として書かれた。

ii 以下に再録。Raymond Williams, *Writing in Society*, pp. 229-238. 翻訳はこれを底本とした。

iii 「地域小説」という文学ジャンルがそもそも成立するかという疑問から出発して、「地域的」（regional）という語がどのような選択的意図で文学用語として使われているか（「地域」をメトロポリスの「普遍」に従属する周縁的部分的概念とみなすイデオロギー性）を歴史的に分析、そのうえで労働者階級の文学表象の批判的可能性の議論に接続している。冒頭の「想像力の時制」と同様に、作家としてのウィリアムズの立ち位置がここにも示されている。

16 「可能性の実践――テリー・イーグルトンとの対話」The Practice of Possibility (Raymond Williams and Terry Eagleton)

i 'The Practice of Possibility', an interview with Terry Eagleton, *New Statesman* (7 August 1987), pp. 19-21.

ii ウィリアムズが没した翌年に「希望の政治学」（The Politics of Hope: an interview）というタイトルで以下の追悼論文集に採録。Terry Eagleton, ed., *Raymond Williams: Critical Perspectives* (Cambridge: Polity, 1989), pp. 314-312. さらに初出誌とおなじタイトルで以下に採録。Raymond Williams, *Resources of Hope* (1989), pp. 77-87. 翻訳は後者を底本としたが、何ヵ所か誤植、脱落があり、適宜前者および初出誌によって補った。

iii 聞き手の批評家テリー・イーグルトン（Terry Eagleton, 1943-）はケンブリッジ大学トリニティ・コレッジを卒業後一九六四年に同大学ジーザス・コレッジの博士課程に進学、そのときの指導教員がウィリアムズだった。このインタヴューがおこなわれた当時はオクスフォード大学ウォダム・コレッジで講師職にあり、マルクス主義文学批評理論を講じていた。

iv　初出の「ニュー・ステイツマン」（*The New Statesman*）は一九一三年創刊のイギリスの左派の週刊誌。一九八八年に「ニュー・ステイツマン・アンド・ソサエティ」と改称。

v　このインタヴューが「ニュー・ステイツマン」誌に掲載された際には冒頭に以下の前書きが付された。「「習い性となった諦観と懐疑のすべてに抗って彼が可能性を主張しているのは……実践的な希望の定義だった」。レイモンド・ウィリアムズが一九八〇年におこなったルドルフ・バーロについてのコメントは、およそ三十年以上にわたる（文芸批評家として、メディア分析家として、また小説家として、政治哲学者として、そのいずれであれ）彼自身の仕事にもあてはまるものであろう。ここで彼がテリー・イーグルトンを相手に語るのは、彼のキャリアとコミットメントについて、そして最悪の時代のなかでの持続的な楽観主義についてである」

vi　ウィリアムズ追悼論文集に採録された際、おそらくイーグルトンによると思われる以下の前書きが付された。「レイモンド・ウィリアムズへのこのインタヴューは、彼が一九八八年一月に亡くなる半年ほど前〔一九八七年七月〕に「ニュー・ステイツマン」誌のためにエセックス州サフロン・ウォールデンの彼のコテージでなされた。インタヴューの直接のきっかけは一九八七年の総選挙で保守党が勝利して〔サッチャーの〕第三期政権を得たことだった。左翼にとってのあの重大な時期にウィリアムズの政治思想を明確に示してもらうのが大事だと思えた。だが会話はもっと広い領域にもおよんでゆき、いかにもウィリアムズらしい政治的叡智といったものが簡潔なかたちで抽出されることになった」（Terry Eagleton, ed. *Raymond Williams*, p. 176）

編者あとがき

本書『想像力の時制』はイギリス二十世紀後半の著述家レイモンド・ウィリアムズ（一九二一―一九八八年）による「文化」をめぐる一連の著作から独自編集した「文化研究」（全三巻）の第Ⅱ巻にあたる。本巻では「歴史・想像力・コミットメント」「アヴァンギャルドとモダニズム」「文学研究と教育」「文学と社会」の四つの柱を立てて、表題作のほか、都市とモダニズム、ユートピアとSF、ブルームズベリー・グループ、人文学研究の現状批判と展望、演劇論、イギリス小説論、ケンブリッジ大学の英文学教育、成人教育、F・R・リーヴィスの回想など、さまざまなトピックを扱った論考を訳出した。巻末にはウィリアムズが急逝する半年前にテリー・イーグルトンがおこなったインタヴューを収録した。

ウィリアムズが関心をもって扱った問題領域は多岐にわたり、とりわけ後期にはその（多様化の）度合いが高い。「文学批評家」「社会学者」「政治理論家」「文化研究者」「演劇学教授」「メディア評論家」といった肩書は、既存の学問分野を越境したウィリアムズの仕事の全容を部分的に示すものでしかない。これら多方面の分野にまたがる論考を通して、ウィリアムズの多面性が確認できるであろうが、同時に、それらを貫く――また著作以外の他の活動にもつながる――彼の思想の筋道が見えてくることが期待できる。むしろそうした「越境者」としてのウィリアムズを包括するためには、端的に「ライター」と形容してしまうほうが手っ取り早いのかもしれない。

ウェールズのボーダー・カントリー（イングランドとの国境にある地域）の小村パンディにはウィリアムズの生家がいまも残っている。その戸口の上には彼を顕彰する記念板がはめこまれていて、そこには簡潔に「ライター、レイモンド・ウィリアムズ、一九二一―一九八八年、ここに生まれる」（THE / WRITER / RAYMOND WILLIAMS / 1921-1988 / WAS BORN / HERE）とだけ刻まれている。わたしが二〇〇八年にはじめてこの村を訪れてこの記念板を見たとき、これはいかにもウィリアムズにふさわしいと思ったものだ。むしろこれは彼の遺志を汲み取ったひとつの捧げ物《トリビュート》であったとさえ思える。ダイ・スミスが伝えているとおり、一九六一年にケンブリッジ大学の専任教員となって以来、英文学と演劇学を講じ、その地で知識人・学者としての彼の名声が確立されたとはいえ、「自分は教授陣のお偉方たちの一員というよりもつねに自分のことをまずライターとみなしてきた」と彼は明言していたのだった（Dai Smith, *Raymond Williams: A Warrior's Tale*, Cardigan: Parthian, 2008, p.1）。

ここでの「ライター」とは、むろんウィリアムズの「ライティング」すなわち著述の総体を包含した「書き手」「著述家」を意味するものだろうが、そのなかでもとりわけフィクションの執筆（つまり「作家」としての創作の仕事）に生涯にわたって強い情熱を傾けていたということは強調されなければならない。右に引いたスミスのウィリアムズ伝については第I巻の編者あとがきでもふれたが、ウィリアムズの前半生（一九六〇年まで）を扱ったこの浩瀚な伝記はこの点に読者の注意をむけた点で意義深い。参考まで、単行本化されたウィリアムズの小説をリストアップしておく。

・『辺境』(*Border Country*, 1960; 邦訳小野寺健訳、講談社、一九七二年)
・『第二世代』(*Second Generation*, 1964)
・『活動志願者』(*The Volunteers*, 1978)
・『マノッドのための闘い』(*Fight for Manod*, 1979)
・『忠誠』(*Loyalties*, 1985)
・『ブラック・マウンテンズの人びと――第一部、始まり』(*People of the Black Mountains I: The Beginning*, 1989)
・『ブラック・マウンテンズの人びと――第二部、鷲の卵』(*People of the Black Mountains II: The Eggs of the Eagle*, 1990)

以上のように、ウィリアムズが生前に刊行した小説は、単行本のみあげるなら五作品、没後刊行の『ブラック・マウンテンズの人びと』二巻(まで出て未完に終わった)を併せても七点であり、彼の著作リスト全体から見るとそう多いとはいえない。発行部数で比較したらはるかに少ないものだろう。じっさい、これまで多く出されたウィリアムズ論も彼の批評を扱うものが大半であり、フィクションは彼の仕事のなかで副次的な位置を占めるというのが一般的な見方であった。

しかし少なくともウィリアムズ自身にとって創作は副次的な営為などではけっしてなかった。初期の仕事を例にあげるなら、スウォンジー大学図書館に収められているウィリアムズ関連文書には一九四八年から一九五八年までの十年間に書いた五点の長編小説――『辺境』の先駆形にあたる「辺境の村」(Village on the Border)など――の未刊の完成稿が含まれている。さらに短編小説、戯曲、映画台本なども手がけている。その期間、英国南部サセックスに家族と住んで成人教育の教師を生業《なりわい》としていたウィリアムズは、その教科書として書いた最初の単著『読みと批評』(*Reading and Criticism*, 1950)、演劇論『イプセンからエリオットまでの劇』（*Drama from Ibsen to Eliot*, 1952）、ケンブリッジ大学での芸術的前衛の友人マイケル・オロムとの共著による先駆的な映画理論書『映画序説』（*Preface to Film*, 1954）、さらに『演じられた劇』（*Drama in Performance*, 1954）と批評の著作を出しており、その方面では順調であったが、創作の成果は願っていたようには出せず、自身の声を見いだすべく苦闘していたのだった。少なくともこの期間に彼がもっとも時間とエネルギーを傾けていたのが小説を中心とした創作活動であったということは、残された草稿の量からも、また関係者の証言からも明らかである。

「ライター」としてのウィリアムズにおける創作の意義は、翻訳紹介がほとんどなされていないため、日本の読者層にとっていっそう見てとりにくい。第一作の『辺境』を除いて小説の邦訳は出ておらず、しかもその唯一の邦訳も絶版となって久しい（新訳の計画はあるが）。しかし近年ウィリアムズの小説を彼の仕事全体の文脈に置いて再検討する研究が少なからず出てきている。ウィリアムズの小説はディケンズからロレンスまでのイングランド小説の書法をふまえているのみならず、従来の英文学史では等閑に付されていたウェールズの英語文学（とくに産業小説）の系譜に連なることを意識して書かれていたこともここで強調しておくべきだろう。

本書収録の「リアリズムの擁護」（一九七六年）のなかで著者は「目下の状況ではわたしたちが住んでいる社会はある意味で批評の弊害で腐りきっている。この社会では、文化の生産がまさしく頓座しているがゆえに、人は自分でものをつくる行為から批評へ、他人の仕事を分析する営為へとむかってしまっている」（一九三ページ）と述べている。ここでの「批評《クリティシズム》」という語そのものへの否定的な言及に驚くむきもあるかもしれないが、批評行為が社会のなかでの生産的な創造行為のモメントを疎外しうることを著者自身が「ライター」として肝に銘じていたことが見てとれる。

本書のタイトル『想像力の時制』は冒頭に収録した論考の表題から採った。そのエッセイ「想像力の時制」(一九七八年)は『辺境』をはじめとして、それまで発表した(また構想中の)自身の小説作品を具体例として歴史的想像力と経験の相互作用を考察している。「感情構造」(structure of feeling)というウィリアムズの独特な用語がこの想像力論でも用いられている。これは一九五四年の『映画序説』にすでにみられる用語であり、「文学と社会学」(一九七一年)での説明によれば「作家集団のみならずそれ以外をも含む人びとが特定の歴史的状況のなかで共有する一定の特徴を示すため」(本書三〇四ページ)のものだった。「ストラクチャー」という文字どおり堅牢な語感をもつ語に「フィーリング」という理論化には不向きに見えるいかにもやわな語を接合して、ウィリアムズは自身「文化唯物論」(cultural materialism)と呼ぶ文化理論――すなわち書き物《ライティング》をはじめとする文化的産物の物質的様態を歴史と社会の文脈に置いて考察する接近法――を構築する際の鍵概念とした。その文化的産物にはユートピア小説やSFのようなフィクション、都市空間、あるいはブルームズベリー・グループのような専門的集団も含まれる。それぞれ「ユートピアとSF」「メトロポリス的知覚とモダニズムの出現」「ブルームズベリー分派」で考察されている。

マルクス主義的な文化論の系譜に含めることができるとはいえ、いくつかの重要な点でウィリアムズの文化唯物論は旧来のマルクス主義理論と袂を分かっている。なによりも「土台」と「上部構造」という伝統的なモデルを彼は早くから問題視した(第I巻所収の「マルクス主義文化理論における土台と上部構造」および本巻所収の「文学と社会学」を参照)。政治、法律、イデオロギー、それに文化といった「上部構造」の諸制度が生産関係=「土台」という経済的要因によって決定されるとする反映論を拒否したのである。ジム・マグウィガンが言うように、ウィリアムズがこの土台―上部構造モデルに異を唱えたのは、そのモデルによる社会の概念化が「唯物論として不十分であった」からだった。社会と文化の諸々の活動が新自由主義的な市場原理に情け容赦なく従属させられ、すべてが金銭を尺度に測られる現状では、そのモデルはむしろ左翼よりも右翼が好んで反復している、とマグウィガンは皮肉な指摘をしている（Jim McGuigan, ed. *Raymond Williams on Culture & Society*, London: Sage, 2014, p. xix）。

まだ「文化唯物論」という語は用いていなかったが、一九六一年刊行の『長い革命』での企図は（本人の言によれば）「マルクス主義的伝統という名で知っていた事柄」を捨てるか棚上げするかし、「社会的全体性」についての新たな理論を構築することだった。それは「文化の研究を生の営みの全容における諸要素同士の関係についての研究とみなすこと。特定の作品や時期における構造、それも特定の芸術作品や芸術形式のみならず社会生活全般の形式や関係とも密にかかわり、それらに光明を投じるような構造の研究方法を見いだすこと。土台と上部構造という公式に代えて、決定要因となるさまざまな勢力が均質ではないにしても相互に作用をおよぼす場という、より生きた理念を使うこと」であった（「文学と社会学」、本書三〇〇ページ）。彼は大陸でこれと響き合う仕事をしていたルカーチやゴルドマンの仕事を当時はまだ知らなかったのだという。バフチンらフォルマリストの著作にふれるのももっと後のことであった。いわば素手で「生の営みの全容」の複雑な構造を捉える文化研究の理論を築いていったわけである。

その理論構築の際に一九四五年以来深く傾倒していたF・R・リーヴィスから距離をとることが彼のもうひとつの課題だった。スクルーティニー派が推奨した精読と経験の重視はウィリアムズの批評活動の特徴をなすものでもあるが、大衆商業文化の俗悪化に対して洗練された「少数文化」を擁護せんとするリーヴィス派のエリート主義は、ウィリアムズの「共通文化」にむけての「長い革命」のプロジェクトとは相容れなかった。ウィリアムズが十五年にわたる成人教育の教師業から転じて一九六一年にケンブリッジ大学英文学部講師のポストを得たときには彼はすでにリーヴィスの影響を脱していた。リーヴィスは一九六四年に定年により同大の教授職を辞したので、英文学部でふたりが同僚だったのはわずか三年間だった。文化論の相違のみならず英文学教育についての見解も隔たっていたふたりであったが、ケンブリッジ大学の教員の多数派と相容れず孤立していたという点では（ウィリアムズはといえばウェールズの辺境《ボーダー》から来たひとりの「エグザイル」としておなじく孤立していたので）ふたりは似たもの同士だった。本書収録の「走る男を見る」（一九八四年）は一九七八年に没したリーヴィスの追悼エッセイであるが、ありきたりの賛辞で故人を称えるのでなく、対象から批判的に距離を置き、かなりの辛口でありながら、それでも深い共感の念をもってこの特異な英文学者を追悼している。ケンブリッジ大学を回顧したエッセイ（「わがケンブリッジ」）もそうだが、「文化とはふつうのもの」（第I巻所収）と同様に、なんというか、短編小説を思わせるような独特の味わいがあり、これはまさに「ライター」としての書き物としか思えない。

一九七四年以来ケンブリッジ大学演劇学講座教授のポストに就いていたウィリアムズであるから、この文化研究のアンソロジーから演劇論を外すわけにはいかない。同講座の教授就任記念講演である「演劇《ドラマ》化された社会における演劇《ドラマ》」を収録した。「文化とはふつうのもの」（Culture Is Ordinary）をもじって「演劇《ドラマ》とはふつうのもの」（Drama Is Ordinary）と名づけてみたくなるような内容で、じつにアクチュアルで重要な現代文化論のひとつとみなせるが、アカデミズムの世界の一大中心で「共通文化」としての演劇を語るという偶像破壊的な行為に、講堂に居合わせた因襲的な教授陣は鼻白んだのではなかったか。そこでの「演劇」の射程範囲の広さはケン・ローチ監督のテレビドラマ『燃えさかる炎《ビッグ・フレイム》』（一九六九年）を扱った「リアリズムの擁護」でも一貫している。

「越境者」としてさまざまな「ボーダー」を乗りこえた「ライター」という表現を最初のほうで用いたが、イーグルトンは「ウィリアムズが最も尊重しなかった境界《ボーダー》は、伝統的な各学問領域間のそれであった」と冗談めかして語っている（「レイモンド・ウィリアムズの死」関口正司訳、「みすず」一九八九年一月号）。一九八一年の論考「英文学研究の危機」でウィリアムズは人文学研究のパラダイム変換を迫られている状況を分析しつつ、人文学の「既存の分野を大規模に再編して新しい意味をもつ共同的な編成につくりなおさなくていいのか」（本書二二六ページ）と一種の修辞疑問を読者にぶつけている。これはサッチャー政権の三年目にあたる時期の発言であるが、考えてみるとウィリアムズの晩年の仕事はサッチャリズムが跋扈した状況――労働組合と福祉制度の土台の破壊を図り、規制緩和によって（第一期の）新自由主義を推し進めた、「労働者階級への悪意を剝き出しにした言語道断の政権」（「可能性の実践」、本書三五五ページ）のもと――でなされたのだった。「社会などというものはない」という揚言に対して、あくまで「社会のなかで書くこと」の意味を問い、かつそれを実践したのである。ウィリアムズが没した翌年の一九八九年に出た論集『モダニズムの政治学』（トニー・ピンクニー編、加藤洋介訳、九州大学出版会、二〇一〇年）の副題は「新順応主義者たちへの対抗」（Against New Conformists）とされている。それは論集に加えるはずだったが著者の急逝によって書かれずに終わった論考のタイトルでもあった。戦後七十年という節目をすぎた現在の日本において、ウィリアムズが提起した問題群は以前よりもいっそう関連性の度合いを増した。つまり、それこそ民主主義の危機も含め、危機の度合いが増した。じっさいこの二巻本論集の企画がもちあがった数年前から考えても由々しき状況にいたっている。人文学が置かれた現況もその危機の一局面にちがいない。そうしたなかで、関連する一連の難題にいちはやく取り組んだこの「ライター」が私たちのいま・ここでの取り組みのための思考のヒントになると編者は確信している。「文学と社会学」の最後にウィリアムズがゴルドマン評は、ウィリアムズ自身についての私たちの感覚ともなるのではあるまいか。それは「持続する探求、持続する議論、持続する関心の感覚」である。「この時代に意味をなす反応をした人物」、わたしたちが「意味をなす共同体」を見いだし、「世界のなかにいてまなざしをむけ、存在し、行動する方途を見いだすためにそばに寄り添っていてくれる、そんな人物の感覚」（本書三一四―三一五ページ）である。

本巻での共訳者の翻訳の分担は以下のとおりである。

- 「想像力の時制」「英文学研究の危機」「成人教育と社会変化」――山田雄三訳。

- 「ユートピアとSF」「メトロポリス的知覚とモダニズムの出現」「可能性の実践」――河野真太郎訳。

- 「作家」――鈴木英明訳。
- 「ブルームズベリー分派」――遠藤不比人訳。
- 「演劇《ドラマ》化された社会における演劇《ドラマ》」「リアリズムの擁護」「文学と社会学」（「社会の全体性」のセクションまで）――大貫隆史訳。
- 「ライティング、スピーチ、「古典」」「わがケンブリッジ」「走る男を見る」「文学と社会学」（「感情構造」のセクション以下）「一八四八年のイングランド小説の諸形式」「小説における地域と階級」――川端康雄訳。

以上のように分担したうえで、訳稿の全体的な調整を（索引作成も併せて）川端がおこなった。

本訳書の刊行に際し、第一巻に引きつづき編集を担当されたみすず書房の遠藤敏之さんに感謝申し上げる。

二〇一六年一月

川端康雄

索引

ア行

カ行

サ行

タ行

ナ行

ハ行

マ行

ヤ行

ラ行

ワ行

A-Z

著者略歴

(Raymond Williams, 1921-88)

作家，批評家．1921年，イングランドと境を接するウェールズの小村パンディに生まれる．1939年，奨学生としてケンブリッジ大学トリニティ・コレッジに入学．1941年，休学して陸軍に入隊．戦後ケンブリッジ大学に復学して卒業したのち，1946年から61年まで労働者教育協会（WEA）のもとで成人教育の講師を務める．1961年よりケンブリッジ大学英文学講師，1974年から83年まで同演劇学講座教授．その間イギリス・ニューレフト運動の中心人物のひとりとして社会主義の立場から言論活動に積極的に関わる．主な著作として『文化と社会』（1958）『ボーダー・カントリー』（1960）『長い革命』（1961）『コミュニケーションズ』（1962）『現代の悲劇』（1966）『マルクス主義と文学』（1977）『田舎と都会』（1979）『唯物論と文化の諸問題』（1980）などがある．

編訳者・訳者略歴

川端康雄〈かわばた・やすお〉1955年生まれ．日本女子大学文学部教授．イギリス文学，イギリス文化．著書『「動物農場」ことば・政治・歌』（《理想の教室》みすず書房2005）『葉蘭をめぐる冒険』（みすず書房2013），訳書モリス『ユートピアだより』（晶文社2003／岩波文庫2013）ラスキン『ゴシックの本質』（みすず書房2011）ほか．

遠藤不比人〈えんどう・ふひと〉1961年生まれ．成蹊大学文学部教授．20世紀イギリス文学，イギリス文化．著書『死の欲動とモダニズム』（慶應義塾大学出版会2012），訳書デュフレーヌ『〈死の欲動〉と現代思想』（みすず書房2010）ほか．

大貫隆史〈おおぬき・たかし〉1974年生まれ．関西学院大学商学部准教授．20世紀イギリスの文化と社会．共著『文化と社会を読む 批評キーワード辞典』（研究社2013），共訳サイード『故国喪失についての省察2』（みすず書房2009）ジェイムソン『未来の考古学2』（作品社2012）ほか．

河野真太郎〈こうの・しんたろう〉1974年生まれ．一橋大学大学院商学研究科准教授．20世紀イギリスの文化と社会．著書『〈田舎と都会〉の系譜学』（ミネルヴァ書房2013），共著『文学研究のマニフェスト』（研究社2012），訳書ジャット『20世紀を考える』（みすず書房2015）ほか．

鈴木英明〈すずき・ひであき〉1962年生まれ．昭和薬科大学教授．イギリス文学，イギリス文化．共著『オスカー・ワイルドの世界』（開文社出版2013），訳書スピヴァク『ナショナリズムと想像力』（青土社2011），共訳ジジェク『大義を忘れるな』（青土社2010）ほか．

山田雄三〈やまだ・ゆうぞう〉1968年生まれ．大阪大学大学院文学研究科准教授．イギリスのカルチュラル・スタディーズおよび初期近代演劇．著書『感情のカルチュラル・スタディーズ』（開文社出版2005）『ニューレフトと呼ばれたモダニストたち』（松柏社2013）ほか．

レイモンド・ウィリアムズ
想像力の時制
文化研究 II

川端康雄 編訳

遠藤不比人
大貫隆史
河野真太郎 訳
鈴木英明
山田雄三

2016年2月9日 印刷
2016年2月19日 発行

発行所 株式会社 みすず書房
〒113-0033 東京都文京区本郷5丁目32-21
電話 03-3814-0131(営業) 03-3815-9181(編集)
http://www.msz.co.jp

本文印刷所 萩原印刷
扉・表紙・カバー印刷所 リヒトプランニング
製本所 誠製本

ISBN 978-4-622-07815-9
[そうぞうりょくのじせい]